LES ARTS
DE GOUVERNER

Du même auteur

Raimundi Lulli Opera Latina annis 1311-1312 composita,
190-200, « Corpus Christianorum, Continuatio Mediaevalis »,
LXXVIII
Turnouht, Brepols, 1988

Machiavélisme et Raison d'État
XIIe-XVIIIe siècle
PUF, coll. « Philosophies », 1989

EN COLLABORATION

La Raison d'État : politique et rationalité
PUF, coll. « Recherches politiques », 1992

Penser la rencontre de deux mondes
PUF, 1993

Raison et Déraison d'État
PUF, coll. « Fondements de la politiques », 1994

Histoire raisonnée de la philosophie morale et politique
(sous la direction de Alain Caillé, Michel Senellart, Christian Lazzeri)
Volume 1 : De l'Antiquité aux Lumières
Volume 2 : Des Lumières à nos jours
Flammarion, 2007

MICHEL SENELLART

LES ARTS DE GOUVERNER

Du *regimen* médiéval
au concept de gouvernement

ÉDITIONS DU SEUIL
25, bd Romain-Rolland, Paris XIVe

ISBN 978-2-02-012232-0

www.seuil.com

Des travaux

collection fondée en 1982 par M. Foucault, P. Veyne et F. Wahl

dirigée par A. de Libera, J.-C. Milner, P. Veyne.

«Travail: ce qui est susceptible d'introduire une différence significative dans le champ du savoir, au prix d'une certaine peine pour l'auteur et le lecteur, et avec l'éventuelle récompense d'un certain plaisir, c'est-à-dire d'un accès à une autre figure de la vérité.»

A mes parents

Introduction

Gulliver est à Brobdingnag, le pays des géants, où ses compagnons de voyage l'ont abandonné après une violente tempête [1]. Il devient bientôt le familier du roi, homme juste, doux, tolérant, dont Swift excuse les vertus, si peu conformes à la fonction royale, par le fait que, vivant entièrement séparé du reste du monde, il ignore les coutumes des autres nations. Étonné de tant d'innocence, Gulliver lui révèle la puissance terrible de la poudre à canon, se proposant d'apprendre à ses sujets la manière de construire ces tubes de bronze ou de fer qui lui assureraient une domination absolue en cas de sédition. Le roi, saisi d'horreur à la description de telles machines, repousse cette idée avec dégoût. Bizarre scrupule, aux yeux de Gulliver, que seule explique l'ignorance, « ces peuples n'ayant pas encore réduit la politique en art (*into a science*), comme l'ont fait les Européens dont l'esprit est plus subtil [2] ».

Cette satire, écrite selon les règles du récit utopique, ne se contente pas d'opposer la vertu naturelle à la corruption des peuples policés, ni l'harmonie d'une société paisible à la violence des États européens, théâtre de guerres permanentes. Ce n'est pas tant le désordre des passions égoïstes qu'elle condamne qu'une technique rationnelle d'exercice du pouvoir. L'utopie swiftienne, à la différence de celle de Thomas More, n'exorcise pas les menaces d'une déraison tyrannique, mais au contraire celles d'une raison qui a « réduit la politique en art ». L'*art de gouverner*, et non seulement les appétits déréglés des princes, voilà pour Swift ce qui rend la politique malfaisante.

En quoi consiste cet art ? Assurément, il ne se réduit pas à la science de la guerre. « Il me souvient que, dans un entretien que

1. *Voyages de Gulliver*, IIe partie.
2. *Ibid.*, chap. 7, p. 240-243.

j'eus un jour avec le roi, je lui dis par hasard qu'il y avait parmi nous un grand nombre de volumes écrits sur l'art de gouverner (*the art of government*), et Sa Majesté en conçut, contre mon attente, une opinion très basse de notre esprit et ajouta qu'il méprisait et détestait tout mystère, tout raffinement et toute intrigue dans les procédés d'un prince ou d'un ministre d'État [1]. » L'art de gouverner, ainsi, apparaît lié au calcul, à la machination, à des pratiques compliquées et occultes : *arcana imperii*, mystères ou secrets d'État, pour employer le vocabulaire du XVIIe siècle. « Il ne pouvait comprendre ce que je voulais dire par les *secrets du cabinet* (*secrets of State*). Pour lui, il renfermait la science de gouverner (*the knowledge of governing*) dans des bornes très étroites, la réduisant au sens commun, à la raison, à la douceur, à la prompte décision des affaires civiles et criminelles, et à d'autres semblables pratiques à la portée de tout le monde, et qui ne méritent pas qu'on en parle [2]. »

Grandville, dans l'édition illustrée des *Voyages*, a dessiné un portrait de Machiavel au milieu de ce texte. Il allait de soi, en effet, que l'art de gouverner s'identifiait avec le machiavélisme étatique mis en pratique au XVIIe siècle sous le nom de *raison d'État*. Swift s'inscrit dans le grand mouvement de rejet de l'absolutisme par les Lumières, opposant la transparence des mécanismes gouvernementaux à l'opacité d'un État retiré dans sa transcendance. Mais sa critique met en évidence un aspect quelque peu négligé du combat antiabsolutiste. Alors que l'histoire des idées politiques analyse celui-ci, le plus souvent, en termes de fondement et de droit – quelles sont les conditions d'un pouvoir légitime face à l'arbitraire de la domination ? –, Swift prend pour cible les techniques mêmes de l'action politique. Ce qui est en cause n'est pas tellement le gouvernement comme type d'institution (la forme de la souveraineté) que le gouvernement comme mode d'exercice du pouvoir souverain. Il ne s'agit donc pas de remplacer une conception de la souveraineté, fondée sur la force ou le droit divin, par une autre, d'essence contractuelle, mais de contester le présupposé implicite de toute théorie de la souveraineté : l'idée que la conduite de l'État relève d'un *art* spécial. C'est la séparation entre la sphère publique et le monde ordinaire des affaires humaines que récuse Swift, en renfermant l'activité gouvernementale dans les limites du sens commun, de vertus et de capacités « à la portée de tout le monde ». Version bourgeoise de ce

1. *Ibid.*, p. 243-244.
2. *Ibid.*, p. 244.

procès : tout le monde peut gouverner. Version démocratique, à la fin du siècle, dans sa formulation la plus radicale : le gouvernement ne consiste en rien d'autre qu'en la participation de tous à la vie publique. De la critique libérale à la pensée républicaine, sans doute la souveraineté est-elle passée, progressivement, du roi au peuple. Mais ce passage s'est accompagné d'une remise en question de l'art du gouvernement, au point que ce dernier est apparu comme l'antithèse même de l'action politique. Ainsi la théorie de l'État ne pouvait-elle se libérer du modèle absolutiste que si, non contente d'en renverser les assises doctrinales, elle rejetait les méthodes qu'il avait forgées. « Tous les arts ont produit leurs merveilles, écrivait Saint-Just. Seul l'art de gouverner n'a produit que des monstres. »

Cette accusation, cependant, contient un paradoxe. L'art de gouverner, en effet, ne désigne pas seulement les stratagèmes d'un pouvoir sans scrupules, utilisant toutes les ressources de la puissance. Il est également, jusqu'au XVIe siècle, le concept d'une pratique morale (et non pas calculatrice et cynique) du pouvoir, ordonnée au bien commun. Ainsi l'Italien Antonio Palazzo, dans son *Discorso del governo e della ragion vera di stato* (1606) d'inspiration scolastique, critique-t-il ceux qui « sous titre de la raison d'État en ont écrit comme d'une matière du tout séparée du gouvernement, estimant que la raison d'État soit un art de gouverner non seulement en dehors de tout usage, mais aussi contraire bien souvent aux lois divines et humaines [1] ». Il leur oppose une définition de la raison d'État consistant dans « l'essence même de la paix et la règle de vivre à repos [2] ». La fin du gouvernement n'est pas de renforcer indéfiniment l'État, mais d'instaurer, par le maintien de la tranquillité civile, « un mouvement heureux et continuel des œuvres vertueuses [3] ». C'est pourquoi « gouvernement, raison d'État et art de gouverner ne sont différents qu'au nom et nous [ont été enseignés] de Dieu et de la nature [4] ». Thèse caractéristique, au seuil de l'âge classique, du discours de la « vraie raison d'État » contre celle, perverse et tyrannique, des disciples de Machiavel [5], mais

1. *Discorso del governo e della ragion vera di stato*, trad. fr., I, 1, p. 4.
2. *Ibid.*, IV, 24, p. 373.
3. *Ibid.*, IV, 26, p. 377.
4. *Ibid.*, I, 3, p. 15-16.
5. Sur ce conflit des « deux raisons d'État », cf. É. Thuau, *Raison d'État et Pensée politique à l'époque de Richelieu*, chap. 2 ; M. Senellart, *Machiavélisme et Raison d'État*, chap. III-IV ; du même, « La raison d'État antimachiavélienne », p. 29-42 ; Y. Ch. Zarka (dir.), *Raison et Déraison d'État*. Sur la doctrine de Palazzo, cf. R. de Mattei, *Il problema della « Ragion di Stato » nell'età della controriforma*, p. 159-168.

qui perpétue l'idée médiévale, définie au XIIIe siècle [1], de l'*ars regiminis*.

En fait, l'idée d'un art du gouvernement, loin d'être liée à l'avènement d'une rationalité technologique, remonte aux premiers âges de la philosophie. C'est chez Platon que la politique, d'une façon alors tout à fait nouvelle, se trouve définie comme une activité spécialisée, faisant l'objet d'un art (*technē*), régi par la norme du *metrion* (juste mesure), qui place le gouvernant au-dessus des lois écrites et le dispense du consentement des citoyens [2]. Cette *technē* ne s'oppose pas à la science politique, comme la pratique à la théorie. Elle est la science même du gouvernement, *epistemē archēs* [3] :

> « [...] celui qui sait, le véritable politique, s'inspirera, dans bien des cas, uniquement de son art (*technē*) et, pour sa propre pratique, ne se souciera aucunement de la lettre écrite, s'il trouve qu'une façon nouvelle d'agir vaut mieux que les prescriptions rédigées par lui et promulguées pour le temps de son absence [4]. »

Gouverner, pour Platon, ce n'est pas agir selon les lois, mais exercer l'art du commandement. Et cependant, c'est contre Platon – ou, si l'on préfère, contre une longue tradition platonicienne – que s'est constitué, au XVIe siècle, un certain art rationnel et pragmatique de gouverner. Conflit qui tire son origine de la séparation décisive, effectuée par Aristote, entre les domaines théorique et pratique et, à l'intérieur de ce dernier, entre la *praxis* (action) et la *poiesis* (production), ouvrant ainsi le champ d'un savoir pratique irréductible à des normes immuables [5]. Il semblerait possible, de la sorte, d'écrire une histoire philosophique de l'art de gouverner, qui suive, à travers les siècles, les formes successives de cette antithèse fondatrice.

Ce n'est cependant pas ce que j'ai choisi de faire, pour plusieurs

1. Cf. *infra*, IIe partie, chap. 4, B.

2. Sur la définition de la *technē politikē*, cf. *Le Politique*, 295 b-296 c. Cette conception s'oppose, en particulier, aux thèses démocratiques de Protagoras (*Protagoras*, 323 a) : « [...] quand on délibère sur la politique, où tout repose sur la justice et la tempérance, [les Athéniens] ont raison d'admettre tout le monde, parce qu'il faut que tout le monde ait part à la vertu civile ; autrement il n'y a pas de cité. »

3. *Le Politique*, 292 d.

4. *Ibid.*, 300 c-d. Cf. P. Aubenque, *La Prudence chez Aristote*, p. 43.

5. Cf. les analyses magistrales de P. Aubenque, *ibid.*, et, pour une claire présentation des enjeux philosophiques de cette rupture dans le débat contemporain, F. Volpi, « Réhabilitation de la philosophie pratique et néo-aristotélisme », *in* P. Aubenque (dir.), *Aristote politique*, p. 461-484.

raisons qui tiennent au genre même de l'art de gouverner, à la mutation qu'il subit dans la culture chrétienne médiévale et à son inscription dans les processus historiques concrets. Il serait erroné, en effet, d'expliquer l'évolution de l'art de gouverner, depuis l'antiquité, par la lutte entre deux tendances, platonicienne et aristotélicienne, non seulement parce qu'elle découle également d'autres sources – rhétorique, cynico-stoïcienne, néo-pythagoricienne, etc. –, mais surtout parce qu'elle emprunte des voies qui ne se laissent pas décrire en termes d'opposition théorique. A la logique des concepts, le discours de l'art de gouverner substitue un agencement de règles, d'images, d'exemples, de thèmes d'exercice qui obéit à une triple exigence de persuasion, d'incitation et d'entraînement. Son étude réclame donc d'autres outils que ceux qu'on applique d'ordinaire à l'analyse de la pensée philosophique[1].

En outre, la tradition antique, loin de se couler simplement dans un vocabulaire chrétien, comme pourrait le faire croire l'apparente continuité du genre, a fait l'objet, au Moyen Age, d'une profonde réélaboration autour du concept de *regimen*. Là encore, il faut renoncer aux catégories habituelles, afin de décrire l'enchevêtrement des discours. Une question a guidé cette recherche : plutôt que de présenter le christianisme comme la *négation* de la politique, en quelque sens qu'on la prenne, au nom de la primauté du spirituel, ne faut-il pas le considérer comme l'agent d'une lente, mais puissante *transformation* de l'économie temporelle, dont est issue, vers le milieu du second millénaire, une figure absolument neuve du gouvernement ? Ne doit-on pas postuler une *productivité* du christianisme, même à travers ses formes les plus négatrices, pour tenter de comprendre, en termes d'*interaction*, et non plus simplement d'opposition, les rapports entre les sphères « étatique » et religieuse[2] ? Il y va de la possibilité d'une généalogie de l'État moderne.

Enfin, l'art de gouverner, sauf à répéter indéfiniment de vagues exhortations, ne saurait demeurer extérieur aux jeux stratégiques qui définissent, à chaque époque, les conditions du pensable et du faisable. Aussi ai-je voulu montrer combien, en dépit de la permanence de certains schèmes, il avait varié, selon les temps, dans ses

1. Cf., dans cette perspective, les travaux de P. Hadot, *Exercices spirituels et Philosophie antique*, et *La Citadelle intérieure*.

2. Cf. la notion de « domaines d'interaction » entre les idées religieuses et séculières, exposée – et mise en œuvre avec une rigueur exemplaire – par B. Tierney, *Religion et Droit dans le développement de la pensée constitutionnelle*, p. 24.

présupposés, ses maximes et ses fins. De là le pluriel du titre : *les arts* de gouverner. Il serait vain, à travers la diversité des portraits du prince parfait, de rechercher une quelconque essence du politique. Peut-être leur examen, toutefois, peut-il nous permettre de mieux saisir ce dernier, dans sa radicale historicité.

Je tiens à remercier spécialement Olivier Bétourné, grâce à qui le projet de ce livre a pu prendre corps, Pierre Macherey, Michel Plon, Louis Sala-Molins pour leurs encouragements, Olivier Bloch et Yves Charles Zarka qui m'ont accueilli plusieurs fois dans leurs séminaires pour exposer l'état de mes recherches.

PREMIÈRE PARTIE

Régner et gouverner

CHAPITRE 1

La notion de « gouvernement »

Il importe, pour commencer, d'écarter une interprétation trop simple du « gouvernement ». Identifier ce mot avec le simple exercice du pouvoir, en effet, empêche toute analyse. On postule que le pouvoir, comme modalité de l'action de l'homme sur l'homme, obéit partout aux mêmes lois. Seules changeraient, selon les temps, les lieux et les régimes, les conditions qui favorisent ou limitent sa violence. Il y aurait, de la sorte, au-delà des circonstances et des conventions, une sorte de *nature* du pouvoir dont la formule se résumerait à des calculs de force : comment s'organiser, se conduire, manœuvrer les autres pour rester le plus fort ? Mais il ne s'agit là que de la conservation du pouvoir, non de son exercice. Ou plutôt, telle est bien la formule de l'exercice d'un pouvoir qui ne vise qu'à sa propre conservation.

Or le « gouvernement » ne se confond pas avec la domination. Il ne va pas de soi, en effet, que le pouvoir n'ait pour fin que de se perpétuer lui-même, ou, pour le dire autrement, si partout il y a *du* pouvoir et s'affrontent des appétits de puissance, ce n'est pas au niveau de la seule concurrence des passions qu'il convient de situer la notion de gouvernement. A la différence de la domination, en effet, ce dernier se rapporte à une fin, ou à une pluralité de fins, extérieure à lui-même, tandis qu'elle n'a d'autre but que de se renforcer indéfiniment. Pratique tautologique du pouvoir qui s'oppose à la nécessaire téléologie gouvernementale.

Le coup d'audace de Machiavel, on le sait, avait été de récuser, en quelques phrases sèches, le finalisme des doctrines politiques traditionnelles et de substituer la question des moyens de la puissance à celle, classique, des buts de la communauté civile. Rupture de la politique avec la morale ? Passage d'une conception idéale de l'État à une pensée lucide et réaliste ? Ces lieux communs dissimulent un fait essentiel : l'oubli, entraîné par *Le Prince*, de la problématique ancienne du gouvernement au profit d'une technologie, violente ou habile, de la domination. « Gouverner, écrit Machiavel, c'est mettre vos sujets hors d'état de vous nuire et même d'y penser (*uno governo non è altro che tenere in modo i sudditi che non ti possono o debbano offendere*) ; ce qui s'obtient soit en leur ôtant les moyens de le faire, soit en leur donnant un tel bien-être qu'ils ne souhaitent pas un autre sort[1]. » Il est certain qu'en faisant apparaître l'intérêt personnel du prince, soucieux d'assurer sa sécurité, au cœur du dispositif étatique, Machiavel a utilement démystifié une certaine rhétorique du « bien commun » et de l'« intérêt public ». Son originalité, toutefois, n'est pas tellement d'avoir mis en évidence le fait de la domination dans la pratique du gouvernement – thème courant déjà dans la littérature médiévale –, que d'avoir réduit le gouvernement à l'ensemble des moyens qui permettent au prince de se protéger de ses sujets. Rapport d'hostilité entre le prince et son peuple perçu, non plus comme un troupeau à paître ou une famille à diriger, mais comme une menace permanente : c'est à travers cette figure nouvelle, depuis la fin du Moyen Age, du peuple dangereux que s'est effectuée la conversion du gouvernement en domination[2].

Or il est indispensable de les distinguer, au moins pour trois raisons.

1. Toute la pensée médiévale, à partir de saint Augustin, est traversée par l'opposition entre *regere* (diriger, gouverner, commander) et dominer, qui sous-tend l'antithèse du *rex* et du tyran. *Regere*, l'activité de régir, de conduire un peuple, est donc le contraire de la domination. Il est difficile d'admettre que cette idée, qui s'est maintenue, à travers des mutations théoriques importantes, pendant dix siècles, n'ait recouvert qu'une illusion, liée à l'oblitération, par la conscience religieuse, des réalités politiques. Le Moyen Age a donc

1. *Discours sur la Première Décade de Tite-Live*, II, 23, p. 577.

2. L'art de gouverner machiavélien ne sera étudié dans ce livre que dans la perspective du « prince nouveau » qui conquiert le pouvoir par le stratagème ou la force. Il est clair que, pour Machiavel, le gouvernement ne se réduit pas à la simple domination, comme en témoigne la problématique républicaine du *vivere civile* développée dans les *Discours*. Mais on sort alors du cadre de la littérature des arts de gouverner qui – à la différence de la « science politique » (*scientia politica, doctrina civilis*), remise en honneur à partir du XIIIe siècle – présuppose un pouvoir monarchique.

construit un concept spécifique du « gouvernement » contre la pratique de la *dominatio* et en dehors, on le verra, du cadre juridique de la souveraineté.

2. On affirme volontiers que Machiavel a remplacé un art utopique de gouverner, centré sur la vertu du prince et orienté vers le bien commun, par un art pragmatique, attentif aux conditions concrètes de la réussite. Mais il faudrait aller plus loin. Car Machiavel n'a pas modifié les seules règles de l'art, il en a transformé l'objet même. C'est l'idée de gouvernement comme conduite, direction, qu'il rejette, abandonnant la vieille image, usuelle depuis Platon, du roi pilote qui gouverne le navire de l'État, suit une route, cherche à atteindre un port[1]. Le prince machiavélien ne *dirige* plus, il domine. Il règne dans un monde sans buts, livré aux rapports de force. Sans doute est-il lourd de sens, pour le destin de la pensée moderne, que le moment où la politique devient une technique soit aussi celui où le gouvernement perd sa fonction directive pour se concentrer tout entier sur la puissance.

3. Le discours de la raison d'État qui, pendant un siècle et demi, a répercuté l'onde de choc machiavélienne, pour l'amplifier ou l'amortir, s'organise également (selon des lignes de partage complexes et entrecroisées) autour de l'antithèse gouverner-dominer. Relèvent de la domination les moyens qui permettent au prince d'assurer sa propre sécurité, du gouvernement ceux par lesquels il garantit le salut public. Certes, entre les uns et les autres, faute d'un concept rigoureux de l'État – comme on va le voir plus loin –, la frontière est instable. Elle existe cependant, puisqu'elle oppose deux pratiques de la *ragion di Stato*. Qu'ils en dénoncent le caractère illusoire, la présentent comme un artifice utile, un simple critère méthodologique ou une distinction de principe, cette opposition structure le discours des théoriciens de la raison d'État[2]. On a coutume de les évoquer comme s'ils

1. Cf. Thomas d'Aquin, *De regno*, II, 3 : « [...] Gouverner un être, c'est le conduire comme il convient à la fin requise. Ainsi dit-on qu'un navire est gouverné lorsque l'habileté du pilote le conduit sans dommages au port par le droit chemin. »

2. Cf. par exemple G. Frachetta, *Discorso della ragione di Stato* (1592), f. 38r, qui distingue la vraie raison d'État ou prudence civile, *vera regola di governo*, non disjointe des vertus morales et de la religion, et la raison d'État apparente, qui ne regarde que l'intérêt de celui qui en use ; L. Zuccolo, *Della ragione di stato* (1621), p. 28, pour qui la raison d'État des bons gouvernements veille au bien de ceux qui commandent et de ceux qui obéissent (« aux uns l'honneur, aux autres le profit, à tous la sécurité »), alors que la raison d'État tyrannique ne pourvoit qu'à l'utilité des gouvernants.

demandaient : Quelle part obscure de domination contient, ou cache, tout gouvernement ? Il faudrait les relire à partir de cette autre question : Qu'est-ce que gouverner si l'exercice du pouvoir ne se réduit pas à la domination ? Qu'est-ce qui, dans le pouvoir, *n'est pas* ordonné au seul désir de puissance ? Question inverse, même si elle la présuppose, de celle de Machiavel. C'est pourquoi on ne saurait y répondre en revenant à la notion médiévale de *regimen*, mais en proposant une définition nouvelle du gouvernement : art de concilier les intérêts particuliers, de conserver la forme de la république ou de réaliser la plus grande somme possible de forces.

Le « gouvernement », donc, n'est pas identique à la domination. Il ne faut pas non plus le limiter à l'exercice de la souveraineté, selon l'une des acceptions fréquentes du mot[1], dont je retracerai sommairement la genèse après avoir présenté la notion médiévale de *regimen*.

A. Le *regimen* médiéval

Est-il exact que le Moyen Age ait ignoré le concept de la souveraineté ? Sans doute la plupart des auteurs médiévaux subordonnent-ils le pouvoir temporel des princes, sinon directement à l'autorité spirituelle de l'Église, du moins à une finalité spirituelle définie par l'ecclésiologie chrétienne. Mais, là encore, quelques précisions s'imposent. Le concept même de « Moyen Age », tout d'abord, constitue un obstacle. Pour ne rien dire de la notion même, forgée à la Renaissance, de *medium aevum*[2], la rigueur historique exige que l'on

1. Cf. R. Derathé, *Jean-Jacques Rousseau et la Science politique de son temps*, p. 385 : « [...] à la fin du XVIIe et dans la première moitié du XVIIIe siècle le mot gouvernement est pris comme synonyme de pouvoir ou d'autorité publique et signifie l'exercice de la souveraineté. Ce serait là, d'ailleurs, selon certains juristes contemporains, sa signification véritable. "Au sens propre et général, il désigne l'*exercice par le souverain de l'autorité publique* ; c'est la souveraineté mise en œuvre", écrit par exemple A. Esmein dans ses *Éléments de droit constitutionnel français et comparé* (4e éd. Paris, 1906, p. 13). »

2. Cf. R. Pernoud, *Pour en finir avec le Moyen Age*, p. 15-26 : c'est au nom du principe humaniste d'*imitation* du monde antique que l'on a mis entre parenthèses, comme un « âge moyen », intermédiaire, dix siècles d'histoire. Nous avons abandonné, depuis longtemps, ce principe. En avons-nous critiqué toutes les implications ? !

distingue trois grandes périodes : le haut Moyen Age (VIe-IXe siècle), le Moyen Age proprement dit ou classique (Xe-XIIIe siècle) et le Moyen Age tardif (XIVe-XVe siècle). Parler du Moyen Age comme d'une totalité homogène traduit, le plus souvent, un parti pris de méconnaissance, ou, ce qui revient au même, une conception naïve de la modernité rationnelle. Le plus illustre des philosophes médiévaux, par exemple, Thomas d'Aquin, ne résume pas davantage la pensée du Moyen Age que Kant la pensée moderne, même s'ils les dominent l'un et l'autre à bien des égards. Ensuite, la notion de souveraineté, *superioritas*, a fait l'objet plus tôt qu'on ne le pense d'une élaboration juridique et institutionnelle. Dès le début du XIIIe siècle, selon les termes du pape Innocent III, le roi de France ne reconnaissait aucun supérieur sur le plan temporel (« *Cum rex superiorem in temporalibus minime recognoscat*[1] ») – indépendance par rapport à l'Empire, certes, non par rapport au pape –, et les légistes de Philippe le Bel (dont nul n'ignore le violent conflit avec la papauté), un siècle plus tard, reprenant la formule d'un canoniste[2], frappèrent la formule fameuse : « Le roi est empereur en son royaume. »

Le Moyen Age a donc vu se former une théorie cohérente et solide de la souveraineté royale[3]. Il n'en demeure pas moins que celle-ci est tardive, comme la période à laquelle elle appartient. Pendant plusieurs siècles, la réflexion médiévale sur l'origine, la nature, l'exercice du pouvoir s'est développée autour, non des droits attachés à la fonction souveraine, mais des devoirs liés à l'office du gouvernement (*regimen*). La continuité de l'institution monarchique, depuis les rois barbares, ne doit pas faire illusion. Historiquement – au niveau des représentations qui ont façonné la pensée politique – le gouvernement a précédé l'État. L'acte de régir, en d'autres termes, a été défini, analysé et codifié avant que ne fût concevable une *res*

1. Cité par G. de Lagarde, *La Naissance de l'esprit laïque au déclin du Moyen Age*, I, p. 150.
2. Alain (v. 1208) : « Ce que nous disons de l'empereur peut être dit de tout roi et de tout prince indépendant (*qui nulli subest*) : chacun, en effet, a autant de droit en son royaume que l'empereur dans le monde entier » (texte signalé par J. Rivière, *Le Problème de l'Église et de l'État au temps de Philippe le Bel*, p. 428 ; cité par G. de Lagarde, *ibid.*, p. 151).
3. Cf. W. Ullmann, « The Development of the Medieval Idea of Sovereignty » ; du même, « Zur Entwicklung des Souveränitätsbegriff im Spätmittelalter » ; M. David, *La Souveraineté et les Limites juridiques du pouvoir monarchique du IXe au XVe siècle* ; M. Wilks, *The Problem of Sovereignty in the Later Middle Ages* ; H. Quaritsch, *Souveränität. Entstehung und Entwicklung des Begriffs in Frankreich und Deutschland vom 13. Jh. bis 1806.*

publica comprise dans les limites d'un territoire. C'est pourquoi il est essentiel de ne pas lier trop étroitement la problématisation de l'activité gouvernementale à l'existence d'une structure étatique. La question n'est pas : Qu'y a-t-il dans les règles médiévales du gouvernement qui annonce l'État, ou lui ressemble déjà ? mais : Comment l'État s'est-il progressivement constitué à partir de ces règles qui, au départ, n'étaient pas faites pour lui ? On reproche souvent aux auteurs médiévaux d'avoir tout ignoré des pratiques du gouvernement parce qu'ils niaient la réalité de l'État. Il faudrait dire à l'inverse : c'est leur conception même du gouvernement qui les a empêchés longtemps d'accepter le phénomène étatique. Le *regimen*, alors, ne s'inscrivait pas dans la perspective de la puissance, mais sur l'horizon de l'eschatologie. L'art des arts, *ars artium*, pour les Pères de l'Église, c'était le gouvernement des âmes, *regimen animarum*[1]. Le gouvernement royal n'en demeura longtemps qu'un auxiliaire assez fruste, préposé au maintien de l'ordre et à la discipline des corps.

Première règle donc : essayer de penser le gouvernement médiéval, au sens politique du terme, non sur fond de l'absence de souverain, mais à partir du *regimen* ecclésiastique, celui des âmes et celui dont l'Église définit les conditions pour le roi. Mais les choses se compliquent du fait qu'aucun des termes habituels que nous utilisons, depuis le XVIe ou le XVIIe siècle, pour décrire l'exercice du pouvoir – État, peuple, territoire, par exemple – n'existe ou n'occupe la même place dans le vocabulaire médiéval (ainsi le *status rei publicae* signifie, non pas l'État, mais le bon état de la chose publique, le bien commun, la *res publica* elle-même, qui enveloppe une définition du *populus*[2], ne désignant pas une communauté territoriale avant le XIIIe siècle), ce qui entraîne une seconde règle : reconstituer, par des analyses précises, le champ sémantique du « gouvernement » au Moyen Age à l'intérieur des relations qu'entretiennent les notions de *regimen*, *rex*, *regnum*, *status*, *populus*, etc., en prenant garde – autre risque d'erreur rétrospective – de ne pas limiter ce repérage au seul domaine politique, comme si celui-ci formait un niveau distinct de réalité (ce ne sera vrai que dans la pensée scolastique, donc assez tardivement), mais en tenant compte de la riche polysémie d'un mot qui véhicule un sens spirituel, moral, pédagogique, technique (appliqué,

1. Cf. *infra*, p. 27-29.
2. Cf. *infra*, IIe partie, p. 134, note 4.

par extension, au dressage ou à la navigation). Si l'on veut comprendre comment l'État a, peu à peu, émergé de l'activité gouvernementale, il ne suffit pas de décrire un processus d'institutionnalisation croissante, lié à la centralisation, au renforcement des appareils administratif et militaire, à l'homogénéisation juridique; il faut montrer par quels chemins l'idée même d'un gouvernement politique s'est dégagée du concept, non politique, de *regimen*. En d'autres termes, analyser l'État à partir du gouvernement implique qu'on étudie le *regimen* dans la diversité de ses modes d'exercice. C'est, en somme, penser l'un à partir du multiple, mais en restituant à ce dernier son caractère de dispersion.

Parmi les textes innombrables où circule le concept fluide de *regimen*, une page, aujourd'hui oubliée, d'un auteur florentin du XIIIe siècle nous aide à en mesurer la complexité. Jean de Viterbo, dans le premier chapitre de son *Liber de regimine civitatum*[1], demande en effet – il est l'un des seuls, au Moyen Age, à poser la question aussi directement: « Qu'est-ce que le *regimen*? » Il en propose huit définitions successives, juxtaposées plutôt que liées, dans un désordre qui peut nous apparaître comme le signe d'une pensée confuse, alors qu'il traduit la plurivocité même du concept, étalée sans souci de hiérarchisation. Nul sens ne l'emporte sur un autre, en une sorte de construction pyramidale dont la pierre de faîte serait le pouvoir étatique. Ce n'est pas encore l'« État » qui structure l'organisation interne du gouvernement[2].

1. Composé autour de 1238. Cf. W. Berges, *Die Fürstenspiegel des hohen und späten Mittelalters*, p. 70, sur les rapports de l'auteur avec le droit romain et sa conception du prince comme « officier » de la *communitas*. E. H. Kantorowicz, *The King's Two Bodies*, p. 122 (trad. fr., p. 101), précise que Jean de Viterbo exerçait la fonction de juge impérial. C'est donc un homme de loi, et non d'Église, attaché aux usages romains, qui s'exprime dans ce livre, ce qui explique certains de ses aspects modernes, « prémachiavéliens ». Cf. chap. 45, « De luxuria evitanda », p. 241 b: « [...] si le gouverneur de la cité ne peut vivre chastement, qu'il agisse au moins avec précaution. Ceux qui administrent l'État, en effet, doivent se montrer (*se ostendere*) assez honnêtes pour obtenir qu'on les croie tels. » *Ostentatio* trompeuse, révélatrice de la persistance, certes locale, à côté de l'éthique religieuse dominante, d'un esprit païen que l'on verra s'affirmer, à l'aube du XVIe siècle, dans l'œuvre de Machiavel. Sur la conception républicaine du *regimen*, de la *civitas* et des vertus du *Podestà* développée par Jean de Viterbo, cf. Q. Skinner, *The Foundations of Modern Political Thought*, I, p. 34 et 40, où il souligne l'influence de l'auteur sur *Li livres dou Tresor* de Brunetto Latini (1230-1294); M. Viroli, *From Politics to Reason of State*, p. 22-25.

2. Ceci s'explique, en l'occurrence, par le républicanisme de l'auteur. La définition, héritée de Cicéron, du gouvernant comme représentant de la cité s'oppose à l'idée d'une puissance souveraine dominant le corps social. Cf. M. Viroli, *op. cit.*, p. 25.

(1) *Regimen* signifie d'abord la direction (*gubernatio*) de la cité, comme celle du navire par le marin : il consiste dans l'utilisation des moyens appropriés pour conduire la cité, de même que le pilote se sert du gouvernail et du mât pour tenir sa route. (2) Il désigne également l'action de contenir (*sustentatio*) les hommes, comme on freine un cheval par le mors pour empêcher que sa vitesse ne l'entraîne dans un précipice, (3) la juste mesure (*temperies*) que doivent s'imposer ceux qui entrent dans des colères excessives (cette règle s'applique particulièrement aux juges), (4) la modération (*moderatio*), non dans l'acception précédente, mais en tant qu'acte de conduire, diriger l'homme pour l'écarter du mal ; ici encore, le terme est employé pour la conduite du cheval dont on règle l'allure par le mors. (5) On appelle *regimen*, en outre, la garde ou protection attentive (*custodia*) de la cité (glissement du vocabulaire nautique ou équestre de la conduite à celui, militaire, de la surveillance, sans aucune connotation pastorale[1]), (6) l'action de régir ou diriger (*regere*) – c'est là, selon l'auteur qui évoque l'étymologie d'Isidore de Séville[2] (7), le gouvernement, (8) enfin l'administration de la cité (*administratio*), non en tant qu'organe mais que dignité (*honor municipalis*)[3].

Peu importe que cette énumération soit exhaustive ou non. Elle illustre la difficulté de traduire *regimen* par le seul mot de « gouvernement », puisqu'il englobe des formes multiples d'action, des vertus spécifiques et des qualifications statutaires. Action de diriger et de protéger la cité, mais aussi de conduire les hommes en les maîtrisant, en les corrigeant, en les réprimant, en les orientant ; vertus de vigilance, pondération, contrôle de soi ; devoirs et privilèges attachés à la magistrature. A moins que le « gouvernement », ce ne soit précisément ce complexe de fonctions hétérogènes et solidaires dont on ne perçoit l'unité que lorsque, non soudées à l'appareil exécutif de l'État, elles semblent se déployer dans une totale disparité.

1. La *custodia* désigne, dans l'Écriture, l'office principal du berger : cf. Jr 31,10 ; Lc 2,8.

2. Cf. *infra*, IIe partie, chap. 1, A.

3. W. Berges, *op. cit.*, p. 71, y voit un indice de la sécularisation, corrélative du droit romain, de la fonction gouvernementale qui ne se réduit plus aux devoirs personnels du prince. Il convient plutôt d'y reconnaître un signe du républicanisme de Jean de Viterbo. »

Le regimen animarum

Le *regimen*, au Moyen Age, n'acquiert que tardivement un sens politique. Il appartient d'abord au vocabulaire de la direction spirituelle. On en trouve l'analyse la plus complète dans la *Règle pastorale* du pape Grégoire le Grand, composée vers 590, qui fixa pour plusieurs siècles les conditions éthiques du « gouvernement ». Ce texte, d'une importance capitale dans la pensée médiévale[1], s'appuie en grande partie sur le deuxième *Discours théologique* de Grégoire de Nazianze[2] (écrit en 362), où sont longuement développées, sous la forme traditionnelle depuis l'époque hellénistique d'une comparaison avec l'art médical, les règles pratiques de l'art des arts.

> « [...] En vérité, il me semble que c'est l'art des arts (*technē technōn*) et la science des sciences que de conduire l'être humain (*anthropon agein*), qui est le plus divers et le plus complexe des êtres[3]. C'est là chose facile à saisir si on établit un parallèle entre la médecine des âmes et les soins du corps[4]. »

La médecine des âmes est, de loin, plus difficile à pratiquer que celle des corps en raison de la nature de son objet et des ressources qu'elle exige. Elle est en outre beaucoup plus précieuse par le but qu'elle vise.

En premier lieu, l'âme, à la différence du corps, ne constitue pas une matière périssable vouée de toute façon à se décomposer, mais une substance d'origine divine, attachée à l'élément inférieur et qui aspire, en le combattant, à retrouver la noblesse du ciel. Or cette lutte met en œuvre le libre arbitre (*autexousion*)[5] humain. L'art de conduire les âmes n'a donc pas pour objet les âmes mêmes, comme

1. Cf. H. Liebeschütz, *Mediaeval Humanism in the Life and Writings of John of Salisbury*, p. 35 : « [...] c'est Grégoire le Grand et non pas saint Augustin qui créa la forme de pensée de la littérature politique médiévale. » Sur sa conception du gouvernement, cf. *infra*, IIe partie, chap. 1, C.

2. Cf. *infra*, IIe partie, chap. 1, B et C.

3. Cf. Grégoire le Grand, *op. cit.*, I, 1 : « L'art de conduire les âmes (*regimen animarum*) est l'art des arts. » Sur les implications pédagogiques de cette formule quant aux arts libéraux, base du système classique de l'enseignement dans l'antiquité tardive, réduits à une simple propédeutique à l'étude de la Bible, cf. P. Riché, *De l'éducation antique à l'éducation chevaleresque*, p. 23-24.

4. Grégoire de Nazianze, *Discours*, p. 110-111.

5. Sur cette notion, cf. *infra*, IIe partie, chap. 1, B.

la médecine du corps s'applique à l'organisme. Il s'exerce sur la volonté de l'homme en tant qu'elle est l'agent de sa libération et cependant, par ses attaches matérielles, y fait obstacle.

De là plusieurs différences quant aux méthodes employées. Le médecin prescrit ses remèdes d'après un certain nombre de critères généraux (lieu, circonstances, âge, moment, etc.) et veille à ce que les désirs du malade ne contrecarrent pas le régime imposé. Parfois seulement, lorsqu'il cautérise ou opère, il doit user de moyens plus rudes. Faible individualisation : le médecin soigne une maladie et ne tient compte du malade que dans la mesure où, par négligence ou réticence, il est susceptible de perturber l'efficacité du traitement ; relative docilité : le patient, qui souhaite guérir, accepte le plus souvent les remèdes ordonnés ; rare violence, enfin, quand la nécessité l'exige. Il en va tout autrement dans le gouvernement des âmes, où la matière sur laquelle on intervient ne demeure pas passive, mais réagit, se dérobe, use de finesses et de stratagèmes, et se révolte contre les soins qu'on lui procure[1]. L'âme, en somme, est un malade qui, se cachant à lui-même sa maladie, ne désire pas retrouver la santé. A cette indocilité il n'est pas possible de répondre par la contrainte car, Grégoire de Nazianze le répète avec conviction, « ce qui subit violence reprend vite, une fois rendu à soi-même, son état primitif[2] ». Le directeur d'âmes ne doit donc recourir qu'à la persuasion. Or cette dernière suppose pénétration et discernement. Pénétration : « [La médecine du corps] pratique peu l'analyse des profondeurs, la plus grande partie de son activité concerne les apparences, tandis que nous, nous mettons tous nos soins et tout notre zèle à l'étude de l'homme qui est caché au fond du cœur (*peri ton krupton tēs kardias anthropon*) et nous nous battons contre un ennemi qui mène contre nous une lutte et une guerre intérieures[3]. » Discernement, car, du fait de la très grande diversité des hommes, le remède qui convient à l'un peut s'avérer nocif à l'autre. Grégoire le Grand, se référant explicitement au deuxième *Discours* de Grégoire

1. *Discours*, p. 115 : « [...] chez nous, l'intelligence et l'égoïsme, ainsi que notre incapacité et notre refus de nous laisser vaincre aisément, constituent le plus gros obstacle à la vertu. Une sorte de mobilisation se déclenche contre ceux qui viennent à notre aide. »

2. *Ibid.*, p. 111. Saint Augustin sera le premier, dans la querelle antidonatiste (début du Ve siècle), à préconiser la force – *disciplina* – comme moyen de guérison spirituelle. Cf. P. Brown, *La Vie de saint Augustin*, p. 279.

3. *Discours*, p. 119.

de Nazianze, consacre toute la troisième partie de sa *Regula* à cette « psychologie » dont doit faire preuve le directeur d'âmes[1].

Le but, enfin, de la thérapeutique des âmes est incomparablement plus noble que celui de la médecine, puisqu'il s'agit non pas simplement de conserver ou de réparer un état naturel précaire, mais d'opérer une transformation complète par laquelle l'âme se dépouille de tout ce qui n'est pas elle et, retrouvant sa ressemblance divine, accède à la béatitude.

Tel que le définissent les *Discours* de Grégoire de Nazianze et, avec quelques inflexions augustiniennes, la *Regula Pastoralis*, le *regimen* ecclésiastique désigne donc un gouvernement non violent des hommes, qui, par le contrôle de leur vie affective et morale[2], la connaissance des secrets de leur cœur et la mise en œuvre d'une pédagogie finement individualisée, s'efforce de les conduire vers la perfection. Comment de ce gouvernement doux, patient et bienveillant, est-on passé en quelques siècles à la notion d'un *regimen* politique recourant à la force pour assurer le bon ordre de la société chrétienne ? C'est l'un des problèmes que pose le développement de l'État pendant la première moitié du Moyen Age. Je me propose de montrer, dans ce livre, de quelle manière l'Église, ne pouvant se passer de la contrainte, l'a peu à peu pliée aux règles éthiques du gouvernement. Quasi-sacerdotalisation du glaive à défaut de pouvoir désarmer le sacerdoce. Signe de cette volonté constante : l'accent mis sur l'exemplarité royale, à l'instar du prêtre qui doit « former les autres à la vertu[3] ».

Au XIIIe siècle, l'apparente dispersion que reflète le texte de Jean de Viterbo a fait place à un vocabulaire plus homogène. Conséquence, sans doute, du progrès de l'institution monarchique, qui

1. Ces préceptes ne sont pas nouveaux. Ils s'inscrivent dans la tradition de l'art rhétorique depuis Aristote. Cf. déjà Platon, *Phèdre*, 271 c-d, sur la connaissance des espèces d'âmes comme condition de la véritable psychagogie (la dialectique) ; Aristote, *Rhétorique* I et II, pour l'analyse des différents types de passions et de caractères. On observe, cependant, une individualisation plus fine dans la prédication chrétienne, puisque l'objet du soin pastoral est l'âme de chaque être humain. Cf. particulièrement Grégoire de Nazianze, *Discours*, p. 127-128, qui montre comment le souci du salut de l'âme (*soteria psuchès*) rend nécessaire une analyse toujours plus précise des différences entre les désirs et les appétits (*tais epithumiais kai tais ormais*) selon les types d'hommes.

2. *Discours*, p. 115 : « [...] examiner et soigner les mœurs, les sentiments, la vie, les partis pris et tout ce qui en nous appartient au même domaine. »

3. *Ibid.*, p. 108.

devient le centre d'un nouveau champ conceptuel, mais aussi de la mise en ordre effectuée par les docteurs scolastiques dans leur effort pour adapter la *Politique* d'Aristote, redécouverte vers 1260, aux structures de la société chrétienne. Ainsi Gilles de Rome, dans son monumental traité sur le gouvernement des princes (*De regimine principum*, 1277-1279[1]), fait-il du *regimen* la définition même de l'office royal: régner, c'est gouverner. Nulle différence entre l'*ars regendi* et l'*ars regnandi*[2], l'essence de la royauté résidant, on le verra, dans sa fonction directive. Il serait inexact, cependant, de présenter le *regimen* comme le simple exercice du pouvoir établi, puisque, au contraire, c'est le *regnum* – au triple sens de régime monarchique, dignité royale et royaume – qui constitue la mise en œuvre du bon *regimen*, orienté vers le bien commun. Au XIIIe siècle encore, le *regnum* découle des exigences du *regimen*, et non l'inverse[3]. Loin que le gouvernement soit absorbé dans la forme abstraite de la souveraineté, il l'empêche de s'établir dans son concept, en posant la finalité comme critère de la fonction[4].

Politisation donc du *regimen*, sur l'axe d'une téléologie morale[5]. Un fil continu, en effet, relie la conduite de soi, l'administration

1. Cf. *infra*, IIe partie, chap. 4, B.
2. *De regimine principum*, I, 3, 4, f. 98r.
3. Le *regnum*, comme on le verra, n'a pas encore un sens territorial nettement marqué.
4. Si l'on ne peut concevoir de *regimen*, en effet, qui ne tende vers le bien commun, car il n'y aurait alors que le fait brut de la domination, la souveraineté est indépendante du but poursuivi par l'État – liberté, bien-être, puissance – et se justifie par la seule nécessité de le conserver. Pour que le concept de la souveraineté devînt possible, même s'il se trouve lié chez la plupart des théoriciens à des conditions de légitimité, il fallait passer d'une conception finaliste à une conception purement fonctionnelle du gouvernement – donc rompre avec l'idée du *regimen*.
5. Ce phénomène n'est pas propre à la tradition théologico-philosophique occidentale. On l'observe également dans la pensée islamique. Le *Régime du solitaire* (*Tadbîr al-mutawahhid*) d'Ibn Bâjja (Avempace, XIe-XIIe siècle) en offre un remarquable exemple. L'ouvrage commence par l'examen du mot *tadbîr*, qui signifie conduite, direction, maniement d'une affaire, administration, régime d'un malade. Ibn Bâjja le définit comme « l'agencement de diverses actions en vue d'une fin proposée », soulignant que, le plus souvent, on emploie ce mot pour définir un régime « en puissance ». Aussi faut-il que la réflexion intellectuelle s'exerce sur ces choses en puissance, car la coordination est leur fonction propre. Par ailleurs, on peut l'envisager à plusieurs niveaux: le plus bas, celui d'une profession, le plus élevé, celui de la « maison » (économie) et de la cité. On dit que Dieu « régit » le monde seulement par analogie avec l'idée générale et la plus élevée du régime. Le vulgaire emploie ces diverses significations de façon équivoque, mais le philosophe n'y voit que des homonymes. La cité parfaite serait constituée par le petit nombre de ceux qui professent les doctrines véridiques et pratiquent les actions correctes, s'ils parvenaient à vivre ensemble. Tant que la société n'aura pas adopté leurs mœurs,

domestique et la direction de l'État. Le prince gouverne son royaume de la même manière que ses propres désirs, sa femme, ses enfants, ses domestiques : il s'agit, à chaque niveau, d'ordonner une multitude à la fin vertueuse qui lui correspond. Simplement la difficulté augmente avec le nombre. Le roi est celui qui, dans son activité directive, n'a pas affaire qu'à lui-même ni à sa famille, mais à la plus grande multitude possible[1]. Du fait de cette relation transitive entre le gouvernement de soi, de sa maison et du royaume, l'action publique se trouve réduite, le plus souvent, aux règles éthiques du comportement privé. Le *regimen* politique, toutefois, ne s'exerce pas sur des individus – relation du prince à lui-même ou à ses proches – mais sur le tout que constitue la *res publica*, cité ou royaume : corps vivant, organisme ayant des besoins spécifiques, et non grande famille (c'est l'impossibilité pour les familles de se suffire à elles-mêmes qui a rendu nécessaire l'organisation de l'État[2]). Du fait de cette dissymétrie entre le *regimen* privé et le *regimen* politique, apparaît alors, chez Thomas d'Aquin, une question qui fissurera le continuum éthico-politique traditionnel : les vertus du prince, en tant qu'il gouverne la *res publica*, sont-elles identiques à celles des particuliers ? Le gouvernement de l'État requiert-il des qualités spéciales ? Question encore posée en termes moraux, mais qui dessine la place, qu'occupera Machiavel, d'une *virtù* distincte des règles éthiques communes.

---

ils demeurent étrangers dans leur milieu d'origine. Le but du livre est d'expliquer le régime à suivre par le solitaire pour atteindre et conserver la perfection spirituelle. L'influence du mot *tadbîr* sur l'usage du mot *regimen* reste à étudier, l'ouvrage d'Ibn Bâjja n'ayant pas été connu directement de la scolastique latine (il fut résumé en hébreu seulement au XIVe siècle par Moïse de Narbonne), mais par des citations, des emprunts et des commentaires d'autres auteurs – en particulier Ibn Rusd (Averroès). Je dois toutes ces précisions à la généreuse érudition de Dominique Urvoy. Sur Ibn Bâjja, cf. H. Corbin, *Histoire de la philosophie islamique*, p. 317-325 (belle analyse du *Régime du solitaire*, p. 321-325).

1. Cf. chez Gilles de Rome, *op. cit.*, III, 1, 5, f. 244r, la définition du *regnum* comme une « confédération de plusieurs cités » ; cf. également III, 1, 1, f. 238r, la *communitas regni* comme la forme la plus haute de communauté politique.

2. *Ibid.*, III, 1, 6, f. 244v.

B. Gouvernement et exercice de la souveraineté

a. *Bodin*

C'est au XVIe siècle que commence à se creuser la différence entre l'« État » et le « gouvernement ». Chez les auteurs italiens, *stato* est souvent employé comme synonyme de *governo*, au sens, que lui donnait encore Machiavel, d'exercice du pouvoir politique, *signoria*. Mais dès 1544, Gaspare Contarini écrit : « Une république peut être populaire et être dirigée (*reggersi*) de manière aristocratique, parce qu'il y a une différence entre l'État (*lo Stato*)[1] d'une république et son gouvernement (*governo*)[2]. »

Bodin, quelques années plus tard, reprend cette distinction :

> « [...] il y a bien différence de l'État et du gouvernement, qui est une règle de police qui n'a point été touchée de personne. Car l'État peut être en monarchie, et néanmoins il sera gouverné populairement si le prince fait part des états, magistrats, offices et loyers également à tous, sans avoir égard à la noblesse, ni aux richesses, ni à la vertu[3]. »

Le gouvernement ne désigne pas ici, comme de nos jours, l'organe de l'exécutif, mais une certaine manière pour la puissance souveraine de distribuer honneurs et charges en fonction de critères établis par l'usage. Le prince n'exerce pas sa souveraineté sur une multitude d'individus préoccupés de leur seul intérêt. Il commande un corps vivant qui possède une mémoire. Et c'est ce jeu entre la volonté souveraine et les coutumes de la nation qui définit le concept de gouvernement.

Plusieurs différences ressortent par rapport au *governo* machiavélien : le gouvernement se manifeste sous la forme du don, non de la dissuasion, de la contrainte ou de la répression (« Il se peut faire aussi que la monarchie sera gouvernée aristocratiquement quand le prince ne *donne* les états et bénéfices qu'aux nobles, ou bien aux

1. Sur le sens du concept de *stato* chez Machiavel, cf. *infra*, IIIe partie, chap. 1, A.
2. *Republica et Magistrati di Venezia* (cité par F. Chabod, *Scritti sul Rinascimento*, p. 644).
3. *La République*, II, 2, p. 34.

plus vertueux seulement, ou aux plus riches[1] »); il porte sur l'attribution des offices et des dignités, non sur l'utilisation des armes ou la gestion des richesses; il s'inscrit dans une typologie constitutionnelle (monarchique, aristocratique, populaire) et ne relève pas d'un calcul de sécurité; enfin, il est réglé par l'usage et ne varie donc pas selon la *necessità*.

Ainsi, s'il se distingue de l'État, c'est-à-dire de la forme de la souveraineté, ce gouvernement n'a pas le caractère d'une pratique spécifique. Il désigne moins la manière dont s'exerce la souveraineté que les mœurs – « règle de police[2] qui n'a point été touchée de personne » – auxquelles elle doit se conformer: sa limite factuelle, en somme, et non sa force actuelle.

Bodin reconnaît cependant une certaine autonomie de la pratique gouvernementale par rapport à la fonction souveraine. Selon la façon dont le prince use de son pouvoir on dira, en effet, que la monarchie est royale ou légitime (« celle où les sujets obéissent au monarque et le monarque aux lois, demeurant la liberté naturelle et propriété des biens aux sujets[3] »), seigneuriale (« celle où le prince est fait seigneur des biens et des personnes par le droit des armes et de bonne guerre, gouvernant ses sujets comme le père de famille ses esclaves[4] »), tyrannique enfin, si le prince s'est emparé de la seigneurie par des moyens injustes. De même on parlera d'aristocratie légitime, seigneuriale ou factieuse, et de démocratie légitime, seigneuriale ou turbulente[5]. Il ne s'agit plus ici d'une règle de police modifiant, en vertu d'une ancienne convention, l'action de la puissance souveraine, mais de la manière dont le souverain se rapporte, adéquatement ou non, au principe de sa propre puissance. Pratique relativement autonome dans la mesure où, dans ses formes seigneuriale et tyrannique, elle ne découle pas du concept même de la souveraineté et contredit le fondement de son institution.

1. *Ibid.* (je souligne).

2. Le mot au XVIe siècle, dans son usage le plus fréquent, signifie tantôt la forme de gouvernement d'un État (Amyot : « Il y a trois sortes de polices, c'est-à-dire de gouvernement des villes » – monarchie, oligarchie, démocratie) ou l'ensemble des lois qui le régissent, tantôt une certaine coutume ou manière de vivre. Cf. E. Huguet, *Dictionnaire de la langue française du XVIe siècle*, Paris, Didier, t. 6, 1965, p. 61. Bodin emprunte le concept à Cl. de Seyssel, *La Monarchie de France* (1519); cf. N. Rubinstein, « The History of the Word *politicus* in Early-Modern Europe », p. 52.

3. *La République*, II, 2, p. 34.

4. *Ibid.*, p. 36 (je souligne).

5. *Ibid.*, p. 35.

On voit la difficulté avec laquelle Bodin s'efforce d'échapper à l'opposition trop étroite, établie par Aristote, entre les formes saines (monarchie, aristocratie, timocratie) et les formes dégénérées (tyrannie, oligarchie, démocratie) de constitution. Pour cela, il distingue les deux termes, confondus dans la notion aristotélicienne de *politeia*, d'État et de gouvernement, celui-ci désignant non plus la forme de l'État, mais une certaine modification « constitutionnelle », ou coutumière, de la souveraineté. En ce premier sens, il reste une variable de la puissance souveraine. Mais par ailleurs, Bodin considère différentes manières d'exercer le pouvoir, introduisant, entre autres, la qualification de pratique *seigneuriale*. Qu'est-ce qui la définit ? Son origine tout d'abord : « le droit des armes et de bonne guerre ». Le mode d'assujettissement ensuite : le seigneur « gouverne ses sujets comme le père de famille ses esclaves ». Autrement dit, il commande selon un modèle étranger à la relation de souveraineté, celui du maître de maison qui traite les hommes comme ses biens propres[1]. Il n'y a donc pas non plus, dans ce deuxième sens, de pratique spécifique du gouvernement à l'intérieur du modèle juridique de la souveraineté, mais recul de celle-ci vers une conception patrimoniale du pouvoir, fondée sur la guerre.

b. *Hobbes*

C'est avec Hobbes que l'évolution conceptuelle amorcée au XVIe siècle va aboutir à une articulation claire entre puissance souveraine et gouvernement. On voit alors distinctement se dessiner deux axes de problématisation : celui, ascendant, de la constitution du souverain et celui, descendant, de l'exercice du pouvoir comme *office*, *duty* ou *business of the sovereign*.

Curieusement, cette clarification conceptuelle s'accompagne chez Hobbes d'un certain embarras du vocabulaire, comme s'il cherchait, sans y parvenir tout à fait, à échapper à d'anciennes conventions de langage. Dans son premier traité politique, le *De corpore politico*[2], il utilise encore la terminologie traditionnelle :

1. Cf. *infra*, IIe partie, chap. 4, B, l'analyse du concept de *dominium despoticum* chez Gilles de Rome.

2. Cet ouvrage comprend les cinq derniers chapitres de la première partie et toute la seconde partie des *Elements of Law* que Hobbes rédigea en 1639-1640. Le texte, diffusé en manuscrit, fut publié sans l'agrément de l'auteur en 1650.

> « Ayant jusqu'à présent montré comment le corps politique se fait, et comme aussi ce même corps peut être détruit, reste que je déclare comme il peut être préservé. Non pas que j'aie dessein de traiter ici en particulier de l'art de gouverner, mais seulement d'avancer quelques points généraux, dont ce bel art se doit servir, et dans lesquels consiste le devoir de celui ou de ceux. qui sont les souverains[1]. »

L'art de gouverner concerne, non la création de l'État, qui obéit à une double logique, passionnelle – la crainte de la mort, qui pousse les hommes à mettre fin, par un pacte, à l'état de nature où règne la guerre de tous contre tous – et juridique – le transfert des droits de chaque individu contractant à la personne du souverain –, mais sa conservation. Il suppose donc l'existence d'un souverain, c'est-à-dire d'un monarque établi dans la plénitude de son droit. Le gouvernement est ainsi nettement délimité par rapport à l'institution de la puissance. Alors que, chez Machiavel, prendre le pouvoir et le conserver réclament les mêmes moyens, de sorte que son exercice, en fait, correspond à une conquête permanente, conserver l'État (qui ne se réduit plus au *stato* du prince, mais s'identifie avec le *Commonwealth*), chez Hobbes, appartient aux devoirs à l'égard des sujets découlant du droit du souverain. Celui-ci monopolise la force et détient une autorité absolue pour permettre aux individus qui forment le corps politique de vivre en paix. Loin que le gouvernement soit l'ensemble des actes par lesquels se renforce indéfiniment la puissance, il implique que cette puissance soit déjà si haute qu'on ne puisse en concevoir de supérieure. La puissance maximale ne constitue pas le but du gouvernement, mais sa condition[2].

Quelles sont alors les fins de l'art de gouverner ? Hobbes les résume par la maxime romaine qu'il cite tout au long de son œuvre : *Salus populi suprema lex*, le salut du peuple est la loi suprême, définissant ce salut comme non seulement la préservation de sa vie, mais plus généralement son profit et ses intérêts. Ce profit, sur le plan temporel, consiste en quatre choses : (1) la multitude – c'est le

1. *De corpore politico*, chap. 9, § 1, p. 162-163.
2. Il convient d'observer cependant la circularité du rapport entre souveraineté et gouvernement : « Comme ces actions sont du devoir du souverain, aussi sont-elles pour son profit et son intérêt. Car la fin de l'art est le profit, *et qui gouverne au profit des sujets, gouverne au profit du souverain* » (*ibid.*, p. 163 ; je souligne). Le concept d'intérêt, ou profit, constitue le pivot de cet argument.

devoir du souverain de faire multiplier le peuple en établissant de bonnes ordonnances et en ne tolérant pas « ces honteux accouplements qui sont contre l'usage de la nature, [...] la communauté des femmes entre elles[1] », la polyandrie, etc. –, (2) les commodités de la vie (liberté et prospérité), (3) la paix domestique, (4) la défense assurée contre les ennemis de dehors. Outre son rôle militaire, on voit que le gouvernement est essentiellement lié à des fonctions de *police*, au sens de maintien de l'ordre et de règlement des mœurs, mais surtout – et il s'agit là d'une dimension nouvelle de l'activité de l'État, esquissée par les premiers théoriciens mercantilistes[2] – d'économie publique[3]. Soyons attentifs aux transformations du vocabulaire. En apparence, Hobbes reste très proche de Bodin qui identifiait le gouvernement avec une règle de police. En réalité, ces mots ont pris, au XVIIe siècle, une signification tout à fait différente. La police-coutume ou *forme* de gouvernement qui modifiait, selon des usages historiques, la puissance souveraine, est devenue une police-règlement, ou *acte* de gouvernement qui manifeste cette puissance dans la transparence de la loi. Cette police, sans doute, doit être dissuasive et répressive puisqu'elle a pour objet de garantir la paix. Mais elle ne se contente pas d'interdire : il faut aussi qu'elle facilite, par l'entretien des chemins, la circulation des personnes et des marchandises, qu'elle contrôle l'approvisionnement, emploie toutes les forces disponibles, restreigne les dépenses superflues, etc.

Moment décisif dans l'histoire de l'art de gouverner : en faisant du bien-être, de l'existence tranquille et agréable, la fin de la vie civile, Hobbes – et avec lui un large courant d'inspiration utilitariste – déplaçait la vieille question de l'*ars regendi* sur un terrain où elle serait susceptible de recevoir une solution scientifique : celui de l'économie comme espace réglé par l'harmonie des intérêts particuliers[4], qu'on les laisse fonctionner librement à la manière d'une

1. *Ibid.*, § 3, p. 164.

2. Cf. P. Deyon, *Le Mercantilisme ;* M. Senellart, *Machiavélisme et Raison d'État*, p. 71 *sq.*

3. Un exemple de l'évolution du mot se trouve chez L. Le Roy, *Traduction d'Aristote*, III, 2, commentaire : « Ce mot de police en est descendu, qu'on prend communément en français pour le taux des vivres et règlement des métiers que font les juges ou échevins des villes, confondant la police et économie publique » (cité par E. Huguet, *op. cit.*, p. 62).

4. L'Italien G. Botero avait déjà tracé la voie dans ce sens, comme je l'ai montré dans *Machiavélisme et Raison d'État ;* cf. également mon article « La raison d'État antimachiavélienne », p. 37-41.

« main invisible » (A. Smith) ou qu'on les agence par des dispositifs législatifs (Helvétius). Mais ceci sera l'affaire du XVIIIe siècle. Hobbes, quant à lui, ne sort pas du cadre politique : c'est toujours en termes de souveraineté qu'il analyse les pratiques de gouvernement. Si celui-ci, en effet, s'exerce sur des objets multiples – population, mœurs, marchandises, transport, travail, justice, guerre – et exige donc, dans son application concrète, des compétences spécifiques, son art, au niveau des principes, tient en une formule simple : l'obéissance des sujets. L'art de gouverner réside tout entier dans l'aptitude à se faire obéir. Cette thèse, constamment soulignée par Hobbes, trouve une illustration très frappante dans le *Léviathan* (1651)[1], lorsqu'il soutient que la prospérité d'une nation ne dépend pas de la forme de son gouvernement (au sens ici de régime, *politeia*) : « La prospérité d'un peuple gouverné par une assemblée aristocratique ou démocratique ne tient pas au système aristocratique ou démocratique, mais à l'obéissance et à la concorde des sujets. Et si le peuple est florissant dans une monarchie, ce n'est pas parce qu'un seul homme a le droit de le régir, mais parce que les gens lui obéissent. De là, l'inutilité des changements de constitution » qui reviennent à détruire l'État, à l'instar des filles de Pélias qui mirent leur père en morceaux, sur le conseil de Médée, et le firent bouillir pour lui rendre la jeunesse[2]. Or la prospérité, condition de la vie confortable, est le but principal, avec la sécurité, que poursuit l'art de gouverner. Il est très remarquable que la réduction de ce dernier à la pure forme du commandement serve, d'un même geste, à récuser la question du meilleur régime, centrale dans la pensée politique classique. Ce sont deux traditions gouvernementales distinctes, celle de l'art de bien gouverner et celle de la forme optimale de gouvernement, qui viennent se fondre dans le concept d'une souveraineté prétendant, par son investiture contractuelle, à une obéissance absolue.

Dans les chapitres du *De cive* (1642) et du *Léviathan* qu'il consacre aux devoirs du souverain, Hobbes n'utilise plus l'expression d'*art de gouverner*, alors qu'il reprend la maxime *Salus populi suprema lex*[3]. « Il faut distinguer, écrit-il dans le

1. *Léviathan*, chap. 30, p. 361.

2. Cf. Ovide, *Métamorphoses*, VII, 3-4. La comparaison était, semble-t-il, assez courante. La Mothe Le Vayer, dans sa *Politique du prince*, chap. 3, IX, p. 899, l'emploie dans le même sens antiréformateur.

3. Cf. *Le Citoyen*, chap. 13, et *Léviathan*, chap.30. Le salut, en 1642, est toujours défini, dans la perspective hédoniste de Hobbes, comme la conservation d'« une vie

De cive[1], entre le *droit* et l'*exercice* de la souveraineté. » Et, précisant à nouveau qu'il n'entend pas entrer dans les détails (« ceci n'est pas mon dessein de descendre aux particularités qui se rencontrent dans les gouvernements de divers princes, dont les droits pourraient être différents »), il ajoute : « Il faut laisser cela aux politiques pratiques qui enseignent la conduite particulière de chaque sorte de république. » Phrase instructive. Elle montre tout d'abord que la réduction des techniques gouvernementales à la seule volonté impérative ne procède pas, chez Hobbes, d'une négation d'un art spécifique de gouverner tirant ses règles de la diversité des champs auxquels il s'applique, mais se trouve justifiée par le niveau où il se tient : celui de la *théorie* politique qui formule les lois générales, et non celui de la politique pratique. En outre, les préceptes du gouvernement varient selon les types de république : chacune demande une « conduite particulière ». Idée fréquemment développée, au XVIIe siècle, par un certain nombre de théoriciens étatistes, de Clapmar à Chemnitz[2]. « La politique roule sur des principes qui sont communs à tous les États, écrit par exemple Amelot de la Houssaye, et la raison d'État sur des principes particuliers, en sorte que chaque État a sa raison d'État[3] », c'est-à-dire qu'il se conserve par des moyens, ordinaires ou exceptionnels, appropriés à la nature de son régime. Le changement du vocabulaire de Hobbes, qui reste par ailleurs très stable, dans des chapitres présentant une grande symétrie, me paraît donc symptomatique : il traduit le passage d'une problématique traditionnelle de l'art de gouverner, dont on pourrait énoncer les maximes communes, à une problématique nouvelle de la *raison d'État* – expression que Hobbes, toutefois, n'emploie jamais – déterminée par la forme des différents corps politiques. Ainsi, c'est au niveau de la politique pratique que se rejoignent technologie et typologie gouvernementales, en dehors du domaine que circonscrit, *more geometrico*, la théorie de la souveraineté. La

---

autant qu'il se peut heureuse » (*Le Citoyen*, chap. 13, § 4, p. 230). Mais il recouvre des fins quelque peu différentes de la liste initiale. Sur les « quatre genres de commodités des sujets » regardant la vie présente (sécurité extérieure, paix intérieure, enrichissement, liberté), voir le § 6, p. 231.

1. *Le Citoyen*, chap. 13, § 1, p. 228-229.

2. Cf. *infra*, IIIe partie, chap. 2, B. Cf. également mon article « Y a-t-il une théorie allemande de la raison d'État au XVIIe siècle ? », p. 275-293.

3. *Commentaire des dix premiers livres des Annales de Tacite*, préface, Ire addition.

physique politique reste pour Hobbes, une généalogie abstraite du droit; elle ne descend pas, comme elle le fera avec Montesquieu, à l'analyse de la multiplicité concrète des lois.

On constate que se dessine, chez Hobbes, une double tendance: l'une consistant à rabattre le gouvernement sur la souveraineté, à travers l'impératif d'obéissance, l'autre à séparer rigoureusement leur niveau de fonctionnement en termes de droit – puissance de dire la loi – et d'exercice – application à des réalités particulières. La première correspond à l'usage fréquent, à la fin du XVIIe et au début du XVIIIe siècle, de la notion de gouvernement comme synonyme d'autorité publique. Elle inscrit tout entier le politique dans l'ordre juridique. La seconde, qui se rattache partiellement au discours prudentiel de la raison d'État, tire la politique pratique du côté de l'«économie[1]», au sens large d'administration des personnes et des biens, et aboutit à la distinction, encore peu familière à ses lecteurs, que formulera Rousseau: «Je [les] prie de bien distinguer [...] l'*économie publique* dont j'ai à parler, et que j'appelle *gouvernement*, de l'autorité suprême que j'appelle *souveraineté*; distinction qui consiste en ce que l'une a le droit législatif, et oblige en certains cas le corps même de la nation, tandis que l'autre n'a que la puissance exécutrice, et ne peut obliger que les particuliers[2].»

1. Cette division est décrite par C. Schmitt, *Der Léviathan in der Staatslehre des T. Hobbes* (1938), comme le point d'équilibre entre le moment personnel de la *décision* souveraine et le mécanicisme d'une conception de l'État comme simple machine administrative. Avec le développement de la rationalisation bureaucratique, l'instance décisionnelle s'efface au profit d'une technique impersonnelle de gouvernement. Le Léviathan, prisonnier du dispositif administratif et impersonnel qu'il a lui-même engendré, est ainsi condamné à mourir.

2. Selon M. Esmein, *op. cit.*, p. 22-23, c'est à la suite de la terminologie propre à Rousseau, «correspondant à une idée subtile et assez peu exacte», que les Français se sont habitués «à voir dans le gouvernement le pouvoir exécutif tout seul». Avant Rousseau en effet, explique R. Derathé, *op. cit.*, p. 385, «les juristes et écrivains politiques ne font aucune différence entre le gouvernement et la souveraineté», puisque la puissance exécutive est une partie de celle-ci au même titre que la puissance législative, le pouvoir judiciaire ou le droit de faire la guerre, et que ces puissances, dans une monarchie, sont réunies dans la personne du roi. Cf. Rousseau, *Lettres écrites de la montagne* (1765), V, in *Œuvres complètes*, éd. Pléiade, t. III, p. 176. D'après la théorie de la volonté générale, seule la puissance législative, selon Rousseau, se confond avec la puissance souveraine. Il est tout à fait essentiel, pour la problématisation moderne de l'art de gouverner, que la distinction réelle, et non plus seulement formelle comme chez Hobbes, entre souveraineté et gouvernement soit liée à l'avènement de l'âge démocratique. La relative autonomie de la pratique gouvernementale par rapport à la puissance souveraine se conçoit, en effet, non sur fond d'obscures stratégies de cabinet (face cachée du soleil de l'État absolu), mais

Au début du XVIe siècle, le gouvernement se confondait avec l'État: *stato* et *governo*, chez Machiavel, sont le plus souvent interchangeables et désignent le pouvoir effectif du prince. Régner, c'est gouverner, et inversement. Au milieu du XVIIe siècle, les deux notions se sont détachées l'une de l'autre, s'insérant dans un système d'oppositions binaires: droit/devoirs, théorie/pratique, constitution/conservation, etc. Le moment est venu où l'on pourra dire, éventuellement, que le roi règne et ne gouverne pas. Situation décrite par Hobbes: « Il arrive souvent que les rois [...] donnent la conduite des affaires à d'autres [...], parce qu'ils estiment qu'elles seront mieux entre leurs mains et que, se contentant du choix de quelques ministres et conseillers fidèles, ils exercent par eux la puissance souveraine. Et en cette conjoncture, où le *droit* et l'*exercice* sont choses séparées, le gouvernement des États a bien du rapport à celui du monde, où Dieu, le premier moteur, laisse agir ordinairement les causes secondes et ne change point l'ordre des effets de la nature[1]. » L'autonomisation de l'activité gouvernementale par rapport à la fonction souveraine met en avant, sur la scène politique, un personnage nouveau: le ministre, chargé de conduire les affaires de l'État. Mais elle s'inscrit également à l'intérieur d'une cosmologie mécaniste, représentant un monde sans finalité, s'autogouvernant par le seul fonctionnement de ses lois naturelles.

C. Les trois étapes de l'évolution du concept

D'une manière un peu schématique, on peut distinguer trois étapes dans la formation du concept de gouvernement du Moyen Age au XVIIe siècle.

1. Jusqu'au XIIe siècle, selon la conception ministérielle du pouvoir séculier – le roi, ministre de l'Église –, le *regimen* précède le

---

à l'intérieur du rapport complexe que la société, par ses mécanismes de représentation et d'administration, entretient avec elle-même. Paradoxe d'un corps qui, agissant sur lui-même, « n'agit jamais immédiatement par lui-même ». C'est ce jeu qui ouvre l'ère de l'*Öffentlichkeit* (publicité) et clôt définitivement, sans pourtant en éliminer tous les résidus, celle des *arcana* ou mystères de l'État (sur cette notion, cf. *infra*, IIIe partie, chap. 2).

1. *Le Citoyen*, chap. 13, § 1, p. 229.

regnum. Celui-ci est confié au roi par Dieu, à travers ses vicaires immédiats, pour que, contraignant les corps, il mette sa force au service du gouvernement des âmes. La royauté, alors, est un office qui découle d'un devoir à remplir, subordonné à la perspective religieuse du salut. Du point de vue de l'histoire de l'État, on constate à juste titre que le politique se trouve absorbé par le spirituel. Dans l'optique d'une histoire du « gouvernement », il est plus exact de dire que les finalités gouvernementales, spirituelle (salut des âmes) et temporelle (discipline des corps), conditionnent l'action étatique. Plutôt que la négation du politique, c'est la finalisation de la force qui constitue le caractère original de cette période. En un sens, le roi gouverne plus qu'il ne règne puisque son titre dépend de la rectitude de ses actes[1].

2. A partir du XIIIe siècle, sous la double pression du développement des grandes monarchies et du mouvement intellectuel suscité par la redécouverte d'Aristote, le *regimen* se confond avec le *regnum*. Relative autonomisation du politique par rapport au spirituel, si l'on veut. Équilibre précaire, plutôt, à l'intérieur d'un monde harmonieux et hiérarchisé, entre la naturalité du *regnum* et la finalité du *regimen*. Il suffira que se rompe cette harmonie, à l'aube de la Renaissance, pour que le *regimen*, détaché d'un ordre des fins, s'enroule en quelque sorte autour du *regnum*, faisant de la force, livrée à elle-même, le principe d'un accroissement indéfini de la force. Ce moment où le *regimen* s'affranchit de tout horizon téléologique et prend pour fin, en une sorte de repli circulaire sur soi, la condition de son exercice – la puissance –, marque le passage de l'art médiéval de gouverner à la technologie moderne du gouvernement, qu'illustre avec éclat *Le Prince* de Machiavel. Mais il ne faut pas s'y tromper : si Machiavel rejette le finalisme du *regimen* chrétien, il continue de concevoir le *governo* comme identique au *stato*. Régner, pour lui comme pour les scolastiques, c'est gouverner, à cette différence près que le critère de l'efficacité remplace celui de la justice. La rupture machiavélienne est certes décisive, mais elle s'inscrit dans une période de transition, ouverte par le naturalisme aristotélicien, entre l'ancienne doctrine des Pères, où la fonction gouvernementale déterminait les limites du pouvoir, et la théorie élaborée au XVIIe siècle, où elle sera subordonnée à l'institution du pouvoir souverain.

1. Selon la formule d'Isidore de Séville, « rex a recte agendo » (cf. *infra*, IIe partie, chap. 1, A).

3. La troisième étape correspond à l'instrumentalisation du gouvernement que j'ai décrite chez Hobbes, mais qui constitue un phénomène général dans les grandes monarchies administratives au XVIIe siècle. Le gouvernement n'est plus la raison d'être de la puissance publique ni la forme même de sa manifestation. Il en devient une fonction, essentielle sans doute, mais distincte de l'appareil solennel de la souveraineté. A la différence de M. Foucault[1], je ne pense pas que l'autonomisation de l'art gouvernemental au XVIIe siècle se soit faite en rupture avec la théorie juridique de la souveraineté. C'est plutôt dans le cadre établi par celle-ci qu'il a pu se détacher à la fois des fins éthiques du *regimen* (la souveraineté définissant un espace politique régi par des rapports de commandement et d'obéissance en vue du maintien de l'ordre, nécessaire à la sécurité) et de la pure dynamique de la surenchère des forces libérée par Machiavel. Le gouvernement n'est plus le vecteur d'un perfectionnement moral des hommes, ni le foyer d'une lutte permanente pour la domination. La souveraineté n'a pas affaire aux fins dernières, et c'est elle, désormais, qui devient l'enjeu des rivalités de puissance. De là une redéfinition des finalités gouvernementales, en fonction non du bien commun ou de l'intérêt du prince, mais des besoins de l'État, corps vivant soumis à la nécessité, pour survivre, de développer au maximum ses ressources matérielles et humaines.

Ce processus se traduit par un certain nombre de transformations :

– Le gouvernement ne s'exerce pas tant sur des volontés, comme le fait, à travers la loi, l'autorité souveraine, que sur des quantités[2] : population active ou inactive, richesses, marchandises, équipements civils et militaires, etc. Certes, les hommes, même considérés sous leur aspect de masse, ne sont pas une matière inerte. Leur sensibilité instable, mobile, versatile oblige à multiplier les signes et les simulacres (« gouverner, disait Richelieu, c'est faire croire »), de préférence à la contrainte. Mais leurs humeurs entrent désormais dans un calcul qui les réduit, en quelque sorte, à de purs phénomènes physiques. Ainsi Bacon, dans son *Essai* sur les troubles et les sédi-

1. Cf. « La gouvernementalité », p. 10-11. Foucault, il est vrai, précise que le nouvel art de gouverner selon la raison d'État a servi au renforcement de la souveraineté, celle-ci constituant donc, à ses yeux, un *cadre* historique en même temps qu'un *obstacle* théorique.

2. Cf. le texte de Fénelon que je cite plus bas (Ire partie, chap. 2, B).

tions[1], recommandait-il aux « pasteurs des États » de « bien connaître les calendriers des tempêtes de l'État, qui sont d'ordinaire plus fortes quand les choses sont à égalité, comme les tempêtes de la nature sont plus fortes autour de l'équinoxe ». A l'ancien gouvernement des âmes et des corps se substitue donc le gouvernement des choses[2]. La question n'est plus celle, que posaient les auteurs chrétiens, de l'usage légitime de la force, ni celle, soulevée par Machiavel, de son appropriation exclusive. Elle réside maintenant dans l'utilisation intensive de l'ensemble des forces disponibles. Passage du droit de *la* force à la physique *des* forces.

– Déplacement, ensuite, de l'ancienne conception du ministère au problème du ministre. Lorsqu'il appartenait au prince de gouverner, la réflexion restait centrée sur la nature de son office. Procédait-il du pouvoir spirituel ? Dans quelle mesure devait-il s'y soumettre ? Quelles étaient ses obligations ? La stricte doctrine ministérielle avait fait place, depuis le XIIe siècle, à une reconnaissance progressive de l'autonomie du pouvoir royal dans ses fonctions séculières. Mais il n'acquit sa pleine indépendance qu'en revêtant les attributs de la souveraineté. A partir du moment où le prince *représentait* le corps politique de l'État plus qu'il ne le faisait lui-même agir, la question du choix des ministres devint de première importance.

Machiavel, dans *Le Prince*, ne lui avait consacré qu'un chapitre assez court[3] : sujet secondaire, en effet, puisque, contrairement à l'idée médiévale que les bons conseillers faisaient le bon prince, les

1. *Essais*, XV, p. 69.

2. Ce point a été remarquablement mis en relief par M. Foucault, *loc. cit.*, p. 10. L'exemple sur lequel il s'appuie est cependant assez contestable. Peut-on vraiment considérer comme une nouveauté, ou l'indice d'une transformation décisive, la présence du mot *choses* dans la définition du gouvernement par G. de la Perrière (*Le Miroir politique*, 1555), qu'il commente longuement : « Gouvernement est droite disposition des choses, desquelles on prend charge pour les conduire jusques à fin convenable » (f. 23r-v) ? L'auteur, en effet, ajoute : « comme décrivent les philosophes moraux et théologiens », se référant à la tradition antique et médiévale. Il fait précéder, en outre, sa définition de la phrase : « Gouvernement présuppose ordre d'autant que sans ordre on ne peut dûment gouverner. » Il est difficile de ne pas percevoir dans la formule de la Perrière un écho direct de la célèbre définition augustinienne de la paix (*La Cité de Dieu*, XIX, 13) : « La paix de toute chose est la tranquillité que donne l'ordre, et l'ordre n'est autre chose qu'une disposition des choses semblables et dissemblables qui attribue à chacune la place qui lui revient (*ordo est parium et disparium rerum sua cuique loca tribuens dispositio*). »

3. Ch. 22 : « Des secrétaires que les princes ont auprès d'eux (*De his quos a secretis principes habent*) ». Guiraudet traduisait plus brièvement : « Des ministres ». Il est important de noter que la fonction du *ministro* s'inscrit encore dans une certaine économie du secret.

ministres, selon Machiavel, « [étaient] bons ou non selon la sagesse du prince ». Le problème du ministre se ramenait à celui du jugement du prince. Naudé lui accorde une place beaucoup plus considérable dans ses *Considérations politiques sur les coups d'État* (1639) – tout le cinquième et dernier chapitre –, mais reste très proche de Machiavel quand il écrit que « [les ministres] dépendent absolument du choix que le prince peut en faire[1] ». Reflets de la sagesse du prince, ils sont en quelque sorte l'instrument par lequel, en s'extériorisant, elle prend conscience d'elle-même. Leur compétence ne s'exerce pas sur des objets spécifiques. Moment nécessaire de la pure réflexivité de la volonté souveraine, ils ne servent qu'à réduire l'écart entre l'humanité faillible du prince et sa décision irrévocable[2]. Aussi le rôle des ministres ne se distingue-t-il pas de celui des conseillers, « serviteurs secrets et affidés[3] ». C'est Hobbes qui séparera rigoureusement leurs fonctions respectives : « Un conseiller, s'il a uniquement le droit (étant dépourvu de tout commandement et de toute juridiction) de donner des avis, touchant des affaires publiques difficiles, au détenteur du pouvoir suprême, n'est pas un ministre public[4]. » Le choix des ministres alors ne sera plus déterminé, dans une fin délibérative, par la seule relation du prince à son propre vouloir, mais, selon les nécessités administratives, par la relation organique de l'appareil d'État avec le corps de la nation. Objectivation de la fonction ministérielle – relative aux finances, aux choses militaires, à l'instruction du peuple, etc. – qui correspond à la ministérialisation de l'activité gouvernementale. Au XVIIe siècle, ce sont les ministres qui redéfiniront les règles de l'art de gouverner.

1. *Considérations politiques sur les coups d'État*, p. 153.

2. « [...] si le prince se juge assez fort, autorisé, judicieux, et capable pour être au-dessus de ses conseillers et confidents, il est bon d'en avoir trois ou quatre, parce que après qu'ils auront opiné sur quelque incident, il en pourra tirer diverses ouvertures ou moyens, et choisir celui qu'il estimera plus expédient d'exécuter. Mais s'il est d'un esprit faible, peu entendu et incapable de choisir le meilleur avis et le faire suivre, il est sans doute plus expédient qu'il ne se confie qu'à un seul qu'il choisira pour le plus judicieux et mieux conditionné de tous les autres » (*ibid.*, p. 155). Cf. les remarques éclairantes de L. Marin dans sa présentation, p. 56-57.

3. *Ibid.*, p. 154.

4. *Léviathan*, chap. 23, traduction du texte latin donnée par F. Tricaud, p. 259, note 47. Le texte anglais est moins explicite.

CHAPITRE 2

Les arts de gouverner

Les arts de gouverner: ce pluriel indique qu'on ne cherche pas à découvrir une essence, un principe fondateur dont on pourrait déduire une méthode de gouvernement. Il désigne une multiplicité non seulement d'arts, de techniques, de systèmes de règles, de modèles d'action, mais aussi de définitions du « gouvernement ». Rien de moins équivoque, on l'a vu, que ce terme qui renvoie à des formes de relation, des types d'institution et des axes de finalité très divers. Il n'empêche que l'on peut regrouper en un *genre* l'ensemble des textes, quelle que soit leur forme littéraire (dialogue, discours, traité, sermon, poème, lettre, etc.), qui instruisent le prince de ce qu'il doit être, savoir et faire pour bien diriger son État. Genre antique dont la tradition remonte aux civilisations d'Égypte et de Mésopotamie[1]. Cette littérature est peu étudiée et ne trouve généralement pas de place dans l'histoire des idées politiques, moins parce que, s'adressant à des princes, elle n'aurait plus d'intérêt dans une culture démocratique, qu'en raison de son orientation morale. Depuis Machiavel, le thème de la vertu du prince, objet de la « parénétique[2] » royale, appartient à ce monde d'illusions où l'on mêle sans discernement, comme si elles remplissaient la même fonction, chimères, figures idéales et constructions utopiques.

La « science politique », ainsi, aurait rendu caduc l'art de gouverner, comme le prouverait l'effacement progressif de cette expression chez Hobbes. Or il n'en est rien. Contrairement au schéma historio-

1. Cf. P. Hadot, « Fürstenspiegel », col. 556-564.

2. La parénétique, ou parénèse (du grec *parainesis*: exhortation, encouragement), désigne un genre de discours exhortant aux actions vertueuses. Cf. Sénèque, *Lettres à Lucilius*, XV, 95, 1, qui traduit ce terme par « enseignement de préceptes » (*pars praeceptiva philosophiae*).

graphique convenu, qui oppose la nouvelle rationalité étatique des XVIe et XVIIe siècles à l'idéologie médiévale du *bonum commune*, l'art de gouverner n'a pas été remplacé d'un seul coup par la science de l'État, mais s'est transformé graduellement pour se couler dans son armature, y introduisant, sous un langage moderne, des sédiments discursifs parfois très anciens. Ni rupture ni, bien sûr, simple continuité : c'est en termes de glissement, de déplacement, d'effondrement, à la manière des géologues, qu'il faudrait décrire les strates du discours politique qu'on voit se former à partir du XVIe siècle. J'utiliserai pour l'instant une autre métaphore. On distingue en physique deux régimes d'écoulement des fluides, laminaire, ou en nappe, et turbulent. L'écoulement laminaire s'effectue par glissement de couches de fluide les unes sur les autres, avec effets de viscosité, alors que le régime turbulent est caractérisé par la formation de systèmes tourbillonnaires, les vitesses variant de façon aléatoire. Peut-être serait-il pertinent, par analogie (et donc sans prétendre à aucune utilisation rigoureuse des concepts), de distinguer, dans l'histoire des idées politiques, des périodes à écoulement laminaire, où l'on voit se superposer des nappes discursives homogènes – ainsi, au XIIe siècle, celles de l'humanisme platonisant et du droit civil romain, ou, au XIIIe siècle, celles de l'augustinisme et de l'aristotélisme –, avec une plus ou moins grande résistance visqueuse, et des périodes à régime turbulent, marquées par une brusque accélération, où les flux discursifs perdent leur individualité, se décomposent et se mélangent entre eux – ainsi, après la perturbation machiavélienne, les polémiques des XVIe et XVIIe siècles autour de la *ragion di Stato*. La mécanique des fluides appliquée, comme métaphore expérimentale, aux courants de pensée permettrait de la sorte d'échapper aux périodisations figées dans lesquelles l'analyse se rouille et de regarder le discours, non comme une surface sur laquelle se découpent de grandes ombres immobiles, mais comme un véritable espace de *circulation*.

En vertu de cette hypothèse, je chercherai à montrer quelles lignes de pente conduisent des Miroirs des princes (*Specula principum*) médiévaux aux maximes d'État du XVIIe siècle, à l'intérieur du genre des arts de gouverner. Comment est-on passé d'une éthique du *regimen* inscrite dans la relation spéculaire du prince à son modèle parfait, à une technique gouvernementale déterminée par les intérêts de l'État ? Nous verrons qu'entre l'une et l'autre la figure du Prince machiavélien marque moins une coupure brutale qu'une transition, vive, surprenante sans doute, bousculant clichés et conventions, mais à travers laquelle se prolonge une très ancienne pédagogie royale, en même temps qu'y émerge une conscience nouvelle des conditions de l'action politique. *Le Prince*, non pas livre fondateur, manifeste d'une science naissante, mais texte charnière entre la littérature des Miroirs et les manuels d'État. Il faudra, pour que puisse se former, au XVIIe siècle, une science positive de l'État, que soit brisée la forme du miroir dans laquelle *Le Prince*, en dépit de son ironie subversive, demeurait enfermé.

A. Le genre traditionnel des Miroirs

Pourquoi les arts de gouverner, jusqu'au XVIe siècle, ont-ils pris la forme du miroir ?

C'est à la fin du XIIe siècle qu'est apparu le premier traité sur le gouvernement du prince portant le titre de *Miroir* (*Speculum*) : le *Speculum regale* de Godefroy de Viterbe (1180/1183). On en dénombre ensuite beaucoup d'autres : le *Konungs-Skuggsja* (*Speculum regale*, 1260) norvégien, le *Speculum regis* de Simon Islip (1337/1349), le *Speculum regum* du franciscain Alvarus Pelagius (1341/1344), le *Speculum morale regium* de Robert Gervais (1384), etc. Sans doute un grand nombre d'ouvrages du même type ont-ils des titres différents : *Liber de regimine*, ou *de institutione*, ou *de instructione principum* par exemple. Mais on a pris l'habitude, depuis W. Berges, de désigner par le nom générique de *Fürstenspiegel*, Miroirs des princes, tous les écrits appartenant au genre de la parénétique royale. Appellation légitime, selon P. Hadot, du fait qu'« ils observent depuis la plus haute antiquité les mêmes lois et les mêmes traditions[1] ».

Sans contester la continuité du genre, il reste que l'image du miroir joue, dans la représentation des devoirs du prince, un rôle spécifique qu'il importe d'analyser de plus près. On la rencontre déjà chez Cicéron[2], à propos du choix du meilleur dirigeant :

1. P. Hadot, art. cité, col. 556.
2. *De re publica*, II, 42, 69, p. 46. Ce livre, que cite souvent saint Augustin, fut perdu au Moyen Age et redécouvert au début du XIXe siècle.

> « Lélius alors : Je devine déjà de quel devoir et de quelle fonction tu vas charger cet homme, dont je désirerais t'entendre parler.
> [Scipion :] Je ne lui imposerai guère que cette seule chose, dit l'Africain, [car elle comprend à peu près tout le reste] : il faut que jamais il ne cesse de s'instruire et de s'observer soi-même (*a seipso instituendo contemplandoque*), qu'il inspire aux autres le désir de l'imiter (*ad imitationem sui vocet alios*) et, par l'éclat (*splendore*) de son âme et de sa vie, s'offre lui-même comme un miroir (*sicut speculum*) à ses concitoyens. »

Le gouvernant, ici, ne contemple pas dans un miroir le modèle auquel il doit s'efforcer de ressembler. Il sert de miroir pour les hommes qu'il conduit. Il est ce miroir par la clarté qui rayonne de lui. C'est la vertu, en effet, qui gouverne directement à travers celui qui, par l'étude et l'examen de soi, a appris à se gouverner, de telle sorte qu'« il présente sa vie à ses concitoyens comme une loi (*suam vitam ut legem praefert suis civibus*) [1] ». Loi vivante : cette figure, qui a son origine dans la philosophie hellénistique, exercera une grande influence sur les auteurs médiévaux à partir du XIIe siècle. Elle redonnera au thème de l'exemplarité royale, que des siècles d'éthique monastique avaient réduite à une stricte discipline de la chair, une place centrale dans l'économie du gouvernement, liant la fonction directive du prince à l'éclat de sa visibilité. « Et si devez savoir que le roi doit resplendir et reluire entre tous et sur tous les autres par vertu, par sagesse et par grâce, et par toutes bonnes œuvres. [...] Et par la raison de son office, il doit ressembler à Dieu en aucune manière », écrit, parmi tant d'autres, le dominicain Jacques de Cessoles (XIVe siècle) [2], comparant le roi à un miroir dont la pureté se reflète sur la nation.

Le prince-miroir présuppose le miroir du prince. Sénèque, dans le *De clementia* composé pour le jeune Néron, utilise l'image du *speculum* dans ce deuxième sens.

> « J'ai entrepris d'écrire sur la clémence, Néron César, pour faire en quelque sorte office de miroir et t'acheminer, en t'offrant ton image, à la volupté la plus grande qui soit au monde [3]. »

1. Cf. L. K. Born, « Animate Law in the *Republic* and the *Laws* of Cicero », p. 133.
2. *De ludo scacchorum* (*Le Jeu des eschez moralisé*), fol. 5 *sq.* (cité par D. M. Bell, *L'Idéal éthique de la royauté*, p. 89).
3. *De clementia*, I, 1, p. 2.

Les miroirs, en effet, ont été inventés pour permettre à l'homme de se connaître[1]. Mais il y a, dans ce traité, une parfaite circularité entre le prince, le miroir et le modèle de vertu qu'il reflète. Celui-ci n'est autre que Néron lui-même (« nul ne te cherche de modèle [*exemplar*] en dehors de toi-même[2] »), invité à contempler non le spectacle de ses vices ou de ses faiblesses pour les corriger, ou le portrait d'un empereur idéal pour l'imiter, mais sa propre excellence. A quoi bon, dès lors, l'exhorter à la mansuétude s'il possède déjà cette vertu au plus haut degré ? Pour transformer cette disposition naturelle en pratique réfléchie :

> « Je veux te rendre aussi familiers que possible les actes et les paroles qui te font honneur, afin que le geste d'aujourd'hui, simple mouvement instinctif (*quod nunc natura et impetus est*), devienne une manière d'être consciente et voulue (*fiat judicium*)[3]. »

On peut ne voir dans cette attitude qu'une forme subtile de flatterie. Sénèque, cependant, s'en défend[4]. En enchaînant Néron à la perfection de sa nature, il veut l'obliger non pas simplement à rester lui-même, mais à faire la preuve, à travers sa conduite, de ses qualités innées : « Situation ingrate en vérité, si cette bonté que tu fais paraître n'eût été qu'un air d'emprunt[5]. » Néron doit montrer sa vertu, afin de démontrer sa perfection naturelle. Le miroir, ainsi, lui est tendu pour que, s'exerçant à demeurer lui-même, il corrige ses impulsions – de colère par exemple – par le simple désir de continuer à se ressembler. La colère, en effet, altère les traits par l'enlaidissement de l'âme[6].

Très bien connu des auteurs médiévaux, le *De clementia* constitue peut-être la source de l'expression « miroir du prince ». L'image réapparaît au VIIIe siècle sous la plume d'Alcuin, l'un des principaux artisans de la renaissance carolingienne, dans son traité *De virtutibus et vitiis* (799/800) adressé au comte Wibo de Bretagne. Après

1. Cité par P. Courcelle, *Connais-toi toi-même*, t. I, p. 49.
2. *De clementia*, I, 6, p. 4.
3. *Ibid.*, II, 2, p. 8. Sur ce thème, cf. *Lettres à Lucilius*, II, 16, 6 : transformer un *impetus* en *habitus animi*.
4. Cf. *De clementia*, II, 2, p. 8 : « J'aimerais mieux te choquer par des vérités que te plaire par des flatteries » (maxime d'Agrippa).
5. *Ibid.*, I, 6, p. 4.
6. Cf. *infra*, IIe partie, chap. 3, A.

avoir décrit le combat des vertus et des vices qui domine constamment la vie humaine – thème courant de la littérature patristique – et avoir exhorté Wibo à entretenir la paix, « terreur des ennemis visibles et invisibles[1] », parmi ceux qui observent les préceptes divins, Alcuin expose en conclusion le but de son livre :

> « J'ai rédigé ces conseils, très cher fils, en peu de mots, suivant ton désir, afin que tu les aies chaque jour sous les yeux comme un petit manuel (*manualem libellum*) dans lequel tu puisses t'examiner et connaître ce que tu dois faire ou éviter (*quid cavere, vel quid agere*)[2]. »

L'ouvrage joue donc le rôle d'un miroir moral, même si le mot n'est pas employé. Mais Alcuin écrit ailleurs que, dans les Écritures saintes, « l'homme peut s'examiner lui-même comme dans un miroir (*quasi in quodam speculo*)[3] ». L'examen de soi implique donc l'image d'un miroir qui permette à chacun de savoir ce qu'il est (*qualis sit*) et lui fasse voir ce qu'il doit être (*quo tendat*)[4]. Instrument de connaissance de soi en même temps que de purification. Il ne sert plus, comme chez Sénèque, à lier le prince à sa propre perfection, mais à lui donner les moyens de corriger ses imperfections ; il ne l'achemine plus, par la contemplation de sa propre image, vers la volupté, mais, par une méditation cathartique, vers la béatitude céleste.

Jonas d'Orléans, qui a lu les traités d'Alcuin, emploie des termes identiques dans le *De institutione regia* (831), le plus représentatif des Miroirs des princes carolingiens. Le lieu où il le fait n'est pas sans importance, puisqu'il s'agit du chapitre où il explique ce qu'est le roi et quels sont ses devoirs. Après plusieurs citations bibliques, dont celle du Deutéronome (17, 14-20), il introduit un très long extrait d'un ouvrage anonyme qu'il attribue à saint Cyprien, le *De duodecim abusivis saeculi*[5]. Ce passage, intitulé « Rex iniquus » (Le Roi injuste), connaîtra jusqu'au XIIIe siècle une fortune exceptionnelle. Il constitue l'un des topiques de la tradition des *Fürstenspiegel*. Aussi est-il intéressant qu'il soit présenté « comme une sorte de miroir » :

1. *De virtutibus et vitiis*, 617 C.
2. *Ibid.*, 638.
3. *De lectionis studio*, *PL* 101, 616 C.
4. *Ibid.*
5. Voir bibliographie : Pseudo-Cyprien.

> «[...] Nous avons inséré à cet opuscule, fruit de notre petitesse, quelques mots de saint Cyprien, martyr du Christ, que nous offrons à votre sérénité [*l'évêque Jonas s'adresse au roi d'Aquitaine*] afin qu'elle les ait à portée de mains, les lise et les médite souvent. Dans ses paroles, contemplez sans cesse, comme dans un miroir (*quasi in quodam speculo*), ce que vous devez être, faire ou éviter[1].»

Le miroir acquiert ainsi la fonction d'un manuel familier, dont il faut se servir chaque jour, en vue de se conduire (*quid agere, quid cavere*) et de se modifier (*quid esse*). Il ne s'inscrit pas dans une relation narcissique à soi-même, mais dans une pratique ascétique. Il renvoie celui qui gouverne les autres à la nécessité de se gouverner lui-même pour se conformer, non pas à l'excellence de sa nature, comme le Néron du *De clementia*, mais à l'éminence de son office.

Le sens du mot est fixé. Il évoluera peu. A partir du XIIIe siècle, cependant, on assiste à une prolifération de Miroirs de toute sorte. H. Grabes, qui leur a consacré une importante étude[2], en dénombre plus de 250 jusqu'au XVIIe siècle. Miroirs *instructifs* qui visent à enrichir la connaissance – tels le *Speculum majus* de Vincent de Beauvais (vers 1256), qui rassemble dans sa monumentale architecture tout le savoir de l'époque et dont Émile Mâle disait que les chapitres étaient transcrits sur la façade des cathédrales, le *Speculum judiciale* (1271) de Guillaume Durand de Mende, recueil de droit canonique, le *Mirror of the World* (1481) de William Caxton, modèle des Miroirs encyclopédiques anglais ou miroirs *exemplaires*[3], qui constituent des guides de vie morale et spirituelle, présentant des catalogues de vertus et de vices opposés ou d'*exempla* édifiants (*Speculum christiani, Speculum conscientiae, Speculum peccatoris*, etc.). Dans quelle catégorie ranger les Miroirs des princes? Certes, ils s'adressent personnellement au prince, à qui ils exposent des règles de conduite et des exemples de vertu. Mais, à la différence des *Specula* carolingiens qui énonçaient les devoirs du prince à l'égard de l'Église et du peuple chrétien, ils tendent de plus en plus à prendre en compte les exigences concrètes de la *res publica*. Avant le XIIe siècle, le prince gouvernait des hommes (le «peuple de Dieu»); avec la formation des monarchies territoriales, il gouverne un *regnum*. La matière sur laquelle

1. *De institutione regia*, p. 140.
2. *Speculum, Mirror und Looking-Glass.*
3. Sur cette distinction, cf. DS, t. 10, art. «Miroir», col. 1292.

s'exerce le pouvoir n'est plus, on le verra, le corps même de ses sujets, mais le corps politique du royaume. De là le caractère instructif plus marqué d'un certain nombre de Miroirs des princes, qui conservent cependant leur fonction exemplaire. Ainsi le *Liber de informatione principum* anonyme de la fin du XIIIe siècle fut-il imprimé en 1517, dans sa traduction française, sous le titre de *Miroir exemplaire et très fructueuse instruction [...] du régime et gouvernement des rois, princes et grands seigneurs qui sont.*

Il est à noter que le genre des *Specula* ne fait à peu près aucun usage, ni littéraire ni doctrinal, de la riche symbolique du miroir développée, dès les premiers siècles, par les mystiques et les théologiens[1]. Ce sont deux traditions distinctes qui interfèrent rarement. Un Philippe de Mézières (1327-1405)[2] – qui écrit en son *Songe du vieil pèlerin* que, « par la vertu du miroir parlant moralement, tout ainsi comme en la lumière du soleil on voit plainement [= clairement] les choses créées généralement en ce monde », ainsi chacun voit clairement ses défauts « sans réverbération comme au regard du soleil » – est une exception. Aucun auteur n'a, comme lui, mis en scène, en une sorte de chorégraphie solaire, la Reine Vérité et ses Dames (Paix, Miséricorde et Justice), portant chacune un miroir, autour du prince qu'elles initient aux secrets de son office[3]. Aussi convient-il de limiter le terme de *speculum*, si on l'applique à l'art de gouverner, à son sens historique de manuel, guide de conduite, s'inscrivant sans doute dans une structure analogique de l'être qui permet d'établir des correspondances entre le visible et l'invisible, mais pauvre en résonances métaphoriques.

B. Les Miroirs politiques au XVIe siècle

Un indice intéressant de l'évolution du genre se trouve chez un auteur mineur du XVIe siècle, déjà évoqué, Guillaume de la Perrière. Il explique dans sa préface pourquoi il a « voulu bailler à [son] présent œuvre titre de *Miroir politique* ». La première raison

1. *Ibid.*, col. 1295-1301.
2. Cf. D. M. Bell, *Étude sur « Le Songe du vieil pèlerin »*.
3. *Ibid.*, p. 121.

> « est que comme dans un miroir, celui qui se mire et regarde n'y voit pas tant seulement sa face, mais il y voit par ligne réflexe la plus grande partie de la salle, ou chambre en laquelle il sera, semblablement, tout administrateur politique qui se voudra mirer au présent miroir (non point de cristallin, d'argent, de verre ou d'acier, mais de papier), il pourra voir en icelui raccourci et sommairement agrégé tout ce qui lui est nécessaire de voir pour bien et dûment exercer son office, sans qu'il ait peine de feuilleter plusieurs auteurs grecs et latins qui diffusément en ont écrit[1] ».

La métaphore, déroulée cette fois avec quelque préciosité, contient un élément nouveau : la salle, ou la chambre dans laquelle se tient celui qui se mire. Le miroir ne réfléchit pas, en vertu de symétries analogiques, l'idéalité d'un modèle transcendant, mais, par un phénomène purement physique, l'image du lieu où l'on se trouve. Cette irruption de l'espace dans la relation spéculaire du prince à son office est sans doute un phénomène remarquable. Elle reflète l'émergence du territoire comme domaine concret, géographiquement structuré (contrairement au concept purement juridique du *regnum* médiéval) de l'exercice du pouvoir. La « face » du prince s'inscrit dans des coordonnées spatiales avec lesquelles elle forme un tout. Telle est, peut-être, la première leçon du texte. Évitons cependant d'en forcer l'interprétation. Ce que montre le miroir n'est pas tant la réalité d'un pays, dans sa diversité matérielle[2], qu'un abrégé de ce qu'ont écrit « plusieurs auteurs grecs et latins » sur la science du gouvernement. Le *Miroir politique* est un *compendium* à l'usage des « administrateurs politiques » auxquels manque le loisir de « feuilleter » les livres savants. Un manuel donc, qui offre aux gouverneurs[3] la représentation d'une république bien ordonnée. A ce titre, il prend place dans la continuité des miroirs médiévaux, à la tradition desquels, citant Vincent de Beauvais[4], il fait explicitement référence.

1. *Le Miroir politique*, f. 11v.
2. Telle que prétendra la refléter, par exemple, *Le Miroir des François* de Nicolas de Montand (1581), qui marque, selon l'expression de D. Reynié (« Le regard souverain », p. 44), « le début de la préoccupation statistique ». Mais il ne s'agit pas, à proprement parler, d'un manuel du prince.
3. « Gouverneur peut être appelé tout monarque, empereur, roi, prince, seigneur, magistrat, prélat, juge et semblable » (*Le Miroir politique*, f. 23r).
4. Cf. *infra*, IIe partie, chap. 3, C.

a. *Le livre secret du prince*

C'est chez les théoriciens de la *ragion di Stato* que la rupture avec la forme ancienne du *speculum* s'accomplit avec netteté. Non que soit abolie la fonction instructive du miroir, mais celui-ci se trouve en quelque sorte dédoublé à l'intérieur de lui-même, montrant au prince, non seulement ce qu'il doit faire et comment il doit apparaître, mais également ce qu'il lui est nécessaire de cacher. Le miroir n'offre plus le pur éclat de sa surface. Il s'ouvre, en profondeur, sur un point obscur : le livre secret du prince, qui contient l'inventaire des ressources et des forces de son État. Au Moyen Age, les auteurs de *Specula* citaient fréquemment ce verset du Deutéronome 17, dans lequel ils voyaient l'abrégé de leurs exhortations : « [Le roi] devra écrire sur un rouleau, pour son usage, une copie de cette Loi [donnée par Dieu à Israël] [...]. Elle ne le quittera pas ; il la lira tous les jours de sa vie [...][1]. » Dans la seconde moitié du XVIe siècle, le livre de l'État remplace, au centre du manuel du prince, le livre de la loi divine.

Scipione Ammirato a mis en évidence, dans un chapitre de ses *Discorsi sopra C. Tacito* (1594), le lien entre cette écriture secrète et les registres tenus par les marchands. Indice, parmi d'autres, du rôle décisif joué par le développement du commerce, à la fin du Moyen Age, dans la transformation des manières de penser : le passage d'une rationalité finalisée à une rationalité calculatrice s'est effectué sur le terrain de l'économie avant celui de la pratique politique[2].

> « Les riches marchands ont un livre, qu'ils appellent le livre secret. Il n'est pas licite qu'il aille par les mains de tous les officiers de la boutique, le maître seul le tient auprès de soi, et en celui il fait l'état de tout son négoce, et tient l'abrégé et la réduction de tous ses moyens et facultés. [...] Un prince doit faire de même ces choses de son État[3]. »

1. Cf. *infra*, IIe partie, chap. 2, C.
2. Cf. H. Münkler, *Im Namen des Staates*, p. 133-134, pour une approche générale de la question. Sur l'écriture des marchands, cf. le livre indispensable de Ch. Bec, *Les Marchands écrivains. Affaires et humanisme à Florence, 1375-1434*, Mouton, coll. « Civilisations et société » 9, 1967 ; en particulier IIe partie, chap. 3, « Affaires et place de l'homme dans le monde : *fortuna, ragione, prudenza* ». Remarques intéressantes de J.-L. Fournel et J.-Cl. Zancarini dans leur introduction aux *Avertissements politiques* de Guichardin, p. 11-17.
3. *Discorsi sopra C. Tacito*, trad. L. Melliet, livre I, 5e discours, p. 28.

L'empereur Auguste, d'après Suétone, aurait ainsi secrètement tenu le compte de toutes les forces du peuple romain.

> « Connaissant bien en son divin entendement combien le fardeau qu'il avait sur ses épaules était pesant et important, et qu'il lui était bien nécessaire d'être prudent et avisé pour maintenir une si grande machine, [il] écrivit de sa propre main (ne s'en voulant décharger sur la suffisance et discrétion d'un autre) un livre d'État, qui depuis sa mort fut présenté à Tibère, qui contenait toutes les richesses publiques, le nombre des citoyens et confédérés portant armes, le nombre des galères, des royaumes et provinces sujets à l'Empire, les tributs, les péages, les dépenses nécessaires et les dons ou largesses [1]. »

Tel est le véritable miroir du prince – « Apprenez, princes, du plus grand prince qui ait jamais été au monde, quel livre c'est auquel vous vous devez mirer et contempler » : celui dans lequel, se regardant, il voit non pas son modèle idéal, mais le détail de ses forces réelles. Alors que le miroir médiéval renvoyait indéfiniment le prince au prince, à travers son image transfigurée, c'est dans la matérialité même de l'État, désormais, que le prince apprend à se connaître. Le *cogito* princier n'est plus médiatisé par un impératif de perfection (« connais tes faiblesses pour grandir en vertu »), mais par la seule considération de la puissance (« connais tes forces pour augmenter ta domination »).

b. *De l'éthique à la statistique*

Avec la mutation du miroir du prince en livre d'État, la comptabilité des forces se substitue au catalogue des vertus. Tournant capital, sans doute, dans l'évolution des manuels de gouvernement. Le plus important, toutefois, ne réside pas dans la transition d'une vision morale à une vision politique des choses, mais dans l'effacement progressif du prince au profit de l'État. Chez Ammirato, l'État ne se réduit déjà plus au *stato* du prince. Il est décrit comme une « grande

1. *Ibid.*, p. 29. J. A. Chokier, citant le même passage dans son *Thesaurus politicorum aphorismorum, Moguntiae* (1613), ajoute que l'empereur Alexandre Sévère (235) et, dans les temps modernes, Cosme de Médicis (1464) tenaient également un *Rationarium* ou *Arcanum librum* (cf. R. de Mattei, *Il problema della « Ragion di Stato » nell'età della controriforma*, p. 47).

machine » dont il est nécessaire de connaître les éléments. Gouverner, ce n'est pas tant s'assujettir les désirs des individus que maîtriser des forces collectives (ressources, population, armes, alliés). Deux genres d'ouvrages vont alors se développer : l'un faisant de la connaissance des hommes la condition de l'action politique, l'autre l'incorporant à l'ensemble du savoir requis pour diriger l'État. D'un côté, une psychologie de plus en plus subtile au service de l'habileté princière et, plus généralement, des jeux de l'ambition, dont *L'Artisan de la fortune* de Francis Bacon offre un brillant exemple[1]. De l'autre, une sociologie de plus en plus exhaustive au service de l'administration publique : les hommes n'y sont plus considérés comme les sujets de passions et de conduites rivales créant un état permanent de conflit interindividuel, mais comme des classes fonctionnelles faisant l'objet d'un inventaire quantitatif.

> « Savez-vous, écrit Fénelon au dauphin[2], le nombre d'hommes qui composent votre nation, combien d'hommes, combien de femmes ; combien de laboureurs, combien d'artisans, combien de praticiens, combien de commerçants ; combien de prêtres et de religieux, combien de nobles et de militaires ? Que dirait-on d'un berger qui ne saurait pas le nombre de son troupeau ? Il est aussi facile à un roi de savoir le nombre de son peuple : il n'a qu'à le vouloir. Il doit savoir s'il y a assez de laboureurs ; s'il y a, à proportion, trop d'autres artisans, trop de praticiens, trop de militaires à la charge de l'État. »

A ce dénombrement systématique s'ajoute la revue minutieuse des caractères régionaux, des coutumes et des procédures locales :

1. *Faber fortunae*. Ce texte, qui connut plusieurs éditions en français au XVIIe siècle, est en fait extrait du *De dignitate et augmentis scientarum* (1605, trad. lat. 1623), livre II (*Du progrès et de la promotion des savoirs*, p. 246-270). Les préceptes de l'« art de faire fortune » sont de deux sortes : généraux et particuliers. Les préceptes généraux consistent à bien se connaître soi-même et à bien connaître les autres hommes. Ce dernier point implique que l'on connaisse leur personnalité (pour cela, il faut s'« informer du naturel, des prétentions, des desseins, des faiblesses et des défauts de ceux avec qui nous avons à traiter, des personnes sur qui ils s'appuient, de qui ils tirent leur autorité, par quel côté ils sont plus accessibles et à quoi ils ont plus de penchant », etc.), mais aussi leurs actions, car les hommes changent avec elles. Ces deux sortes d'enquête sont aux préceptes généraux ce que la mineure, dans les raisonnements pratiques, est à la majeure. Bacon définit six manières de connaître les hommes : 1) par l'air et la figure de leur visage, 2) par leurs paroles, 3) par leurs actions, 4) par leur penchant, 5) par leurs desseins, 6) par le rapport d'autrui (je cite d'après la traduction française de 1689).

2. *Examen de conscience sur les devoirs de la royauté*, p. 87.

> « Il doit connaître le naturel des habitants de ses différentes provinces, leurs principaux usages, leurs franchises, leurs commerces, et les lois de leurs divers trafics au-dedans et au-dehors du royaume. Il doit savoir les divers tribunaux établis en chaque province, les droits des charges, les abus de ces charges, etc. »

Il y a ainsi une grande différence entre l'homme qu'observent les techniciens de l'habileté princière, et celui qu'étudie la science de l'État : le premier s'individualise à partir d'une nature immuable que modifie, sans l'altérer, la diversité des circonstances ; le second se distribue en masses ou catégories actives sur fond, non d'une nature universelle, mais d'une multiplicité concrète façonnée par l'histoire. On peut se demander, bien sûr, s'ils relèvent l'un et l'autre d'une anthropologie commune dans le discours théorique de la souveraineté au XVIIe siècle.

Le fait remarquable dans la transformation que subit la littérature des miroirs – reflet de la relation du prince à la substance même de son pouvoir – consiste dans l'essor rapide des livres d'État ou, comme l'on dira après Politanus [1], de *statistique*, au détriment des manuels d'instruction du prince. Dès la seconde moitié du XVIe siècle, les données matérielles dont Ammirato conseillait au prince de tenir secrètement le registre sont méthodiquement recueillies, décrites et publiées. C'est l'Italien F. Sansovino qui le premier sans doute, en 1567, dans son livre *Del governo et amministratione di diversi regni et republiche*, envisagea la description chiffrée des richesses des États, de leur population, de leur commerce, de leur industrie et de leurs finances. Les travaux de ce genre furent nombreux à partir de la fin du XVIe siècle [2]. Parmi les plus célèbres, les *Relazioni universali* (1592) [3] de G. Botero, auteur du premier traité sur la raison d'État, offrent un double intérêt. Ce gros manuel, maintes fois réédité, dans lequel il présente un tableau de tous les États du monde, montre en effet

1. *Microscopium statisticum quo status Imperii Romano-Germanici representatur* (vers 1672).

2. Sur l'histoire du mot « statistique » et de la discipline correspondante, outre les références citées par D. Reynié, art. cité, cf. M. Rassem et J. Stagl, *Statistik und Staatsbeschreibung in der Neuzeit.*

3. Cf. F. Chabod, « Giovanni Botero », in *Scritti sul Rinascimento*, p. 326-351 ; A. Albonico, « Le *Relationi universali* di G. Botero », *in* A. E. Baldini (éd.), *Botero e la « ragion di Stato »*, p. 167-184.

comment l'art de gouverner s'est déplacé, en un siècle, de la prudence habile du prince à la science, aussi grossière fût-elle encore, des conditions générales de la vie des États. Mais il témoigne également que l'émergence d'une nouvelle rationalité gouvernementale, irréductible aux règles éthiques du *regimen*, s'est faite non pas contre Machiavel (ce qui reviendrait à confondre son œuvre avec l'effet de scandale produit par *Le Prince*), mais du côté d'un certain antimachiavélisme[1], moins soucieux de réconcilier la morale et la politique que d'affirmer, face à la pure logique des appétits de puissance, la positivité du fonctionnement de l'État.

Machiavel, parodiant le genre des *specula*, avait substitué une prudence habile, faite de calcul et d'instinct, aux vertus du prince idéal. Le modèle du bon gouvernement, dès lors, n'était plus à chercher dans la contemplation d'un archétype, mais dans l'observation de types historiques irréductibles à une figure unique. Éclatement de l'image du prince en une multiplicité d'*attitudes politiques* correspondant au changement perpétuel des circonstances. Le miroir ainsi, en même temps qu'il présentait les exemples à suivre ou à éviter, renvoyait au prince le reflet des choix possibles qu'il avait à faire. Il le liait, non plus aux normes d'une perfection intemporelle, mais à la contingence de sa situation présente. Toutefois, en inscrivant l'action princière dans l'immanence historique, il ne rompait pas complètement la relation circulaire du prince au prince entretenue par les *specula*. S'il rejetait tout modèle transcendant, c'était pour mettre en relief la transcendance du prince par rapport au reste des hommes. Gabriel Naudé – l'un des plus purs machiavéliens du XVIIe siècle – l'a bien souligné dans sa *Bibliographie politique* :

> « [...] les princes ne veulent point recevoir d'exemples s'ils ne viennent de leurs semblables. Voilà pourquoi il leur sera très utile encore de s'exercer diligemment à la lecture des historiens qui ont écrit les vies des plus vaillants et des plus illustres princes, et de considérer, dans la vie qu'a faite Alphonse Ulloa de Charles Quint, les vertus d'un grand empereur ; de découvrir dans la vie de Louis XI de Philippe de Commynes, et [celle] de P. Matthieu, les finesses et les ruses d'État, [...] et généralement de chercher dans tous les autres semblables auteurs, ces vertus sur l'image et comme sur l'idée desquelles ils puissent par après former leurs actions [...][2]. »

1. Cf. M. Senellart, « La raison d'État antimachiavélienne », art. cité, p. 37-38.
2. *Bibliographie politique*, p. 106-107.

Par ce transfert de transcendance sur la personne du prince, l'art de gouverner selon des fins morales se transmue en mystères de l'État (*arcana imperii*). Quel qu'en soit le gain d'efficacité, on en reste à l'antique conception du gouvernement, élaborée par Platon, identifiant la politique avec la science ou le savoir-faire d'un seul.

C'est un tout autre genre d'ouvrages, en revanche, qui est issu des livres d'État du XVIe siècle. Le prince n'y apprend plus à se connaître lui-même dans la méditation solitaire des calculs habiles et des rigueurs nécessaires qu'implique sa position. Il apparaît comme l'une des pièces de la grande machine d'État qu'il ne peut commander qu'en s'assujettissant au mécanisme d'ensemble. La force des *choses* supplante les jeux humains de la force. Sans doute est-ce Montesquieu qui, dans son analyse systématique des « choses sans nombre » avec lesquelles les lois entretiennent des rapports innombrables, a montré, de la façon la plus décisive, comment l'art du prince devait désormais faire place à une science générale de l'État :

> « Cet ouvrage, écrit-il à propos de *L'Esprit des lois*, ne serait pas inutile à l'éducation des jeunes princes et leur vaudrait peut-être mieux que des exhortations vagues à bien gouverner, à être de grands princes, à rendre leurs sujets heureux ; ce qui est la même chose que si l'on exhortait à résoudre de beaux problèmes de géométrie un homme qui ne connaîtrait pas les premières propositions d'Euclide[1]. »

Aux « exhortations vagues » des manuels édifiants, Montesquieu n'oppose pas le réalisme incisif de Machiavel. Au contraire, « on a commencé à se guérir du machiavélisme, et on s'en guérira tous les jours[2] ». C'est dans un même mouvement que la physique sociale, comme science des choses dont dépend la vie des États, congédie le prince vertueux et le prince habile. Alors, mais alors seulement, se brise l'antique structure spéculaire dans laquelle se réfléchissait la politique.

1. *Mes pensées*, 200*, *in* « Dossier de l'*Esprit des lois* », *Œuvres complètes*, t. 2, p. 1040.
2. *De l'esprit des lois*, XXI, 20, p. 641.

DEUXIÈME PARTIE

Visibilité

I

Corriger

CHAPITRE 1

L'étymologie du nom du roi

Pour comprendre ce que les auteurs médiévaux ont entendu par le *regimen*, il faut remonter aux siècles, entre la chute de Rome (476) et la restauration impériale de Charlemagne, où les Pères de l'Église ont élaboré une doctrine originale de la fonction royale. En l'absence de structures étatiques fortes, face à la multiplicité des royaumes barbares, l'Église, en effet, a opéré un renversement étonnant. Au lieu d'exhorter les rois à gouverner avec justice, sagesse et bonté, modérant ainsi le pouvoir, issu de la violence, par la douceur de son exercice, elle fait du « gouvernement » – l'acte de *regere*, diriger – la condition même de la royauté (*regnum*). En d'autres termes, le gouvernement juste ne constitue pas la limite du pouvoir royal, il le fonde. Pratique instituante et non, comme elle le deviendra à partir de la construction des États monarchiques, exécutive. C'est pourquoi le gouvernement, qui ne procède pas du *regnum* mais le précède, apparaît ici, en quelque sorte, à l'état pur.

A. Régner, régir, bien agir

La formule d'Isidore de Séville

La doctrine patristique est résumée par une formule célèbre d'Isidore de Séville (560-636), que l'on retrouve dans tous les *Specula* carolingiens et qui sera encore souvent citée après le XIIIe siècle : « Le roi est appelé ainsi de "régir" (*rex a regendo*), c'est-à-dire d'"agir droitement" (*recte agendo*)[1].» Sourire de cette étymologie, peu conforme aux exigences modernes de la rigueur linguistique et si directement normative, serait méconnaître le rôle de l'étymologie au Moyen Age comme forme de pensée[2] et l'influence considérable, jusqu'au XIVe siècle, de l'œuvre d'Isidore. *Etumos logos*: l'étymologie, partie de la grammaire, ne vise pas tant à reconstituer des filiations qu'à dévoiler le sens authentique des mots. En remontant à l'origine, on ne parcourt pas une histoire, on découvre une vérité enfouie sous le réseau complexe des combinaisons lexicales, que l'on peut à nouveau déployer dans ses multiples dimensions éthiques et ontologiques[3]. L'étymologie redonne aux vocables affadis par l'usage leur force (*vis*) primitive. Elle réajuste le langage à l'ordre des choses. De là, l'importance philosophique du travail d'Isidore. Issu d'une puissante famille romaine de Carthagène, l'évêque de Séville entreprit de constituer une encyclopédie du savoir antique, empruntant le chemin qui va des *verba* aux *res*. Gigantesque compilation restée inachevée. Mais, par son caractère exceptionnel, cette œuvre, qui s'efforçait d'effectuer une synthèse de la culture gréco-romaine et de la pensée chrétienne, connut un extraordinaire rayonnement. «Elle est le livre fondamental du Moyen Age. Il n'a pas

1. *Etymologiae*, IX, 3, p. 121; *Sententiae*, III, 48, 7, col. 719, pour la deuxième partie de la citation. On notera la connotation morale, dans les *Sententiae*, du verbe *regere*. Voici le texte des *Étymologies*: «Le mot royaume (*regnum*) vient de roi (*a regibus*). En effet, de même que roi est tiré de régir (*a regendo*), de même royaume de roi» (*op. cit.*, p. 119). On obtient ainsi la séquence: *regere – rex – regnum*. Isidore poursuit: «Roi est tiré de régir. De même que prêtre (*sacerdos*) vient de sanctifier (*sanctificando*), de même roi vient de régir. Or on ne régit pas, si l'on ne corrige pas (*non autem regit, qui non corrigit*)» (*ibid.*, p. 121). Deuxième élément capital: l'équivalence établie entre *regere* et *corrigere*. «En agissant avec rectitude (*recte faciendo*), on garde le nom de roi, en péchant on le perd» (*ibid.*). L'étymologie ici ne précise plus seulement la fonction, elle fixe un critère de légitimité. Texte à peu près identique dans les *Sentences*. Cf. M. Reydellet, *La Royauté dans la littérature latine de Sidoine Apollinaire à Isidore de Séville*, p. 24-26, sur les racines germanique (*kun-ing-az*, le radical *kun* signifiant la race, la famille) et latine (*rex*) du nom de roi: «[...] les noms de roi, en germanique et en latin, se réfèrent à des notions très différentes. D'un côté, l'accent est mis sur les liens de sang, sur l'appartenance à une race et à une nation. De l'autre, prédomine l'idée de l'exactitude dans l'accomplissement du devoir et des rites» (p. 26). Cf. également *ibid.*, p. 575-578, l'analyse de l'étymologie d'Isidore.

2. L'expression est d'E. R. Curtius, *La Littérature européenne et le Moyen Age latin*, p. 602.

3. Cf. M. Reydellet, *op. cit.*, p. 24: «[Au Ve siècle] la grammaire tend à devenir l'instrument exclusif de la pensée en donnant au nom une fonction de révélation des êtres.»

seulement fixé de façon valable, et pour huit siècles, la somme du savoir humain, il a aussi déterminé tout un mode de pensée[1]. »

L'analyse étymologique recourt à différentes méthodes : *ex causa* (le mot, c'est-à-dire la chose qu'il désigne, est expliqué par sa « raison d'être »), *ex origine* (il est expliqué par son origine matérielle : ainsi *homo*, l'homme, vient de *humus*, la terre), *ex contrariis*, etc. L'étymologie du nom *rex* est obtenue *ex causa*[2], preuve qu'aux yeux d'Isidore c'est bien le gouvernement qui fait le roi. Toutefois, si la tradition lui en attribue la paternité, il n'en est pas l'inventeur.

Saint Augustin

Il faut, pour en trouver la source, revenir à saint Augustin[3]. Celui-ci, s'appuyant sur Cicéron[4], oppose deux types de gouvernement à travers l'antithèse *regere – dominari* : l'un réglé par la discipline et la bienveillance, l'autre emporté par l'orgueil et le goût du faste. Et c'est dans ce contexte qu'il avance l'étymologie fameuse, *reges a regendo*[5]. Mais alors que, chez Cicéron, le devoir de *regere*, attaché au nom de roi, s'appliquait à la personne même du gouvernant et à ses sujets, Augustin lui fait subir une double transformation. D'une part, il le limite au gouvernement de soi : *regere*, c'est maîtriser sa propre chair[6]. D'autre part, à l'égard des sujets, il l'explicite par le terme de *corrigere* : *regere*, c'est alors agir sur la vie des autres, en

1. E. R. Curtius, *ibid.*

2. Elle est encore admise au XVe siècle, comme en témoigne la *Summa grammaticalis valde notabilis, quae Catholicon nominatur* de Johannes Balbus (v. 1298), imprimée à Mayence en 1460 : « Rego, gis, xi, ctum : corrigit, gubernat, administrat. Et dicitur regere quasi recte agere, et est etymologia. [...] Et, ut dicit Papias, reges a regendo dicti. »

3. H. Anton (*Fürstenspiegel und Herrscherethos*, p. 384-387) indique quelques passages dans la littérature antique dont Augustin a pu se souvenir : Cicéron, *De finibus*, III, 75 : « [...] rectius enim appellabitur rex [persona sapientis] quam Tarquinius, qui nec se nec suos regere potuit » ; Horace, *Épîtres*, I, 1, 59-60 : « [...] at pueri ludentes "rex eris" aiunt/"si recte facias" » (Isidore, *Étymologies*, IX, 3, p. 121, fait allusion à ce proverbe ; cf. la note 171 de M. Reydellet, *op. cit.*) ; Ausone, *Technopaegnion*, VI, 3 : « Qui recte faciet, non qui dominatur erit rex. » Apparaît ici l'opposition, décisive pour les auteurs chrétiens, entre *recte facere* et *dominari*. Mais ce sont des éléments épars qui ne forment pas une éthique cohérente de la fonction royale. Cf. également M. Reydellet, *op. cit.*, p. 550, note 182.

4. *De re publica*, II, 31.

5. *La Cité de Dieu*, V, 12.

6. « Reges autem dicit, qui carnem suam regunt » (*Adnotationes in Job*, c. 36).

les corrigeant[1]. S'il est vrai qu'Augustin n'a pas élaboré de doctrine politique proprement dite, définissant la place de l'État au sein de l'ordre universel – je n'entrerai pas dans le débat qui divise les historiens à ce sujet[2] –, sa contribution à la théorie chrétienne du gouvernement a été capitale. D'après les Pères de l'Église, en effet, qui interprétaient la Bible à travers la philosophie stoïcienne du droit naturel[3], c'est à cause du péché que les hommes, libres et égaux à l'état d'innocence (*status innocentiae*), étaient tombés en servitude. Dieu a voulu, écrit Augustin[4], que l'être rationnel fait à son image ne commandât (*dominari*) qu'aux créatures irrationnelles ; qu'il commandât aux troupeaux, non à l'homme. C'est pourquoi les premiers justes ont été établis pasteurs de troupeaux plutôt que rois des hommes. La domination de l'homme sur l'homme a son origine dans la faute[5], châtiment imposé par Dieu, mais aussi conséquence nécessaire du désordre introduit dans le monde par la culpabilité humaine.

B. Fondements théologiques de la coercition

L'importance décisive du « moment augustinien » dans l'élaboration chrétienne des rapports de pouvoir et d'obéissance demande qu'on l'examine avec attention. Augustin, en effet, n'a pas simplement rassemblé, sous une forme magistrale, l'enseignement traditionnel des premiers Pères. Il l'a profondément réorienté, dessinant un tournant qui constitue sans doute l'un des événements majeurs de la pensée occidentale. Par ses répercussions lointaines dans l'œuvre d'un Arnauld ou d'un Pascal, au cœur même de cet âge calculateur et mécaniste où s'organise la pensée moderne, chacun sait qu'il met

1. « […] rex a regendo dicitur. Non autem regit, qui non corrigit » (*Enarrationes in Psalmos*, Ps. XLIV, 17, Corp. christ., S.L. XXXVIII, p. 505). Cf. déjà Ambrosiaster, *Comm. in epist. ad Romanos XIII, 3* : « Principes hos reges dicit, qui propter corrigendam vitam et prohibenda adversa creantur, dei habentes imaginem, ut sub uno sint ceteri. » La qualification du roi comme « image de Dieu » sera examinée plus loin (cf. chap. 3, C).

2. Bibliographie très complète in H. Anton, *op. cit.*, p. 47, note 10.

3. Cf. Carlyle, *A History of Mediaeval Political Theory in the West*, t. 2, p. 4-6.

4. *La Cité de Dieu*, XIX, 15.

5. « La première cause de la servitude est donc le péché » (*ibid.*).

en jeu une conception de la grâce, bonté gratuite de Dieu, et du salut. Comment s'articulent l'un à l'autre le péché et l'État? Cette question nous ramène en deçà de l'histoire, à ce point fatal où l'acte du premier homme a fait basculer l'avenir de l'espèce humaine. C'est dans la dramaturgie du péché originel, et dans la grandiose mise en scène augustinienne de la séduction, du sexe et de la mort, qu'il faut chercher les fondements de sa théologie politique.

Elaine Pagels a bien montré les enjeux du grand débat soulevé, dans l'Église primitive, par l'interprétation de la Genèse[1]. Assez étrangement à nos yeux, commenter l'épisode du jardin d'Éden revenait, non seulement à comprendre le passé humain, mais à définir la conduite des chrétiens dans leur époque. Enjeu moral : quel comportement sexuel adopter au sein d'une société autorisant le divorce, l'homosexualité et la prostitution ? Célibat ou mariage, continence ou modération ? Enjeu politique : quelle attitude choisir face à l'État romain persécuteur ? Obéissance, insoumission, retrait du monde ? Alors que, pour de nombreux Pères, la liberté sous toutes ses formes (à l'égard de l'autorité et des pratiques sexuelles dominantes, mais aussi de ses propres désirs) était le message essentiel de l'Évangile, cet enseignement changea brutalement avec Augustin : le péché originel, « tentative orgueilleuse d'Adam d'établir son propre gouvernement autonome[2] », marque le commencement de la servitude de l'homme. Depuis la chute, sa volonté est esclave, impuissante à commander la chair. De là la nécessité de la coercition. La justification augustinienne d'un pouvoir répressif s'inscrit dans une vision globale de la déchéance du genre humain. Peut-être a-t-on oublié, cependant, que cette sombre lecture de l'histoire à partir du péché originel, devenue le noyau de la tradition chrétienne occidentale, a constitué au IVe siècle une étonnante mutation du discours théologique.

a. *Le libre gouvernement de soi*

Beaucoup de chrétiens, dans les trois premiers siècles, croyaient que, par la vertu du baptême, se trouvait restaurée la liberté décrite

1. Cf. « La politique du Paradis : l'Occident, le sexe et le péché » ; *Adam, Ève et le Serpent.*

2. Cité par E. Pagels, « La politique du Paradis : l'Occident, le sexe et le péché », p. 128.

dans la Genèse (1-3) et qu'ils avaient ainsi recouvré la capacité de se gouverner soi-même aliénée par la faute. Inutile, dès lors, de se soumettre aux pouvoirs extérieurs. Face à la tyrannie de l'Empire païen, ils concevaient l'Église comme une nouvelle société d'individus autonomes, réglant leur vie par une discipline personnelle et non sous la contrainte. « La revendication d'*autexousia*[1] – la liberté morale de se gouverner soi-même – était virtuellement synonyme d'"Évangile"[2]. »

Ce lien entre le libre arbitre et la maîtrise de soi avait déjà été établi par les philosophes gréco-romains. Ainsi, dans la tradition stoïcienne, Épictète demandait-il : « Qu'est-ce qui rend l'homme affranchi de toute entrave et maître de lui-même (*autexousion*)[3] ? » Ni la richesse, ni le pouvoir, mais la science de la vie (*epistemē tou bioun*)[4] qui consiste à ne vouloir que ce qui dépend de soi, autrement dit le jugement accordé à Dieu. En ne désirant que l'acte de sa volonté, et en acceptant l'ordre des choses voulu par Dieu, le sage se soustrait à toute domination. Il est son propre maître, puisque aucun maître n'a de prise sur lui[5]. C'est par l'identification du pouvoir au vouloir – ces deux termes, nous le verrons, sont au centre de la doctrine augustinienne – que s'institue la royauté de celui qui se suffit à soi[6].

Les docteurs chrétiens ne pouvaient évidemment reprendre à leur compte cet idéal d'autarcie individuelle, dans lequel ils voyaient l'expression d'un orgueil démesuré. Ils déplacèrent donc l'*autexousion*

1. A ce féminin qu'utilise assez curieusement E. Pagels (sans doute d'après le radical *exousia* : pouvoir, faculté) il convient de préférer la forme neutre, beaucoup plus courante, *to autexousion*. Fréquence attestée par E. A. Sophocles, *Greek Lexikon of the Roman and Byzantine Periods*, New York, 1900. Cf. la principale source dans la littérature patristique, Origène, *Traité des Principes*, III, 1, 6ᵉ traité, « Sur le libre arbitre » (*Peri autexousion*), SC n° 268, 1980. Ce traité est l'exposé plus complet sur la question que nous ait transmis l'antiquité tardive. Basile et Grégoire de Nazianze l'ont cité presque entièrement dans la *Philocalie*.

2. E. Pagels, *Adam, Ève et le Serpent*, p. 159.

3. *Entretiens*, IV, 1, 62.

4. *Ibid.*, 64 ; cf. également 1, 118.

5. Cf. *ibid.*, IV, 1, 152, l'exemple de Diogène : « Diogène était libre. Comment cela ? Non qu'il fût né de parents libres [...], mais parce qu'il l'était lui-même, parce qu'il avait rejeté tout ce qui pouvait donner prise sur lui à la servitude et qu'il n'y avait pour personne moyen de l'approcher, ni endroit pour le saisir en vue de le réduire en esclavage. »

6. Prenant ensuite l'exemple de Socrate, Épictète souligne que l'attitude du philosophe, quand bien même il aurait femme, enfants, amis, patrie, est « celle d'un homme qui vit seul » (*ibid.*, 162).

de la sagesse païenne sur le terrain religieux, substituant à l'ascèse du sage, à sa discipline athlétique[1], l'efficace régénératrice du baptême. Le modèle de la maîtrise de soi, par suite, n'était plus Socrate ou Diogène, figures solitaires et exceptionnelles, mais Adam, le premier homme en qui l'humanité entière était déjà contenue, et dont l'eau baptismale avait effacé la faute[2]. Nouveau paradigme d'une extrême importance : en remplaçant l'homme seul (Socrate, Diogène) par le premier homme, on n'échangeait pas un modèle singulier contre un autre ; on passait d'une pratique individuelle de la liberté, fondée sur l'ascèse rationnelle, à sa réappropriation collective grâce à l'action sacramentelle. Les implications politiques en sont évidentes : alors que la « science de la vie » stoïcienne conduisait à une relative indifférence à l'égard des affaires collectives[3], la « source de vie » chrétienne servit de principe à une réorganisation radicale de la vie sociale. Selon quelles règles, à quelles conditions les hommes peuvent-ils mener une vie autonome ? La formule restreinte du monachisme, expérimentée en Orient dès le IIIe siècle sous une forme anachorétique, puis communautaire – seuls quelques-uns peuvent mettre en pratique l'appel du Christ à la vie parfaite –, constitua la première réponse à cette aspiration. Elle fut étendue à l'Église tout entière, à la fin du IVe siècle, par Pélage qui « voulait faire de tout chrétien un moine[4] ». Le refus de l'État, ainsi, n'était plus associé à la fuite hors du monde, ce qui laissait le champ libre aux appareils de domination, mais à l'établissement, au sein du monde païen, d'un espace collectif, affranchi de toute contrainte.

Prenons tout d'abord comme exemple ce texte de Grégoire de Nysse[5] :

1. Cf. *ibid.*, 113 ; 4, 12 ; 6, 16-17 (couplé avec *meletē*, soin, pratique, exercice), etc., l'emploi fréquent du verbe *gumnazein*, s'exercer dans le gymnase, pour désigner la pratique ascétique du philosophe. Cf. également *Manuel*, XXIX.

2. Cf. Didyme l'Aveugle, *De trinitate*, 2, 12, cité par E. Pagels, *Adam, Ève et le Serpent*, p. 247, note 19 : « Par le souffle divin [cf. Gn, 2,7] nous avons reçu l'image et la ressemblance de Dieu, dont parle l'Écriture, et par le péché nous l'avons perdue, mais *à présent nous nous sommes trouvés de nouveau comme nous l'étions lorsque nous fûmes faits : sans péché et maîtres de nous-mêmes* » (je souligne).

3. Cf. P. Hadot, *La Citadelle intérieure*, p. 102, 104, et chap. VIII sur « la discipline de l'action » chez les stoïciens.

4. P. Brown, *La Vie de saint Augustin*, p. 413.

5. Grégoire de Nysse (v. 330-395) appartient, avec Grégoire de Nazianze et Basile de Césarée, au groupe des Pères cappadociens, héritiers de l'origénisme. Sur la doctrine origénienne de la liberté de la créature comme partie intégrante du processus créateur, cf. P. Hadot, « Origène et l'origénisme », *Encyclopedia universalis*, t. 12,

> «[…] [Dieu a disposé] les choses de telle sorte que l'homme soit apte au pouvoir royal. Ce caractère royal, en effet, qui l'élève bien au-dessus des conditions privées, l'âme spontanément le manifeste, par son autonomie et son indépendance (*adespoton kai autexousion*) et par ce fait que, dans sa conduite, elle est maîtresse de son propre vouloir. De quoi ceci est-il le propre, sinon d'un roi[1] ?»

Comme beaucoup d'apologistes chrétiens, à la suite de la tradition rabbinique, Grégoire affirme que la création du monde avait eu pour fin d'établir «le trône sur lequel devait régner l'homme[2]». Celui-ci, dès lors, avait été fait à l'image de Dieu, la «ressemblance avec le Roi Universel[3]», selon Grégoire, consistant dans la liberté[4].

M. Foucault remarquait, à propos de Grégoire de Nysse, que «l'ascétisme chrétien, comme la philosophie ancienne, se place sous le signe du souci de soi[5]». Prendre soin de soi, c'était «allumer la lumière de la raison, fouiller son âme pour retrouver l'effigie que Dieu a imprimée en elle[6]». Sans doute est-il justifié de voir dans l'obligation réitérée d'avoir à se connaître un héritage du précepte socratique, même s'il s'y mêle des influences bibliques[7], mais il importe pour notre sujet de faire ressortir une différence essentielle : outre sa dimension mystique, chez Grégoire et ses successeurs, la recherche en soi de la ressemblance divine, vouée à rester imparfaite jusqu'à la mort, fit prendre conscience aux chrétiens qu'ils formaient, dans le monde, une communauté d'un type absolument nouveau. Non seulement, ce qui va sans dire, par ses croyances et

---

p. 231-232. Du même auteur, dans le même ouvrage, on lira avec profit les articles consacrés à Grégoire de Nazianze, t. 8, p. 13-14, et à Grégoire de Nysse, *ibid.*, p. 14-15. P. Hadot souligne la profonde originalité de la pensée de ce dernier, pour qui la ressemblance de l'homme avec Dieu consiste essentiellement dans la liberté comme pouvoir de mouvement.

1. *La Création de l'homme*, IV, 136 b-c, p. 94-95.
2. *Ibid.*, II, 132 d-133 c, p. 90-91.
3. *Ibid.*, 136 c, p. 95.
4. Il serait faux, cependant, comme le précise J. Gaïth, dans *La Conception de la liberté chez Grégoire de Nysse*, Paris, Vrin, 1953, p. 75, de voir en Grégoire de Nysse «un pélagien avant Pélage», le Père cappadocien ne s'étant jamais posé la question, dans sa doctrine mystique, de la relation de la grâce et de la liberté.
5. *Résumé des cours*, p. 146-147.
6. *Ibid.*
7. Sur le platonisme des Pères cappadociens commentant le verset du Deutéronome, 15,9 : *proseke seautou* (lat. : *attende tibi ipsi*), «applique-toi à toi-même», cf. P. Courcelle, *op. cit.*, t. 1, p. 101-111.

ses règles de vie, mais parce que, fondée sur la souveraineté du libre arbitre, elle était seule capable de se gouverner elle-même.

Ainsi Jean Chrysostome (v. 354-407)[1], reconnaissant que la contrainte impériale, rendue nécessaire par les effets du péché, était la condition de l'ordre et de la paix – le mal (violence, injustice) servant de remède au mal (la guerre de tous contre tous[2]) –, ajoutait-il que la force était inutile à l'égard des chrétiens: «Ceux qui vivent selon la religion n'ont pas besoin que des magistrats les corrigent[3].» A la crainte qui régit les relations humaines dans la cité s'oppose le libre choix dans l'Église. Non qu'elle forme une communauté parfaite, mais le désordre, s'il y survient, doit être corrigé, sans violence, par la persuasion:

> «Nous ne sommes pas les maîtres absolus de votre foi, nous ne commandons pas comme des despotes, mes bien-aimés; nous sommes seulement préposés au ministère de la parole, et non investis d'un pouvoir extérieur; nous remplissons l'office de conseillers qui persuadent, et non celui de magistrats qui rendent des arrêts. L'homme qui conseille dit sa pensée, sans forcer en rien son auditeur et en le laissant maître de faire de sa parole ce qu'il voudra[4].»

Par cette distinction entre le pouvoir extérieur et le ministère de la parole, Jean Chrysostome ne délimite pas seulement le domaine de la juridiction impériale, traçant les contours d'une société autonome, constituée d'égaux, libres et maîtres d'eux-mêmes, et dont le gouvernement s'appuie sur la volonté. Il formule, en des termes qui feront fortune pendant tout le Moyen Age, le principe de la séparation des pouvoirs et de la supériorité du spirituel sur le temporel: «Au roi ont été confiés les corps, au prêtre les âmes[5].» Mais tandis que cette

1. Nommé patriarche de Constantinople en 397, ses positions non conformistes le rendirent indésirable au pouvoir civil et religieux. Il fut déposé en 403 et mourut en exil. Sur sa conception de l'État et du gouvernement spirituel, cf. E. Pagels, *Adam, Ève et le Serpent*, p. 161-167.

2. « [...] si vous enlevez à la cité ses magistrats, notre vie tombe au-dessous de celle des animaux sauvages: les hommes se déchirent et se dévorent entre eux» (cité par E. Pagels, *Adam, Ève et le Serpent*, p. 163).

3. Cité par E. Pagels, *ibid.*, p. 164.

4. *Ibid.*, p. 165-166.

5. Voici les deux passages importants de la IVe *Homélie sur Ozias, In illud «Vidi Dominum»*: «[...] autre est le domaine de la royauté, autre le domaine du sacerdoce. Mais celui-ci est plus grand que celle-là. Car ce ne sont point les apparences qui manifestent un roi; ce ne sont point non plus les pierreries fixées sur lui et l'or qui l'entoure qui doivent faire décider qu'il est le roi. Le roi en effet a eu en partage d'administrer

dernière thèse sera reprise, à partir du VIIe siècle, dans le cadre d'une ecclésiologie fortement empreinte d'augustinisme, la première, au contraire, se démarque avec vigueur de la pensée d'Augustin.

Condition d'une vie monastique tournée vers la perfection chez Grégoire de Nysse, principe d'une distinction des pouvoirs établissant, quant à la conduite des âmes, l'autonomie de la société chrétienne selon Jean Chrysostome, l'*autexousion* des Pères grecs, entré comme *liberum arbitrium* dans la langue latine, devint avec Pélage[1] le fondement d'une réforme radicale de l'Église. Convaincu que la rémission des péchés par le baptême signifiait pour le chrétien, s'il le voulait, la possibilité de recouvrer sa pleine liberté d'action, qu'elle lui permettait, par conséquent, de toujours choisir entre le bien et le mal et de réaliser sans contrainte la loi divine, Pélage, transposant dans le christianisme l'idéal éthique stoïcien, exaltait l'aptitude naturelle de l'homme à l'autonomie. Ce n'est pas en vertu d'une élection spéciale, mais par nature, que les hommes étaient capables d'*impeccantia* – vivre sans péché. Il suffisait d'un effort de volonté pour rétablir dans le présent l'innocence pure d'Adam et Ève. La rédemption apportée par le Christ s'accomplissait dans la restauration du paradis terrestre. Naturalisme rationnel, optimiste et volontariste dans lequel certains sont tentés de voir une préfiguration de la pensée des Lumières[2]. Peut-être le pélagianisme, qu'il faut se garder

---

les choses de la terre, tandis que les droits du prêtre sont établis là-haut. "Tout ce que vous délierez sur la terre, sera délié dans le ciel" (Mt 18,18). Au roi sont confiées les choses d'en bas, à moi les choses célestes. Quand je dis moi, je dis le prêtre» (4, 57-65, p. 163; passage à peu près identique *in* V, 1, 53-66, p. 183-185). «Le roi s'est vu confier les corps, le prêtre les âmes; le roi remet le reliquat des dettes, le prêtre le reliquat des péchés. Celui-là contraint (*anankazei*), celui-ci exhorte (*parakalei*) [...]. Celui-là dispose d'armes visibles, celui-ci d'armes spirituelles; celui-là fait la guerre aux barbares, à moi la guerre contre les démons. C'est un plus grand pouvoir (*archē*) que celui-ci. Voilà pourquoi le roi courbe la tête sous les mains du prêtre, et partout dans l'Ancien Testament les prêtres donnaient l'onction aux rois» (5, 13-21, p. 165).

1. Né en Irlande, établi à Rome où il menait comme laïc une vie d'ascète, il fuit la ville en 410 après l'invasion d'Alaric et se réfugia en Afrique, puis en Palestine. La perfection, à ses yeux, était une obligation pour tout chrétien et il jugeait absurde l'idée d'un péché originel empêchant les hommes de progresser par eux-mêmes. Plusieurs fois condamnée, de 411 à 418, sous la pression de saint Augustin, sa doctrine constitue la première hérésie de l'Occident chrétien. On ne sait ce que devint Pélage, frappé de proscription, après avoir été expulsé de Constantinople. Sur l'«affaire Pélage», cf. P. Brown, *op. cit.*, p. 403-433.

2. Cf. B. Plongeron, «Faut-il dire que la Déclaration des droits de l'homme de 1789 rend à l'Occident toute sa valeur pélagienne?», *in* L. Hamon (dir.), *Du jansénisme à la laïcité. Les entretiens d'Auxerre*, Paris, Maison des sciences de l'homme, 1987, p. 220.

d'ajuster trop hâtivement à nos catégories modernes, a-t-il constitué une des grandes options, réduite au silence pendant des siècles, de la pensée occidentale. Sa défaite fut l'œuvre de saint Augustin qui mena contre Pélage, puis contre son disciple Julien d'Éclane[1], un combat d'une extrême âpreté. On y assiste, en quelque sorte, à la naissance du péché originel.

b. *Le tournant augustinien : la révolte de la chair*

L'interprétation augustinienne du péché originel est exposée, de la façon la plus saisissante, dans les livres XIII et XIV de *La Cité de Dieu*. Partant du problème de la mort, punition de la faute d'Adam, Augustin s'attache à montrer contre les philosophes platoniciens que le mal pour l'âme ne réside pas dans le corps, mais dans la chair corrompue. Il distingue alors, suivant saint Paul (1 Co 15,42 *sq.*), un corps animal et un corps spirituel[2]. Le premier est celui dont fut fait l'homme à sa création, le second, celui du Christ, nouvel Adam. C'est avec ce corps incorruptible – non pas pur esprit, mais chair spirituelle[3] – que ressusciteront les justes, morts dans leur corps animal. Ainsi le mystère de la régénération par le baptême ne sera-t-il accompli qu'après la mort, par la grâce du pardon accordé aux élus[4]. Ayant établi de la sorte que la chair n'est pas mauvaise en elle-même[5], qu'elle n'est donc pas la cause du péché originel, mais que sa corruption, au contraire, résulte de la désobéissance d'Adam, Augustin se trouve conduit à exposer, avec un étonnant réalisme, le conflit de la volonté et de la *libido*, clé de sa critique du libre arbitre.

Reconstituons les principales étapes de cette analyse. Il faut tout d'abord la replacer dans son cadre thanatologique, puisque c'est

1. Cf. P. Brown, *op. cit.*, p. 453-473.
2. *La Cité de Dieu*, XIII, 23, 590, p. 321.
3. *Ibid.*, XIII, 20, 584, p. 309.
4. *Ibid.*, XIII, 23, 591, p. 323. Sur l'efficace sélective de la grâce, cf. XIII, 15, 574, p. 287 ; XIV, 1, 3, p. 349 ; XIV, 26, 54-55, p. 461.
5. Cf. note 37, p. 525-526, « Corps animal et corps spirituel ». Cet argument est dirigé contre Origène et ses disciples cappadociens, pour qui les « tuniques de peau » données à Adam avant son expulsion du paradis (Gn 3,21) étaient le corps de chair. En condamnant la chair *après* le péché, Augustin l'innocente donc avant celui-ci, et l'on peut dire, paradoxalement, qu'il réhabilite la chair, comme substance matérielle, contre la haine du corps commune aux rigoristes chrétiens et gnostiques, qui conduisit un Origène, d'après Eusèbe, à l'autocastration. Cf. E. R. Dodds, *Païens et Chrétiens dans un âge d'angoisse*, Paris, La Pensée sauvage, 1979, p. 45 *sq.*

entre le premier péché et la condamnation à mort de l'homme que la servitude sexuelle trouve sa signification.

1. *La pluralité des morts.* Selon Augustin, il n'y a pas *une* mort, mais plusieurs. Ce qui sépare la vie terrestre de l'immortalité n'est pas la limite nette et tranchée de la mort physique, mais une succession de morts qui précèdent et suivent l'instant où s'éteint la sensibilité vitale. La première mort se divise elle-même en diverses formes : l'âme privée de Dieu, le corps privé de l'âme. « L'âme meurt quand Dieu l'abandonne, comme le corps quand l'âme le quitte[1]. » L'une et l'autre constituent la mort de l'homme tout entier[2], qui n'est pas encore la mort totale. Quant à la seconde mort, annoncée dans l'Apocalypse (2, 11; 21,8), elle consiste dans les tourments éternels de l'enfer. Deux morts, donc, qui correspondent en fait à quatre espèces de mort, la mort tout entière ne frappant que ceux qui meurent en état de péché, et non les enfants baptisés ou les martyrs[3].

On est très loin ici des considérations stoïciennes sur la présence permanente de la mort dans la vie, dont chaque acte nous rapproche du terme. Vivre, écrivait Sénèque, c'est commencer à mourir. Augustin, en faisant éclater le concept de mort, affirme au contraire que la mort, qui est le contraire de la vie (corporelle), s'est renversée en moyen de passer à la vie (éternelle)[4]. Mourir, c'est commencer à vivre, à condition que l'on ait préalablement vécu dans l'obéissance à la loi divine. Ainsi, tandis que, pour le pécheur, la vie se déroule entre deux morts, celle de l'âme abandonnée par Dieu et celle, à venir, des supplices infernaux, pour le juste, la mort n'est qu'un passage entre deux vies, celle de l'âme ordonnée à Dieu dans la condition mortelle et celle, éternelle, du corps spirituel ressuscité.

Punition infligée aux premiers hommes, la mort – qui contient alors toutes les morts[5] – est devenue nature pour leurs descendants. Ainsi se noue un lien séminal entre la mort et le sexe. C'est en effet parce que le genre humain tout entier était déjà dans Adam[6] – « tous nous étions dans cet homme unique ; [...] déjà existait la nature séminale (*natura seminalis*) dont nous devions sortir[7] » – qu'à notre tour, bien

1. *La Cité de Dieu*, XIII, 2, 557, p. 251.
2. *Ibid.*
3. Cf. *ibid.*, XIII, 3 et 8.
4. *Ibid.*, XIII, 4, 561, p. 261.
5. *Ibid.*, XIII, 12, 571, p. 281-283.
6. *Ibid.*, XIII, 3, 559, p. 257.
7. *Ibid.*, XIII, 14, 572, p. 285.

que n'ayant pas péché, nous sommes voués à mourir. Mais c'est aussi parce que la génération, désormais, même dans les liens du mariage, ne peut s'effectuer sans la concupiscence de la chair: «C'est pourquoi les enfants nés, non du bien qui fait la bonté du mariage, mais du mal de la concupiscence, dont le mariage fait sans doute un bon usage, mais dont rougit[1] cependant même ce mariage, le diable les retient dans la culpabilité.» Aussi chastes soient les époux, en effet, «il n'en reste pas moins que, lorsqu'on en arrive à l'œuvre de génération, ce commerce charnel lui-même, licite et honnête, ne peut se faire sans l'ardeur de la passion pour que puisse s'accomplir ce qui relève de la raison et non de la passion[2]». Donner la vie, par conséquent, revient à transmettre la mort. Étrange contradiction, symptôme de cette circularité conflictuelle du sexe qui est au centre de la critique augustinienne du libre arbitre: le sexe, par lequel l'homme se reproduit, est l'agent même de la reproduction du péché. En d'autres termes, c'est dans l'acte sexuel, qui ne fut pas la cause, mais porte la marque de la chute, que se perpétue la faute originelle.

2. *L'invention du péché originel.* «Ce n'est pas moi qui ai imaginé le péché originel, proteste Augustin en réponse à Julien d'Éclane. La foi catholique y croit depuis ses débuts[3].» Il en veut pour preuve la coutume, remontant aux temps apostoliques, de baptiser les petits enfants. Mais il s'appuie aussi sur des sources scripturaires, tout particulièrement un verset de Paul, dont il fait la base inexpugnable de sa théorie de la chute et qu'il cite inlassablement dans ses écrits antipélagiens: «Par un seul homme le péché est entré dans le monde, et par le péché la mort, et ainsi a-t-il passé en tous les hommes, par celui en qui tous ont péché [...][4].» Cette phrase, qui établit un lien causal entre la faute d'un seul et le péché de tous, revêt aux yeux d'Augustin une autorité indiscutable. Il souligne lui-même à quel point sa conception du péché originel en est étroitement solidaire[5]. Or ses contemporains lisaient le verset paulinien d'une

1. *Erubescunt.* Sur cette pudeur, *erubescentia*, liée au mouvement spontané des membres génitaux et qui constitue, pour Augustin, la preuve de la corruption de la nature humaine par le péché d'Adam, cf. *La Cité de Dieu*, XIV, 16-26, dont je parlerai plus bas.

2. *De nuptiis et concupiscentia* (418-419), I, XXIV, 27, *BA* 23, p. 115-117.

3. *Ibid.*, II (partie composée en 420-421), XII, p. 25, p. 201.

4. Rm 5,12; cf. *Lettre à Hilaire* (414), III, 11; *De natura et gratia* (415), VIII, 9; XLI, 48, etc.; *De nuptiis et concupiscentia*, II, I, 1; II, 3; III, 8; V, 15; VIII, 20; XXII, 37, etc.; *Contra duas epistulas Pelagianorum* (420-421), IV, IV, 7, *BA* 23.

5. *De nuptiis et concupiscentia*, II, II, 3, p. 151.

tout autre manière. Non seulement les disciples de Pélage qui, niant la transmission héréditaire du péché d'Adam, réduisaient celui-ci à un mauvais exemple n'ayant entraîné aucune corruption irrémédiable, mais également les Pères de l'Église. Cette divergence tient à des causes grammaticales. Aussi faut-il regarder le passage de plus près, dans ses versions grecque et latine.

Le texte de la Vulgate dit: « [...] par le péché la mort [est entrée dans le monde], et ainsi la mort a passé en tous les hommes, du fait que (*in quo*) tous ont péché. » Ceci correspond bien au texte grec et signifiait, pour un Jean Chrysostome comme pour la plupart des chrétiens, que les hommes, après Adam, avaient été touchés par la mort parce que tous avaient péché. Propagation mimétique de la faute, et non contamination génétique. Augustin, quant à lui, se servait d'une copie légèrement défectueuse, dans laquelle manquait la répétition du mot *mort*. C'est pourquoi il donnait comme sujet à *pertransiit* (« a passé ») le péché lui-même. Mais, ayant consulté le grec, il s'était aperçu que *in quo*, traduisant *eph'o*, ne pouvait se rapporter au féminin *amartia* (péché) et expliquait dès lors le relatif comme renvoyant à Adam, « *en qui* tous ont péché »[1].

> « Si en ces mots de l'Apôtre (*in quo omnes peccaverunt*), on ne peut comprendre: un péché dans lequel tous ont péché, parce que en grec, d'où l'épître a été traduite, le mot péché est du genre féminin, il reste à comprendre qu'en ce premier homme tous ont péché, parce que *tous étaient en lui*[2] quand il a péché; d'où il suit qu'en naissant on contracte un péché qui ne peut être effacé, si ce n'est par une nouvelle naissance[3]. »

Pour les chrétiens et les juifs, le péché d'Adam avait soumis l'humanité au règne de la mort. Pour Augustin, il avait introduit dans la

1. Cf. *BA* 21, note 71, p. 636-637: « Le sens de Rom., V, 12 »; E. Pagels, *Adam, Ève et le Serpent*, p. 172.

2. Je souligne.

3. *Contra duas ep. Pelag.*, IV, IV, 7, p. 565-567. Augustin appuie son interprétation sur l'autorité de saint Hilaire (= en réalité Ambrosiaster, *Ad Rm V, 12*): « Il dit en effet: "*dans lequel*, c'est-à-dire en Adam, *tous ont péché*"; puis il ajoute: "Il est manifeste que tous ont péché en Adam comme en une masse; car lui-même ayant été corrompu par le péché, tous ceux qu'il a engendrés sont soumis dans leur naissance au péché" » (*ibid.*, p. 567). Remise dans son contexte, cependant, la citation de l'Ambrosiaster va à l'encontre de la thèse d'Augustin: les hommes ont hérité d'Adam *la peine* de son péché, la mort corporelle, non *la faute* elle-même, la mort de l'âme. Cf. *ibid.*, note 43, p. 817-824.

suite infinie des générations le germe d'une corruption définitive, détruisant la liberté du choix moral dont avait joui le premier homme[1] et le livrant à la tyrannie de la chair. L'état de concupiscence, en laquelle tous sont engendrés – tel est le véritable châtiment imposé aux descendants d'Adam, du fait de sa désobéissance.

3. *Concupiscence et servitude.* C'est de la volonté, en effet, et non de la chair, qu'est issu le péché[2]. Mais la culpabilité transmise par Adam à la suite des hommes s'accompagne d'un étonnant renversement. Alors qu'au paradis la chair fut corrompue par la faute de la volonté, désormais c'est à cause de la corruption de la chair que la volonté est impuissante. Adam a péché pour avoir voulu ce qu'il ne pouvait pas être – vivre selon lui-même, délié de toute obéissance –, les hommes sont voués au mal faute de pouvoir ce qu'ils veulent. En se séparant de Dieu, la volonté, loin d'acquérir sa propre maîtrise, était tombée dans la servitude. Non qu'elle fût simplement dominée par une force supérieure, à l'image du conflit classique entre la raison et les passions, mais – expérience absolument inédite dans la culture antique – parce qu'elle se trouvait divisée contre elle-même, voulant et incapable de vouloir[3]. « Je ne fais pas le bien que je veux et commets le mal que je ne veux pas » (Rm 7,19). Augustin voit dans ces mots de Paul, qui s'appliquaient aux païens dépourvus de la grâce du baptême[4], l'expression du tourment intérieur éprouvé par

1. La liberté d'Adam étant définie par Augustin comme « libertas habendi plenam cum immortalitate justitiam » (liberté de posséder, avec l'immortalité, la plénitude de la justice), *Contra duas ep. Pelag.*, I, II, 4, p. 319. C'est en ce sens que « la liberté a péri par le péché », sans que le libre arbitre ait disparu du genre humain (*ibid.*). Mais ce *liberum arbitrium* que conserve l'homme malgré la perte de la *libertas* ne consiste en fait que dans l'adhésion volontaire au mal : « [...] cette volonté qui est libre pour les actes mauvais, parce qu'elle prend plaisir au mal, si elle n'est pas libre pour les bonnes actions, c'est parce qu'elle n'a pas été libérée » – par la grâce du Christ. L'exercice de la volonté bonne n'est possible qu'à celui qui a reçu, « sans mérite préalable, la grâce véritable et gratuite qui vient d'en haut » (*ibid.*, III, 7, p. 327).

2. Cf. par exemple *De nuptiis et concupiscentia*, II, XXVIII, 48, p. 253-255, où Augustin explique comment « une volonté mauvaise a pu sortir d'un être bon » : volonté d'un être issu de rien, qui, lorsqu'elle s'écarte de Dieu, retombe dans la pure négativité vers laquelle, par son origine, elle tend en permanence. Cf. *La Cité de Dieu*, XII, 6-10.

3. Cf. H. Arendt, *La Crise de la culture*, chap. IV : « Qu'est-ce que la liberté ? », p. 205-206, qui voit dans la problématique augustinienne de l'« ardente lutte » à l'intérieur de l'âme elle-même le moment où la liberté, concept exclusivement politique dans l'antiquité, fut expérimentée dans la solitude complète et put ainsi entrer dans l'histoire de la philosophie.

4. Cf. P. Gorday, *Principles of Patristic Exegesis : Romans 9-11 in Origen, John Chrysostom and Augustine*, E. Mellen Press, 1983 ; E. Pagels, *Adam, Ève et le Ser-*

les chrétiens mêmes. Aux pélagiens soutenant que chacun, s'il le veut, peut atteindre la perfection, il répond que les hommes ne font pas ce qu'ils veulent. Leur volonté se heurte à une résistance inhérente à l'acte même de vouloir, comme s'il lui manquait, pour s'exécuter, la volonté de vouloir. « D'où vient cet étrange prodige (*monstrum*) ? [...] L'âme commande de vouloir à l'âme, c'est-à-dire à elle-même, et elle n'agit pas[1]. » Prodige, monstruosité sans doute, aux yeux des contemporains d'Augustin, attachés à l'idéal antique de maîtrise de soi dans lequel coïncident le vouloir et le pouvoir, non pour celui qui connaît les causes de l'*infirmitas* humaine. C'est pourquoi Augustin refuse de s'en étonner : « Cette volonté partagée qui veut à moitié, et à moitié ne veut pas, n'est nullement un prodige : c'est une maladie de l'âme[2] » dont le symptôme général, qu'il décrit avec une précision clinique, consiste dans l'insoumission des organes sexuels.

Au paradis, l'homme et la femme avaient été créés pour engendrer « sans la présence de la honteuse *libido*[3] », les organes de la génération obéissant aux ordres de la volonté. Quoi d'impossible à cela ? écrit Augustin. Ne mouvons-nous pas nos autres membres quand nous le voulons ? Et ne connaissons-nous pas certains hommes, doués d'une constitution différente des autres, capables d'accomplir avec leur corps des actes à peine croyables[4] ? Si donc de nos jours, en des hommes vivant dans la chair corrompue,

> « le corps témoigne une obéissance admirable par des états et des mouvements étrangers à son comportement naturel, pourquoi ne croirions-nous pas qu'avant le péché [...], les membres humains,

pent, p. 169 ; « La politique du Paradis », p. 132. Comparer cependant avec Paul, Ga 5,17, sur la liberté chrétienne : « La chair convoite contre l'esprit et l'esprit contre la chair ; il y a entre eux antagonisme, si bien que vous ne faites pas ce que vous voudriez. »

1. *Confessions*, VIII, 9, 21, CUF, p. 193.
2. *Ibid.*, p. 194.
3. *La Cité de Dieu*, XIV, 23, p. 445. Cf. *Contra Iulianum* (421), IV, 11, 57 ; *Contra duas ep. Pelag.*, I, XVII, 34.
4. « Il y en a qui remuent les oreilles, soit l'une d'entre elles, soit toutes les deux. D'autres sans mouvoir la tête rabattent leur chevelure tout entière sur le front et la relèvent comme ils veulent. Certains, après avoir avalé d'une façon invraisemblable toutes sortes d'objets, par une légère pression sur l'estomac en retirent intacts comme d'un sac ceux qu'ils veulent. D'autres imitent et reproduisent si parfaitement le cri des oiseaux, des bêtes, et les diverses voix humaines qu'on s'y méprendrait si on ne les voyait. (Etc.) » (*La Cité de Dieu*, XIV, 24, 51, p. 453.)

pour propager la race, n'auraient pu obéir à la volonté humaine sans la moindre volupté[1] ? »

Ayant démontré par induction la vraisemblance d'une sexualité sans *libido* chez Adam et Ève, et dissocié ainsi le sexe, ordonné à la reproduction, de la concupiscence, pur désordre des sens, Augustin peut expliquer pourquoi l'idéal adamique d'une parfaite maîtrise de soi est désormais inaccessible à l'homme : c'est qu'il éprouve en lui, qu'il le veuille ou non, l'activité de la *libido*[2] qui se révèle par l'excitation des organes. Contrairement à l'interprétation origénienne[3], le péché n'a pas enfermé l'homme dans la matérialité du corps. Il a transformé le corps docile d'Adam en une chair rebelle.

« C'est avec ce combat que nous sommes nés, tirant de la première faute un germe de mort et portant dans nos membres [...] les assauts de la chair[4]. »

En entrant de la sorte en conflit avec lui-même, Adam n'a pas perdu sa capacité d'autonomie. Pour Augustin, à l'inverse, c'est pour avoir prétendu être autonome qu'il a été puni. Sa vraie gloire en effet consistait dans l'obéissance, non dans la liberté. Il ne se commandait à lui-même que dans la mesure où il respectait le commandement divin. L'ordre donné par Dieu – l'interdiction, facile à observer, d'une seule espèce d'aliment parmi d'autres – n'avait pour fin que de lui enseigner « la pure et simple obéissance, qui est la grande vertu de la créature raisonnable[5] ». Adam, en somme, était libre aussi longtemps qu'il acceptait sa sujétion. Sa faute est d'avoir cru que le principe de sa maîtrise de soi résidait dans sa propre

1. *Ibid.*, p. 455. Cf. *Contra duas ep. Pelag.*, I, XVII, 34, les différentes hypothèses proposées aux pélagiens.

2. Pour l'analyse détaillée de cette notion (déjà utilisée par Cicéron), cf. *La Cité de Dieu*, XIV, 15-16, p. 423-427 : « [...] ce terme désigne généralement tout désir. [...] Cependant, quand on parle de *libido* sans nommer l'objet désiré, on pense presque toujours à l'excitation des parties honteuses du corps. Ce désir ne se contente pas de s'emparer du corps tout entier [...] ; il secoue l'homme tout entier, unissant et mêlant les passions de l'âme et les appétits charnels pour amener cette volupté, la plus grande de toutes parmi celles du corps. [...] »

3. Cf. *supra*, p. 75, note 5. Sur l'interprétation origénienne des « tuniques de peau », cf. P. F. Beatrice, « Le tuniche di pelle. Antiche letture di Gen., 3, 21 », in *La tradizione dell'enkrateia*, Atti del Colloquio internazionale Milano, 20-23 aprile 1982, Rome, 1985, p. 433-484.

4. *La Cité de Dieu*, XIII, 13, p. 283.

5. *Ibid.*, 20, p. 309-311 ; cf. XIV, 15.

volonté. Sa chute, dès lors, fut l'effet naturel de son insoumission. Au lieu de devenir pleinement son maître, « entrant en désaccord avec lui-même », il tomba dans une dure servitude. Selon une formule que répète inlassablement Augustin : « Quelle peine fut infligée à la désobéissance, sinon la désobéissance même[1] ? »

De là la honte qu'éprouvèrent Adam et Ève à la vue de leurs membres honteux qui, auparavant, ne l'étaient pas.

> « Que signifie le fait qu'après avoir pris l'aliment défendu, quand la transgression du précepte fut accomplie, leur regard se porte sur ces membres ? Quel phénomène nouveau, ignoré d'eux, y ressentent-ils, qui force leur attention ? [...] N'est-ce pas que tous deux, lui dans un mouvement à découvert, elle dans une sensation cachée, ont alors éprouvé, à l'encontre d'un contrôle de la volonté, la désobéissance de ces membres sur lesquels, de toute façon, comme sur les autres, ils auraient dû exercer leur domination au gré de leur volonté ? Épreuve bien méritée, puisque eux-mêmes n'avaient pas obéi à leur maître[2]. »

La honte (*pudor*) que suscite l'éveil en l'homme de la *libido* trahit, non la découverte de sa nudité, mais la perte de son pouvoir sur ses organes sexuels.

L'incapacité de s'obéir à soi-même, dont la *libido* est le symptôme : telle est, pour Augustin, la condition déchue de l'homme qui justifie l'usage de la coercition. Adam, au paradis, vivait comme il voulait dans la mesure où, voulant ce que Dieu commandait, il commandait à son propre corps. Pour avoir cru que l'effet du vouloir tenait à la volonté même, et non à l'harmonie de l'ordre dans lequel elle s'inscrit, il a perdu, non certes sa faculté de vouloir, mais le pouvoir de faire ce qu'il veut. « L'homme ne vit plus comme il veut[3]. » Impossible coïncidence de soi à soi – seul le juste y parviendra, dans l'autre monde, une fois délivré de la mort, de l'erreur et de la souffrance – qui entraîne un renversement des rapports entre pouvoir et volonté. Le pouvoir n'est plus la conséquence d'une volonté obéissante, mais le moyen de la contraindre à obéir. S'il suffisait à Adam de vouloir le bien pour *exercer* son pouvoir, il faut que les hommes *subissent* un pouvoir pour être capables de bien vouloir. Par là

1. *Ibid.*, XIV, 15, p. 421.
2. *Contra duas ep. Pelag.*, I, XVI, p. 373-375 ; cf. *La Cité de Dieu*, XIV, 17, p. 427-429.
3. *La Cité de Dieu*, XIV, 24, p. 455.

Augustin efface la limite, si rigoureusement tracée par Jean Chrysostome, entre l'autorité spirituelle et la contrainte séculière. Les chrétiens ne forment pas une communauté à part qui relèverait, sous la conduite de l'évêque, du seul gouvernement de la parole. Ils sont justiciables, comme le reste des hommes, de la contrainte physique. *Disciplina*: ce mot revêt, chez Augustin, un sens nouveau. Il ne désigne plus l'enseignement par lequel se perpétue un mode de vie traditionnel, mais « un processus essentiellement actif de sévérité éducative[1] », recourant à la force pour permettre l'œuvre de persuasion. L'État, en tant qu'organe de répression, a donc son rôle à jouer dans la discipline apostolique.

C'est cette conception du gouvernement comme instrument de discipline en vue du salut, subordonnant la violence à la prédication, qui s'imposa dans les siècles suivants, contre l'aspiration des premiers chrétiens à une vie autonome. Au modèle de la guerre et de la conquête, à travers lequel l'antiquité avait analysé les rapports de pouvoir – soit pour délimiter l'espace de la cité, régi par la loi, à l'intérieur d'un monde hostile, soit pour légitimer, au sein de la cité, la division entre maîtres et esclaves –, se substitua celui de la discipline. Déplacement de la guerre sur le plan moral: celle-ci cessait d'être un phénomène du monde, inscrit dans les relations permanentes entre les hommes. Elle trouvait son foyer dans la division de l'homme avec lui-même. C'est pourquoi la solution à cet état de conflit n'était pas de nature politique, mais thérapeutique. L'État avait pour tâche de combattre le mal qui faisait de chacun un ennemi pour soi et pour autrui. Au-delà du durcissement que représente la pensée augustinienne, la rencontre, à travers sa doctrine de la concupiscence, de la médecine des âmes avec la discipline des corps constitue sans doute son apport le plus novateur dans l'histoire du gouvernement. C'est à partir d'elle que l'Église, qui opposait d'abord le *regimen* à la domination, a pu penser, en termes de violence nécessaire, les conditions d'un *regimen* chrétien. Première de toutes: la transformation du roi guerrier en ministre du sacerdoce. Celle-ci, cependant, suppose une autre étape doctrinale qui consiste dans l'invention, par Grégoire le Grand, du concept de *rector*.

1. P. Brown, *op. cit.*, p. 279.

C. Le *rector* chrétien selon Grégoire le Grand

Comme l'écrit H. Liebeschütz, « c'est Grégoire le Grand, et non saint Augustin, qui créa la forme de pensée de la littérature politique médiévale[1] ». Si l'importance d'Augustin est reconnue, fût-ce de façon purement négative, par les historiens de la pensée politique, aucun, cependant, n'accorde la moindre place à Grégoire. A cela, sans doute, deux raisons simples. Grégoire n'a écrit aucun traité à caractère politique : son œuvre consiste, pour l'essentiel, en commentaires bibliques, méditations morales et prescriptions pastorales[2]. Mais surtout, il est considéré comme l'inventeur de la conception ministérielle du pouvoir séculier, autrement dit de la doctrine subordonnant le pouvoir civil à l'autorité spirituelle qu'H.-X. Arquillière a nommée « l'augustinisme politique[3] ». Avec lui s'accomplirait, en somme, la négation du politique dans laquelle le Moyen Age, pendant longtemps, se serait enfermé. C'est par son caractère antipolitique qu'il aurait marqué d'une profonde empreinte la théorie gouvernementale des siècles ultérieurs.

Cette interprétation, qui tend à faire de Grégoire le Grand un champion de la théocratie, appelle sans conteste de sérieuses réserves[4]. Considérons, cependant, par provision, qu'elle offre un

1. *Mediaeval Humanism in the Life and Works of John of Salisbury*, p. 35.

2. *Commentaire sur le 1er Livre des rois ; Dialogues* ; *Homélies sur les évangiles* ; *Homélies sur Ézéchiel* ; *Morales sur Job ; Règle pastorale*. Cf. références in *Règle pastorale*, t. I, p. 9.

3. Cf. *L'Augustinisme politique*, p. 124, sur l'attitude de Grégoire à l'égard de l'empereur byzantin, et surtout p. 131-141, à l'égard des rois mérovingiens : « [...] en confiant aux rois une mission religieuse, il conférait à l'institution royale un caractère qui devait [...] absorber peu à peu son indépendance et son droit naturels. [...] La royauté était orientée par le fait même vers un assujettissement à l'autorité de l'Église » (p. 141). Cf. également p. 120 : « [...] Grégoire le Grand nous paraît le témoin le plus représentatif de la transition de la pensée augustinienne à ce que nous avons appelé l'augustinisme politique. »

4. Cf. M. Reydellet, *op. cit.*, p. 463, note 70, et p. 472 : « Nul n'est plus que lui étranger à l'idée d'opposer le spirituel et le temporel ; nul n'est moins que lui le précurseur de Grégoire VII » ; cf. également p. 478 : « En faire [...] un apôtre de ce que P. M. Arcari [*Idee e sentimenti*, chap. VI] a appelé "la totale substitution de l'Église à l'État" est pur anachronisme. Certes, la pensée de Grégoire est influencée, en partie, par sa fonction et son état. Mais elle l'est aussi par la volonté de fournir une réponse à la question que pose le monde de son temps, dominé par la consolidation des *regna* et par la ruine consécutive de la vocation universelle de l'Empire. »

cadre général acceptable. Le problème, en effet, n'est pas ici de savoir dans quelle mesure Grégoire a réellement pris acte de l'autonomie des royaumes par rapport à l'Église, mais plutôt de montrer quelle a été sa véritable contribution à l'histoire du concept de gouvernement. Or celle-ci marqua, par son originalité, une étape décisive : Grégoire fut le premier, depuis la chute de l'Empire d'Occident, survenue en 476, à élaborer une théorie chrétienne du *regimen*. Son expérience de pasteur et d'administrateur le conduisit à redéfinir, avec une grande finesse, les règles de la *bona administratio regiminis*[1]. Doctrine qui ne prétendait pas à la nouveauté, mais qui constitue, à bien des égards, un véritable commencement.

Issu d'une lignée sénatoriale, Grégoire (v. 540-604), qui avait reçu l'éducation d'un jeune aristocrate, avait été préteur de Rome avant de fonder, à la mort de son père, grâce à la vente des biens familiaux, plusieurs monastères en Sicile et à Rome. Arraché par le pape à sa vie ascétique, il fut bientôt envoyé comme nonce (apocrisiaire) à Constantinople, où il demeura six ans (579-585). Élu abbé, à son retour, de son monastère romain, c'est malgré lui qu'il obtint, en 590, la charge pontificale[2]. Le titre de « pape », alors, ne recouvre pas la signification qu'il aura plus tard. *Primus inter pares* quant à l'autorité spirituelle, Grégoire n'est guère plus que l'évêque de Rome, juridiquement dépendante encore de Constantinople, mais menacée par les Lombards. Cet isolement, dans une Italie disloquée, confère au pape « une position de quasi-souveraineté temporelle[3] », non sur un Empire chrétien qui n'existe pas encore, mais sur sa ville. Ainsi se mêlent, dans sa fonction, des préoccupations spirituelles et séculières qui ne permettent pas d'opposer, comme on le fait souvent, administration épiscopale et pouvoir politique. La *cura animarum* est, au sens fort du terme, une tâche de gouvernement. De là l'immense intérêt qu'offre la *Règle pastorale*, écrite par Grégoire en 591, dans laquelle, décrivant son état d'esprit face à la charge qu'il a reçue, il explique, en quatre livres, quelles règles doivent présider à l'exercice du ministère pastoral. Ce texte, qui connut une très vaste diffusion, constitue l'acte de naissance d'une figure inédite, mais promise à un riche avenir, dans la théorie du gouvernement : celle du *rector* chrétien.

1. *Morales*, XXVI, 26, *PL* 76, col. 374.
2. Ce résumé emprunte beaucoup à M. Banniard, *Genèse culturelle de l'Europe*, p. 150-151.
3. M. Reydellet, *op. cit.*, p. 444.

Ce terme était d'usage fréquent dans le vocabulaire juridique impérial où il désignait le gouverneur d'une province. De même, il était souvent employé, au VIe siècle, comme synonyme de *rex* ou de *dominus*[1]. Mais on le trouve très rarement appliqué au titulaire d'une fonction ecclésiastique. Or Grégoire l'utilise plus de quarante fois, dans le second livre de la *Règle*, au lieu de *pastor* et de *sacerdos*[2]. Étonnante appropriation d'un concept étranger, jusque-là, au vocabulaire pastoral, qui soulève deux problèmes distincts. Comment Grégoire, d'abord, a-t-il été conduit à déplacer ce terme du champ politique au champ religieux, pour désigner l'*episcopus*? Peut-on inférer, ensuite, de l'ambivalence du mot *rector* que la *Règle* fut écrite « aussi bien pour les rois que pour les prélats[3] »? Guide de conduite pastorale, n'est-elle pas, plus largement, le premier miroir des gouvernants de l'époque mérovingienne?

L'étude des sources de Grégoire permet de répondre assez facilement à la première question[4]. On sait en effet que, s'il puise abondamment dans sa très riche culture, Grégoire ne fait référence qu'au deuxième *Discours* de Grégoire de Nazianze[5]: ce dernier, qui avait d'abord fui devant la charge épiscopale, entreprenait de se justifier en montrant les servitudes et les hautes qualités qu'elle implique. Il y a donc une évidente continuité entre cet argument et celui de la *Règle*. Or Grégoire, très certainement, ne lisait pas le grec. C'est à travers la traduction latine de Rufin[6] qu'il connaissait l'homélie du Nazianzène. On peut observer, sur de nombreux exemples, le rôle de cet intermédiaire entre les deux Grégoire[7]. Mais l'important, pour notre propos, réside dans le fait que Rufin traduit fréquemment par *rector* des formes diverses du verbe *archein* ou du nom *archē*. Il y a ici bien plus qu'un simple événement lexical. Le mot *rector* entraîne avec lui, en effet, dans la version rufinienne, tout un complexe

1. Cf. R. A. Markus, « Gregory the Great's *Rector* and his Genesis », p. 138.
2. Cf. B. Judic, Introduction à la *Règle pastorale*, p. 63.
3. M. Reydellet, *op. cit.*, p. 463.
4. Je suis redevable, pour les précisions qui suivent, à l'excellent article déjà cité de R. A. Markus; cf. également B. Judic, *op. cit.*, p. 26-62, pour un inventaire complet des sources grecques et latines de la *Règle*.
5. Cf. *supra*, Ire partie, chap. 1, p. 27-29.
6. Rufin, *Apologetica*, CSEL, t. 46, Vienne, 1910; sur cet auteur, traducteur également d'Origène, et qui fut victime, dans la tradition ultérieure, de la condamnation de celui-ci par Justinien en 553, cf. G. Bardy, article « Rufin », DTC, 1939, col. 153-160.
7. Cf. B. Judic, *op. cit.*, p. 32.

d'idées formant l'ecclésiologie de Grégoire de Nazianze. Dans l'un de ses *Discours*, le Père grec reprend le thème paulinien de l'Église comme « corps du Christ », mais en lui faisant subir une inflexion très remarquable. Alors que saint Paul écrit : « C'est lui [le Christ] qui a donné aux uns d'être apôtres, à d'autres d'être prophètes, ou encore évangélistes, ou bien pasteurs et docteurs [...], en vue de la construction du Corps du Christ » (Ep 4,11-12), insistant ainsi, à la fois, sur la différenciation fonctionnelle et la solidarité organique nécessaires au bon fonctionnement de la *koinonia* chrétienne[1], Grégoire de Nazianze met l'accent sur la *subordination* des membres inférieurs du corps aux parties motrices[2]. L'image du corps mystique du Christ se trouve ainsi réinterprétée par Grégoire dans un sens platonicien : la différenciation des fonctions procède, non de la diffusion des dons de l'Esprit dans l'Église[3], mais de la soumission du corps à l'âme, ou de l'âme à la raison[4], selon le modèle d'une hiérarchie naturelle. Les *rectores* (c'est-à-dire les pasteurs et docteurs de l'épître de Paul) commandent, et tous les autres leur doivent obéissance. « La multiplicité des ministères pauliniens est réduite à deux : les gouvernants et les gouvernés, et leur relation figurée dans le lieu commun philosophique du supérieur contrôlant l'inférieur en vertu d'une différence de nature. Par un tour de passe-passe, sans doute instinctif, Grégoire de Nazianze a réduit l'*ecclesia* polymorphe de saint Paul à un simple modèle "politique"[5]. »

Ce texte, il est vrai, n'est pas cité dans la *Règle pastorale*[6]. Mais R. A. Markus a établi que certains passages des *Moralia in Iob*, où Grégoire examine la représentation organologique de l'Église, en portaient indiscutablement la trace[7]. Non seulement, dès lors, le concept de *rector*, appliqué aux évêques, provient de la traduction de Rufin, mais surtout, par son origine nazianzène, il introduit une

1. Cf. également 1 Co 12,12-30 ; sur le concept paulinien de *koinonia*, qui signifie « communion » et « communauté », cf. les explications très éclairantes de S. Breton, *Saint Paul*, Paris, PUF, coll. « Philosophies », 1988, p. 95-101.

2. *Discours* 3, trad. de Rufin citée par R. A. Markus, art. cité, p. 140 (les occurrences de *rector* sont soulignées par moi).

3. Cf. 1 Co 12,4-11.

4. R. A. Markus, p. 140 ; cf. Platon, *République*, VI, 431 a, p. 183 ; IX, 590 c-e, p. 354-355.

5. R. A. Markus, p. 140-141.

6. Cf. cependant les rapprochements que suggère B. Judic, *op. cit.*, p. 31, avec 2, 6, l. 13-17 et 3, 10, l. 35-42.

7. *Morales*, XIX, 14, 23 ; XXII, 22, 53 ; cf. art. cité, p. 139-140.

dimension autoritaire dans la doctrine du gouvernement pastoral. Dépolitisation, en apparence, d'un terme désignant jusqu'alors les détenteurs du pouvoir civil; politisation, en réalité, de la fonction épiscopale. Le glissement sémantique du mot correspond à l'effondrement des structures administratives du monde impérial. Mais il permet également de concilier la douceur du pasteur, qui veille au salut des fidèles, avec la rigueur de la discipline augustinienne. De là – tournant décisif dans la pensée médiévale – un nouveau schéma d'organisation de la société, hiérarchiquement divisée en *ordres*. Saint Augustin avait distingué trois catégories de chrétiens, selon un critère sexuel[1] : prédicateurs, continents et mariés. C'est dans une de ses *Homélies sur Ézéchiel*[2], postérieures à la *Règle*, que Grégoire introduisit pour la première fois la notion d'*ordo* à propos de ces catégories, créant ainsi le modèle trifonctionnel à partir duquel se pensera la société féodale[3], mais dès les *Morales* il affirmait que l'Église, à l'image du monde, est composée d'*ordines*[4] – ces ordres se ramenant à deux groupes principaux : d'un côté les laïcs, de l'autre les *rectores*.

On comprend ainsi pourquoi la *Règle*, si elle fut rédigée à l'intention des évêques, put être considérée très tôt comme un manuel à l'usage des rois. A la fin du IXe siècle, Alfred le Grand, roi du Wessex, en fit une traduction en vieil anglais[5] qu'il envoya à ses évêques : étonnante inversion des rôles qui illustre la solidarité des fonctions « rectorales ». Un siècle plus tôt, Alcuin établissait un parallèle entre l'ouvrage de Grégoire, guide des évêques, et son propre traité *De virtutibus et vitiis*, adressé au comte Guy[6]. Cette référence, écrit B. Judic, permit « un glissement dans l'usage du *Pastoral* lui-même du *speculum* destiné à l'évêque au *speculum* destiné au prince[7] ». Après Alcuin, en effet, il se trouve cité dans de nombreux Miroirs des princes : la *Via regia* de Smaragde de Saint-Mihiel, le *De institutione regia* de Jonas d'Orléans, le *De rectoribus*

1. Cf. G. Folliet, « Les trois catégories de chrétiens. Note sur l'emploi du mot *praepositus* », *L'Année théologique augustinienne* 49-50, 1954, p. 77-96 ; F. Chatillon, « Tria genera hominum », *Revue du Moyen Age latin* 10, 1954.

2. II, 4, 5-6, SC, n° 360, p. 193-197.

3. Cf. G. Duby, *Les Trois Ordres ou l'Imaginaire du féodalisme*, p. 106.

4. Cf. XI, 12, 20 – 13, 21 ; IV, 30, 59 – 31, 61.

5. *Hierdeboc (Shepherd's Book)*, éd. H. Sweet, Londres, 1871-1872 ; cf. B. Judic, *op. cit.*, p. 100.

6. *PL* 101, col. 613-638.

7. B. Judic, *op. cit.*, p. 95.

christianis de Sedulius Scottus, le *De regis persona et regio ministerio* d'Hincmar de Reims, etc.[1]. C'est la deuxième partie du livre, à vrai dire, traitant de la conduite requise lorsqu'on accède au *regimen* – Grégoire ayant d'abord insisté sur « la lourde responsabilité de gouverner (*pondus regiminis*)[2] » –, qui se prêtait le mieux à l'exhortation morale des princes[3]. En particulier, le jeu de mots, repris d'Augustin, *non praeesse sed prodesse* – « non pas commander, mais être utile[4] » –, devint un lieu commun du genre. Deux raisons expliquent aisément cette lecture « politique » de la *Règle*. Elle découlait tout d'abord du fait que le pape, à la suite de Grégoire de Nazianze, avait défini l'image du *pastor* dans un cadre conceptuel d'origine politique. Mais l'extensibilité du concept de *rector* tient également – et ceci le distingue de saint Augustin – à l'indifférence de Grégoire le Grand pour les questions institutionnelles. Alors qu'Augustin cherchait à ancrer les institutions de contrainte civile dans la condition déchue de l'homme, Grégoire ne se préoccupe que des implications morales du gouvernement[5]. Cette attitude résulte sans doute de l'évolution des conditions historiques. « Grégoire, écrit M. Reydellet, inaugure le troisième âge de la politique chrétienne depuis la fin des persécutions[6] » : le premier avait été celui des constructions de l'époque constantino-théodosienne (IVe siècle), reposant sur la collaboration de l'Église et de l'Empire ; le deuxième, celui des invasions et de la fin de l'Empire d'Occident (Ve siècle) – Augustin mourut, rappelons-le, en 430 –, qui vit le repli sur elles-mêmes des Églises locales. Le troisième, qui s'ouvrait à la fin du

1. *Ibid.*, p. 96-100.
2. *Règle pastorale*, I, 3, p. 136-140.
3. Les parties III et IV constituent un manuel de prédication – le *rector* ecclésiastique étant, avant tout, un *praedicator* (cf. B. Judic, *op. cit.*, p. 64-70) – qui ne concerne pas le dirigeant séculier.
4. « [...] ceux qui dirigent (*praesunt*) doivent avoir présente à la pensée, non pas l'autorité que confère leur rang, mais l'égalité de leur condition, et ne pas se réjouir de commander aux hommes, mais de leur être utiles (*nec praeesse se hominibus gaudeant, sed prodesse*) » (II, 6, 14-17, p. 204). Cf. Augustin, *Sermon* 340, *PL* 38, col. 1484, et autres lieux cités par B. Judic, *op. cit.*, p. 47, note 2 ; cf. également Grégoire le Grand, *Morales*, XXI, 15, *PL* 76, col. 203. La formule se retrouve également dans la *Règle* de saint Benoît (64, 8). Cf. Y. Congar, « Quelques expressions traditionnelles du service chrétien », *L'Épiscopat et l'Église universelle*, Paris, 1962, p. 101-105 (le topos *praeesse-prodesse*).
5. Cf. R. A. Markus, « Gregory the Great on Kings : Rulers and Preachers in the *Commentary on I Kings* », p. 16.
6. M. Reydellet, *op. cit.*, p. 467.

VIe siècle, était celui où l'Église avait recouvert le monde. Il n'y avait plus de place, en son sein, pour une autorité séculière[1]. De là une représentation nouvelle de la société humaine. Après la chute de l'Empire, la christianisation de l'État avait été reportée dans un avenir indéfini. Augustin, alors, avait voulu montrer l'écart insurmontable entre la cité céleste – celle des hommes vivant selon la loi de Dieu – et la cité terrestre, dominée par l'amour de soi[2]. Seul le jugement dernier séparerait ces deux cités inextricablement mêlées dans le monde. A cette vision conflictuelle, Grégoire superpose « une conception cosmique qui fait de la société humaine l'image de la société céleste[3] ». Contrairement à la cité de Dieu, en mouvement à travers l'histoire, la société chrétienne, reflet d'un ordre immuable, s'installe ainsi dans l'immobilité. « Avec Grégoire, la fonction de *modèle*, l'*idée* du bon gouvernement est passée de l'Empire au Paradis ; elle est remontée de la terre vers le Ciel[4]. » Déplacement qui conduit à une intériorisation des règles du gouvernement : il ne s'agit plus simplement d'assurer des fonctions de discipline, mais, à travers l'humilité qu'exige le juste exercice du *regimen*, d'accéder soi-même à la plus haute vertu. Les rois ont vocation à la sainteté[5]. De la sorte se rejoignent, sans se confondre, l'office du pasteur des âmes et celui du gardien des corps.

1. *Ibid.* p. 467 : « Entre un roi et un évêque œuvrant au salut de leurs "sujets", il n'y a plus ce fossé infranchissable qui séparait l'évêque administrateur d'une Église locale et l'empereur délégué de Dieu auprès de l'Église universelle » ; cf. également les citations de Grégoire, *Commentaire sur le Ier Livre des rois*, 2, 59, et 3, 137 *in* R. A. Markus, « Gregory the Great on Kings », p. 18.

2. *La Cité de Dieu*, XIV, 28, p. 465 : « Deux amours ont fait deux cités : l'amour de soi jusqu'au mépris de Dieu, la cité terrestre ; l'amour de Dieu jusqu'au mépris de soi, la Cité céleste. L'une se glorifie en elle-même, l'autre dans le Seigneur. L'une demande sa gloire aux hommes ; pour l'autre Dieu témoin de la conscience est sa plus grande gloire. »

3. M. Reydellet, *op. cit.*, p. 493, note 164.

4. *Ibid.*, p. 494.

5. A la royauté métaphorique des saints correspond, chez Grégoire, la sainteté promise aux rois justes. Cf. sur ce point, M. Reydellet, *ibid.*, p. 467 et 479 *sq.*

CHAPITRE 2

Roi sage et roi pieux

A. La figure cynico-stoïcienne du roi sage

En inscrivant d'entrée de jeu la fonction royale dans l'ordre éthique – *rex a recte agendo* –, Isidore de Séville ne ferait qu'emprunter le modèle cynico-stoïcien du roi sage, d'origine socratique[1]. On a tendance à ne l'étudier qu'à travers sa transposition platonicienne dans la figure sublimée du roi-philosophe. Or ce dernier, formé par un long et difficile apprentissage à contempler les Idées dont il tire, en vue d'y faire régner l'harmonie, la science du gouvernement de la Cité, dispose des hommes selon les règles d'un savoir supérieur. Tout autre est le roi sage, qui gouverne par l'exemple de ses vertus. Modèle vivant plutôt que monarque savant. C'est à ce titre que Socrate est désigné par Épictète comme le maître du gouvernement des hommes (*anthropon archē*) dans un passage important des *Entretiens*[2] où il démontre à un magistrat l'inanité de son pouvoir:

> « – Mais je puis jeter en prison qui je veux.
> – Comme tu peux jeter une pierre.
> – Mais je peux faire bâtonner qui je veux.
> – Comme tu peux bâtonner un âne. Ce n'est pas là gouverner des hommes (*anthropon archē*). »

Première indication capitale: le gouvernement des hommes n'a rien à voir avec l'action violente que l'on peut exercer sur les choses (une pierre, un animal).

1. Cf. P. Hadot, « Fürstenspiegel », col. 620; M. Reydellet, *op. cit.*, p. 577.
2. *Entretiens*, III, 7, 33-36, p. 31.

> « Gouverne-nous comme des êtres raisonnables (*logikon emon*) en nous *montrant*[1] ce qui est utile, et nous suivrons. *Montre*[2]-nous ce qui est nuisible, et nous nous en écarterons. »

Deuxième indication : c'est en tant qu'il est doué de raison que l'homme est susceptible d'être gouverné. Comment ? Non par des discours qui cherchent à persuader, mais par l'exemple qui éveille le désir d'imiter. *Deiknumi*, montrer, a d'abord le sens de « faire voir », « produire au jour ».

> « Tâche de nous rendre imitateurs fervents de ta personne, comme Socrate de la sienne. Lui, véritablement, menait les hommes en hommes (*os anthropon archon*), car il les disposait à lui soumettre leurs désirs, leurs aversions, leurs propensions, leurs répulsions. »

Le vrai pouvoir, ainsi, ne s'exprime pas par l'interdiction et la menace, il se manifeste sous la forme de l'incitation morale.

> « "Fais ceci, ne fais pas cela, sans quoi je te jetterai en prison", ce n'est point ainsi qu'on gouverne des êtres raisonnables. Mais plutôt : "Fais ceci comme Zeus l'a ordonné, sans quoi tu en subiras une peine, un dommage." Quel dommage ? Pas d'autre que celui de n'avoir pas fait ton devoir. Tu détruiras en toi l'homme fidèle, sage, modéré. »

C'est dans le rapport que l'homme, en tant qu'homme (*anthropos*), entretient avec sa nature raisonnable que prend effet l'obligation, vecteur de l'action gouvernementale.

Seul le sage est roi parce que, se maîtrisant lui-même, il inspire aux autres le désir de l'imiter. L'étymologie augustinienne du nom de *rex*, que condense Isidore de Séville, ne fait-elle que réactualiser cette ancienne conception ? Apparemment, si l'on s'en tient aux vertus du prince (maîtrise de soi, justice, clémence), qui relèvent de l'éthique individuelle. Il me semble, cependant, qu'elle met en œuvre des rapports de pouvoir très différents.

1. Je souligne.
2. *Id.*

B. Conduire les hommes et contraindre les corps

1. Le gouvernement du sage se distingue de toute forme de domination parce qu'il considère les hommes, non comme des choses, mais comme des êtres raisonnables. Autrement dit, la conduite des hommes diffère essentiellement de la maîtrise que l'on peut exercer sur la matière ou les êtres irrationnels. Cette distinction disparaît chez les Pères. Le péché, on l'a vu, a fait tomber l'homme en servitude. Mais après la venue du Christ, deux puissances se partagent leur direction[1] : l'Église, chargée du soin des âmes, et l'État (la *potestas* impériale ou royale), responsable du contrôle des corps. Division des tâches qui semble avoir été formulée pour la première fois par Jean Chrysostome[2], réaffirmée par Augustin[3] et accentuée, avec une magistrale fermeté, par Grégoire le Grand :

> « Étant donné que [les rois] s'imposent par la crainte à ceux qui vivent dans le vice, ils dominent, peut-on dire, non des hommes, mais des bêtes brutes, car il faut inspirer de la peur aux animaux pour les maintenir dans l'obéissance[4]. »

Ce n'est pas l'homme en tant qu'homme, mais l'homme, au contraire, ravalé par les impulsions de sa chair au rang de l'animal, qui fait l'objet du gouvernement royal et détermine les modalités de son exercice.

1. Cf. le pape Gélase, *De anathematis vinculo*, à la fin du ve siècle : « Le Christ [...], conscient de la fragilité humaine, a voulu que les autorités chargées de pourvoir au salut des fidèles, fussent équilibrées par une prudente ordonnance. Il a donc distingué les devoirs de chaque puissance » (*PL* 59, col. 108-109). Cf. la lettre VIII à l'empereur Anastase, *PL* 59, col. 42 : « Il y a deux choses qui régissent principalement ce monde : l'autorité (*auctoritas*) sacrée des pontifes, d'une part ; la puissance (*potestas*) royale de l'autre. » Déclaration capitale pour l'histoire des rapports entre le sacerdoce et les puissances séculières.

2. « Au roi ont été confiés les corps, au prêtre les âmes » (*In illud « Vidi Dominum » [Isaii VI, 1] Homil.*, IV, 4). Cf. *supra*, p. 73-74, note 5.

3. Cf. *Expositio quarumdam propositionum ex epistola ad Romanos*, *PL* 35, col. 2083-2084.

4. *Morales*, XXI, 23, *PL* 76, col. 204. Il faut rattacher cette phrase à la thèse centrale – et originale – de Grégoire, selon laquelle celui qui commande domine des vices plutôt que ses frères. La nécessaire domination des vices n'exclut pas l'égalité des hommes. Cf. M. Reydellet, *op. cit.*, p. 466 et 473-474.

« Les princes du siècle, écrit Isidore de Séville, ne seraient pas nécessaires s'ils n'imposaient par la terreur de la discipline (*per disciplinae terrorem*) ce que les prêtres sont impuissants à faire prévaloir par la prédication (*per doctrinae sermonem*)[1]. »

2. Un autre trait essentiel du sage, modèle du vrai roi, selon la tradition cynico-stoïcienne, est qu'il consacre son temps à veiller sur les autres (*episkopein*). Épictète insiste sur cette fonction lorsqu'il explique pourquoi le Cynique, s'il veut assurer sa mission, doit garder le célibat[2]. Citant Homère (*Iliade*, II, 25), il le compare à un roi qui s'adonne sans réserve aux affaires publiques. Observer ce que font les hommes, comment ils passent leur vie, de quoi ils ont soin, ce qu'ils négligent, « faire sa tournée comme un médecin et tâter le pouls de tout le monde[3] », prescrire le remède qui convient à chacun, telle est la royauté (*basileia*) du Cynique[4]. *Episkopos*[5] : celui qui exerce sa surveillance sur tous les hommes en vue d'assurer la santé de leur âme.

Ce rôle, on le sait, dans le partage des pouvoirs effectué par l'Église, n'a pas échu au roi, mais à l'évêque. La signification étymologique du titre d'*episcopus* est fréquemment rappelée jusqu'au VIIe siècle. Ainsi Augustin écrit-il, commentant la phrase de saint Paul, « celui qui aspire à la charge d'épiscope désire une noble fonction » (1 Tm 3,1) :

> « Il a voulu expliquer ainsi ce qu'est l'épiscopat : que ce mot indique une charge, non un honneur. C'est là, en effet, un mot grec qui dérive du fait que celui qui est préposé à d'autres veille sur eux, c'est-à-dire prend soin d'eux (*superintendit, curam scilicet eorum gerens*), car *skopos* veut dire soin (*intentio*) ; pour *episkopein* nous pourrions donc dire en latin, si nous le voulions, *superintendere*, veiller sur ; dès lors celui qui veut commander sans se dévouer (*qui praeesse dilexerit, non prodesse*)[6] ne doit pas s'imaginer être un évêque[7]. »

1. *Sententiae*, III, 51, col. 723 ; cf. III, 48, 7 ; *Etymologiae*, IX, 3, 4, p. 121.
2. *Entretiens*, III, 22, 69, p. 80.
3. *Ibid.*, III, 22, 73, p. 80.
4. *Ibid.*, III, 22, 75, p. 81.
5. Cf. *ibid.*, III, 22, 77, p. 81 : *oi episkopountes*.
6. Cf. *supra*, p. 89, note 4.
7. *La Cité de Dieu*, XIX, 19, 388, p. 137. Cf. C. Mohrmann, « Episcopus-speculator », in *Étude sur le latin des chrétiens*, t. 4, Paris, 1977, p. 231-252.

Au milieu du VIIe siècle, en Irlande, le rédacteur anonyme du *De duodecim abusivis saeculi* écrit qu'« *episcopus* est un nom grec qui se traduit par *speculator* (celui qui observe, qui surveille) ». Et il précise les tâches respectives de l'évêque et du roi :

> « Il convient donc que l'évêque, établi comme l'observateur de tous, soit particulièrement attentif aux péchés ; et après les avoir remarqués, qu'il les corrige, s'il le peut, par la parole et l'action. S'il ne le peut pas, selon la règle de l'Évangile, qu'il s'écarte des auteurs des crimes[1]. »

C'est alors, quand la parole sacerdotale échoue, que le prince intervient par la terreur. A la même époque, dans l'Espagne wisigothique, les évêques rassemblés au 8e concile de Tolède s'attribuent la fonction des yeux (*officia oculorum*) dans le corps mystique de l'Église[2]. Et quelques années plus tard, au 16e concile de 693, ils s'engagent, en agissant comme de dignes guetteurs (*more dignorum speculatorum*), à conduire le navire de l'Église sans dommages au port du salut final[3].

Il est très remarquable que soit utilisée ici, en relation avec l'office épiscopal, la métaphore du navire. Cette vieille image platonicienne, appliquée au royaume, redeviendra courante à partir du XIIe siècle. Au VIIe siècle, personne ne songerait à comparer le roi à un pilote, ni même à une vigie. Sans doute parce qu'il n'existe pas d'État proprement dit à diriger. La seule société en mouvement vers un but – pour ceux, au moins, qui œuvrent à la formation d'une conscience collective – est l'Église. Mais surtout parce qu'il n'appartient pas au roi de scruter l'horizon ni d'ouvrir les yeux autour de lui. Son rôle : protéger, dissuader, menacer, châtier. Toute son essence se ramasse dans sa force, et dans le bon usage qu'il en fait. Il est un bras que l'Église veut docile. C'est pourquoi, du fait de cette fonction purement instrumentale, l'image qu'en offrent les textes de ce temps reste si sombre, sévère et dépourvue d'éclat.

Au VIIe siècle, c'est à l'évêque, *speculator omnium*, que se rapportent les deux grandes métaphores, navale et pastorale, par lesquelles

1. Pseudo-Cyprien, *De duodecim abusivis saeculi*, Gradus X, *PL* 6, col. 1086.
2. *PL* 84, col. 422 ; cf. E. Ewig, « Zum christlichen Königsgedanken im Frühmittelalter », p. 35.
3. *Ibid.*, col. 531.

on représentera, cinq siècles plus tard, le gouvernement royal. Les causes de ce déplacement sont multiples. Je les examinerai plus loin. Retenons pour l'instant que, dans la définition isidorienne de *regere*, qui comprend *recte agere* (agir droitement), *se regere* (se gouverner) et *corrigere* (corriger), n'entre pas l'acte de *dirigere* (conduire, guider, qu'il s'agisse d'un navire ou d'un troupeau). Face au roi terrible qui contraint les corps, c'est l'évêque qui veille au gouvernement des âmes. L'ancienne idée de gouvernement des hommes en tant qu'hommes (*anthropon archē*) se trouve ainsi pour la seconde fois rompue.

3. Le sage, enfin, selon Épictète, ne peut exercer sa royauté que si la partie maîtresse de son âme (*to egemonikon*) est plus pure que le soleil[1]. C'est la pureté de sa conscience qui tient lieu, chez lui, des armes et des soldats qu'utilisent les tyrans, aussi mauvais soient-ils eux-mêmes, pour châtier les coupables. Le droit qu'il s'attribue de corriger les autres se fonde, non pas sur un rapport violent de domination, mais sur la tranquillité qu'il trouve en son cœur parce que ses pensées sont celles d'un ami des dieux. En se soumettant au contrôle de son jugement, affranchi des passions, il participe au gouvernement de Zeus[2]. Aussi ne craint-il pas de parler en toute liberté (*parresiazestai*) aux hommes. La maîtrise de soi du sage, non seulement n'exige pas un combat de chaque instant, car elle démontre l'empire de sa raison sur ses désirs, mais, l'associant à la souveraineté divine, elle se manifeste par une parole libre et sans détours (*parresia*).

Il en va tout autrement du *rector* chrétien. S'il détient une autorité sur ses sujets, soumis corporellement à la puissance du glaive, c'est dans la mesure où il est capable de régir son propre corps. Le gouvernement de soi, dont il doit montrer l'exemple, ne consiste plus dans la sereine hégémonie de l'âme rationnelle et la transparence d'une pensée en paix avec elle-même, mais dans une lutte permanente contre les impulsions de la chair. A la différence du sage qui s'endort le cœur pur, il mène une guerre sans relâche, nuit et jour, à l'intérieur de lui-même. Rapport inverse entre l'exemplarité et la fonction : le sage est apte à diriger les autres parce qu'il sait se conduire lui-même, alors que le roi juste est tenu de se maîtriser parce qu'il est chargé de la discipline des corps. Grégoire le Grand, une fois de plus, l'exprime avec une étonnante vigueur : « Ils

1. *Entretiens*, III, 22, 93, p. 84.
2. Cf. *ibid.*, III, 22, 95.

méritent d'être appelés rois, ceux qui savent bien régir les mouvements de leurs membres[1] » et qui contiennent tous les « mouvements insensés (*stultos motus*)[2] » de la chair : l'appétit de luxure, l'ardeur de la cupidité, le désir de gloire, la tentation de l'envie, le feu de la colère[3]. Ces mots seront repris littéralement par l'abbé Smaragde de Saint-Mihiel, auteur d'une célèbre *Via regia*[4]. On trouve une formule équivalente sous la plume du moine Angelom, écrivant à l'empereur Lothaire : « Ceux qui savent diriger et scruter non seulement les royaumes terrestres, mais leur propre corps ou les mouvements de leur chair, sont véritablement rois[5]. »

Le gouvernement de soi n'a donc pas le même sens dans l'ascèse cynico-stoïcienne des désirs et dans la discipline chrétienne de la chair. Loin d'accéder à l'autonomie qui permet au sage de s'occuper des hommes avec la bienveillance d'un dieu et de leur parler franchement, le roi isidorien est fermement pressé de se souvenir qu'en dépit de la hauteur de son office il est un homme semblable aux autres, astreint, de ce fait, à la règle commune qu'enseigne l'Église.

* * *

L'enseignement des Pères, dispersé dans des traités, lettres, sermons, commentaires, fut rassemblé aux VIIIe-IXe siècles par les auteurs carolingiens à l'intérieur de la doctrine, originale et cohérente, du ministère royal (*ministerium regis*)[6]. Celle-ci est bien connue. Elle correspond au moment où s'affirme ce qu'il est convenu d'appeler, avec H.-X. Arquillière, l'« augustinisme politique » : absorption du droit naturel de l'État dans la justice chrétienne[7], subordination du pouvoir séculier à l'autorité sacerdotale. La royauté, qui s'excrçait déjà *dans* l'Église, est désormais conférée *par* l'Église. Elle devient un office.

Il semble que, humiliant le roi à défaut de pouvoir s'en passer, cette conception tende à ruiner son prestige. C'est l'inverse qui s'est produit : elle a contribué à le renforcer considérablement en

1. *Morales*, VI, 56, *PL* 75, col. 963.
2. *Ibid.*, col. 966.
3. *Morales*, XXVI, 28, *PL* 76, col. 381.
4. *Commentaria in Regulam Sancti Benedicti*, *PL* 102, col. 696.
5. MGH, Ep. V, p. 268 ; cité par H. Anton, *op. cit.*, p. 397, note 172.
6. Cf. H. Anton, *ibid.*, p. 355-356.
7. Cf. *supra*, p. 84, note 3.

l'investissant d'une dimension sacrale, mais surtout – et ce point est capital – elle a dissocié le roi de son corps naturel, impétueux et violent, pour le lier, par la grâce de l'onction, à un corps, métamorphosé, rayonnant d'une vie neuve[1]. Dans une histoire axée sur l'idée de souveraineté, qui mesure le progrès de l'institution monarchique à son indépendance par rapport à l'Église, cette période marque un nouveau recul, voire l'apogée d'une dangereuse confusion entre les sociétés civile et religieuse. Dans une histoire des modes de gouvernement, en revanche, qui observe comment s'articulent des finalités spécifiques à des formes de représentation, elle constitue un seuil décisif. C'est à partir d'elle que le gouvernement qui consistait, pour le roi, à corriger, juger et protéger, va impliquer la tâche de conduire également son peuple. Passage de la *correctio* à la *directio* qui s'esquisse déjà assez nettement avec Alcuin[2]. Sans doute cette direction reste-t-elle pointée, chez le *rector* carolingien, vers le salut des âmes (*dirigere ad viam salutis*). On la verra s'infléchir progressivement – à travers le concept de *salus publica*, par exemple, qu'emploie Jean de Salisbury dans un double sens sotériologique et politique[3] – vers des finalités terrestres.

C. La science du prince

L'absence d'un art spécifique de gouverner dans la doctrine du ministère royal se vérifie à travers une question dont l'importance, encore limitée, ne fera que croître à partir du XIIe siècle : que doit savoir le prince ? Bien que son rôle soit de manier le glaive et de rendre la justice, les *Specula* ne traitent jamais de la science des armes et ils n'abordent, le plus souvent, la pratique judiciaire que sous l'angle des vertus personnelles – piété, miséricorde, humilité – nécessaires au prince dans l'exercice de son office. Les compétences guerrière et juridique, qui relèvent du « siècle », n'entrent pas dans le champ de la problématisation cléricale, soucieuse du seul salut des

1. Cf. les belles analyses de W. Ullmann, *The Carolingian Renaissance and the Idea of Kingship*, lecture IV : « The rebirth of the ruler », p. 71-110.
2. Cf. H. Anton, *op. cit.*, p. 106-107.
3. Cf. *infra*, chap. 3, B.

âmes. Bien gouverner, c'est agir de telle sorte, pour le prince, qu'il ne craigne pas de rendre compte de ses actes à Dieu et puisse être admis, après le voyage de cette vie, dans la communauté des rois saints[1].

La *Vie de Robert le Pieux* – le fils de Hugues Capet –, rédigée vers 1033 par Helgaud de Fleury, illustre avec netteté cette conception sacerdotale: «Nous désirons entreprendre la vie de ce roi si éminent, écrit-il, modèle pour les générations futures, *praesentibus et futuris imitabilem*[2].» Une «vie», dans la perspective de la *lectio* monastique, n'est pas la trajectoire singulière d'une existence, mais une suite d'actes exemplaires. Aussi la biographie n'a-t-elle pas pour objet d'expliquer ce qu'un homme est devenu ni de raconter tout ce qu'il a fait, mais de l'offrir en modèle. *Rex imitabilis*: la vie de Robert doit donc servir de miroir à ses successeurs. En quoi mérite-t-il d'être imité? «Car ainsi les âmes désemparées comprendront la valeur de ces œuvres de charité, d'humilité et de miséricorde sans lesquelles nul ne pourrait parvenir au royaume des cieux[3].» Robert est imitable, non pour ses qualités politiques, mais pour les vertus chrétiennes auxquelles l'éminence de sa charge confère un rayonnement incomparable: «Dans ce domaine, il a brillé d'un tel éclat que, depuis le très saint roi et prophète David, nul ne l'a égalé, surtout dans la sainte humilité[4].» Le reste, c'est-à-dire ses combats dans le siècle, ses victoires sur l'ennemi et ses conquêtes, Helgaud l'abandonne aux chroniqueurs[5]. S'il le qualifie de *sapientissimus litterarum*, «très savant dans les lettres[6]», c'est parce qu'il avait été

1. Cf. Jonas d'Orléans, *op. cit.*, chap. 3, p. 139: «Quatenus ita agendo sanctorum regum [...], post hanc peregrinationem consors efficiatur.» C'est avec Grégoire le Grand qu'est apparu le thème de la sanctification par l'exercice du pouvoir. Cf. *supra*, p. 90, note 5.
2. *Vie de Robert le Pieux*, préface, p. 58.
3. *Ibid.*
4. *Ibid.*
5. *Ibid.*, § 30, p. 138 : « historiographis relinquimus». Cf. les remarques de G. Duby, *Le Dimanche de Bouvines*, p. 17, à propos de la *Gesta Philippi Augusti* composée par Guillaume le Breton au début du XIIIe siècle: «L'entreprise historiographique passe des mains monastiques à celles d'un clerc, et d'une abbaye [Saint-Denis] à la maison même du roi. Signe de la fermeté d'un pouvoir qui se dégage peu à peu des célébrations liturgiques, et qui commence à se séculariser. De ce déplacement témoigne aussi la place faite aux armes dans le récit même. Le moine Helgaud, auteur d'une vie du roi Robert le Pieux, ne s'était intéressé cent cinquante ans plus tôt qu'aux prières, aux charités, aux pèlerinages, aux miracles; il avait laissé à d'autres le soin de raconter les guerres. Guillaume le Breton, lui, ne raconte à peu près qu'elles.»
6. *Ibid.*, § 3, p. 60.

instruit des arts libéraux « de telle façon qu'en toutes choses il pût complaire au Dieu tout-puissant par ses saintes qualités[1] ».

Les devoirs du roi consistant en un véritable programme de sainteté, il lui importe avant tout de méditer l'Écriture, recueil inépuisable, pour qui sait la lire, d'exemples et de maximes de gouvernement. Quelques précisions sont nécessaires, ici, pour comprendre l'utilisation *politique* qui a été faite de la Bible pendant le haut Moyen Age[2].

a. *La Bible comme source de la science royale*

On la lisait, tout d'abord, dans la traduction latine effectuée par saint Jérôme à la fin du IVe siècle, la *Vulgata latina*. Il n'existait donc qu'un seul texte – fait capital pour l'élaboration du vocabulaire, car le latin de la Vulgate était celui que pratiquait la classe romaine cultivée du IVe siècle, empruntant ses concepts à la langue des magistrats et des administrateurs. La parole divine, ainsi, était reçue à travers le filtre culturel romain. C'est pourquoi, d'une certaine manière, on peut dire que la Bible a été l'un des instruments, sinon le principal, de la continuité de Rome jusqu'à la *renovatio* carolingienne.

De plus, loin d'entretenir un discours de révolte, revendiquant contre Rome les droits perdus de Jérusalem, la Bible s'est trouvée très tôt liée à l'exaltation du pouvoir impérial. Au moment où commençait à circuler la Vulgate, en effet, le christianisme était devenu religion d'État[3]. Déjà Constantin (306-337), le premier empereur converti, considéré comme « sacré » à l'instar de ses prédécesseurs, avait donné lieu à la formulation d'une théologie politique chrétienne. Eusèbe de Césarée, dans un panégyrique prononcé en sa présence, déclarait :

> « C'est [du Logos divin] et à travers lui que l'empereur, le bien-aimé de Dieu, reçoit et revêt l'image de la suprême royauté, et ainsi gouverne et tient en main, à l'imitation de son Seigneur, la barre de

1. *Ibid.*
2. Cf. W. Ullmann, « The Bible and the Principles of Government in the Middle Ages ».
3. Cf. l'heureuse expression de M. Banniard, *Genèse culturelle de l'Europe*, p. 75 : « Le christianisme [qui] fut à ses débuts une religion contre l'État [...] a fini par être la religion de l'État. »

toutes les affaires de ce monde. [...] Dieu est le modèle du pouvoir royal[1]. »

En offrant de la sorte, à l'appui de l'ancienne conception hiérocratique[2], une justification théologique de la puissance impériale, l'Église renonçait à son rôle prophétique et se trouva conduite, fût-ce au prix de violents désaccords avec l'État, à défendre l'ordre établi. Après Théodose (379-395), qui étendit à tout l'Empire l'interdiction du culte païen, la représentation de l'empereur comme image sur terre du *Pantokrator* divin s'imposa avec éclat, l'idéologie impériale constituant en quelque sorte la copie de l'archétype biblique.

Enfin, tandis que prenait forme le césaro-papisme byzantin, la décomposition du système impérial en Occident favorisa un vaste mouvement de promotion de l'épiscopat. On observe, à partir du Ve siècle, que les grandes familles sénatoriales se tournent de plus en plus vers la carrière ecclésiastique où elles apportent leur expérience de législateurs et d'administrateurs[3]. Si l'on ajoute à ces différents facteurs le recul croissant de la culture profane au profit de l'étude de la Bible aux VIe-VIIe siècles, il est assez facile de comprendre pourquoi l'Écriture a joué un rôle central dans la réflexion politique du haut Moyen Age.

Modèles les plus souvent cités : David, dont tous ceux qui veulent faire bon usage de la puissance royale, selon Isidore[4], doivent imiter l'humilité, Salomon, pour sa proverbiale sagesse, Job (quoiqu'il n'eût pas été roi), type du dirigeant pieux : « Les paroles de Job rapportent comment il a gouverné ses sujets avec autant de soin (*arte*) qu'il a conduit sa propre vie[5]. » L'*ars regendi subjectos*, l'art de diriger des sujets, trouve en Job, « pied du boiteux, œil de l'aveugle » (Jb 39,15-16), son maître biblique le plus édifiant. Au XIIe siècle

1. *Triakontaerikos*, discours prononcé en l'honneur de Constantin, en 336, pour le 30e anniversaire de son avènement, I-6, III-4-5 ; trad. et cité par Cl. Lepelley, *L'Empire romain et le Christianisme*, p. 104-105. Sur les caractères de cette théologie politique, cf. p. 106.

2. « Le caractère religieux du pouvoir impérial, notion païenne par excellence, subsista sans la moindre diminution. C'est là la première et l'une des plus frappantes contradictions de l'empire chrétien » (*ibid.*, p. 72).

3. Cf. *supra*, p. 85.

4. *Sententiae*, III, 49, 1, col. 720.

5. *Carmen de Timone comite*, v. 23-24 ; cité par H. Anton, *op. cit.*, p. 433, note 353 : « Iob quoque dicta ferunt, quanto moderamine vitam,/Quanta et subjectos rexerit arte, suam. »

encore, Jean de Salisbury écrira que Job incarne, par sa justice, la règle du gouvernement, *formula regnandi*[1].

Mais à côté de ces figures si souvent invoquées – Charlemagne, avant son couronnement, était désigné comme un nouveau David, et l'on a vu la comparaison appliquée à Robert le Pieux –, un texte occupe une place de choix dans les manuels d'instruction des princes. Il s'agit du passage du Deutéronome (17,14-20), la loi donnée par Dieu au peuple d'Israël à son retour d'Égypte, sur l'élection du roi. A la suite de plusieurs commandements, le texte prescrit son propre mode d'emploi :

> « Lorsqu'il montera sur le trône royal, [le roi] devra écrire sur un rouleau, pour son usage, une copie de cette Loi, sous la dictée des prêtres lévites. Elle ne le quittera pas ; il la lira tous les jours de sa vie pour apprendre à craindre Yahvé son Dieu en gardant toutes les paroles de cette Loi, ainsi que ces règles à appliquer » (18-19).

Authentique code royal formulé par Dieu, ce court texte présente tous les caractères d'un miroir, au sens allégorique et technique : il montre au roi ce qu'il doit faire, en même temps qu'il résume ses devoirs en quelques lignes faciles à conserver près de soi et à méditer chaque jour[2]. Ce n'est donc pas un hasard s'il est la première autorité que cite Jonas d'Orléans pour enseigner au roi ce qu'il doit s'efforcer d'être et d'éviter (*qualis esse vel quid cavere*)[3]. Miroir, également, de tous les miroirs futurs, puisqu'il définit leur forme, leur usage et leur finalité : brièveté, lecture quotidienne, crainte de Dieu. C'est pourquoi il condense, pour certains auteurs, la science du prince. Ainsi le poète anglo-saxon Cathwulf écrit-il à Charlemagne (775) :

> « [...] il faut que tu aies dans les mains sous la forme d'enchiridion, qui signifie un manuel, la loi de ton Dieu ; que tu le lises tous les

1. *Policraticus*, V, 6, 550 a 26, t. 1, p. 300.
2. « Mais qu'il n'aille pas multiplier ses chevaux, et qu'il ne ramène pas le peuple en Égypte pour accroître sa cavalerie, car Yahvé vous a dit : "Vous ne retournerez jamais par ce chemin." Qu'il ne multiplie pas le nombre de ses femmes, ce qui pourrait égarer son cœur. Qu'il ne multiplie pas à l'excès son argent et son or » (16-18). Suit le passage cité ci-dessus (19). « Il évitera ainsi de s'enorgueillir au-dessus de ses frères, et il ne s'écartera de ces commandements ni à droite ni à gauche. A cette condition, il aura, lui et ses fils, de longs jours sur le trône d'Israël » (20).
3. Cf. *De institutione regia*, chap. 3, p. 139.

jours de ta vie afin d'être pénétré de la sagesse et des lettres séculières, comme le furent David, Salomon et tous les autres rois[1]. »

b. *Signification politique du Deutéronome, 17,14-20*

Ce texte est important pour deux raisons. Tout d'abord, la royauté a toujours présenté, dans l'histoire d'Israël, un caractère problématique. Après la captivité en Égypte et les premières conquêtes sous la conduite de Josué, le peuple d'Israël avait été dirigé par des juges[2] directement désignés par Dieu. Période troublée, violente, marquée par l'infidélité récurrente à la loi divine, l'adhésion à des cultes païens, la dispersion des tribus. « En ce temps-là, il n'y avait pas de roi en Israël et chacun faisait ce qui lui plaisait[3]. » Samuel devenu vieux, le peuple demanda un roi qui le régisse comme les autres nations.

> « Satisfais à tout ce que demande le peuple, dit Yahvé à Samuel, car ce n'est pas toi qu'ils ont rejeté, c'est moi, ne voulant plus que je règne (*regnem*) sur eux[4]. Tout ce qu'ils m'ont fait depuis le jour où je les ai tirés d'Égypte jusqu'à maintenant – ils m'ont abandonné et ont servi des dieux étrangers[5] –, ils te le font aussi[6]. »

Ces lignes ayant fait l'objet d'innombrables commentaires au Moyen Age, il est nécessaire d'en dégager nettement les articulations essentielles. 1) C'est le peuple qui exige un roi, et non Dieu qui le lui propose. 2) Le désir de roi procède de l'envie d'être un peuple comme les autres, et donc de l'oubli par Israël de son identité. 3) Ce désir s'inscrit, le texte biblique est très clair sur ce point, dans la continuité d'une révolte contre Dieu : « Ils ne veulent plus que je règne sur eux. » C'est par un même mouvement que le peuple d'Israël se tourne vers le culte de Baal et réclame un roi. L'idée royale,

1. Cité par H. Anton, *op. cit.*, p. 76.
2. Cf. Jg 2,16-18, sur leur institution par Yahvé. Parmi les principaux : Gédéon (*ibid.*, 6-8), Samson, Samuel.
3. *Ibid.*, 21,25.
4. Cf. *ibid.*, 8,22-23 : « Les gens d'Israël dirent à Gédéon : "Règne sur nous (*dominare*), toi, ton fils et ton petit-fils [...]." Mais Gédéon leur répondit : "Ce n'est pas moi qui régnerai sur vous (*non dominabor vestris*), ni mon fils non plus, car c'est Yahvé qui régnera (*dominabitur*) sur vous." »
5. Baal et Astarté. Cf. *ibid.*, 2,13 ; 1 S 7,3-4.
6. 1 S 8,7-8.

ainsi, n'est pas d'essence judaïque, mais est empruntée aux monarchies orientales. 4) Dieu, néanmoins, y consent, après avoir averti son peuple, par la bouche de Samuel, du droit du roi (*jus regis*) qui va régner sur lui. Il faut relire cette description, car c'est par rapport à elle que la loi du Deutéronome prendra toute sa signification, opposant la figure biblique du roi juste au tyran oriental :

> « Il prendra vos fils et les affectera à sa charrerie et à ses chevaux et ils courront devant son char. Il les emploiera comme chefs de mille et comme chefs de cinquante ; il leur fera labourer son labour, moissonner sa moisson, fabriquer ses armes de guerre et les harnais de ses chars. Il prendra vos filles comme parfumeuses, cuisinières et boulangères. Il prendra vos champs, vos vignes et vos oliveraies les meilleures et les donnera à ses officiers. Sur vos cultures et vos vignes, il prélèvera la dîme et la donnera à ses officiers. Les meilleurs de vos serviteurs, de vos servantes et de vos bœufs, et vos ânes, il les prendra et les fera travailler pour lui. Il prélèvera la dîme sur vos troupeaux et vous-mêmes deviendrez ses esclaves[1]. »

A travers ce portrait d'un roi qui s'approprie les hommes, les terres, les animaux, prélève une taxe sur toute chose à son profit et traite ses sujets comme des esclaves, se dessine une image de l'oppression qui ne variera guère jusqu'aux célèbres pages de Montesquieu sur le despotisme ottoman. L'antithèse, développée par les Pères chrétiens, du *regimen* et de la *dominatio* prend ici son origine et se trouve éclairée par elle : c'est contre une conception patrimoniale de la domination que s'est constitué le modèle biblique du roi protecteur. La royauté, en outre, n'est pas fondée sur la volonté divine, mais résulte d'une concession de Dieu au désir des tribus d'Israël[2]. *Dispensatio* justifiée par l'état de péché dans lequel vivent les hommes, qui a remplacé l'état d'innocence où Dieu exerçait directement sa souveraineté. Mais elle implique que la royauté est conditionnelle. Le *regimen* royal n'abolit pas le *regnum* divin. Au contraire, il lui demeure soumis. « Si vous n'obéissez pas à Yahvé, si vous vous révoltez contre ses ordres, alors la main de Yahvé pèsera sur vous et votre roi[3]. » La crainte de Dieu constitue le principe de la légitimité royale.

1. *Ibid.*, 11-18.
2. Le fait est souligné fortement juste avant la désignation de Saül comme roi. Cf. 1 S 10,17-19.
3. *Ibid.*, 12,15.

Le Deutéronome, ainsi, établit les limites de la force séculière : elle est un mal, rendu nécessaire par la corruption, mais qui n'a pas été imposé par Dieu. Au contraire, ce sont les hommes eux-mêmes qui l'ont exigée. L'éloignement de Dieu engendre le désir d'un maître. Toute la doctrine ecclésiastique du haut Moyen Age réside dans cette idée, avec cependant une différence : le désir du peuple d'Israël est devenu nécessité de fait. Conséquence, sans nul doute, de la pensée augustinienne. Mais le texte autorisait déjà cette lecture. L'incapacité à se soumettre au *regnum* divin trahit un désir qui, sans se l'avouer, appelle un maître. En déclarant qu'il voulait un roi, le peuple biblique a révélé l'aspiration obscure de tout désir à la coercition. « Vous demandez un roi, mais vous obtiendrez un maître, explique en substance Samuel. C'est donc un maître que vous voulez puisque, le sachant, vous persévérez dans votre désir. » Le refus d'obéir à Dieu, loin de constituer un acte libérateur, manifeste un besoin aveugle de servitude. En tant qu'il se préfère à la loi, le désir ouvre la voie à la transgression de toute loi, justifiant de la sorte l'établissement de la contrainte. C'est pourquoi celle-ci doit se soumettre à la loi divine pour ne pas dégénérer en tyrannie. La *dispensatio* accordée par Dieu ne réside donc pas tellement dans l'autorisation d'élire un roi que dans l'imposition d'une loi l'empêchant d'agir en despote. A la règle universelle selon laquelle les rois se comportent comme des maîtres, le Deutéronome oppose l'exception, consentie à son peuple par Dieu, d'une royauté liée par une obligation de justice. Le roi qui a pour tâche de protéger ses sujets les protège d'abord, dans la mesure où il règne justement, des effets tyranniques de leur propre désir. Mal nécessaire, certes, pour éviter celui, plus redoutable, de l'esclavage[1].

La seconde raison, à côté de sa fonction fondatrice et prescriptive, pour laquelle ce texte joue un rôle important dans l'éthique médiévale de la royauté tient à l'usage structurant qu'en feront les Miroirs des princes à partir du XIIe siècle. Dans le *Policraticus*, en effet, Jean

1. D'après le même schéma l'Église, pendant des siècles, a accepté le pouvoir royal comme un remède à l'état de péché. Si le désir du peuple hébreu est devenu nécessité, c'est qu'il reproduisait la faute d'Adam qui avait prétendu, par orgueil, se gouverner lui-même. Ainsi resitué dans la perspective du péché originel, le désir d'un roi – afin d'égaler en puissance les autres nations – ne fait qu'exprimer la révolte permanente du désir humain. La royauté n'est plus concédée parce que, les hommes la désirant, ils risquent d'être réduits en esclavage, mais simplement parce que, désirant sans cesse, ils sont déjà esclaves de leurs passions.

de Salisbury, s'opposant à ceux qui prétendent que « le prince est totalement affranchi des lois (*legibus solutus*) », ne se contentera pas de rappeler au prince l'obligation de le lire quotidiennement « afin d'apprendre à craindre Dieu », mais en proposera une ample lecture allégorique qui constitue la matière de plusieurs chapitres[1]. Ainsi explique-t-il, par exemple, le commandement « qu'il n'aille pas multiplier ses chevaux » (Dt 17,16) : au-delà du sens littéral, ces derniers désignent tout ce qui est nécessaire pour le bon entretien d'une maison. Si donc le nécessaire consiste dans une certaine quantité légitime, l'utile, selon l'enseignement de Cicéron[2], ne pouvant excéder les limites raisonnables de l'honnête, il en résulte que le roi non seulement ne doit pas multiplier les chiens, rapaces, bêtes féroces et autres monstres de la nature, mais aussi qu'il doit extirper les acteurs, mimes, bouffons, prostituées et autres monstres humains[3]. On voit quelle extension Jean de Salisbury donne à la phrase biblique, en en dépliant les significations par un raisonnement (s'il faut limiter le nécessaire, combien, *a fortiori*, doit-on bannir le superflu) nourri de philosophie (l'auteur cite également Aristote et Platon). Mais l'essentiel, au regard de notre propos, n'est pas dans ce mélange de rigueur religieuse et de sagesse antique qui caractérise la « Renaissance » du XIIe siècle[4]. Sans doute exprime-t-il une transformation profonde du champ culturel, d'où naîtront les linéaments d'un certain rationalisme politique. On y reviendra plus loin. Le fait remarquable à noter dès maintenant est la continuité que crée, au-dessous des ruptures produites par l'élan humaniste, l'utilisation du Deutéronome 17 comme matrice du discours clérical sur la royauté.

Cette structure permet de regrouper en un même ensemble doctrinal plusieurs grands *Specula* du XIIIe siècle : le *De bono regimine principis* d'Hélinand de Froidmont, l'*Eruditio regum et principum* de Guibert de Tournai, le début du 7e livre du *Speculum doctrinale* de Vincent de Beauvais, le *Liber de informatione principum* anonyme (entre lesquels existe, comme on le montrera[5], une évidente concaténation textuelle) qui serviront à façonner l'idéologie de la monarchie française. Elle constitue donc, après Jean de Salisbury, un schème de

1. *Policraticus*, IV, 4-7.
2. *De officiis*, III, 3.
3. *Policraticus*, IV, 4, 519 c 19-28, t. l, p. 245.
4. Sur cette désignation, cf. le livre classique de Ch. H. Haskins, *The Renaissance of the Twelfth Century* (1927).
5. Cf. *infra*, chap. 3, C.

propagande dont il serait intéressant d'observer dans le détail comment il concilie, à travers son développement allégorique, les exigences nouvelles de la gestion de l'État territorial avec l'éthique sacerdotale de la royauté ministérielle.

La science du prince, ainsi, aux XIIe-XIIIe siècles, s'enrichira sans doute de toute une expérience séculière grâce au renforcement du pouvoir étatique, à la reviviscence de l'histoire et du droit et, sur un plan plus général, à un souci croissant d'habiter durablement le monde. A la figure du *rex sapiens* se substituera peu à peu celle du *rex litteratus*, instruit non seulement des Écritures, mais aussi des disciplines profanes[1]. Mais cette complexification n'entraînera par elle-même aucun affaiblissement du magistère ecclésiastique. C'est à l'intérieur du cadre de la loi divine, telle que l'énonce le Deutéronome, et non à partir de la réalité concrète des choses, que continuera de se réfléchir le savoir royal. Il faudra la soudaine émergence de l'aristotélisme politique, dans la seconde moitié du XIIIe siècle, pour que l'art de gouverner l'État s'émancipe du code imposé aux rois d'Israël.

1. Cf. la formule célèbre, souvent répétée jusqu'au XVIe siècle, de Jean de Salisbury, *Policraticus*, IV, 6, 524 d, t. I, p. 254 : « Un roi illettré est comme un âne couronné (*rex illitteratus est quasi asinus coronatus*). »

II

Diriger

CHAPITRE 3

La splendeur de la dignité publique

A. Nature et grâce : Henri II, le fils de la colère

Un exemple remarquable du nouveau style des *Specula principum* postcarolingiens est offert par le dialogue, que nous a transmis Pierre de Blois, de l'abbé de Bonnevalle avec le roi Henri II[1]. Ce texte date de la fin du XIIe siècle. Il est donc nettement postérieur à la période où s'est constituée la doctrine du ministère royal. Bien plus, il met en scène non pas un roi pieux et soumis, mais un monarque puissant, vindicatif, sûr de son droit. Henri II Plantagenêt, arrière-petit-fils de Guillaume le Conquérant, n'a rien d'un *rector* carolingien. C'est un bâtisseur d'État. Il est l'un des artisans les plus énergiques du monde nouveau qui, succédant à l'émiettement féodal, se construit sur les décombres de l'éphémère empire. Par sa personnalité comme par son œuvre, il appartient à la lignée des souverains modernes. D'où l'intérêt de ce dialogue qui reconduit l'éthique politique épiscopale : on y voit s'affronter deux principes, la loi religieuse d'un côté, et de l'autre une nature irascible, belliqueuse, qui résiste à l'exhortation. Conflit exemplaire qui révèle la difficulté, pour l'Église, de réduire le corps fougueux du roi à la docilité d'une bonne nature. Il n'est pas excessif, en l'occasion, de parler de *dressage*. L'issue en est capitale. Ce qui se joue, en effet, dans ce combat entre la loi et la nature n'est rien de moins que la distinction, sur laquelle s'édifiera la théorie de l'État, entre la personne privée du roi et sa personne publique.

1. Petri Blesensis Opuscula, *Dialogus inter regem Henricum II et abbatem bonnaevallensem*; catalogue de Berges n° 2, *op. cit.*, p. 293-294.

Jean de Salisbury sera le premier à la formuler clairement dans son *Policraticus*[1]. On voit en lui, le plus souvent, un précurseur des philosophes qui, commentant Aristote, reconnurent au XIIIe siècle le caractère naturel de l'État. Mais il ne faut pas s'y tromper: c'est dans la mesure où sa propre nature obéit à la loi, selon Jean, que le prince est habilité «par nature» à imposer la loi. L'œuvre de pacification exige une nature pacifiée. «Il verse innocemment le sang, sans être un homme sanguinaire, et tue souvent des hommes, sans mériter le nom d'homicide[2].» Or ce discours s'adresse, précisément, à Henri II. Loin donc que la description de la *res publica*, par Jean de Salisbury, comme un organisme naturel marque une rupture avec la doctrine du ministère royal – qui faisait du pouvoir séculier la conséquence du péché –, elle s'inscrit dans la continuité de la discipline ecclésiastique[3]. Il fallait avoir séparé l'office royal des liens du sang, par la grâce que confère l'onction, pour abolir l'homme de sang dans le roi. La véritable rupture qui donne naissance, au plein sens du terme, à un nouveau corps royal susceptible de représenter la communauté entière, est celle avec le sang. Aussi le texte de Pierre de Blois, où se mêlent dans les imprécations d'Henri le sang qui le lie à ses fils[4], celui de sa propre nature impétueuse et celui qu'il réclame pour obtenir vengeance, constitue-t-il un document charnière entre l'ancienne éthique religieuse et le «naturalisme» du XIIe siècle.

Il faut, pour comprendre la colère d'Henri II, resituer ses propos dans leur contexte. Au cours de sa lutte contre l'archevêque Thomas Becket, assassiné en 1170 dans sa cathédrale[5], Henri avait voulu retirer sa primatie au siège de Cantorbéry, dont l'un des privilèges était le droit exclusif de sacrer les rois d'Angleterre. A cet effet, il avait fait couronner roi son fils aîné, Henri, par les mains de l'archevêque d'York, sans abdiquer pour autant. Il y avait, dès lors, deux rois en Angleterre, le *rex senior* et le *rex junior*, le vieil et le jeune

1. Cf. *infra*, p. 142-145.
2. *Policraticus*, IV, 2, 515 c 27-29, t. I, p. 318.
3. Cf. J. M. Wallace-Hadrill, «The *Via regia* of the Carolingian Age», p. 36: «[...] l'Église n'a pas réduit la royauté au simple rôle de laquais de la hiérarchie, elle l'a renforcée en libérant l'office de la personne de son détenteur.»
4. « Contra sanguinem meum», écrit-il à propos de ses fils en 1173. Cf. A. Thierry, *Histoire de la conquête de l'Angleterre*, t. 2, p. 469.
5. Sur ce conflit, cf. le résumé, sévère à l'égard du prélat, mais éclairant de Ch. Petit-Dutaillis, *La Monarchie féodale en France et en Angleterre (Xe-XIIIe siècle)*, p. 146-150; pour plus de détails, sous un autre point de vue, cf. R. Foreville, *L'Église et la Royauté en Angleterre sous Henri II Plantagenêt (1154-1189)*, p. 213-262.

Henri. Cette situation se maintint quelques années. Mais en 1173, avec le soutien du roi de France qui déclara que « le vieux roi était mort depuis le jour où son fils portait la couronne », le jeune Henri revendiqua le plein exercice de la royauté. A cette insurrection se rallièrent, un an plus tard, ses deux frères Geoffroi et Richard. Prélude d'une guerre qui allait durer près de quinze ans, rythmée par les réconciliations, les renversements d'alliance et le jeu féroce des rivalités fratricides. Il est vraisemblable que la scène rapportée par Pierre de Blois eut lieu peu après la révolte conjointe des trois frères. « J'ai élevé et fait grandir mes fils, mais ils m'ont rejeté, se lamente Henri, mes amis et mes proches se sont dressés contre moi[1]. »

L'abbé de Bonnevalle remplit, face au roi, le rôle du pasteur (*officium optimi pastoris*), tel que le définit, à la même époque, Hugues de Fleury : « Il doit s'efforcer, autant qu'il le peut, de détourner du peuple la colère du prince et prier Dieu nuit et jour pour le salut de l'un et de l'autre[2]. » *Ira* (colère) : le cri du sang. A la fureur sanguinaire d'Henri il va progressivement substituer la miséricorde du pénitent. C'est pourquoi cet opuscule occupe, dans la tradition des *Specula*[3], une place particulière. Non pas miroir statique, mais récit d'une *conversio animi*, d'une transformation intérieure par laquelle, renonçant à la vengeance, le roi se dépouille de sa nature brutale pour revêtir, dans la soumission à la loi, la « splendeur de sa dignité[4] ».

On peut distinguer trois étapes dans la progression du dialogue : 1. Henri accable de malédictions ses adversaires et fait valoir les droits terribles de sa colère (975-979A) ; 2. l'abbé l'exhorte à la patience et à l'humilité (979A-981C) ; 3. il lui montre le chemin de la pénitence (981D-988).

1. Henri en appelle au Dieu des vengeances (*Deus ultionum*[5]) contre ceux, fils et amis, qui l'ont trahi, et les voue au feu éternel. « Quoi donc ? lui dit l'abbé. Quel est ce trouble de ton esprit ? Tu ne peux demander vengeance des actes de l'homme, image de Dieu. Les maux que tu subis, c'est le Seigneur qui te les envoie. » Et il le

1. Cf. Is 1 ; Ps 36.
2. *Tractatus de regia potestate et sacerdotali dignitate*, p. 477.
3. Cf. W. Berges, *op. cit.*, p. 294 : « un intéressant précurseur des Miroirs des princes anglais ultérieurs, où Pierre combat le point de vue "naturaliste" du roi ».
4. *Policraticus*, IV, 7, 528 d 26-27, t. 1, p. 261.
5. Cf. Ps 93,1.

compare à David, fuyant Jérusalem pour échapper à l'armée de son fils Absalom, et poursuivi par les imprécations de Shiméï : « Va-t'en, va-t'en, homme de sang ! [...] Te voilà livré à ton malheur parce que tu es un homme de sang » (2 R 16,7-8) – allusion transparente au meurtre de Thomas Becket. David ordonna qu'on laissât Shiméï le maudire, puisque Dieu l'avait envoyé. En vertu de ce parallélisme (le présent étant lu à travers les catégories de l'histoire biblique), il convient qu'Henri II, nouveau David, imite sa soumission. *Imitator David* : tel était, on s'en souvient, l'un des titres des rois carolingiens.

Mais Henri s'obstine. L'Ancien Testament ne montre-t-il pas que la vengeance et la malédiction furent souvent permises ? « Œil pour œil, dent pour dent ? répond l'abbé. Certes, mais cette loi était faite pour les Juifs, qui avaient la tête dure[1], et ne concernait, en outre, que la défense des corps (*tutela corporum*), non le salut des âmes. Tu appartiens au peuple de la Nouvelle Alliance. Ce sont donc les préceptes du Christ que tu dois suivre : ne hais pas ton ennemi, mais aime-le, prie pour celui qui te persécute. » L'imitation de David ne suffit donc pas. Sa vertu était celle d'un homme vivant sous la loi. Henri, vivant sous la grâce[2], doit imiter la miséricorde du Christ. Entre la loi du talion et la loi de charité se creuse ainsi une différence *historique*, qui va permettre à l'image royale de se détacher progressivement du modèle vétérotestamentaire.

Le roi, alors, fait une réponse étonnante :

> « Quoi que tu puisses trouver dans l'évangile ou dans l'autre Écriture, je ne le trouve pas dans mon propre cœur, qui me fasse obliger mon persécuteur ou aimer mon ennemi : ceci relève d'une vie plus parfaite (*vitae perfectioris*). Je vois que les agneaux et les colombes, quand ils se mettent en colère entre eux, laissent libre cours à leur humeur, frappant avec leurs cornes ou leurs plumes. Et à moi, il ne serait pas permis (*non licebit*) de m'emporter, alors que la colère est une puissance naturelle de l'âme ? Ce qui m'a été permis (*permissum est*) par la nature ne me paraît pas illicite : je suis, par nature, fils de la colère. Comment donc ne m'emporterais-je pas ? Dieu lui-même entre bien en colère[3]. »

1. « Populus ille Judaeorum durae cervicis erat. »
2. Sur la distinction *sub lege*, *sub gratia*, cf. Augustin, *De doctrina christiana*, XVI, 25, *PL* 34, col. 48.
3. *Dialogus inter regem...*, 978 D-979 A.

La fureur d'Henri se déchaîne dans sa violence sauvage, en deçà de toute moralité. Mais une raison justifie cette force irrationnelle : il a le *droit* de se mettre en colère parce que la *nature* l'a fait colérique. Moment exceptionnel dans la littérature des Miroirs des princes : jamais, sans doute, l'écart entre la personnalité réelle d'un roi et sa figure idéale n'a été si dramatiquement mis en évidence. A la distinction historique, formulée par l'abbé, entre la loi de vengeance et la loi d'amour, Henri oppose l'irréductibilité ontologique de la loi de nature à la loi de perfection. « Il y a loin de la manière dont on vit à celle dont on devrait vivre », écrira Machiavel[1] pour persuader le prince nouveau d'agir en fonction, non des règles morales, mais de la *necessità* créée par la méchanceté humaine. Un fil continu semble relier, à travers Henri II, l'immoralisme du *Prince* à l'apologie de la nature (*phusis*) par Calliclès, dans le *Gorgias* de Platon, contre la justice conventionnelle[2]. Certains ne manqueraient pas d'y voir le sursaut perpétuel d'une nature « refoulée » contre la pression des interdits. Mais il est préférable d'éviter ce type de généralités. Calliclès opposait l'aristocratie naturelle des forts à la multitude des faibles : le *nomos*, selon lui, était une invention du plus grand nombre pour dominer les meilleurs. Henri ne dénonce pas dans la loi chrétienne l'instrument d'une faiblesse grégaire. Elle exige, au contraire, une force d'âme supérieure : expression d'une vie plus parfaite, non d'une vitalité inférieure. Ne nous hâtons donc pas d'établir des analogies faciles. L'histoire des idées emprunte des chemins dont le tracé réclame des topographies précises. Or le dialogue d'Henri avec l'abbé, s'il reproduit des paroles réelles, est l'œuvre d'un clerc. Il obéit, dans sa rigoureuse construction, à un projet didactique : l'édification morale du prince. Pour audacieuse qu'elle soit, la formule du monarque, déclarant licite ce qui vient de la nature, ne s'inscrit pas dans le vieux débat sur le fondement naturel ou conventionnel du pouvoir politique. Elle trouve son sens dans le conflit, spécifiquement chrétien, entre la chair et la grâce.

L'expression « fils de la colère » (*filius irae*), en effet, est empruntée à saint Paul[3]. Décrivant la mort de l'homme dans le péché,

1. *Le Prince*, chap. 15 (trad. modifiée).
2. *Gorgias*, 481 b-506 b.
3. Ep. 2,3 : « Nous tous d'ailleurs, nous fûmes jadis de ceux-là, vivant selon nos convoitises charnelles, servant les caprices de la chair et des pensées coupables, si bien que nous étions par nature voués à la colère comme tous les autres. »

l'apôtre exalte la grâce qui le fait revivre[1]. Henri II est mort à cause du crime qu'il a commis[2] – mort spirituellement en tant que « fils de la colère », mais aussi juridiquement puisque son fils, avec l'appui de Louis VII, lui conteste la couronne. S'il veut retrouver la vie, il faut que, mortifiant sa chair, il s'ouvre à l'action de la grâce qui est esprit de miséricorde. Ainsi se constitue autour du roi une parfaite circularité charismatique : il ne peut rentrer en possession de son titre juridique, obtenu *gratia Dei*, qu'en *faisant grâce* à ses adversaires. La grâce royale appelle la grâce divine. Le programme de pénitence que propose l'abbé à Henri n'est donc rien d'autre, en somme, qu'une méthode « sur-naturelle » de reconquête du pouvoir[3]. C'est pourquoi, malgré ses réticences, le roi va s'y plier. Extraordinaire démonstration, non du conflit entre les pouvoirs spirituel et séculier, mais plutôt de l'enchevêtrement, dans la pensée médiévale, du théologique et du politique.

> « Il faut donc que tu fasses violence à ton cœur, convertissant la haine en grâce, l'inimitié en amour. [...] Montre-toi miséricordieux envers ton prochain, si tu veux trouver de la miséricorde en Dieu[4]. »

1. *Ibid.* 4-5 : « Mais Dieu, qui est riche en miséricorde, à cause du grand amour dont il nous a aimés, alors que nous étions morts par suite de nos fautes, nous a fait revivre avec le Christ – c'est par grâce que vous êtes sauvés. »
2. S'il n'a pas ordonné l'exécution du primat de Cantorbéry, c'est sa colère contre lui qui a poussé ses chevaliers au crime. Henri II le reconnaît dans la lettre qu'il écrivit au pape, en 1171, pour expliquer cet acte : « Quia igitur *iram contra illum dudum conceperam* [je souligne], timeo causam huic maleficio praestitisse, Deo teste, graviter sum turbatus » (*Recueil des historiens de la France*, t. XVI, p. 470 ; A. Thierry, *op. cit.*, t. 2, p. 468, doc. n° 4).
3. Ceci, bien sûr, n'est pas énoncé explicitement. L'abbé ne fait valoir aux yeux d'Henri que la perspective de regagner le royaume céleste (979 B). Sans doute la menace « des douleurs perpétuelles et insupportables de l'enfer » (979 A) était-elle alors un argument auquel personne, pas même Henri, ne restait insensible. Il est clair cependant que son désir de retrouver la faveur divine procède de sa volonté de défendre son trône. Cf. 985 B : « De nombreuses fois j'ai essayé dans mes prières et mes épreuves (*necessitatibus*) d'obtenir la faveur de Dieu (*gratiam Dei*), mais jamais je n'ai su la retenir ou la conserver. Aussi aimerais-je apprendre de ta sainteté, Père, de quelle manière je pourrais le faire. » Il est vraisemblable, en outre, que ce texte qui s'achève sur un appel à la croisade – ce qui permet de dater sa composition assez précisément en 1187 – constitue l'une des pièces d'un dispositif de propagande et condense, pour produire son effet, des événements étalés sur une quinzaine d'années. Au moment où Jérusalem venait de tomber au pouvoir de Saladin, les deux premiers fils d'Henri étaient déjà morts, l'un en 1183, l'autre en 1185.
4. *Dialogus inter regem...*, 979 A-B.

2. Plutôt qu'un marché, faisant appel à un calcul d'avantages et de risques, c'est la formule d'un contrat qu'expose l'abbé, rappelant la phrase de la prière dominicale: « Remets-nous nos dettes comme nous-mêmes avons remis à nos débiteurs » (Mt 6,12) [1].

> « Nous faisons un pacte et une convention avec Dieu. [...] Comme tu te comporteras à l'égard de ton ennemi, ainsi il se comportera à ton égard, lui qui d'esclave et d'ennemi t'a fait, par son sang, son fils et ton ami [2]. »

Homme de la Nouvelle Alliance, Henri est lié à Dieu non par un simple devoir d'obéissance, mais par un contrat de miséricorde. La loi d'amour ne présuppose pas une nature aimante. Elle tire son obligation d'un rapport juridique établi entre l'homme et Dieu par le sacrifice de la croix. Dispositif contractuel qui, sans exiger une aptitude à la vie parfaite, offre, dans un langage conforme aux règles du droit féodal, un moyen de passage de la nature à la grâce.

Henri II, cependant, résiste encore. A l'exhortation pastorale il oppose cette fois un argument tiré de la nécessité de la lutte. On peut pardonner à celui qui vous a fait du mal, non à celui qui continue de vous attaquer. La miséricorde, en effet, serait alors perçue comme un signe de faiblesse, d'impuissance et de manque de courage. Objection stratégique: les exigences de la guerre sont incompatibles avec les préceptes de la charité. Faire grâce, c'est accepter d'être vaincu. L'abbé ne voit qu'aveuglement dans cette lucidité pragmatique:

> « Celui que tu appelles ton ennemi est en fait son propre ennemi. En te haïssant, il se tue lui-même. [...] Si donc tu veux tirer vengeance de ton ennemi, remets-toi entièrement à Dieu et confie-toi à lui [3]. »

Négation radicale du caractère politique de la royauté, si l'on admet que la distinction entre amis et ennemis est l'un des critères essentiels de la politique [4]. Fausse guerre, ennemi illusoire, combats inutiles: l'abbé ôte toute réalité au terrain même de l'action politique.

1. Cf. Mt 6,14-15, où la structure contractuelle du pardon est clairement soulignée.
2. *Dialogus inter regem...*, 979 C-D.
3. *Ibid.*, 981 A-B.
4. Cf. C. Schmitt, *La Notion de politique* (1932); H. Meier, *Carl Schmitt, Léo Strauss et la Notion de politique*, p. 15-16, 36 et *passim*.

Le *Dialogue* constitue sans doute un document unique au Moyen Age, par la force des thèses qu'il met aux prises (et qui ne se heurteront de nouveau, avec cette âpreté, qu'au XVIe siècle): d'un côté, la légitimation de la violence dans la compétition pour le pouvoir, de l'autre sa subordination à une fin morale supérieure. Car ce n'est pas la violence en tant que telle que condamne l'abbé[1], mais, à travers elle, l'affirmation brutale d'un désir de domination. Sa lecture religieuse de l'événement l'empêche de voir les enjeux politiques de souveraineté qui en dépendent et qui, dans la conception ministérielle du pouvoir, relèvent du seul appétit de puissance. Nulle part ailleurs que dans ce texte, peut-être, ne s'exprime aussi nettement l'hostilité profonde de l'Église aux forces qui allaient entraîner, en quelques siècles, la formation de l'État. Celui-ci n'a pas lieu d'être, puisque Dieu est l'unique souverain. C'est pourquoi l'abbé, invoquant les exemples de l'Ancien Testament, rappelle au roi son devoir d'humilité.

3. Écrit édifiant, non dispute théorique, le *Dialogue* atteint alors la troisième étape de sa progression: celle de la conversion morale du roi, qui se manifeste tout d'abord par des signes de docilité, puis par un aveu de contrition. Dans cette dernière partie ressortent quelques traits d'un mode de vie royal qui, par son caractère public et affairé, a rompu avec l'éthique monastique des siècles carolingiens et se laisse difficilement régler selon des normes religieuses.

> « Comme je ne peux trouver en mon cœur la patience et l'humilité [auxquelles tu m'exhortes], dit Henri II, tu parles et te fatigues en vain, si tu ne me montres pas par quels moyens je puis acquérir ces vertus et les conserver[2]. »

Moment nécessaire de l'apprentissage d'une technique pour opérer le passage de la vie selon la nature à la vie selon la grâce. Cette méthode se compose de trois éléments: exercice spirituel, confession, acte de pénitence.

L'exercice spirituel vise à provoquer la dévotion par une évocation ordonnée d'images saisissantes. Il consiste 1) à se remémorer « l'origine immonde et vile » de l'homme, la brièveté de sa vie, les douleurs, les peines et les périls auxquels elle est exposée, sa « fin

1. Comme le montre son appel à délivrer Jérusalem par la force; cf. *supra*, p. 116, note 3.
2. *Dialogus inter regem...*, 981 D.

horrible », 2) à fixer son attention sur le jour terrible du jugement, la colère du juge suprême, le fleuve ardent et tous les tourments innombrables de l'enfer, 3) à implorer par la prière le secours de Dieu.

La réaction d'Henri II, à cet endroit, montre combien on s'est éloigné, dans la pratique du gouvernement, de l'idéal isidorien du roi pieux :

> « Pourquoi me parles-tu de prière, Père ? Ne vois-tu pas que je suis à ce point occupé et sollicité que j'ai à peine le temps de dire un *Notre Père* à la messe ? qu'à peine je peux reprendre haleine une heure le jour ou la nuit[1] ? »

L'argument, dans sa trivialité, exprime autre chose que l'humeur impatiente du monarque. Il traduit l'émergence, autour du roi, d'une nouvelle structure bureaucratique de gouvernement : la cour. « Il ne faut pas prendre *cour*, écrit J. Le Goff, au sens seigneurial qu'il acquerra à partir du XVIe siècle. La *curia*, c'est le lieu de l'appareil gouvernemental et administratif d'un roi féodal en train de développer l'idée et les organes d'un État centralisé [...][2]. » Les contraintes de la vie curiale sont incompatibles avec la méditation. Premier signe du divorce, qui ne fera que s'accentuer, entre l'éthique monastique et la *vita activa* de l'homme d'État[3].

On perçoit alors très distinctement l'extrême réticence – la honte, dit Henri II[4] – de l'aristocratie féodale à se plier à la discipline de la

1. *Ibid.*, 932 B.

2. « Portrait du roi idéal », p. 75. Riche analyse de la formation de la cour anglaise *in* Ch. Petit-Dutaillis, *op. cit.*, p. 69-70, 114-115, 127-137. Cf. en particulier p. 128-129 : « De la *curia Regis*, en Angleterre sont issus, avec une vitesse inégale, une administration et un parlement politique. A l'époque de Henri II et de ses fils, le Parlement n'est qu'en germe, mais l'administration naît, et les services se spécialisent, beaucoup plus tôt qu'en France. La cour ne change pourtant pas de nature. [...] Au milieu de cette cohue de serviteurs, de domestiques, de baladins, de charlatans et d'escrocs que nous a décrite Pierre de Blois (*Ep.* XIV), se distinguent quotidiennement les parents et amis personnels du roi, les officiers de sa maison, les spécialistes des bureaux et du tribunal. C'est la *Curia* sous sa forme restreinte » (la *Curia* sous sa forme étendue étant constituée, outre les familiers, des vassaux et dignitaires ecclésiastiques qui viennent accomplir le devoir d'aide et de conseil).

3. Les quatre genres d'exercices pratiqués par les « hommes de perfection » étaient, rappelons-le, la lecture, la méditation, l'oraison et la contemplation. L'incompatibilité entre les deux genres de vie, méditatif et curial, constitue le thème central du *Policraticus* de Jean de Salisbury (cf. *infra*).

4. « Il y en a qui rougissent (*erubescunt*) de confesser leurs péchés » (985 C). « Beaucoup, et surtout les chevaliers, rougissent de faire pénitence devant autrui ; à certains en effet, cette attitude apparaît comme une marque d'hypocrisie ou de timidité et de manque de courage » (986 C).

confession, renforcée par l'Église tout au long du XIIe siècle. Valeurs guerrières contre esprit de pénitence. En transformant le cri de colère du roi en aveu de culpabilité – «*Peccavi supra modum*, j'ai péché au-delà de toute mesure[1] » –, l'abbé met en pratique la nouvelle stratégie de l'Église à l'égard d'une classe dominante issue de la violence. Il ne suffit plus, comme le préconisaient les *Specula* carolingiens, de lire chaque jour la loi divine[2], il faut désormais dire ses fautes et, «la vie des hommes de guerre (*militum*) [étant] tout entière plongée dans le péché[3] », lier en permanence ses actes à l'obligation de l'aveu et de la réparation pénitentielle. Affermissement de la direction des âmes qui fait équilibre à l'essor des puissances étatiques.

Sans doute cette attitude pastorale (cet effort, plutôt, de pastoralisation d'une société morcelée, tendant à se constituer en champ de forces antagoniques) s'oppose-t-elle au développement de structures politiques au sein de l'*Ecclesia*. Bien plus, en condamnant en termes moraux la lutte pour le pouvoir, réduite à la seule dimension du péché, elle ôte à l'action politique le substrat objectif sans lequel elle n'aurait pas lieu d'être. Il serait erroné, toutefois, de n'y voir qu'un exemple de l'affrontement perpétuel entre politique et religion. La réaction religieuse à l'accroissement des monarchies guerrières n'a pas été seulement un obstacle à l'étatisation; elle en a aussi favorisé le progrès. C'est de la dialectique entre le jeu brutal de la domination et les règles morales du *regimen* qu'est sortie progressivement l'idée de l'«État» comme puissance publique. C'est à partir d'elle également que la «politique», en tant que science pratique, est devenue pensable dans la culture théologique médiévale. Le XVIe siècle découvrira l'impuissance de la vertu face au règne de la force[4]. Ce faisant, il perdra quelques illusions entretenues, à la mode antique, par la littérature humaniste. Mais c'est qu'il avait déjà cessé de croire au rôle de la grâce. Le *regimen* médiéval n'est concevable que dans une économie salvatrice de la grâce relevant la nature (ou l'achevant, d'après les scolastiques) pour permettre l'accès à une vie plus parfaite. La moralisation de la force, dont les Miroirs des princes offrent une illustration souvent figée, ne doit pas se

1. *Ibid.*, 987 C.
2. Jean de Salisbury insistera encore sur cette obligation (*op. cit.*, IV, 6).
3. *Dialogus inter regem...*, 987 C.
4. Cf. *infra*, 3e partie, chap. 1.

comprendre sous la forme d'un système rigide de limites et d'interdits, mais sous la forme dynamique d'une métamorphose. Par l'exercice qui lui est prescrit (lecture, méditation, examen de soi, aveu, pénitence), le prince est appelé à mourir à sa nature de chair pour renaître à la pure dignité de son office. Mort et renaissance[1] s'accomplissant dans la tension d'une dualité insurmontable entre la personne privée du prince et sa dignité publique.

* * *

Tous les Miroirs des princes, au Moyen Age, condamneront la colère, le plus souvent en reprenant les mots mêmes de Sénèque. Ainsi, pour n'en donner qu'un exemple, le *Liber de informatione principum* (v. 1300), citant abondamment le philosophe, exhorte-t-il le prince à supporter et pardonner les affronts, comme David à l'égard de Shimeï[2]. A la colère, qui appelle vengeance, s'oppose donc la patience. L'emportement colérique exprime moins un excès vital qu'un défaut de vertu. Figure extrême de l'impatience qui n'est elle-même que l'effet d'un excessif amour de soi. On peut analyser cette exorcisation de la colère comme l'impératif d'une culture cléricale de l'humilité à laquelle, bientôt, viendra se substituer, avec l'affirmation des États, une doctrine royale de la majesté. Ce serait méconnaître la dialectique rigoureuse de la *superioritas* et de l'*humilitas*, fondée sur la distinction de l'office et de la personne, que nous avons vue traverser la littérature patristique depuis saint Augustin, et qui rendit possible le retour, au sein de la pensée chrétienne, du concept romain de *dignitas* (dignité)[3]. Mais ce serait également mésestimer l'importance de la parénèse religieuse dans la formation de l'*ethos* politique moderne.

Aux XVIe et XVIIe siècles, en effet, les écrivains politiques et les moralistes engageront encore le prince à maîtriser sa colère, non plus cependant par esprit d'humilité, mais par souci d'habileté. Ainsi Giovanni Botero[4] écrit-il qu'« il n'y a partie aucune plus nécessaire à celui qui manie affaires d'importance de paix ou de guerre que d'être secret ». Le prince doit donc être capable, pour remplir sa

1. Cf. W. Ullmann, *op. cit.*
2. *Liber de informatione principum*, I, 33, f. 44r.
3. Cf. *supra*, p. 113, note 4.
4. Cf. *supra*, Ire partie, chap. 2, p. 57.

fonction, de simuler et de dissimuler[1]. « Et parce qu'il n'y a rien de plus contraire à la dissimulation que l'effort et violence de l'ire, il faut que le prince modère surtout cette passion[2] ». De même Torquato Accetto, dans son livre *De l'honnête dissimulation* (1641), consacre un chapitre entier à ce thème : « La colère est ennemie de la dissimulation[3]. » Sénèque en avait déjà fait la remarque[4], mais c'était pour dénoncer la déformation hideuse qu'elle fait subir au visage[5]. Passage souvent repris par les auteurs médiévaux qui soulignaient la dissemblance de l'homme avec lui-même produite par la colère. C'est de l'inverse qu'il s'agit ici : la colère doit être évitée *afin* d'entretenir la dissemblance artificielle introduite entre l'être et le paraître.

> « Le plus grand naufrage de la dissimulation advient dans la colère qui d'entre les passions est la plus manifeste, car, tel l'éclair jailli dans le cœur, elle porte ses flammes jusques au visage où, en lueurs horribles, elle flamboie dans le regard et, de plus, précipite les mots qui, quasiment réduits à l'état de concepts avortés, de forme incomplète et de matière trop grossière, manifestent tout ce qui est dans l'âme[6]. »

La colère ne défigure plus. Au contraire, elle rend à l'homme son vrai visage qu'elle illumine de l'intérieur par son éclat soudain, ruinant ainsi tous les artifices du semblant.

Il y a donc une grande différence entre ces deux discours sur la modération de la colère. On est passé d'un précepte de patience à une prescription de prudence. Discontinuité qui, on l'a observé, marque un changement complet de finalité dans le rapport à soi. Au Moyen Age, la colère est de l'ordre de la *chair* : mouvement physique, certes, pulsion animale, mais signe également de cette surestimation de soi qui, en Adam, a fait perdre à l'homme le contrôle de

1. Ce thème est antérieur à Machiavel, comme en témoigne par exemple le *Momus, vel de Principe* de L. B. Alberti (vers 1447) ; cf. la préface de P. Laurens, p. 25-26.
2. *Della ragion di Stato*, II, 7, p. 77r-79v.
3. *De l'honnête dissimulation*, chap. 15, p. 75-78.
4. *De la colère*, I, 1, 5, p. 110 : « Les autres [vices] peuvent se cacher et s'alimenter en secret ; la colère s'étale et vient se peindre sur le visage, et plus elle est grande, plus les bouillonnements s'en manifestent. »
5. Cf. sa description, *ibid.*, I, 1, 4, p. 109-110 ; cf. également II, 36, 2-3, p. 151-152, en rapport avec l'image du miroir.
6. *De l'honnête dissimulation*, p. 75.

ses désirs. C'est pourquoi, liée au péché d'orgueil, elle peut être vaincue par la prière et la mortification. La dialectique de la colère et de l'humilité[1] s'inscrit dans une série d'oppositions, entre la nature et la grâce, la chair et la loi, la chute et le salut, qui structurent – tout au moins jusqu'à la naissance de la scolastique – l'anthropologie médiévale. La colère relevant d'un ordre inférieur, s'exercer à la maîtriser ne vise pas simplement à la contenir, mais à l'annuler en la transformant en son contraire : amour, pardon, bienveillance. Se faire humble au regard de la loi divine, c'est s'élever du plan de la chair à celui de la charité et abolir par là même la cause de sa colère. A l'inverse, aux XVIe-XVIIe siècles, la dialectique de la colère et de l'habileté ne prétend pas subjuguer son mouvement impétueux, mais en contrôler les effets. Il ne s'agit plus de convertir le désir de vengeance en esprit de clémence, mais l'impulsion violente en action calculée. Dialectique non plus verticale (passage d'un ordre inférieur à un ordre supérieur), mais horizontale (reprise réfléchie de l'élan vindicatif). Autrement dit, c'est dans la dimension pragmatique du temps, et non plus en fonction d'une loi de salut, que se justifie la maîtrise de la colère. *Patientia* : ce mot, qui voulait dire supporter son malheur, signifie désormais attendre son heure. La patience était le contraire du désir de vindicte ; elle est devenue celui de la précipitation[2].

En dépit de ce qui les sépare, plusieurs éléments permettent de situer ces discours sur un même axe de développement. En premier lieu, il convient de nuancer l'opposition trop schématique entre perspectives intemporelle (Moyen Age) et temporelle (XVIe-XVIIe siècle). Même si son horizon se trouve au-delà du temps, l'ascèse chrétienne, en effet, suppose une certaine mise en scène de la temporalité. Que manifeste la colère – classiquement définie comme désir de vengeance –, sinon l'irrésistible pression du passé sur le présent ? Celui qui aspire à se venger ne veut que rétablir un état d'équilibre rompu par l'offense ou l'agression. Vaincre la colère, dès lors, consiste à dénouer ce lien du présent au passé, en tournant l'esprit vers la considération du futur. Sénèque l'avait bien souligné, expliquant par exemple que le juge doit punir sans colère parce que, dans

1. Rappelons que l'humilité est la condition de la *discretio* (cf. Cassien, *Conférences*, II, 10, p. 120 *sq.*). Or le *vir discretus*, dans la tradition patristique, est l'exact contraire du *filius irae*. Sur la vertu de *discretio*, cf. *infra*, p. 177, notes 3 et 4.

2. Cf. B. Gracián, *L'Homme universel*, chap. 3, « L'attente, ou l'homme qui sait attendre ».

la peine, « ce n'est point le passé, mais l'avenir qu'il [a] en vue[1] ». Cette aptitude à se déterminer en fonction non de l'impact d'un fait passé, mais de l'anticipation d'un effet à venir est capitale, on le sait bien, dans tout processus de rationalisation. Elle fait apparaître l'importance politique de la maîtrise de la colère ou, en d'autres termes, du contrôle réfléchi de la violence. Il est significatif que le dialogue avec Henri II ait lieu à un moment de transition dans la définition des tâches gouvernementales. Jusqu'à la fin du premier millénaire, la fonction du prince se confondait avec son glaive. Il était le bras armé de l'Église, chargé d'imposer « la terreur de la discipline » (Isidore de Séville)[2]. Sans doute devait-il sévir sans haine, mais son geste restait circonscrit au domaine des choses advenues. Ce n'est pas à lui qu'incombait la prise en charge des *futura*, objet réservé au magistère ecclésiastique. A partir du XIIe siècle – et ceci correspond à l'émergence des grands foyers de puissance monarchique –, le prince n'a plus simplement pour rôle de contraindre. De plus en plus s'affirme sa fonction directive. *Regere*, ce n'est plus seulement corriger, mais aussi diriger. Tête du corps politique (l'image sera développée par Jean de Salisbury[3]), le prince coordonne l'action de ses membres en vue d'une fin collective. *Rex sagittator*, dira Gilles de Rome[4] : le roi, tel un archer, les yeux fixés sur sa cible, regarde loin devant lui.

On ne peut expliquer cette mutation par le seul progrès institutionnel, comme si la figure du roi-guide, se substituant à celle du roi-glaive, ne faisait que refléter l'autonomisation croissante du pouvoir royal par rapport à l'Église. Tout le problème, en effet, est de comprendre *comment* ce processus s'est effectué. Le décrire en termes de lutte entre une conscience laïque, tournée vers le monde, et une conscience religieuse tendue vers le salut relève d'un schéma superficiel[5], qui ne rend pas compte de la dynamique complexe engendrée

1. « Non praeterita, sed futura » (*op. cit.*, I, 19, 7, p. 125) ; cf. également la citation de Platon, *Lois* XI, 934 a, que fait Sénèque en ce lieu. Il écrit plus loin, énonçant la même idée : « La loi n'est pas en colère, elle ne fait que prévoir (*cavet*). »
2. Cf. *supra*, IIe partie, chap. 2, p. 94.
3. Cf. *infra*, IIe partie, chap. 3, B.
4. Cf. *infra*, *ibid.*, chap. 4, B.
5. Certes, des signes nombreux d'une opposition laïque à l'autorité cléricale se manifestent dès le XIIe siècle, comme l'a amplement montré G. de Lagarde dans *La Naissance de l'esprit laïque au déclin du Moyen Age*, t. I, chap. 11. Mais ces revendications laïques sont beaucoup plus l'effet du développement des États, jusqu'au XIIe siècle, que son principe moteur.

par la distinction des pouvoirs. L'État n'a pu se dégager progressivement de l'autorité ecclésiale que par un transfert, sur la personne du prince, du symbolisme religieux (on le voit, en particulier, avec le concept du *rex imago Dei*). Or ce transfert supposait une véritable métamorphose du prince lui-même, lui permettant, non plus seulement d'être digne de son office, mais de s'identifier avec la *personne publique* qu'il incarnait. L'« État » est issu en partie de cette fiction, apparue au XIIe siècle[1]. Sa nouveauté, en tant que catégorie juridique, ne marque cependant pas une rupture avec l'ancienne conception ministérielle. Elle en prolonge plutôt, tout en se retournant à terme contre elle, l'effort le plus constant, qui consistait, par un dressage inflexible, à *spiritualiser* la fonction royale en dissociant son titulaire de sa propre humanité charnelle. L'*idée* de l'État, dans son abstraction, n'aurait pu se former sans ce long apprentissage ascétique. C'est pourquoi il faut en chercher les prémices au sein même de la culture religieuse. A cet égard, nul doute que l'évocation méthodique des supplices de l'enfer, dont le dialogue avec Henri II nous offre l'exemple, n'ait servi de puissant instrument pour contraindre les princes à agir, selon les mots de Sénèque, « en fonction de l'avenir et non du passé » et à faire entrer le calcul – à défaut d'intention vertueuse – dans leurs décisions[2].

Un deuxième élément de continuité entre les conceptions médiévale et classique de la colère réside dans la nouvelle analyse, présentée à la fin du XIIIe siècle, de ses rapports avec la raison, qu'il convient de resituer dans l'histoire de la disciplinarisation de la violence. L'État moderne ne s'est pas constitué seulement par la concentration de la force dans les mains d'un pouvoir central qui en revendiquait l'usage exclusif. Ce monopole, fondé sur la suprématie de la loi, n'a pu s'acquérir que par une conversion de la violence en force rationnellement réglée. Le *De regimine principum* de Gilles de Rome[3] en offre une illustration remarquable. Examinant les passions qu'il appartient au prince de suivre ou d'éviter, l'auteur propose un mode d'emploi méthodique de la colère grâce à une double distinction entre la colère et la haine d'une part, entre la colère qui précède

1. Cf. *infra*, chap. 3, B.
2. Sur les limites de ce renversement temporel, cf. M. Gauchet, *Le Désenchantement du monde*, p. 254-255.
3. *De regimine principum* (cf. *infra*, chap. 4, B), I, 3, 7, f. 102r-104v. L'auteur s'appuie essentiellement ici sur Aristote, *Rhétorique* II et *Éthique* VII, 7, et III, 1.

la raison et celle qui la suit d'autre part. La colère se trouve ainsi dissociée de la pure fureur vindicative et liée, sous certaines conditions, à l'exercice normal de la fonction répressive. Non plus source d'une violence aveugle, mais au contraire, tenue en bride, instrument d'une ferme autorité.

La première distinction montre en quoi la colère est moins détestable que la haine. Celle-ci veut le malheur d'autrui de façon absolue, celle-là ne le désire qu'en vue de la vengeance. La colère est donc relative à une fin limitée, tandis que la haine ne connaît pas de bornes. C'est pourquoi, à la différence de la colère qui tire satisfaction de la simple souffrance d'autrui, elle tend, quant à elle, à sa destruction totale. Cette analyse permet à Gilles de Rome d'extraire de la véhémence colérique les contours d'une ire positive. Ce qui est à blâmer n'est pas la colère en tant que telle, mais la colère désordonnée (*ira inordinata*), qui se transforme en haine. En revanche la colère, si elle est ordonnée à une fin juste, peut être bénéfique. De là la seconde distinction qui définit les rapports entre colère et raison. Quand elle précède celle-ci, la colère engendre l'impatience et obscurcit le jugement. L'*ira inordinata* fait prévaloir l'intempérance du corps sur la modération de l'esprit. Aussi est-il nécessaire que la colère, pour être légitime, obéisse au commandement de la raison. Elle devient alors un instrument de la vertu (*organum virtutis*) dont elle accroît l'énergie. La colère ordonnée apporte à l'autorité royale un supplément de force, comme on le voit dans la pratique de la mansuétude.

> « Il faut contenir (*reprimenda*) la colère par la mansuétude, afin qu'elle ne précède pas le jugement de la raison, et la mansuétude par la colère, afin de ne pas empêcher la raison d'agir. Avant donc que nous n'ayons décidé complètement par la raison ce que nous devons faire, nous devons être pleins de mansuétude. Mais après que nous nous en sommes formé une idée claire, nous pouvons accepter le concours de la colère comme servante et auxiliaire de la raison (*tanquam servam et ancillam rationis*), afin d'exécuter plus courageusement (*virilius*) ce qu'elle aura décidé[1]. »

1. *Ibid.*, f. 104v.

B. Le *Policraticus* de Jean de Salisbury

Quelque chose, donc, a changé depuis les siècles où, dans l'attente de la fin des temps, les évêques rappelaient fermement leurs devoirs aux maîtres du peuple chrétien. Les causes de cette transformation sont multiples et entremêlées. Comment distinguer, dans cette sorte de nuit qui tombe sur l'Occident à la fin du premier millénaire, les facteurs sociaux, économiques, politiques, culturels – catégories conçues pour un monde ordonné ? Or la cité terrestre rêvée par les Pères, en marche vers la gloire céleste, a fait alors l'expérience d'un profond et violent désordre, provoqué par les vagues successives d'invasions, arabe, hongroise, scandinave. Le fait est bien connu. On sait quelles terreurs il a nourries, dans un âge hanté par les visions de l'Apocalypse. Les historiens, par ailleurs, ont amplement décrit la formation de la société féodale – nouvel ordre issu de la conquête et de la peur – à partir de ce bouleversement. « La féodalité, rappelait Marc Bloch, est née au sein d'une époque infiniment troublée. En quelque sorte, elle est née de ces troubles mêmes[1]. » Les théoriciens de la puissance souveraine, au XVIe siècle, verront dans cet éclatement de l'autorité publique en une multitude de pouvoirs seigneuriaux l'antithèse même de l'État. Siècles de stupeur effarée et de microdespotismes ? Sans doute. Mais sous l'épaisseur d'ombre qui recouvre cette période convulsée, s'esquissent deux mutations importantes pour l'histoire du gouvernement : l'une liée au recul du millénarisme, l'autre à l'installation de la violence dans les mailles du tissu social.

Jusqu'à l'époque carolingienne et plus dramatiquement encore à l'approche de l'an mil, le présent était vécu dans l'attente anxieuse ou impatiente du dernier jour[2]. L'imminence de la fin des temps annulait, en quelque sorte, la réalité même du temps[3]. Avec l'éloignement des perspectives apocalyptiques, le monde commença à

1. *La Société féodale*, p. 23.
2. Cf. par exemple Grégoire le Grand dont M. Reydellet, *op. cit.*, p. 498, souligne « l'obsession de la fin du monde ».
3. C'est d'ailleurs l'effet de toute vision prophétique du futur, quelle que soit la proximité de la fin annoncée. Cf. R. Koselleck, *Le Futur passé*, p. 28 : « [...] la prophétie apocalyptique détruit le temps dont la fin est précisément la raison d'être. Vus dans la perspective de la prophétie, les événements ne sont que des symboles de ce qui est déjà connu. »

s'installer dans une certaine conscience de sa durée[1]. C'est cette durabilité indéfinie de l'avenir, toujours axé sur le salut, qui donne une signification nouvelle à l'office royal. Celui-ci n'est plus le simple garant d'un ordre immuable, soumis aux décrets du Ciel, mais l'agent d'une transformation progressive de l'ici-bas, qui rapproche les hommes de la félicité éternelle à laquelle ils sont appelés. Le passage, dans la théorie du *regimen*, de la fonction de *corrigere* à celle de *dirigere* trouve certainement ici l'une de ses conditions déterminantes. La violence féodale, en outre, renforce cette mission directive. Le roi n'assure plus la seule discipline des corps. Il doit garantir l'unité du corps collectif de l'État contre les forces qui tendent à son éclatement. A la tension, interne au gouvernant, entre royauté et tyrannie s'ajoute l'opposition, interne à la société, entre le pouvoir global du roi et la multitude des tyrannies locales. Ainsi le *regimen*, dont les modalités découlaient, depuis les Pères, d'une psychologie de l'homme déchu, s'inscrit-il désormais dans une anatomie du corps social[2]. Transformation qu'illustre, avec un magnifique talent, le *Policraticus* de Jean de Salisbury (1115/1120-1180)[3].

1. Il convient ici d'affiner ce qu'écrit R. Koselleck, *ibid.*, p. 21, à propos de la temporalité médiévale: « L'histoire de la chrétienté est, jusqu'au milieu du XVIe siècle, essentiellement une histoire des attentes ou plus exactement une attente permanente de la fin des temps et, à la fois, des multiples retardements de la fin du monde. Dans quelle mesure était-ce pour l'immédiat? Cela variait selon la situation, mais les figures fondamentales de la fin du monde restaient immuables. » Cette remarque est tout à fait juste et Koselleck a raison d'expliquer que l'Église, en tant qu'elle tirait son unité de l'organisation de cette fin du monde qui n'arrivait pas (p. 23), devait, pour maintenir sa souveraineté, garder le contrôle de tous les visionnaires (p. 22). De ce point de vue, aucun changement n'est intervenu dans la perception médiévale du temps. Il importe cependant d'observer que le rapport entre l'ordre du monde et l'imminence de la fin des temps s'est inversé après les Xe-XIe siècles. Alors que l'apocalypse – pour le dire en termes schématiques – avait constitué le principe instituant de l'ordre temporel (il fallait que le monde fût prêt pour l'épreuve du Jugement), elle devint de plus en plus le principe de sa contestation (cf. par exemple le mouvement des Spirituels, au XIIIe siècle, animés par l'esprit prophétique de Joachim de Fiore). L'indétermination de la fin du monde, dès lors, ne permit pas seulement à l'Église de renforcer son autorité. Elle laissa place au déploiement d'une temporalité politique, dans l'espace relativement autonome d'un avenir indéfini.

2.Cf. *Policraticus*, V, 1 (voir *infra*, p. 141, note 2).

3.Sur sa vie, cf. H. Liebeschütz, *op. cit.*, p. 8-22. Bon résumé biographique in Ch. Petit-Dutaillis, *op. cit.*, p. 120-121 : « Né en Angleterre, mais cosmopolite en réalité [...], [il] avait fait ses études dans les Écoles renommées de Paris et de Chartres et connaissait l'Italie, la Curie romaine, les grandes affaires d'Occident. Il était devenu, vers 1148, secrétaire de l'archevêque de Cantorbéry, [Théobald], et son indépendance

Thème et structure du livre

Si, par son ampleur, le *Policraticus*[1] sort des limites des Miroirs des princes traditionnels[2], il ne constitue pas, en dépit de son titre (*Policraticus* signifiant « Manuel des gouvernants »[3]), un traité de pure politique. La théorie du gouvernement qu'expose longuement Jean de Salisbury (livres IV à VI), et dont l'originalité est incontestable, s'inscrit dans un cadre philosophique plus large dont le sous-titre, quelque peu déroutant, précise les contours : *De nugis curialium et vestigiis philosophorum*, « des bagatelles des courtisans et des empreintes des philosophes ».

L'ouvrage vise avant tout une fin éthique. A travers les vanités de la vie de cour, civile ou ecclésiastique, il dénonce l'aliénation de ceux qui, réglant leur conduite sur les caprices de la fortune, vivent dans la seule apparence et l'oubli d'eux-mêmes au lieu de chercher à remplir l'office que Dieu leur a attribué dans l'ordre universel. Le procès de l'homme de cour n'oppose pas, comme dans les *Specula* carolingiens, une morale de l'ascèse et de l'humilité aux tentations de la puissance, mais le modèle philosophique d'une existence ordonnée à la vérité aux illusions de la comédie sociale.

---

d'esprit avait tant déplu à Henri II qu'il avait été privé de ses prébendes. Il était donc personnellement victime de la "tyrannie" quand il écrivit en 1159 le *Policraticus*, qu'il dédia à son ami Thomas Becket. Celui-ci l'attacha à sa personne lorsqu'il devint archevêque en 1161. [...] Il termina sa vie comme évêque de Chartres. »

1. Sur cet ouvrage, cf. Carlyle, *op. cit.*, III, p. 136-146, et IV, p. 330-337 ; J. Dickinson, introduction à sa traduction partielle *The Statesman's Book of John of Salisbury*, qui développe les thèses exposées un an plus tôt dans l'article « The Mediaeval Conception of Kingship and some of its Limitations, as Developed in the *Policraticus* of John of Salisbury » ; Ch. Petit-Dutaillis, *op. cit.*, p. 121-124 ; W. Berges, *op. cit.*, p. 42-52 et 131-142 ; H. Liebeschütz, *op. cit.*, p. 23-62 ; M. Kerner, *Johannes von Salisbury und die logische Struktur seines « Policraticus » ;* G. Duby, *Les Trois Ordres ou l'Imaginaire du féodalisme*, p. 317-323 ; C. J. Nederman, introduction à sa traduction, également partielle, du *Policraticus*, p. XVIII-XXVI.

2. Cf. le jugement, assez singulier, de H. Anton, « Fürstenspiegel », col. 1045 : « C'est à tort que l'on a vu un Miroir du prince dans ce traité politique lié à une doctrine morale (Berges). » Anton ajoute cependant que son contenu a été d'une importance décisive pour l'évolution ultérieure du genre. G. Duby écrit, avec plus de nuance (*op. cit.*, p. 321) : « Le miroir qu'il fabrique n'est pas tendu vers le prince, ni vers tous les laïcs. Il s'agit plutôt d'un *speculum curiae*, d'un miroir de la cour, lieu d'une démultiplication – polycratique – du pouvoir. »

3. C. I. Webb, in *Policraticus*, Prolegomena, p. XLVIII : « [liber] in usum civitatis regentium. »

Le *Policraticus*, par ailleurs, ne présente pas un caractère systématique. Puisant ses références dans la Bible et la littérature patristique, mais aussi chez les écrivains antiques dont Jean de Salisbury était sans doute, en son temps, le meilleur connaisseur, multipliant les *exempla*, il mêle une grande diversité de genres : satire, théologie morale, philosophie spéculative, jurisprudence, commentaire biblique, méditation. Malgré l'impression de désordre que peut produire l'ensemble[1], il obéit à un principe de composition assez rigoureux. Aux deux segments du sous-titre correspondent deux grandes sections[2] : la première (livres I-VI) analyse les signes de la futilité humaine dans la société de cour, où elle se révèle avec le plus d'évidence ; la seconde (livres VII et VIII) reprend le problème d'une manière plus abstraite, à partir des opinions des philosophes antiques[3]. La section consacrée à la vie curiale se divise à son tour en deux parties : l'une (livres I-III) traitant des divertissements, des habitudes et des pratiques privées des membres de la cour – une large place est accordée, en particulier, aux croyances magiques et astrologiques et, thème constant de la littérature anticuriale, à la perversité de la flatterie –, l'autre (livres IV-VI), des activités publiques du prince et des différents magistrats. Cette partie, qui forme un Miroir des princes complet, occupe donc le centre de l'ouvrage. Elle présente également une structure binaire en raison du double paradigme, biblique (Dt 17,14-20) et antique (Pseudo-Plutarque), dont elle tire son argumentation : opposition du prince et du tyran dans le livre IV, organisation du corps politique dans les livres V et VI.

L'architecture générale du traité, cependant, ne correspond pas à l'ordre réel de sa conception. Celle-ci fut provoquée, à l'origine, par une profonde crise morale. Secrétaire du prélat de Cantorbéry, Théobald, Jean s'était indigné des taxes prélevées sur les biens du clergé pour subvenir aux frais de la campagne contre Toulouse. La colère d'Henri II le contraignit à quitter la cour en 1156-1157. Inquiet, réduit à la pauvreté, il avait commencé à écrire, à la manière de Boèce, une sorte de *Consolation de la philosophie* : cette partie correspond aux livres VII et VIII. Après son retour auprès de Théobald, il entreprit de transformer cette méditation en manuel d'action contre les dangers de la vie de cour.

1. Cf. J. Baudot, art. « Jean de Salisbury », *in* DTC, VIII, 1924, col. 812 : « Il y a un peu de désordre dans toute cette érudition. »
2. Je suis de près ici l'analyse de H. Liebeschütz, *op. cit.*, p. 23-24 et 28.
3. Cf. le prologue de l'ouvrage, où cette structure est clairement exposée.

* * *

La vie selon la vérité repose sur la connaissance de soi, par laquelle l'âme redécouvre en elle sa ressemblance divine[1]. A cette quête essentielle s'oppose le jeu des apparences sur la scène du *theatrum mundi*[2] :

> « C'est un temps de service (*militia*), dit Job, qu'accomplit l'homme sur terre (Jb 7,1). Mais si cet esprit prophétique avait pu se représenter notre époque, il aurait plutôt dit que la vie de l'homme sur terre est une comédie, où chacun, oublieux de soi, joue un rôle d'emprunt [...][3]. »

Pire encore, c'est à une tragédie qu'il faut comparer désormais la vie humaine, régie par la violence et l'injustice[4]. Terre d'oubli (*terra oblivionis*) « dont les habitants s'oublient dans le monde comme un idiot au théâtre, fasciné par le spectacle des jeux[5] » : le règne de la fiction que dénonce Jean de Salisbury n'est pas une simple perversion des mœurs curiales mais, plus profondément, l'effet du péché originel par lequel les hommes, se détournant de l'être véritable et refusant l'obéissance qu'ils lui devaient, ont fait le choix d'une liberté imaginaire[6]. L'acte fautif a engendré un monde fictif. Les prestiges du faux-semblant, auxquels se complaisent flatteurs et intrigants dans la poursuite de leurs ambitions, constituent paradoxalement la vérité même du « monde » replié sur lui-même dans l'illusion de son autonomie. La critique des conduites de cour par Jean de Salisbury, dès lors, ne reflète pas seulement l'attitude hostile d'un clerc face au progrès, souvent brutal, d'une culture politique profane ; elle a une réelle portée ontologique. Familier des auteurs latins, il ne nie pas la réalité de l'« État ». Bien au contraire, c'est celui-ci, à ses yeux, qui, s'ordonnant au seul désir de puissance, perpétue l'illusion humaine originelle d'être à soi-même sa propre fin, et se révèle incapable par là d'accomplir pleinement sa vocation. Aussi faut-il, pour le fonder réellement,

1. Cf. *Policraticus*, III, 1, 478 c, t. 1, p. 172.
2. Cf. *ibid.*, III, 8 : « De mundana comedia, vel tragedia. »
3. *Ibid.*, 488 d, t. 1, p. 190.
4. *Ibid.*, 489 c-d, t. 1, p. 191-192 ; cf. également 491 a-b.
5. VII, 17, t. 2, p. 160 ; cf. W. Berges, *op. cit.*, p. 136, note 4.
6. « Fictitiam quandam libertatem » (*ibid.*, p. 161) ; cf. W. Berges, *op. cit.*, p. 136, note 3.

le resituer dans la structure hiérarchique de l'être. Entreprise qui dépasse de beaucoup, par la hauteur de vue et l'éclat du style, le discours édifiant des *Specula* carolingiens, sans rompre pour autant avec l'enseignement patristique. En dépit d'une forme souvent polémique et d'une pratique argumentative qui ne se dépouille jamais d'une certaine véhémence homilétique, c'est sur le terrain de la philosophie que se place Jean de Salisbury.

Fortuna

A la suite de Boèce[1], Jean conçoit la philosophie comme un remède aux maux infligés par la fortune. Opposer la sagesse à celle-ci, ce n'est pas se résigner passivement à ses caprices, mais dépasser l'illusion de l'irrationnelle inconstance des choses par la contemplation d'un ordre supérieur. La méditation sur la fortune, ainsi, conduit à sa négation. Ce thème est d'une grande importance dans la littérature des arts de gouverner. On sait en effet quel rôle les humanistes italiens, à partir du XVe siècle, rendront à l'image antique d'une fortune aveugle et imprévisible, défiant la volonté des hommes, mais stimulant l'énergie combative des meilleurs[2]. Sans doute la véritable ligne de partage entre les conceptions médiévale et moderne du gouvernement passe-t-elle ici[3] : réduction, d'un côté, de la fortune à la providence, selon une herméneutique de la contingence déjà formulée par saint Augustin[4], refus, de l'autre, d'interpréter l'instabilité du monde à travers les catégories immuables d'un plan divin. Avec l'aristotélisme du XIIIe siècle apparaîtra l'idée d'une relative indétermination des choses humaines : la soumission aux desseins de Dieu laissera place alors, chez Thomas d'Aquin, à une prudence s'orientant dans le champ du particulier. C'est à ce moment que commencera à se brouiller, sans s'effacer, l'antinomie radicale entre providence et fortune. Jean de Salisbury, quant à lui, s'il soutient résolument la position chrétienne traditionnelle, occupe cependant une position originale. Il est l'un des premiers, depuis Augustin, à posséder une réelle connaissance de la littérature antique. Aussi fait-il entendre un langage assez neuf :

1. *Consolation de la philosophie*, *op. cit.*
2. Sur cette dialectique de la fortune et de la *virtus*, inscrite au cœur de la pensée machiavélienne, cf. *infra*, IIIe partie, chap. I.
3. Cf. J. G. A. Pocock, *The Machiavellian Moment*, p. 39-43.
4. *La Cité de Dieu*, IV, 18-20 ; cf. Q. Skinner, *op. cit.*, p. 95.

> « C'est à [Dieu] que doivent être attribuées toutes ces choses, écrit-il après avoir cité Juvénal[1], plutôt qu'à la fortune, laquelle ou bien existe par lui, ou bien (ce que je crois plus volontiers) n'existe pas du tout. Le moraliste dit en effet : *N'appelle pas aveugle la fortune qui n'est rien*[2]. [...] Il est donc vain d'accuser son aveuglement, dont on ne peut trouver la moindre preuve dans la nature. Ceci montre bien que le hasard n'existe pas, si on le définit comme un événement imprévu, puisque rien n'arrive qui ne soit précédé d'une cause[3]. [...] Cependant, parce que certaines choses se produisent au-delà de l'intention ou de l'attente de ceux qui agissent, on les regroupe sous le nom de hasard, bien qu'elles aient été prévues par la raison ordonnatrice de la même façon que celles manifestement enserrées par la loi de la nature dans les liens de la nécessité[4]. »

A l'appui de sa thèse, Jean de Salisbury invoque, quelques lignes plus bas, philosophes péripatéticiens et docteurs de la foi. De la sorte, il reconduit la pure doctrine augustinienne, mais en la faisant basculer, à travers un naturalisme d'inspiration néoplatonicienne, sur le plan d'une ontologie rationnelle. L'« État », pour lui, se déduit toujours d'une anthropologie de la chute, mais il s'insère également dans une cosmologie de l'ordre. Le contraire de la fortune n'est pas l'insondable volonté divine : c'est le système universel des lois de la nature dont Dieu est le principe. Ainsi chaque chose, au sein de l'harmonie du tout, a-t-elle sa raison d'être, « enserrée dans les liens de la nécessité ».

Salus publica

Selon le point de vue que l'on adopte, on peut considérer, dans la perspective d'une histoire du progrès continu des idées, que les concepts fondateurs de l'État moderne se dégagent pour la première fois, chez Jean de Salisbury, de la doctrine patristique de l'*officium*

1. *Satirae*, VII, 197-198 : « Si fortuna volet, fiet de rethore consul ;/si volet haec eadem, fiet de consule rethor. »

2. Caton, *Dist.* IV, 3 : « Noli fortunam, quae non est, dicere cecam. »

3. Cf. Platon, *Timée*, 28 a.

4. *Policraticus*, III, 8, 490 a-c, t. 1, p. 192-193.Cf. également V, 4, 545 b-c 4-10, t. 1, p. 292 : « Tullius [= Cicéron, *De inventione*, I, 24, § 34] dit qu'il est difficile de définir la nature. Définir la fortune est, je pense, encore plus difficile, parce que la première a quelque réalité, la seconde aucune. La nature constitue la source et l'origine des choses, ce qui serait impossible si elle n'existait pas réellement. [...] Mais comme la fortune n'existe pas, on ne peut la définir. »

regis, rivée au modèle scripturaire. Jean de Salisbury serait le restaurateur, sinon d'une théorie romaine de l'État, à laquelle, en homme d'Église, il ne pouvait souscrire, du moins d'un certain vocabulaire étatique issu de Cicéron, des historiens et des jurisconsultes impériaux. Son naturalisme, ainsi, constituerait une étape importante entre la conception ministérielle traditionnelle et l'aristotélisme politique du XIIIe siècle. Mais il est également permis d'avancer, si l'on prête attention aux stratégies régissant la formation des discours, que, loin d'avoir favorisé la renaissance d'une vision humaniste de l'État – c'est dans les cités italiennes, en lutte à cette époque contre Frédéric Barberousse[1], que ce mouvement d'idées prendra naissance un siècle plus tard –, Jean de Salisbury a voulu neutraliser la rhétorique du pouvoir absolu remise en vigueur, depuis peu, grâce au renouveau de la science juridique[2]. L'emploi qu'il fait du concept de *salus publica* le montre clairement.

Alors que le mot *salus* appartient de longue date au vocabulaire pastoral, avec les riches nuances d'une palette sémantique allant de la « santé », du « bon état » (métaphore médicale) au « salut » (fin eschatologique), *salus publica* relève d'un autre registre : celui du droit public romain et des maximes de gouvernement. Le concept se rencontre, en particulier, dans la célèbre formule que reprendront, à partir du XVIe siècle, la plupart des théoriciens absolutistes[3] : *Salus populi*[4] *suprema lex esto* (que le salut du peuple soit la loi suprême). Comment concilier cet impératif, qui place la conservation de la chose publique, dans les situations d'urgence, au-dessus de toute légalité, avec l'idée augustinienne que là où ne règne pas la vraie justice, c'est-à-dire l'obéissance à la loi divine, il n'y a pas d'authentique *res publica*[5] ? C'est à travers son ontologie que Jean de Salisbury y parvient.

1. Cf. Q. Skinner, *op. cit.*, I, p. 5.

2. Cf. Ch.-H. Haskins, *op. cit.*, chap. 7, p. 193-223 : « The revival of jurisprudence » ; pour l'Angleterre, utiles précisions de Ch. Petit-Dutaillis, *op. cit.*, p. 114-115 : « Le monde laïque à cette époque croupissait dans la routine ; c'était dans l'Église que croissaient l'intelligence politique et l'esprit d'organisation administrative et juridique. Ce fut par l'intermédiaire du droit canon, grâce à ses méthodes et à son système d'expression, que le droit romain cultivé à Bologne, exerça quelque influence dans le royaume de Henri II [...]. »

3. Sur Hobbes, cf. *supra*, Ire partie, chap. 1, B.

4. C'est-à-dire *publica* : l'adjectif *publicus*, en effet, est dérivé de *populus*. Cf. par exemple Cicéron, *De re publica*, 1, 25, 39 ; pour une analyse plus approfondie, cf. L. Hölscher, *Öffentlichkeit und Geheimnis*, p. 41.

5. *La Cité de Dieu*, XIX, 21 ; cf. Carlyle, *op. cit.*, t. 3, p. 110 ; H.-X. Arquillière, *op. cit.*, p. 65.

Il définit en effet la *salus publica* de la façon suivante : « Le bien-être public (*salus publica*) consiste dans l'assurance d'une vie sans dommage (*incolumitas vitae*) pour tous et pour chacun[1]. » Glissement lexical discret qui va permettre la réappropriation théologique du concept de *salus publica*. Les deux locutions étant équivalentes, quelle signification recouvre l'*incolumitas vitae* ? Jean rappelle tout d'abord que l'homme est composé d'une âme rationnelle et d'une chair corruptible. Or la chair vit par l'âme, aucun corps ne pouvant s'arracher à la torpeur de son inertie s'il n'est mû par l'action d'une nature spirituelle. Celle-ci, en revanche, possède sa propre vie, car « Dieu est la vie de l'âme[2] ». Le modèle hiérarchique de la relation âme-corps étant ainsi posé comme le principe de la vie humaine, Jean, en vertu de l'analogie qui lie la partie au tout, l'applique à la nature entière : « Cette vie [c'est-à-dire la *vita animae*] remplit toute créature, parce que sans elle nulle créature n'a d'existence. Tout ce qui est, en effet, l'est par sa participation à la vie[3]. » L'*incolumitas* suppose donc la *participatio*. Sans elle toute substance corporelle tombe dans la mort.

> « Mais tandis que la vie divine est présente en toutes choses par nature, elle habite par grâce les seules créatures rationnelles. Celles-ci existent parce que la vérité est en elles ; elles sont éclairées parce que la sagesse est en elles ; elles aiment le bien, parce que la source de la bonté et de la charité est en elles. Toute vertu, angélique et humaine, est comme l'empreinte de la divinité imprimée, en quelque sorte, sur la créature rationnelle[4]. »

En tant que corps, l'homme participe par nature à la vie divine. En tant qu'esprit, à l'instar des anges, il y participe par grâce[5]. Telle est l'unique et vraie *incolumitas vitae* : lorsque la pensée, vivifiée par l'Esprit, s'élève de la connaissance des choses à l'amour de la vertu. De même que l'homme participe par nature et par grâce à la vie divine, de même il accède par l'exercice de sa raison ou par révélation

1. *Policraticus*, III, 1 : « Quid salus universalis et publica », 477 c 6-7, t. 1, p. 171.
2. *Ibid.*, 477 c 8-14, t. 1, p. 171 (cf. Augustin, *De libero arbitrio*, II, 16, § 41 ; *La Cité de Dieu*, XIII, 24, § 6).
3. *Ibid.*, 478 c 24-26, t. 1, p. 172.
4. *Ibid.*, 26-32, *ibid.*
5. Cf. *infra*, p. 151, note 6, sur le concept de *rex angelicus* chez Guibert de Tournai qui emprunte à Jean de Salisbury beaucoup d'éléments de son *Eruditio regum et principum*.

à la connaissance de la vérité[1]. La vie selon la vérité que recherche Jean de Salisbury, contre les séductions trompeuses de la comédie du monde, ne consiste donc pas tant à opposer, en philosophe platonicien, l'identité de l'être à l'instabilité des apparences, que la causalité vivifiante de la grâce à l'idée d'une nature immanente à elle-même[2]. Limite du naturalisme de Jean de Salisbury, qui l'éloigne considérablement de celui des scolastiques : la nature, chez lui, forme bien un système de causes nécessaires, mais leur efficience ne se conçoit qu'à travers la participation au principe divin. Il n'y a de vie, pour l'homme, que dans une nature relevée par la grâce. C'est pourquoi l'*incolumitas* de toute créature rationnelle réside dans la connaissance de la vertu[3].

Comment, dès lors, pourrait-il y avoir une quelconque antinomie entre le « salut public » et la justice ? Le « salut public », défini, on l'a vu, comme *incolumitas*, se réalise dans la vie vertueuse, et celle-ci, fondée sur la connaissance des choses[4], se conforme à la loi divine inscrite dans l'ordre universel. Or cette loi est l'*aequitas* elle-même[5].

L'arrière-plan théologique que l'on vient d'esquisser est indispensable pour comprendre la doctrine gouvernementale du *Policraticus*. A ne pas lui prêter assez d'attention, on risque de transformer l'auteur des livres IV et V en une figure solitaire, anticipant par son génie le mouvement d'idées qui s'épanouira à la fin du XIIIe siècle. De fait, Jean de Salisbury sera le premier publiciste au XIIe siècle à comparer l'État avec un organisme vivant, à faire de l'utilité publique la fin du pouvoir royal et à se demander si le prince, dans l'exercice de sa fonction, est au-dessus des lois. Toutefois, il ne faut pas s'y tromper. Ces réflexions traduisent sans doute une conscience aiguë des mutations institutionnelles de son temps, elles marquent assurément le seuil d'une problématisation nouvelle de la chose politique, elles rompent avec l'argumentaire stéréotypé des *Specula* carolingiens. Elles n'en restent pas moins scellées à une

1. *Policraticus*, 478 d 7-479 a 13, t. 1, p. 173.

2. Dans les livres VII et VIII, c'est à travers la critique des épicuriens qu'est reprise, en termes philosophiques, la dénonciation des *nugae curialium*. Cf. H. Liebeschütz, *op. cit.*, p. 28-33.

3. Cf. *Policraticus*, 479 b 24-26, t. 1, p. 173.

4. *Notitia rerum*. Jean de Salisbury dit aussi : « la science des choses nécessaires (*scientia eorum, quae necessaria sunt*) » (479 a 11-12, t. 1, p. 173).

5. Cf. *ibid.*, IV, 2, 514 c 13, t. 1, p. 237 : « lex ejus [= Dei] aequitas ».

théologie qui, toute rayonnante soit-elle de confiance en la rationalité du monde, pense le gouvernement des hommes en termes de chute, corruption et contrainte nécessaire. La refondation ontologique du politique[1] entreprise par Jean de Salisbury n'avait pas pour objet de définir un concept inédit de l'État, mais de reconduire le *ministerium regis* à l'intérieur d'un discours tirant moins sa force, désormais, de l'attente anxieuse de la fin des temps que de la participation à l'œuvre divine. Ce faisant, Jean de Salisbury contribuait activement à la reconquête pastorale d'une société tendant de plus en plus, par le relâchement de la pression millénariste, à s'installer dans la durée et, par là, à se tourner vers des fins séculières. Texte réactionnaire, en ce sens, le *Policraticus* représente un effort d'une extrême originalité pour adapter un mode de pensée hiérocratique, conçu pour l'avènement prochain du dernier jour, aux structures d'une temporalité plus ouverte. En témoigne la place considérable qu'accorde l'auteur, à côté des modèles vétérotestamentaires, aux exemples tirés de l'histoire romaine. Elle reflète l'éloignement du passé biblique – image inversée en quelque sorte du recul, dans le futur, des grandes échéances eschatologiques[2]. C'est cette double articulation, au plan ontologique, de la nature et de la grâce et, au plan historique, d'un temps sacré et d'un temps profane, qui explique l'étonnant diptyque déployé par Jean de Salisbury dans les livres IV et V, pour servir de miroir au titulaire de l'office royal : d'un côté (livre IV), une interprétation allégorique du Deutéronome 17,14-20[3], de l'autre (livre V), un commentaire d'une lettre sans doute apocryphe de Plutarque[4] à Trajan, où est exposée la comparaison de l'État avec un corps.

1. Cf. W. Berges, *op. cit.*, p. 139, note 4 : « La clé de la compréhension du *Policraticus* réside dans la reconnaissance du fait que Jean se propose de mettre au jour les fondements ontologiques du politique. »

2. Cf. le passage très remarquable où Jean, après avoir cité les exemples de David, Ézéchiel et Josias, « de peur qu'ils ne paraissent trop lointains et par conséquent inutiles à suivre », invoque la caution des empereurs chrétiens Constantin, Théodose, Justinien, etc. (IV, 6, 523 c 18-d 1, t. 1, p. 252-253).

3. Cf. *Policraticus*, IV, 6, 522 d 4-12, t. 1, p. 251, où Jean expose le principe de cette lecture qui vise, au-delà de la lettre, le sens mystique.

4. Le point est clairement établi depuis l'article de H. Liebeschütz, « John of Salisbury and Pseudo-Plutarch ». Sur la question controversée de l'auteur de cette lettre, cf. S. Desideri, *La « Institutio Traiani »*, Gênes, 1958. Selon P. Hadot, art. « Fürstenspiegel », col. 623, qui fait référence à cet ouvrage, il s'agit vraisemblablement d'un faux réalisé aux IVe-Ve siècles.

L'office du prince

Le livre IV s'ouvre sur la distinction traditionnelle, mais dont l'auteur tire des conséquences radicales[1], entre le prince et le tyran. Le prince est défini comme le serviteur de la loi (*ministerium legis*), en vertu de laquelle, veillant à l'intérêt de chacun et de tous (*in utilitate singulorum et omnium*), il s'efforce de maintenir dans le meilleur ordre la communauté humaine (*ut humanae reipublicae status optime disponatur*). A ce titre, il domine ses sujets comme la tête, dans le corps, commande aux membres, et bénéficie de privilèges qui font resplendir la hauteur de sa fonction. Ceci lui est dû à bon droit, puisque sa volonté ne saurait s'opposer à la justice (*cum nec voluntas eius justitiae inveniatur adversa*). De là vient qu'on le définit habituellement comme la puissance publique (*publica potestas*) et comme l'image, en quelque sorte, de la divine majesté[2].

Jean de Salisbury entrecroise subtilement, on le remarque, deux fils discursifs, tirés de la tradition scripturaire (citation, plus bas, de Rm 13,1-2) et du droit romain (concept de puissance publique). Ainsi se dessine avec netteté, dès les premières lignes du livre IV, le portrait d'un prince transfiguré par son identification avec la loi. Ministre de celle-ci, il ne peut vouloir que ce qu'elle ordonne. C'est pourquoi, selon les termes du *Code* de Justinien, « c'est un mot digne de la majesté du gouvernant que le prince se déclare lui-même lié par la loi[3] ». Mais qu'est-ce que la loi ? Citant une définition de l'équité reprise, vraisemblablement, d'une ancienne introduction aux *Institutes*[4] – « l'équité, comme le soutiennent les juristes, est un certain

1. Renouant, sur ce point, avec la tradition républicaine antique (Jean cite Cicéron, *De officiis*, III, 6, 32), il légitime en effet le tyrannicide : cf. III, 15 ; VIII, 18. Sur le sens de cette position et son caractère exceptionnel au Moyen Age, cf. H. Liebeschütz, *Mediaeval Humanism*, p. 50-55 ; R. Mousnier, *L'Assassinat d'Henri IV*, p. 53-71 ; M. Senellart, *Machiavélisme et Raison d'État*, p. 27-30.

2. *Policraticus*, IV, 1, 513 b 3-d l, t. 1, p. 235-236.

3. Loi *digna vox* du *Code* de Justinien, I, 14, § 4. Cf. E. H. Kantorowicz, « La royauté médiévale », p. 60-61.

4. Cf. J. Dickinson, *op. cit.*, p. 6, note 1. Webb, *op. cit.*, t. 1, p. 237, signale que cette définition se retrouve au XIIIe siècle chez Azo, le célèbre juriste bolonais. Sur le concept d'*aequitas*, cf. le livre d'E. Wohlhaupter, *Aequitas canonica*, Paderborn, 1931, cité avec éloge par W. Berges, *op. cit.*, p. 48, note 3 ; sur le sens du concept chez Jean de Salisbury, cf. W. Berges, *ibid.*, p. 47 et 135.

rapport d'harmonie, selon laquelle la raison égalise toute chose et cherche à appliquer des règles égales à des cas égaux » –, Jean écrit que « la loi est son interprète[1] ». La loi, en d'autres termes, n'est pas l'effet variable d'une volonté humaine, individuelle ou collective, mais un invariant inscrit dans l'ordre même des choses, soumis au principe de la *convenientia rerum*. Aussi son pouvoir s'étend-il sur toute réalité, divine et humaine ; elle est le guide des choses aussi bien que des hommes[2]. C'est donc à un concept ontothéologique de la loi naturelle, et non à une quelconque positivité juridique, que Jean subordonne la volonté du prince.

Cette conception de la loi naturelle lui permet alors d'affronter la thèse des théoriciens régalistes, selon laquelle « le prince est affranchi des liens de la loi (*legis nexibus absolutus*)[3] » :

> « Cela ne signifie pas qu'il lui soit permis de commettre des actions injustes, mais qu'il doit cultiver l'équité, veiller à l'intérêt de la chose publique (*rei publicae utilitatem*) et préférer en toutes choses l'avantage d'autrui à sa volonté privée, non par crainte du châtiment, mais par amour de la justice[4]. »

Le prince ne peut se soustraire à la loi puisque les liens de cette dernière (*legis nexus*) ne sont autres que les liens mêmes de la nécessité (*necessitatis nexus*)[5] dont Jean de Salisbury a montré, contre la croyance en une fortune aveugle, qu'elle régissait l'ordre des choses. Cet ordre reflète l'*aequitas* divine. Suivre la loi consiste donc à s'élever, par la connaissance, à l'intelligence de son principe et à agir

1. *Policraticus*, IV, 2, 514 c 12-d 16.
2. *Ibid.*, 514 d 17-21. On ne peut s'empêcher ici de penser aux lignes fameuses de Montesquieu, *De l'esprit des lois* (1748), I, 1, p. 233 : « [...] Il faut donc avouer des rapports d'équité antérieurs à la loi positive qui les établit », imprégnées du jusnaturalisme chrétien de Jean Domat, *Les Lois civiles dans leur ordre naturel* (1689-1694) (cf. S. Goyard-Fabre, *Montesquieu : la nature, les lois, la liberté*, Paris, PUF, coll. « Fondements de la politique », 1993, p. 70-76).
3. Cf. la traduction de ce passage de IV, 2 *in* M. Senellart, *op. cit.*, p. 108, et l'analyse proposée, p. 25-26. Sur la célèbre formule d'Ulpien dans le *Digeste*, I, 3, 31, cf. A. Esmein, « La maxime *Princeps legibus solutus est* dans l'ancien droit public français » ; sur l'opposition entre la *lex digna* (*Code*, I, 14, 4) et la *lex regia*, conférant au prince le droit de faire la loi (*Digeste*, I, 4, 1 ; *Code*, I, 17, 1 ; etc.) chez Jean de Salisbury, cf. E. H. Kantorowicz, *The King's Two Bodies*, p. 105 (trad. fr., p. 91).
4. *Policraticus*, 515 a 2-6, t. 1, p. 238.
5. Jean parle plus loin des commandements de la loi qui, chez tous les peuples, ont une nécessité perpétuelle (*perpetuam necessitatem*) : IV, 7, 527 b 3-4, t. 1, p. 259 ; cf. la traduction du passage *in* M. Senellart, *op. cit.*, p. 109.

« par amour de la justice[1] ». Le « salut public » résidant, on s'en souvient, dans une vie conforme à l'ordre naturel, le prince soumis à la loi se fait ainsi l'agent de l'intérêt commun :

> « Qui ose parler de la volonté du prince dans les affaires publiques, puisque, dans ce domaine, il ne lui appartient de rien vouloir, hormis ce que commandent la loi ou l'équité, ou ce qu'exige la cause de l'intérêt commun (*ratio communis utilitatis*)[2] ? »

Dans ces affaires, en effet, sa volonté doit avoir force de jugement, et c'est très justement – nouveau détournement de la *lex regia* invoquée par la propagande monarchiste – que « ce qui lui plaît a force de loi[3] », pourvu que son arrêt ne s'écarte pas de l'esprit d'équité. « Que tes yeux regardent l'équité », dit le psalmiste[4]. « Car le juge non corrompu est celui dont la sentence, fondée sur une constante contemplation, est l'image de l'équité[5]. » Alors que les théoriciens de la souveraineté royale tendront de plus en plus, à partir du XIIIe siècle, à opposer l'intérêt public à la loi, au nom d'une *necessitas* supérieure (défense du royaume, salut du prince), ouvrant ainsi, au sein de la doctrine du *rex justus*, un espace d'exception où germera l'idée de raison d'État, Jean de Salisbury, au contraire, déduit de la *necessitas* immuable à laquelle obéissent toutes choses l'obligation pour le prince de pratiquer la justice. Le souverain, pour la conservation de son État, fera parfois passer l'intérêt public avant celle-ci ; pour Jean de Salisbury, c'est en la respectant rigoureusement que le prince, serviteur de la loi, assure l'intérêt public :

> « Le prince, donc, est le ministre de l'intérêt public et l'esclave de l'équité (*Publicae ergo utilitatis minister et aequitatis servus est*

1. Sur le modèle christologique qu'implique cette soumission volontaire à la loi, cf. IV, 6, 523 b 5-c 11, t. 1, p. 252 ; E. H. Kantorowicz, *The King's Two Bodies*, p. 105, note 52 (trad. fr., p. 409) ; M. Senellart, *op. cit.*, p. 26.
2. W. Berges voit dans ce concept « un précurseur de celui de raison d'État » (*op. cit.*, p. 139, note 1). Mais il est clair qu'il signifie tout le contraire, puisque, loin d'autoriser le prince à transgresser le droit, il le lie au contraire étroitement au respect de la loi divine. Cf. M. Senellart, *op. cit.*, p. 24 et 30-31.
3. Cf. *Digeste*, I, 4, 1 : « Quod principi placet legis habet vigorem. » Cf. l'exemple, tiré du *Dialogue de l'Échiquier*, du trésorier d'Henri II, Richard Fils-Néel, que cite Ch. Petit-Dutaillis, *op. cit.*, p. 116.
4. Ps 17,2.
5. *Policraticus*, 513 b 13-15, t. 1, p. 235.

princeps) et il assume la personne publique (*personam publicam gerit*) en tant qu'il punit les injustices et les torts de tous, et tous les crimes, avec équité[1]. »

L'*utilitas publica* ainsi est parfaitement homogène à la justice. En dépit de sa vaste culture humaniste, on reste aux antipodes, chez Jean de Salisbury, du concept moderne de l'État qui suppose la suprématie d'une puissance législative sur une communauté territoriale. Sans doute la *res publica*, qu'il compare à un corps humain dans la lettre du Pseudo-Plutarque[2], ne se confond-elle plus pour lui avec la société chrétienne – même si l'image du *corpus rei publicae* évoque, à bien des égards, le *corpus mysticum* de l'Église[3] –, et s'individualise dans un *regnum* particulier[4]. Mais Dieu reste le seul législateur. Le prince qui représente par sa fonction la communauté de ses sujets[5] et assume ainsi la dignité d'une personne publique n'est pas, comme le dira Gilles de Rome à la fin du XIIIe siècle, *legis conditor*, auteur de la loi, mais *legis ictor*, marteau de la loi, car son devoir est de frapper ceux que la loi condamne[6]. Conformément à la doctrine chrétienne traditionnelle, Jean ne considère pas le pouvoir comme une propriété, acquise par droit de conquête ou de

1. *Ibid.*, 515 b 15-18, t. 1, p. 238.

2. Les prêtres sont l'âme, le roi, la tête, le conseil royal, le cœur du corps politique ; les juges et les administrateurs des provinces sont les yeux, les oreilles et la langue ; l'administration des finances occupe le ventre ; les soldats sont les mains ; paysans, artisans et marchands, enfin, correspondent aux pieds.

3. E. H. Kantorowicz, *The King's Two Bodies*, p. 267 (trad. fr., p. 195), est sur ce point d'un avis opposé à celui de W. Berges (*op. cit.*, p. 43), pour qui l'organologie étatique de Jean de Salisbury n'aurait jamais pu se développer à partir du concept ecclésiologique de *corpus mysticum.*

4. Cf. à ce propos les précieuses remarques de J. Dickinson, *op. cit.*, p. XXIV-XXV : « [...] Jean semble avoir à l'esprit en général la *provincia* comme unité politique ou "communauté" dont la tête, qu'il porte le titre de *rex* ou de *dux*, est le "prince". Ce terme de *provincia*, suggéré sans aucun doute par le fait que des royaumes comme la France et l'Angleterre constituaient des provinces de l'ancien Empire, est la désignation que le Moyen Age en vint régulièrement plus tard à appliquer à cette sorte d'organisation politique que nous appellerions un "État-nation". Mais Jean semble appliquer ce terme indifféremment à un royaume comme l'Angleterre, qui ne se trouvait sous l'autorité d'aucun suzerain, et à un territoire comme la Bretagne [cf. IV, 18], qui était une terre vassalique. » Sur ce terme chez Thomas d'Aquin, cf. *infra*, p. 162, note 2.

5. Cf. *Policraticus*, IV, 3, 516 d 8-10, t. 1, p. 241 : « Gerit autem ministerium fideliter, cum suae conditionis memor *universitatis subjectorum se personam gerere recordatur* [...] » (je souligne).

6. Cf. *ibid.* IV, 2, 515 d 10-13, t. 1, p. 239.

succession[1]. Il est un office, parmi tous ceux, publics et privés, que réclame le fonctionnement harmonieux de la société[2], l'office royal consistant à « transformer la justice en jugement[3] ». A travers la notion d'utilité publique, telle que la conçoit Jean de Salisbury, ce n'est donc pas la figure du souverain qui apparaît. Il s'agit bien encore de l'image idéale du roi de justice, qui, régénéré par l'onction, s'est détaché des liens de la chair et verse le sang sans colère ni haine. Empli de l'esprit d'équité, le prince châtie désormais dans la calme sérénité de la loi[4]. Ainsi se comprend la belle définition de la *res publica* que propose l'auteur, sous l'autorité de Plutarque :

> « Une république [...] est une sorte de corps animé par la faveur divine, mû par le commandement de la plus haute équité et dirigé avec mesure par la raison[5]. »

Persona publica

On voit combien cette conception de l'office royal diffère de celle qui sous-tend le dialogue de Pierre de Blois. Certes, entre les deux textes les similitudes sont nombreuses. Même si le premier fut écrit avant l'assassinat de Thomas Becket – celui-ci étant encore chancelier d'Angleterre –, et le second assez longtemps après, ils reflètent l'un et l'autre l'éthique gouvernementale défendue par l'archevêque pendant sa querelle avec le roi Plantagenêt[6]. L'Église, depuis

1. Cf. *ibid.* IV, 11, 536 d 18-19, t. 1, p. 275 : « Le titre de prince n'est pas dû au sang, mais au mérite. »
2. Cf. *ibid.* V, 4, 544 c 25, t. 1, p. 190, où Jean renvoie au *De officiis* de Cicéron.
3. *Ibid.* IV, 8, 530 d 4-5, t. 1, p. 265 : « Officio [principis] justitia in judicium vertitur. »
4. *Ibid.* IV, 2, 515 c 26-29, t. 1, p. 283.
5. *Ibid.*, V, 2, 540 a 11-14, t. 1, p. 282 : « Est [...] res publica [...] corpus quoddam, quod divini muneris beneficio animatur et summae aequitatis agitur nutu et regitur quodam moderamine rationis. »
6. Cf. R. Foreville, *op. cit.*, chap. 2, « Les positions doctrinales du conflit ». Voir en particulier, p. 222-227, l'analyse des trois lettres envoyées par l'archevêque à Henri II en 1266, dans lesquelles, rappelant les principes qui fondent la suprématie du pouvoir spirituel, il montre au roi les devoirs d'un prince chrétien vis-à-vis de l'Église. Sur les sources doctrinales de cette argumentation qui va tout à fait dans le sens des thèses hiérocratiques de Grégoire VII, cf. p. 259-260 : Thomas a lu saint Bernard – qu'il avait rencontré à plusieurs occasions – et Hugues de Saint-Victor (*De Sacramentis*), auteurs également mis à contribution par Jean de Salisbury. C'est sur les conseils du chancelier d'Angleterre, d'ailleurs, qu'il avait entrepris de rédiger le *Policraticus*. R. Foreville compare les idées de Thomas et de Jean p. 260-263.

Grégoire le Grand, avait toujours cherché, par la conversion, l'exercice du magistère moral et l'usage, plus ou moins efficace, de dispositifs de surveillance, à discipliner les détenteurs de la force matérielle. Les *Specula* de Jean de Salisbury et de Pierre de Blois participent du même effort et, par bien des aspects, reconduisent le modèle isidorien du roi pieux. Le *Policraticus*, toutefois, présente une différence notable par rapport à cette tradition. Celle-ci distinguait rigoureusement la personne du roi et son office : l'homme-roi devait être d'autant plus humble que sa fonction était plus élevée. L'office du roi consistant à protéger l'Église par le glaive, il était nécessaire que sa violence, purement instrumentale, fût dissociée de toute impulsion belliqueuse. Au ministère terrible du roi devait correspondre une nature paisible, à son droit de tuer, un corps mortifié. Ces idées se retrouvent chez Jean de Salisbury qui leur donne parfois un tour très radical – ainsi écrit-il que le prince, ministre du sacerdoce, « exécute cette part des devoirs sacrés qui semble indigne des mains du prêtre » (punir les crimes) et que son office, par conséquent, ressemble à celui du bourreau [1] –, mais, tout en subordonnant la personne du prince à sa dignité publique [2], il les articule d'une façon originale à travers le concept, emprunté au droit romain, de *persona publica*.

Remis à l'honneur au XIIIe siècle par les glossateurs, ce concept est incontestablement l'une des clés de l'invention de l'État moderne. Dans sa *Grande Glose* qui devint le bréviaire de tous les étudiants en droit, Accurse soutenait que le roi, en tant que *persona publica*, devait jouir de la plénitude des droits, à l'égal de l'empereur romain. Il avait seul le droit de faire des lois générales et de lever des impôts [3]. A la fin du siècle, Gilles de Rome reconnaissait sans peine, dans son *De regimine principum*, ces marques de la puissance royale. Celle-ci avait alors commencé à reconquérir, contre l'Empire et l'Église, les titres de la souveraineté. C'est à ce mouvement d'émancipation de la royauté, tel qu'il se traduisait déjà dans la politique d'Henri II, que s'oppose Jean de Salisbury [4]. Il est donc étonnant

1. *Policraticus*, IV, 3, 516 a 25-b 30, t. 1, p. 239.
2. Cf. par exemple *ibid.* IV, 7, 528 d 25-32, t. 1, p. 261.
3. Cf. G. de Lagarde, *op. cit.*, I, p. 144-145.
4. Rappelons que c'est à propos des lourdes taxes imposées aux églises d'Angleterre par Henri II en vue de son expédition contre Toulouse en 1159 qu'il se tourna contre le roi ; sur son propre témoignage, sept ans plus tard, cf. H. Liebeschütz, *op. cit.*, p. 13-14. Cette question de la taxation est d'une importance capitale, à partir du

qu'il choisisse, pour désigner le prince, serviteur zélé du sacerdoce, un concept employé à rebours, par les juristes royaux, pour affirmer son autonomie. La contradiction, cependant, n'est qu'apparente. Elle s'explique par des raisons historiques et stratégiques. Peu importe de savoir quelles ont été les sources précises de Jean de Salisbury. Les premières gloses sur les passages du *Corpus Juris Civilis* traitant de ce sujet[1] sont sans doute postérieures au *Policraticus*[2], mais le vocabulaire romain avait commencé à circuler, avant elles, dans les milieux régalistes. Nombre d'administrateurs, on l'a vu[3], étaient des gens d'Église, formés aux techniques du droit. Or c'est l'Église qui, en cette période de désintégration féodale, avait maintenu vivante l'idée de *res publica*. Contre le pur réseau de relations privées auquel le féodalisme tendait à réduire la société, elle avait défendu, sinon l'existence d'un domaine public[4], du moins celle d'une relation « politique » entre la communauté et ses membres[5]. De la sorte, le pouvoir monarchique naissant ne pouvait, pour se dégager des liens de suzeraineté, que reprendre à son compte la théorie ecclésiastique, quitte, par ce transfert, à récuser toute juridiction religieuse. C'est cette dialectique complexe du modèle ecclésial et de la volonté royale, à travers laquelle fut réactivée la tradition romaine, qui explique la position, apparemment ambiguë, de Jean de Salisbury. Il s'agissait pour lui, contre les barons féodaux, d'affirmer l'autorité de la couronne, et contre les partisans d'une prérogative illimitée – tel Richard Fils-Néel, auteur du *Dialogue de l'Échi-*

XIIe siècle, dans l'histoire des progrès de l'autorité monarchique. Cf., pour la France, l'excellent article de J. R. Strayer, « Defense of the realm and royal power in France », et, du même auteur, *Les Origines médiévales de l'État moderne*, p. 67-68, 81-82, 99-101.

1. *Digeste*, I, 4, 1 ; *Institutes*, I, 2, 6.

2. Cf. les références données par J. Dickinson, *op. cit.*, p. XLIII, note 93 : « *Com. in Dig. Tit. "De Diversis Rea. Juris"*, attribué à Bulgarus, reg. 176, F. G. C. Beckhaus (éd.), Bonn, 1856, p. 112 ; Placentinus *Summa Institutionum*, I, 2 ». Cet ouvrage aurait été composé après 1166. Si, comme le suppose Savigny (*Geschichte des römischen Rechts im Mittelalter*, Heidelberg, 1815, vol. IV, p. 94 *sq.*), le premier est bien dû à Bulgarus, il pourrait avoir été écrit avant 1156.

3. Cf. *supra*, p. 134, note 2.

4. Il convient de rectifier quelque peu le jugement de H. Arendt, *La Condition de l'homme moderne*, p. 72 : « La marque distinctive de cette époque fut l'absorption de toutes les activités par le domaine familial, où elles n'ont de valeur que privée et, par conséquent, l'absence même de domaine public. » Cf. les remarques pertinentes de J. Habermas, *L'Espace public*, p. 19-20.

5. Ce point est fortement souligné par J. Dickinson, *op. cit.*, p. XIX.

quier[1] –, de maintenir la soumission du prince au sacerdoce. Insurmontable tension entre le pouvoir de vouloir et le devoir d'obéir qui trouve sa solution dans le « gouvernement de la raison » (*moderamen rationis*)[2], conforme à la nécessité universelle des choses. Le concept d'un pouvoir rationnel permet ainsi de concilier l'autonomie de la volonté royale avec la toute-puissance de la loi divine. A la dualité de la nature et de l'office se substitue l'identité – idéale certes, mais décisive sur le plan symbolique – de la raison et de la fonction.

C. Le roi, image de Dieu

L'influence des thèses politiques de Jean de Salisbury fut considérable et s'exerça dans des directions multiples, en particulier chez les juristes italiens du XIVe siècle, dans les écrits desquels elle supplanta, parfois, celle d'Aristote. Ainsi le Napolitain Lucas de Penna, dont l'œuvre marque un tournant humaniste dans la science du droit, fut-il, à de nombreux égards, un disciple fidèle de Jean de Salisbury[3]. Mon propos, toutefois, n'est pas d'étudier leur rôle dans la formation de la pensée politique médiévale[4] mais, plus précisément, de montrer quel genre de réflexion sur la pratique gouvernementale a suscité, au XIIIe siècle[5], la doctrine du *Policraticus*. Or l'étude de sa trace textuelle

1. Cf. *supra*, p. 140, note 3.
2. Cf. *supra*, p. 142, note 5.
3. Sur Lucas de Penna, cf. W. Ullmann, *The Medieval Idea of Law as Represented by Lucas de Penna*, Londres, 1946 ; M. Viroli, *op. cit.*, p. 62-68, qui resitue la position monarchiste du civiliste dans le cadre du débat, au XIVe siècle, sur la notion de politique. Sur l'idée, tout à fait originale, d'un mariage moral et politique entre le prince et la *res publica*, qui permet à Lucas de Penna de soutenir que le prince incarne, dans sa personne publique, la totalité de l'État et agit comme son chef, cf. *ibid.*, p. 62-63 et E. H. Kantorowicz, *The King's Two Bodies*, p. 214-218 (trad. fr., p. 160-162).
4. Cf. E. H. Kantorowicz, *ibid.*, p. 94-97 (trad. fr., p. 84-86), qui explique admirablement comment la pensée politique de Jean de Salisbury constitue un moment intermédiaire entre une royauté christocentrique et une royauté centrée sur le corps politique du royaume, au cours duquel s'effectue le passage décisif de l'ancienne conception liturgique à une théorie juridique de la monarchie.
5. Dans une autre perspective, pour le domaine anglais, cf. W. Kleineke, *Englische Fürstenspiegel vom Policraticus Johanns von Salisbury bis zum Basilikon Doron König Jacobs I.*

ne laisse pas de surprendre. Loin qu'on puisse discerner, en effet, un lien continu, dans la littérature des Miroirs des princes, entre sa représentation organique de la *res publica* et le naturalisme politique qui s'épanouira à la fin du siècle à travers la lecture d'Aristote, la postérité immédiate de l'ouvrage s'inscrit sur l'axe d'une tout autre tradition : celle d'une mystique d'État, que traduit la formule *rex imago Dei*. Sans doute, comme on va le voir, cette expression est-elle très ancienne. L'important, dans l'usage nouveau qui en est fait au XIIIe siècle, réside dans sa double articulation, d'une part à une théologie systématique, de l'autre au projet idéologique mis en œuvre, sous l'impulsion de Saint Louis, par la monarchie française.

Après avoir brièvement rappelé l'histoire de la formule, je me contenterai ici d'en décrire le fonctionnement dans un groupe de *Specula* qui, bien que d'inspirations diverses, procèdent directement du *Policraticus*. Ce n'est pas tant la théologie politique à l'œuvre dans ces écrits qui m'intéresse – elle demanderait une étude spéciale qui sort des limites de ce travail – que ses effets sur la conception de l'art gouvernemental. Nous allons voir que, contrairement à l'idée reçue selon laquelle l'éthique royale exposée par les clercs traduirait une négation du politique, elle répond, dans le contexte, exceptionnel sans doute, du règne de Saint Louis (1126-1270), à une *demande d'État* : de quel discours l'État a-t-il besoin pour affirmer sa transcendance par rapport au corps social ? A cette demande de transcendance, que les siècles suivants transposeront, sur le plan juridique, en termes de souveraineté, les idéologues royaux apportent une réponse mystique. On se méprendrait gravement en estimant qu'elle reste aux antipodes d'une authentique théorie rationnelle de l'État. Le rationalisme étatique qui se dégage progressivement des catégories ecclésiales de la communauté de salut n'est pas le contraire de la mystique royale. Il en découle plutôt, comme l'a brillamment démontré Kantorowicz[1]. Promise au destin que l'on sait dans la pensée absolutiste, la nouvelle doctrine du roi image de Dieu, au XIIIe siècle, s'intègre cependant dans une métaphysique unitaire et continuiste qui place le prince au centre d'un réseau serré de correspondances entre terre et ciel et l'assujettit à des devoirs stricts[2].

1. Cf. « *Mystères de l'État.* Un concept absolutiste et ses origines médiévales », in *Mourir pour la patrie*, p. 75-104 ; cf. *infra*, IIIe partie, chap. 2.

2. Sur la différence essentielle entre la royauté sacrale traditionnelle, émanation du principe divin et médiatrice entre l'ici-bas et l'au-delà, qui s'inscrit dans une ontologie

Elle ne s'applique pas, en outre, à n'importe quel prince, mais à un monarque qui (contrairement à Henri II Plantagenêt) aspire à la *vita perfectior*. En la personne de Louis IX, nulle contradiction entre le roi réel et l'image idéale offerte par les *Specula* – ce qui ne veut pas dire, bien sûr, qu'ils soient totalement homogènes l'un à l'autre –, puisqu'il cherchait passionnément à concilier son désir de sainteté avec la conduite des affaires de l'État[1]. Moment unique, sans doute, dans l'histoire des pratiques du pouvoir, qui donne corps à l'archétype du *rex sanctus* par une étonnante conjonction d'humilité christique et de majesté royale, mais exemplaire, en ce qu'il reflète, dans sa singularité, les structures les plus stables de l'imaginaire politique médiéval. Aussi convient-il de prêter attention au souci, manifesté par Louis IX, de fonder une académie ayant mission de constituer une vaste somme politique, qui servirait de base à l'exercice du gouvernement. Ce projet – pour autant qu'il ait eu le caractère global qu'on lui suppose[2] – est important à un double titre. D'une part, il témoigne que les Miroirs des princes n'étaient pas étrangers à la pratique effective du pouvoir, puisque c'est en vue de celle-ci qu'un monarque en commandait la rédaction. Mais d'autre part, il confirme, s'il en était besoin, que cette demande obéissait à une autre logique gouvernementale que celle dictée, dès le siècle suivant, par la concurrence interétatique.

---

de l'un, et la royauté de *droit* divin, qui certes représente Dieu sur terre, mais dans le cadre d'une ontologie de la séparation – le monde matériel du séjour humain s'autonomisant par rapport au monde spirituel des fins dernières –, cf. les fines analyses de M. Gauchet, *op. cit.*, p. 195-202. Le thème que j'analyse ici doit être resitué dans la dynamique de l'« irrémédiable disjonction » du visible et de l'invisible (*ibid.*, p. 196), produite par l'Incarnation, qui explique le passage de l'un à l'autre type de royauté.

1. Cf. J. Le Goff, préface à D. O'Connell, *Les Propos de saint Louis*, p. 18-23 ; du même, « Saint Louis a-t-il existé ? », p. 95-97.

2. C'est l'hypothèse, assez argumentée, que formule Berges, *op. cit.*, p. 80, s'appuyant en particulier sur le prologue du *De morali principis institutione* de Vincent de Beauvais (cf. *infra*) ; voir l'analyse qu'il en donne p. 307. Cf. J. Le Goff, « Portrait du roi idéal », p. 72-73 : « On a [...] pu parler d'une "académie politique" de Saint Louis dont le cœur était le couvent des Jacobins, le célèbre couvent Saint-Jacques des dominicains parisiens. C'est à l'appel d'Humbert de Romans, grand maître de l'ordre de 1254 à 1263, sollicité par Saint Louis, que le couvent des Jacobins aurait mis une équipe sur la rédaction de "miroirs des princes", ou plutôt d'un vaste traité de politique. »

Histoire de la notion

Selon W. Berges[1], il convient de distinguer trois périodes dans l'histoire de l'expression *rex imago Dei*: la première correspond aux premiers siècles de notre ère, avec la déification des empereurs romains; la deuxième à la formation de la doctrine chrétienne traditionnelle, du IVe au XIIe siècle; la troisième, à la nouvelle conception formulée au XIIIe siècle.

Sans doute trouve-t-on, chez certains auteurs chrétiens de l'antiquité tardive, une simple transposition du culte impérial[2]. Toutefois, c'est sur un tout autre fondement que va s'établir, à partir du IVe siècle, l'analogie proprement chrétienne entre le *rex* et Dieu. Tournant théologique d'une importance capitale pour la formation de l'idéologie royale préabsolutiste, dont il importe de souligner, en dépit de ses ambiguïtés, qu'il s'est effectué contre l'image orientale du souverain-dieu, substituant, à travers la notion d'*imago*, une idée juridique de vicariat à la pure apothéose du prince. La première expression de cette théologie se rencontre chez l'écrivain anonyme désigné sous le nom d'Ambrosiaster[3], qui écrit dans ses *Quaestiones Veteris et Novi Testamenti*[4]: «Le roi est adoré sur terre comme (*quasi*) le vicaire de Dieu[5]», et: «[L'] image de Dieu est en l'homme, afin qu'un seul soit constitué comme seigneur, de qui dépendent tous les autres, car l'homme possède l'*imperium* de Dieu en tant que vicaire, parce que tout roi a l'image de Dieu[6].» A la suite des Pères grecs[7], l'Ambrosiaster affirme que l'homme est roi, du fait du pouvoir qu'il exerce sur les autres créatures, et porte à ce titre l'image de Dieu. C'est l'*imperium* qui constitue le lien analogique entre l'homme et Dieu. Mais tandis que cette idée, chez Grégoire de Nysse, s'appliquait au premier homme (et, par suite, à la

1. *Op. cit.*, p. 25-34.

2. Cf. *supra*, p. 100-101, la citation d'Eusèbe de Césarée à propos de Constantin.

3. Seconde moitié du IVe siècle; cf. W. Berges, *op. cit.*, p. 26-27; E. H. Kantorowicz, «Deus per naturam», p. 265; H. Anton, *op. cit.*, p. 373 et *passim*.

4. *Quaestiones Veteris et Novi Testamenti*, CSEL, 50; ouvrage longtemps attribué à saint Augustin. J. Wyclif y fait référence dans son *Tractatus de officio regis*, Londres, 1887, p. 12 (cité par W. Berges, *op. cit.*, p. 26, note 4).

5. *Ibid.*, qu. XCI, 8, p. 157.

6. *Ibid.*, qu. CVI, 17, p. 243.

7. Cf. *supra*, IIe partie, chap. 1, B.

communauté des croyants régénérés par le baptême), elle tend ici à ne plus correspondre qu'au seul détenteur de l'office royal. Plus précisément encore : « Le roi, écrit l'Ambrosiaster, est l'image de Dieu, l'évêque l'image du Christ[1]. » Étonnante distribution des rôles qui contredit le principe grégorien de la subordination du pouvoir séculier au sacerdoce. Ainsi la formule du Pseudo-Augustin, lieu commun de nombreux Miroirs des princes carolingiens[2], fût-elle souvent utilisée au profit de l'Empire pendant la querelle des Investitures (1076-1122)[3]. Cette intense exploitation, cependant, n'entraîna aucun approfondissement théorique réel. La seule exception est offerte par le traité de l'anonyme d'York, vers 1100[4], qui renouvela avec audace l'argumentation royaliste sur la base de l'ancienne doctrine, dépourvue de tout caractère politique, de la royauté du Christ[5].

Sans entrer dans l'exégèse de ces analogies – qui procèdent toutes de la même source paulinienne (Rm 13,1-6), mêlée ensuite à des courants théologiques divers –, on peut observer qu'elles traduisent une double évolution. Par rapport au culte du *divus imperator*, détenteur d'une puissance absolue, tout d'abord, l'idée de vicariat implique pour le roi des devoirs rigoureux. Loin de l'affranchir de toute loi, elle l'assujettit au contraire strictement au respect de la loi divine. Le roi doit d'autant plus craindre Dieu que, le représentant sur terre, il est directement comptable de ses actes devant lui. L'*imago Dei*, cependant, conférait également à la royauté une dimension sacrée favorisant l'exaltation de la puissance. Concept ambigu, donc, en rupture avec le mythe impérial, mais lourd à son

1. *Quaestiones...*, qu. XXXV, p. 63.

2. Cf. J. Rivière, *Le Problème de l'Église et de l'État au temps de Philippe le Bel*, appendice VI, p. 435 *sq.* ; voir l'extrait de Catulfus (Cathwulf), *Epistola ad Carolum II* (vers 775), cité par Berges, *op. cit.*, p. 28, note 1.

3. Sur ce conflit qui opposa le pape et l'empereur de 1076 à 1122 à propos de l'investiture des évêques, et dont l'enjeu initial, qui se retourna en prétention théocratique, était l'émancipation de l'Église par rapport à l'emprise impériale, cf. J. Quillet, *Les Clefs du pouvoir au Moyen Age*, p. 43-46 (cf. *infra*, chap. suivant, p. 155, note 2).

4. *De consecratione pontificum et regum et de regimine eorum in ecclesia sancta*, in K. Pellens (éd.), *Die Texte des Normannischen Anonymus*, p. 129-180.

5. Cf. M. Reydellet, *op. cit.*, p. 38-40, sur les premières formulations de cette doctrine au IVe siècle ; sur l'Anonyme, cf. W. Berges, *op. cit.*, p. 28 : « Jamais avant ni après la doctrine du Christ-roi n'a autant dominé la théorie politique que dans [son] traité. » Cf. E. H. Kantorowicz, *« Deus per Naturam... »*, p. 253-257 ; *The King's Two Bodies*, p. 42-61 et *passim* (trad. fr., p. 51-63) ; R. Nineham, « The So-called Anonymous of York », *The Journal of ecclesiastical History*, vol. 14, 1963, p. 31-45, qui offre une abondante bibliographie.

tour de potentialités mystiques[1]. Le traité du Normand anonyme, ensuite, témoigne du passage progressif, au début du second millénaire, d'une royauté conçue sur le modèle du Dieu terrible à une royauté christocentrique : le Dieu des vengeances, dont se réclame encore Henri II dans sa colère, s'efface derrière le Dieu d'amour incarné pour le salut des hommes[2]. Fait remarquable : la naissance des États monarchiques n'est pas contemporaine de la théologie d'un Dieu lointain, dominant le monde de sa citadelle céleste, mais de celle d'un Dieu humain, à la double nature duquel participent les offices royal et sacerdotal. Aussi longtemps que le roi était l'image d'une divinité redoutable, il était astreint, paradoxalement, à la plus rigoureuse humilité. Dès lors qu'il représente la divinité incarnée du Christ, c'est sa propre nature, individuelle et corruptible, qui se trouve magnifiée par l'éclat de sa fonction. C'est en lui – à titre plus ou moins conditionnel, sans doute – que s'*incarne* la dignité publique.

C'est pourquoi il ne faut pas ramener la nouvelle doctrine, élaborée au XIIIe siècle, du *rex imago Dei* à la précédente, tributaire encore d'un certain modèle impérial, comme s'il s'agissait d'un même schème idéologique. Certes, le fait de penser l'organisation de l'ici-bas en termes d'imitation de l'au-delà constitue une structure permanente de la pensée médiévale, étrangère pendant longtemps aux catégories de la nature et de l'histoire. Il importe cependant d'examiner, au sein de cette structure, les variations des agencements symboliques mis en œuvre et leur usage dans des contextes spécifiques. Ainsi, à partir du XIIe siècle, voit-on se former, dans la mouvance d'un vaste effort de renaissance intellectuelle, une théologie politique de type exemplariste très différente de la doctrine traditionnelle du vicariat royal. Celle-ci demeure assurément un *topos* obligé. Jean de Salisbury, par exemple, condamne le crime de lèse-majesté, « le plus grave des crimes et le plus proche du sacrilège », parce qu'il est une attaque contre l'image de Dieu sur terre[3], et soutient, en dépit de sa haine des tyrans, qu'ils portent également l'image de Dieu[4]. Conception enveloppée, toutefois, par l'idée neuve et forte que le

1. Cf. *infra*, IIIe partie, chap. 2, à propos des sources antiques et chrétiennes du concept absolutiste des *Mystères d'État*.
2. Cf. G. Duby, *Le Temps des cathédrales*, p. 130-133.
3. *Policraticus*, VI, 25, t. 2, p. 73.
4. *Ibid.*, VIII, 18, 785 c 2-3, t. 2, p. 359 ; cf. W. Berges, *op. cit.*, p. 28, note 3.

prince est l'*image de l'équité* : image de la loi divine qui régit l'univers, mais aussi, on l'a vu, de la parfaite justice du Christ[1]. Le prince participe de la toute-puissance divine de la même façon, analogiquement parlant, que le Christ, dans son humanité, participe de la divinité. A ce titre, il remplit une fonction médiatrice nouvelle, entre l'ordre naturel des besoins et celui, spirituel, de la vie selon la grâce.

W. Berges classe en trois groupes les différents types d'éthique caractérisant la nouvelle doctrine du *rex imago Dei*[2] : tout d'abord, une éthique d'inspiration cosmologique, représentée principalement par Jean de Salisbury et Thomas d'Aquin[3], qui tire du gouvernement divin le modèle du gouvernement royal[4], une éthique, ensuite, déduite de la mystique du Pseudo-Denys[5], illustrée par l'*Eruditio regnum et principum* (1259) de Guibert de Tournai, qui voit dans l'ordre hiérarchique du royaume céleste le modèle de toute organisation terrestre[6] ; une éthique, enfin, découlant de l'exemplarisme trinitaire : c'est l'unité et la concorde des trois personnes divines qui sert de principe d'ordre à tous les niveaux de la création[7]. Voyons comment cette dernière fonctionne chez Vincent de Beauvais.

1. Cf. *supra*, chap. précédent, p. 140, note 1.
2. *Op. cit.*, p. 31-34.
3. *De regno*, II, 1 ; cf. *infra*, chap. suivant.
4. Cf. également Gilles de Rome, *op. cit.*, I, 1, 13, f. 25r : « [...] le roi doit s'appliquer à diriger son royaume par la loi et la prévoyance, de la même manière que Dieu dirige et gouverne le monde entier [...]. »
5. Pseudo-Denys l'Aréopagite, mystique grec de la fin du ve siècle, auteur d'écrits réunis dans le *Corpus areopagiticum* qui, traduits en latin, constituèrent l'une des sources les plus importantes de la pensée médiévale. Cf. en particulier, ici, le traité *De la hiérarchie céleste* (cf. G. Duby, *Le Temps des cathédrales*, p. 123-124).
6. Mais le concept de *rex angelicus* que forge le franciscain Guibert, dans son traité dédié à Louis IX, s'écarte quelque peu du thème de l'*imago Dei*, même s'il se rattache au mysticisme politique issu de Jean de Salisbury. Cf. W. Berges, *op. cit.*, p. 156 ; E. H. Kantorowicz, *The King's Two Bodies*, p. 143-144, note 168 (trad. fr., p. 428).
7. Sur les sources théologiques de cet exemplarisme trinitaire, cf. É. Gilson, *La Philosophie de saint Bonaventure*, Paris, Vrin, 1924, et particulièrement p. 199, note 1, la distinction entre la *similitudo participationis* et la *similitudo imitationis*. La notion d'*imago Dei* appliquée au roi relevait clairement de la similitude par imitation ; cf. W. Berges, *op. cit.*, p. 33, note 4.

Vincent de Beauvais

Entré dans l'ordre dominicain vers 1215, il fut appelé en qualité de *lector*, après 1247, à l'abbaye cistercienne de Royaumont fondée par Louis IX. Parallèlement à ses travaux scientifiques, il exerça les fonctions de professeur de théologie, prédicateur de cour, précepteur des enfants du roi. Son œuvre principale est le monumental *Speculum majus* (vers 1256-1259), qui rassemble, en une puissante synthèse, toute la science de son temps. Il se divise en quatre parties : Miroirs de la nature, de la science, de la morale[1] et de l'histoire[2]. Vincent, proche de Saint Louis, est donc une figure centrale de la vie intellectuelle, en France, dans la seconde moitié du XIIIe siècle. D'où l'intérêt de l'image du prince qu'il expose dans le *De morali principis institutione* (v. 1260-1263).

Rédigé à la demande de Saint Louis, ce traité constituerait, selon W. Berges[3], la première pièce d'une vaste somme politique quadripartite dont Vincent, avec ce texte et le *De eruditione filiorum nobiliorum*[4], n'aurait écrit que le premier et le dernier volet. Quoi qu'il en soit, il répond au projet ambitieux de fonder, dans la tradition scripturaire et patristique, la science politique (*scientia civilis*)[5] nécessaire à la consolidation de l'État royal. Or Vincent semble ignorer la tradition antérieure des Miroirs des princes[6], à l'exception du *De bono regimine principum* d'Hélinand de Froidmont, qu'il loue et utilise abondamment[7], sans savoir que ce livre est plagié du *Policraticus*

1. Le *Speculum morale*, s'il faisait partie du plan primitif de l'ouvrage, est une partie apocryphe, composée au début du XIVe siècle. Il reproduit de nombreux passages du traité de Guibert de Tournai et du *Liber de informatione principum* anonyme rédigé à la fin du XIIIe siècle.

2. Cf. une bonne présentation de ces quatre Miroirs *in* É. Mâle, *L'Art religieux du XIIIe siècle en France* (1898), Paris, A. Colin, 1958, t. 1, p. 61-62, qui voit en eux le texte inscrit sur les façades des cathédrales.

3. *Op. cit.*, p. 308 ; cf. *supra*, p. 147, note 2.

4. Cf. W. Berges, *ibid.*, p. 303-306.

5. Vincent de Beauvais reproduit longuement, dans le *Speculum doctrinale*, VII, 4, col. 558, la définition qu'en donne Alfarabi (Abu Nasr Muhammad al-Farabi, v. 870-950), *Énumération des sciences*, chap. 5 (cf. trad. anglaise *in* R. Lerner and M. Mahdi (éd.), *Medieval Political Philosophy : A Sourcebook*, Toronto, 1963, p. 24).

6. « Ista materia, de qua nimirum pauca inveniuntur scripta », écrit-il dans le Prologue.

7. Composé vers 1200, à la demande de Philippe Auguste. L'ouvrage, dans sa version complète, est malheureusement perdu. On ne le connaît qu'à travers les nombreux extraits reproduits par Vincent de Beauvais dans le *Speculum doctrinale* et le *Speculum historiale*. Cf. W. Berges, *op. cit.*, p. 295-296.

de Jean de Salisbury[1]. Ainsi le traité de Vincent de Beauvais ne s'inscrit-il pas seulement, par ses références doctrinales et sa conception du pouvoir comme « dispense » divine en vue du salut[2], dans le même espace discursif que ce dernier, il en procède directement. Preuve, s'il en était besoin, que le naturalisme de Jean de Salisbury s'intégrait parfaitement dans le cadre de l'ancienne théologie politique. Vincent s'en distingue, cependant, par l'exemplarisme trinitaire qu'il expose à partir du chapitre 10 : « Le roi, par sa puissance, sa sagesse et sa bonté, doit manifester l'image de la trinité. »

> « De même que le prince surpasse tous les autres en puissance, de même il doit exceller le plus possible par sa sagesse et sa bonté, de telle sorte que ces deux vertus modèrent sa puissance, la contiennent et la courbent en un agir vertueux. Telles sont les trois vertus, se limitant les unes les autres, qui brillèrent autrefois dans la personne du roi David.
> A travers elles, il doit se conformer à l'image de la sainte trinité, parce que la puissance est attribuée au Père, la sagesse au Fils, la bonté au Saint Esprit ; et ceci se trouve préfiguré dans la Genèse 1,26, où l'on peut lire que l'homme a été fait à l'image de Dieu, afin d'être comme le roi ou le prince du paradis terrestre [...][3]. »

Vincent cite alors Grégoire le Grand pour établir que les « bêtes brutes » du texte de la Genèse désignent les sujets, « soumis de droit à la domination non en tant qu'hommes, mais en tant que brutes » : les poissons, ce sont les hommes cupides, les oiseaux, les orgueilleux, les bestiaux, les luxurieux. On voit ainsi comment l'idée de la royauté adamique, transférée, dans les premiers siècles de l'Église, à l'ensemble de la communauté chrétienne, s'est resserrée sur la personne du roi seul. Effet du tournant anthropologique augustinien. Mais alors qu'il avait conduit, dans la tradition grégorienne, à une stricte subordination de la fonction royale, il mène ici, le roi apparaissant comme un nouvel Adam, à l'exaltation de sa dignité.

> « Le prince ne peut exercer sa domination sur ces trois genres d'hommes que s'il ressemble à Dieu par les trois vertus susdites, puissance, sagesse et bonté. La seule puissance, en effet, dans les

1. Il constitue de la sorte un excellent condensé des thèses essentielles des livres IV et V.
2. Cf. *supra*, IIe partie, chap. 2, C.
3. Texte latin, *De morali principis institutione*, p. 77-78.

> mains d'un prince insensé ou pervers est comme un glaive manié par un dément. De même la sagesse sans la vérité ni la bonté, selon les mots de Cicéron[1], ne doit pas être appelée sagesse, mais habileté. Le prince doit donc surpasser les autres par une puissance vertueuse et modérée. C'est cela que l'on appelle proprement une dignité[2]. »

La mystique politique du XIIIe siècle, ainsi, en même temps qu'elle magnifie la royauté, la rive à un principe interne d'autolimitation. L'imitation de Dieu ne lui confère pas une puissance absolue. Elle lie étroitement, au contraire, le gouvernement, *moderamen*, à la mesure, *moderatio*. Intériorisation de l'éthique gouvernementale à travers un mécanisme de renforcement symbolique de la souveraineté, qui prolonge le mouvement dessiné par le *Policraticus*, mais marque, dans son fragile équilibre, le point extrême que pouvait atteindre l'idéologie royale au sein de la doctrine religieuse traditionnelle[3]. C'est sur le plan d'une autre économie des rapports entre le visible et l'invisible, à la fin du XIIIe siècle, qu'elle va s'affranchir du modèle grégorien : moment où l'art de gouverner s'émancipe de l'éthique sacerdotale du *regimen*.

1. Cf. *De officiis*, I, 19, 63.
2. *De morali principis institutione*, p. 79-80.
3. L'analogie trinitaire sera encore souvent employée par la suite. Cf., par exemple, Pseudo-Thomas (Reginald de Piperno ?), *De eruditione principum* (fin XIIIe), I, 2-3, p. 554-556 ; Raoul de Presles, au XIVe siècle, l'applique au symbole de la fleur de lys, qui illustrerait ainsi la supériorité de la monarchie française (cité par W. Berges, *op. cit.*, p. 81, note 2).

CHAPITRE 4

Rector naturalis

Un texte antérieur au *Policraticus* de quelques dizaines d'années, le *De regia potestate et sacerdotali dignitate* du moine Hugues de Fleury[1], permet de prendre la mesure du changement radical qui s'opère dans la pensée politique à partir du XIIe siècle et qui aboutira, avec saint Thomas, à la refondation de l'éthique gouvernementale. Ce traité, dédié à Charles Ier d'Angleterre, prend position dans la querelle des Investitures[2] en faveur de la stricte distinction des pouvoirs, temporel et spirituel, le roi occupant dans son royaume la place de Dieu le Père, l'évêque celle du Fils[3]. Il s'oppose ainsi avec vigueur à la doctrine théocratique de Grégoire VII. En ce sens, il contribue sans doute à l'affirmation de l'« État » face aux prétentions papales. Mais il le fait, grâce à l'analogie avec les personnes divines, en renforçant le fondement religieux du pouvoir temporel contre la thèse grégorienne de son origine humaine[4]. Paradoxal

1.Dédié au roi d'Angleterre Henri Ier, l'ouvrage fut composé autour de 1102.

2.Commencée en 1076, elle opposa tout d'abord Grégoire VII à l'empereur Henri IV et avait pour enjeu le contrôle du pouvoir spirituel. Elle s'acheva en 1122 par le concordat de Worms. Sous l'aspect d'une vigoureuse réaction ecclésiale face aux prérogatives acquises par les empereurs, depuis Charlemagne, dans le domaine religieux, il s'agit – et ce fait est d'une importance qu'on ne saurait mésestimer – d'une étape décisive dans la sécularisation de l'État, même si elle devait conduire, au XIIIe siècle, à l'affirmation de la théocratie pontificale. Cf. J. Quillet, *Les Clefs du pouvoir au Moyen Age*, p. 44 : « Toute la querelle des Investitures est [...] centrée autour du problème du contenu religieux du pouvoir temporel. Vouloir le retirer à l'empereur, c'est le priver de sa prééminence. [...] Pour paradoxal que cela soit, on peut dire, à l'inverse des thèses développées par G. de Lagarde [*op. cit.*], que c'est l'action des papes qui a tendu, dès le XIe siècle, à "laïciser" le pouvoir politique, en lui retirant toute initiative en matière spirituelle. »

3.Cf. Carlyle, *op. cit.*, IV, p. 267-268 ; E. H. Kantorowicz, *The King's Two Bodies*, p. 161 (trad. fr., p. 126).

4.Cf. *Tractatus de regia potestate et sacerdotali dignitate*, Prologus, p. 466 : « Nam ideo noster conditor et salvator dominus Iesus Christus rex *simul et sacerdos*

chassé-croisé d'arguments, où les défenseurs de l'autorité royale la théologisent et ses adversaires, au contraire, la laïcisent[1]. Ce n'est donc pas du côté d'un naturalisme théorique qu'il faut alors chercher la légitimation du pouvoir civil, mais dans l'antinaturalisme paulinien, tel qu'Augustin l'avait élaboré. Par un surprenant renversement des perspectives, l'« État » combat avec des armes augustiniennes les conséquences extrêmes de l'augustinisme. De là, bien sûr, une rigoureuse limitation de la puissance royale. Celle-ci tire ses conditions d'exercice de l'obéissance à Dieu.

Voici comment Hugues de Fleury justifie cette nécessité :

> « En outre ces rois, princes et tyrans [le chapitre précédent portait sur les rois hérétiques], en refusant de se soumettre à Dieu et de suivre ses commandements, perdent la plupart du temps leur force (*vim dominationis*) et leur pouvoir, de même, comme on le sait, que le premier homme, après sa transgression, a perdu sa capacité de domination (*vigorem dominationis*) et le privilège de sa dignité. En effet, n'ayant plus voulu être soumis à l'autorité (*imperio*) divine, il s'aperçut que les membres de son corps se révoltaient contre lui et que les aiguillons ardents de la concupiscence charnelle tourmentaient aussitôt sa chair contre sa volonté. Les poissons de la mer également, les oiseaux du ciel et les bêtes de la terre, qui lui étaient soumis avant son crime comme son bien propre, commencèrent à repousser le joug de sa domination et ne voulurent plus, désormais, être à son seul service. C'est peu à peu seulement qu'il apprit à se les soumettre tous par la force de sa raison (*vi rationis*) et à les réduire à son usage par des techniques appropriées (*exquisitis artibus*).
> C'est pourquoi, de la même manière, un peuple soumis à un roi qui s'oppose à Dieu commence à se dresser contre lui, à lui tendre de nombreuses embuscades, et à l'attaquer sans répit[2]. »

Ces lignes sont révélatrices de l'influence durable, sur le plan politique, de la doctrine augustinienne du péché originel. Corrélation, d'une part, entre la soumission à Dieu et la maîtrise des pulsions sexuelles. Parallélisme, de l'autre, entre la discipline de la chair et la domination royale. Le roi est à son peuple ce que la volonté est au corps. Cette comparaison, cependant, enveloppe une étrange

sacrosancto misterio vocari dignatus est, ut nobis ostenderet, quanto foedere vel affinitate *rex et sacerdos* sibi invicem debeant convenire » (souligné par moi). Cf. Carlyle, *op. cit.*, p. 268.

1. Cf. *supra*, p. 155, note 2.
2. *Tractatus*..., I, 9, p. 476-477.

dissymétrie, car si le pouvoir a son origine dans le péché, son exercice relève d'une force antérieure au péché. Le roi soumis à Dieu est semblable à Adam avant sa chute : il règne souverainement sur ses sujets, comme Adam, par sa seule volonté, commandait à ses membres et aux êtres vivants. Le pouvoir, ainsi, appartient au double registre de la faute et de l'innocence. Il faut une vertu régénérée par l'efficace du sacrement pour corriger les effets du mal dans le monde. Tout pouvoir, en tant que remède à l'état de corruption, vient de Dieu. Mais également le pouvoir d'exercer le pouvoir. C'est pourquoi le roi juste dirige son peuple *vice Dei*. En se conformant à la loi divine, il est l'organe direct du gouvernement de Dieu. De la sorte, Hugues de Fleury, s'il tranche dans le conflit de juridiction entre la papauté et la royauté, ne modifie en rien le cadre théologique à l'intérieur duquel, depuis des siècles, était définie la nature du *regimen* politique. En dépit du recours à une représentation organologique de la société[1], c'est de la transcendance divine que procède l'autorité royale, dont elle est à la fois le produit, l'instrument et l'image.

Nous avons vu comment cette conception, avec Jean de Salisbury, avait commencé à se modifier. Le passage, toutefois, d'une théologie du gouvernement, déterminée par la dialectique de la chute et de la grâce, à une analyse de la fonction directive en termes de finalités humaines, ne pouvait s'effectuer, au sein de la pensée chrétienne, sans l'impulsion d'une œuvre totalement extérieure à la problématique du salut. Il est donc nécessaire de rappeler brièvement de quelle manière l'Occident, au XIIIe siècle, a redécouvert Aristote.

Alors qu'un théologien comme saint Anselme, au XIe siècle, dans son effort pour comprendre rationnellement les vérités de la foi, ne connaissait d'Aristote, à travers Boèce, qu'une partie de l'*Organon*, un grand nombre d'écrits du Stagirite avaient été traduits à la fin du siècle suivant. Ce phénomène d'une importance considérable pour la formation de la culture moderne – l'ébranlement le plus fort dans l'histoire chrétienne, avant le mouvement de la Réforme – ayant été maintes fois décrit[2], je ne ferai que fixer quelques dates. La plupart des traités scientifiques d'Aristote étaient accessibles en latin avant 1200. Suivirent, au début du XIIIe siècle, l'*Ethica vetus*, correspondant aux livres II et III de l'*Éthique à Nicomaque*, puis l'*Ethica*

1. Cf. *ibid.*, I, 1, p. 467, et *passim.*
2. Cf., outre ses propres analyses, les travaux cités par F. van Steenberghen, *La Philosophie au XIIIe siècle*, chap. 3, p. 72-117.

nova, correspondant au premier livre, où se trouve posé le problème des rapports entre la morale et la politique. L'ensemble de l'*Éthique* fut connu vers 1240-1244.

Ainsi s'éveilla, dans certaines universités, un vif désir de connaître le livre qu'Aristote, disait-on, avait écrit sur la politique. Albert le Grand, après Roger Bacon, souhaitait qu'il fût traduit au plus tôt, afin de compléter le corpus des œuvres formant le programme de la philosophie morale (celle-ci se composant de trois parties, monastique, économique et politique, on utilisait, pour la partie « monastique », l'*Éthique* d'Aristote traduite par Robert Grosseteste, et, pour la partie « économique », le *De officiis* de Cicéron). La *Politique*, dont il n'existait pas de version arabe, fut traduite du grec par Guillaume de Moerbeke, vers 1260, sur les instances de Thomas d'Aquin. Sitôt sa publication, les commentaires se multiplièrent : parmi les premiers, celui d'Albert le Grand et, en 1269-1272, celui de Thomas d'Aquin, poursuivi (à partir du livre III, 1) par Pierre d'Auvergne. Le *De regimine principum* de Gilles de Rome, qui peut être considéré, à certains égards, comme un commentaire de la *Politique*, fut rédigé en 1277-1279.

A. Thomas d'Aquin : la prudence gouvernementale

De la longue tradition, à peu près oubliée, des Miroirs des princes, on ne mentionne le plus souvent qu'un seul témoin, le *De regno* de saint Thomas, comme s'il résumait tous les autres. Cette attitude ne s'explique pas seulement par la qualité du texte – l'un des plus remarquables du genre par sa concision et sa densité –, mais traduit aussi une certaine conception de la pensée médiévale : pensée immobile, au plan terrestre, sous le ciel des vérités d'Église. D'Augustin à Thomas d'Aquin, la fin des actions humaines résidant dans le salut de l'âme, l'idée de subordination suffirait à rendre compte des diverses formes, successivement proposées, d'articulation du temporel au spirituel et des modalités d'aménagement du monde qui en découlent. Nous avons déjà constaté l'indigence de ce schéma explicatif. Elle ressort avec encore plus de netteté dans le cas du *De regno* qui, s'il s'inscrit à l'intérieur de la vision chrétienne du monde, hiérarchique et finalisée, marque un tournant dans la définition de l'office royal. Aussi n'est-il pas excessif, ici, de parler de rupture, provoquée par le surgissement, dans l'espace intellectuel, du corpus aristotélicien. Rupture, certes, non pas au sens d'un rejet qui sanctionnerait brutalement tout un passé d'erreur – de tels événements ne peuvent se produire au sein d'une rationalité théologique –, mais au sens, plutôt, d'un décrochage par rapport aux axes conventionnels de référence, d'un brusque changement de niveau. Rupture, si l'on préfère, en termes de glissement de terrain, qui déplace, disloque, provoque des affaissements, et non en termes de fracture, qui sépare et engloutit. Avec le *De regno* de Thomas d'Aquin – et, au-delà de cet opuscule, l'édifice magistral, mais postérieur, de la *Somme théologique* (1267-1274) –, on passe du plan de la chair corrompue qui appelle la contrainte, à celui d'une nature perfectible dont il revient à l'homme d'actualiser l'être-en-puissance. Le discours de la discipline cède alors la place au discours de l'art : naissance proprement dite de l'art de gouverner, les princes se trouvant investis, dans cette nouvelle économie naturelle, de la plénitude du *regimen*. Loin donc que la pensée médiévale s'achève et se résume dans l'ouvrage de Thomas, elle y effectue un tournant qui la délie de la sombre obsession de la chair rebelle et l'oriente vers l'inventaire industrieux des positivités terrestres.

Quelques mots sur l'histoire, assez déroutante, du texte. Rédigé vers 1267, mais inachevé[1], le *De regno* est un écrit posthume. Il apparaît dans les premières collections des opuscules de saint Thomas et commence à circuler dès le dernier quart du XIIIe siècle[2]. Toutefois, au début du XIVe siècle, apparaît un texte considérablement augmenté intégrant les vingt chapitres initiaux dans un ensemble de quatre livres, formé de quatre-vingt-deux chapitres, sous le titre *De regimine principum*[3]. En dépit d'une disparité flagrante entre les deux parties, cet ouvrage connut, à partir du XVe siècle, un succès éditorial qui rejeta dans l'ombre l'opuscule original, et c'est le

1. Il fut rédigé par Thomas à l'intention du roi de Chypre, Hugues II de Lusignan (1252-1267). Sa mort prématurée expliquerait sans doute l'interruption de l'ouvrage.

2. Sur les questions de la date de composition du texte, de son authenticité, de sa tradition manuscrite, cf. I. Th. Eschmann, introduction à St Thomas Aquinas, *On Kingship*, p. IX-XXXIX, et H.-F. Dondaine, introduction aux *Opera omnia*, t. 42, p. 421-444.

3. L'auteur de cette suite est le disciple de Thomas, Ptolémée de Lucques. Sur cet auteur, cf. *infra*, p. 195, note 3.

traité en quatre livres qui fut régulièrement imprimé par la suite.

Ces remarques sur le destin posthume du *De regno* seraient de peu d'intérêt, si elles ne mettaient en évidence un problème d'interprétation : suffit-il de retrancher les soixante-deux chapitres apocryphes pour retrouver le texte authentique de Thomas d'Aquin ? Question facile à trancher en apparence, grâce au témoignage de la tradition manuscrite la plus ancienne. Mais rien n'assure que celle-ci reflète le dessein réel de l'auteur. Eschmann a bien montré que le *De regno* n'était lui-même qu'une « collection de fragments[1] » auxquels les premiers éditeurs ont voulu donner la forme d'un texte continu. Autrement dit, nous nous trouvons avec cet écrit en face de deux ouvrages douteux : l'un, dont on sait que, pour l'essentiel, il n'est pas de Thomas, l'autre, de sa main, dont on ne sait pas s'il correspond au livre qu'il avait entrepris de composer. A mi-chemin entre l'autographe et l'apocryphe, le *De regno* doit être lu comme un texte reconstruit dont l'harmonieuse ordonnance efface les traces d'éventuels remaniements et dissimule les lacunes[2].

De là, la difficulté de le confronter avec un écrit achevé comme *Le Prince* de Machiavel. *Le Prince*, en son énigmatique clarté, dit tout ce qu'il veut dire. Le *De regno*, fragmentaire, inachevé, demande à être resitué au carrefour d'autres textes de Thomas, tels les questions de la *Somme théologique* sur la prudence royale[3], la lettre à la duchesse de Brabant[4] ou les commentaires de la *Politique* d'Aristote. On voit combien il importe, dans l'étude des écrits médiévaux, de définir le « régime de textualité » auquel ils appartiennent – ce qui veut dire analyser, au-delà des conditions externes (lieu, date, circonstances, destinataire, etc.) et des contraintes internes (genre, règles formelles, conventions, etc.) de leur production, la manière dont ils se sont constitués comme *œuvres* : par quels chemins, selon quelles procédures, en vertu de quels critères un texte acquiert-il le statut d'*œuvre*, qui l'autorise à comparaître devant ce tribunal de la raison théorique que constitue, souvent, l'histoire des idées ? L'oubli de cette exigence conduit à des jugements sommaires.

1. *Op. cit.*, p. XV ; cf. ses arguments, p. XV-XX. Ceux-ci sont discutés par H.-F. Dondaine, *op. cit.*, p. 423-424, qui s'efforce d'en atténuer la portée critique.

2. C'est pourquoi Eschmann peut écrire, à juste titre, qu'aujourd'hui encore « l'authentique *De regno* est un ouvrage inconnu de saint Thomas » (*op. cit.*, p. X).

3. Cf. *infra*, section c de ce chapitre.

4. *De regimine Judaeorum*, in *Opera omnia*, t. 27, Paris, 1875, p. 413-416. Cette lettre comporte un passage intéressant sur les prérogatives fiscales des princes.

Le *De regno* n'a pas échappé à ce traitement. Beaucoup, le comparant au *Prince* de Machiavel ou aux traités sur la raison d'État des XVIe et XVIIe siècles, y ont vu l'expression la plus achevée de l'art de gouverner médiéval. Or si l'ouvrage développe bien une théorie du *regimen* comme force et fonction directive, il ne contient presque rien, en revanche, sur l'exercice de la *gubernatio*[1]. Non que cet aspect de l'office royal ait paru négligeable à Thomas. Au contraire, il annonce dans la seconde partie, après avoir traité de la fondation de la cité, une série de chapitres sur la *ratio gubernationis*, l'une et l'autre devant se conformer au modèle divin[2]. Mais ces chapitres font défaut. Comme l'écrit Eschmann: « Ce qui suit[3] est une leçon sur la pratique gouvernementale tirée, non de l'enseignement ecclésiastique sur la providence divine, mais de l'enseignement ecclésiastico-théologique sur les relations entre les deux pouvoirs. Ce n'est pas un traité sur la manière dont un roi devrait gouverner en s'inspirant du modèle divin, mais sur la manière dont un roi, au sein de la chrétienté, devrait gouverner en se soumettant dans le domaine spirituel au "gouvernement administré par l'office du sacerdoce"[4]. » Thèmes distincts que rien ne relie dans le texte. Nous serions donc en présence de deux fragments, l'un, inachevé, sur l'analogie des gouvernements divin et humain[5], l'autre, complet mais artificiellement rattaché au précédent, sur l'office du roi chrétien[6]. Le *De regno*, de la sorte, constitue un traité sur l'art de gouverner dans lequel manquerait, précisément, la partie relative à l'exercice du gouvernement[7].

Typiquement médiéval par de nombreux aspects, le *De regno*, cependant, révèle un style nouveau de réflexion politique. La façon dont il aborde le lieu commun du *nom de roi*, figé depuis Isidore dans son symbolisme étymologique, l'illustre clairement. Empruntant la forme conventionnelle des *Specula*, Thomas d'Aquin en modifie les articulations internes afin de la déplacer d'une économie

1. Sur cette distinction, cf. W. Berges, *op. cit.*, p. 204, note 4; I. Th. Eschmann, *op. cit.*, p. XVII-XVIII.
2. Cf. *De regno*, II, 3 (trad. fr., I, 14).
3. C'est-à-dire *ibid.*, II, 3-4 (trad. fr., I, 14-15).
4. *On Kingship*, p. XIX; la citation est tirée de *De regno*, II, 4 (trad. fr., I, 15, p. 123).
5. *De regno*, II, 2 (trad. fr., I, 13) et premier paragraphe de II, 3 (= I, 14).
6. *Ibid.*, suite de II, 3 et 4 tout entier.
7. Ce qui expliquerait l'addition des soixante-deux chapitres de Ptolémée de Lucques.

punitive de la discipline à celle, directive, du gouvernement. Passage d'un monde accablé par la catastrophe de la chute à un monde ordonné à une hiérarchie de fins. C'est cet *ordo finium* que rejettera Machiavel, mais ce geste, dans son tranchant, prolongera le glissement effectué par Thomas de la correction de la chair à la conduite des affaires humaines.

a. *Le nom de roi*

> « Il nous faut, pour point de départ de notre entreprise, exposer ce que l'on doit entendre par le nom de roi[1]. »

Contrairement à ses devanciers, Thomas d'Aquin ne s'appuie pas aussitôt sur l'étymologie isidorienne pour en déduire la nature et les attributs de l'office royal. C'est uniquement à la fin du chapitre que, sans la citer, il conclut par une formule en apparence assez voisine :

> « [...] celui qui gouverne (*regit*) une communauté parfaite, c'est-à-dire une cité ou une province[2], est appelé roi (*rex*) par antonomase[3]. »

Rex dérive donc de *regere* : observation banale, mais qui prend ici un tout autre sens que chez Isidore. Alors que ce dernier, en effet, décomposait *regere* en *recte agere*[4], faisant de la rectitude le principe de la royauté et lui conférant de la sorte un fondement purement moral, Thomas ne replie pas l'acte de *regere* sur le sujet qui en répond. Il l'associe à son complément objectif : *regere* une cité ou un royaume. *Regere*, ce n'est plus d'abord bien se conduire, mais conduire quelque chose (même si l'on ne peut la conduire qu'en se conduisant bien soi-même). Il importe donc de savoir, en premier lieu, quelle est la nature de cette chose.

1. *De regno*, I, 1 (trad. fr., p. 25).
2. Sur ce terme, avancé quelques lignes plus haut, cf. I. Th. Eschmann, *op. cit.*, note 23, qui en rappelle l'origine romaine et en signale diverses occurrences dans les textes médiévaux. « Le mot, ajoute-t-il, est caractéristique d'un type proprement médiéval de pensée politique qui conserve encore le souvenir de l'Empire romain. Il allait bientôt disparaître du vocabulaire politique. » Cf. Jean de Paris, *De regia potestate et papali*, édition critique et traduction allemande par F. Bleienstein, Stuttgart, 1969, I, 1, p. 77, où, paraphrasant Thomas d'Aquin, il remplace *provincia* par *regio*.
3. Ce mot désigne ici l'identité de racine.
4. Cf. *supra*, p. 66, note 1.

Natura, selon Thomas, vient de *nasci*, naître[1]. La nature est une propriété des êtres vivants, qui croissent, changent et tendent d'eux-mêmes vers leur forme achevée. Principe interne de mouvement – le mouvement provoqué par une force extérieure n'étant pas naturel, mais contraint ou violent –, elle doit être prise en un sens dynamique. C'est pourquoi connaître la nature d'une chose consiste à expliquer son processus de formation. Peut-être ne perçoit-on plus, aujourd'hui, l'originalité de cette démarche[2]. Conforme à l'enseignement d'Aristote, sa nouveauté se trouve absorbée par l'ancienneté de son modèle. Qu'on ne puisse faire du neuf qu'avec de l'antique est le signe d'une culture du commentaire, très différente de la culture d'invention qui est la nôtre depuis le XVIIe siècle. Si l'aristotélisme médiéval souffre, à nos yeux, de sa dépendance à l'égard d'un passé figé, il constituait, pour ses premiers adeptes, la possibilité d'un véritable commencement. Après un millénaire d'hégémonie théologienne, la philosophie moderne, comme entreprise d'intelligence rationnelle du monde, est née de ce geste de rupture effectué sous la forme du retour.

Naturalis necessitas

L'État, explique Thomas, résulte d'une nécessité naturelle, *naturalis necessitas*. Cette notion de nécessité procède de la physique d'Aristote et suppose une conception statique de l'ordre naturel, dans lequel toute chose occupe une place déterminée et tout mouvement tend à l'état de repos[3]. La nécessité, pour Thomas, est la forme même de cette recherche d'équilibre. Elle se comprend en termes, non de causalité externe, mais d'actualisation d'une fin. C'est la fin, en tant que principe moteur, qui est nécessaire. On est donc très loin, ici, d'une conception mécaniste de la nécessité comme liaison d'une cause à un effet. C'est la première fois, cependant, depuis le début de

1. *Somme théologique*, III, qu. 2, art. 1. C'est d'Ulpien que vient cette étymologie. Cf. W. Ullmann, *Principles of Government and Politics in the Middle Ages*, p. 241 et 244.

2. Sur la rupture qu'elle implique avec la conception traditionnelle de la nature depuis Augustin, cf. W. Ullmann, *ibid.*, p. 239-246. Pour Augustin, la nature désignait l'état originel et inaltéré des choses créées par Dieu: pour l'homme son état d'innocence. Par le péché, l'homme s'était donc séparé de sa nature, que seule la grâce pouvait restaurer.

3. Cf. Aristote, *Physique*, II, 1.

l'ère chrétienne, que l'existence de l'État est analysée sans référence à un fondement divin ou à une investiture religieuse, mais à partir des catégories de l'expérience : nécessité, intérêt, force (*virtus*), efficacité. Autrement dit, on voit se mettre en place, dans les premiers chapitres du *De regno*, le système conceptuel avec lequel Machiavel, faisant imploser l'ordre des fins, continuera malgré tout d'étayer sa pensée.

Suivons le fil de l'argumentation de Thomas. Il veut établir a) que toute multitude, pour réaliser sa fin commune, a besoin d'un principe directeur (*aliquod regitivum*), b) que le dirigeant doit agir en pasteur et non en tyran. La seconde proposition découle de la première. A la question « que signifie le nom de roi ? » Thomas apporte bien une réponse normative : « Le roi est celui qui gouverne la multitude d'une cité ou d'une province en vue du bien commun. » Toutefois il ne la déduit pas d'un impératif transcendant. Le devoir de rectitude qui incombe au roi dérive des causes naturelles de son institution. Nulle médiation ecclésiale entre le peuple et le prince : le fondement de son pouvoir est immanent au corps social.

Thomas part, pour le démontrer, de la célèbre thèse d'Aristote selon laquelle « il est dans la nature de l'homme d'être un animal social et politique[1] ». Un homme seul, en effet, ne pourrait s'assurer des choses nécessaires à sa vie (*omnia necessaria vitae*). L'aptitude à parler dont l'a doué la nature atteste, en outre, qu'il est fait pour mener une vie communicative. Argument banal depuis Aristote, mais radicalement neuf du point de vue de l'économie discursive chrétienne. Alors que, selon Isidore de Séville, c'est dans l'impuissance de la parole que résidait la nécessité du gouvernement temporel, celui-ci réparant par la force l'échec de la prédication, pour Thomas au contraire, c'est dans la puissance de parler que gît la raison d'être du pouvoir politique. La parole n'est plus l'instrument, propre à l'Église, du combat spirituel contre la chair, mais la faculté, commune à tous les hommes, par laquelle ils réalisent leur véritable nature. En lui permettant de déployer ses virtualités, le pouvoir échappe à la pure négativité de la privation, consécutive à la chute, et devient un élément essentiel de la socialité humaine, dans la plénitude de son accomplissement possible. Car, en dépit de leur tendance naturelle à s'assembler, les hommes ne sont pas capables de se diriger eux-mêmes collectivement. Chacun considérant son intérêt

1. Cf. *Politique*, I, 2, 1253 a.

propre, la multitude[1] s'éparpillerait en divers sens sans une force directrice qui oriente son action vers le bien commun. C'est à travers la recherche du bien commun que la multitude dispersée s'organise réellement en société. Autrement dit, le bien commun, loin d'être un idéal, est la condition même de la vie sociale. Fiction morale, certes, dans la mesure où chacun doit agir, dans son domaine particulier, comme si tous poursuivaient le même but, mais à laquelle le roi confère une vertu dynamique. Il est, au sens fort, l'*agent* d'une cohésion qui se dissoudrait s'il ne la maintenait en acte par sa volonté. On comprend, dès lors, pourquoi il est tenu de régir droitement: cette rectitude, en tant qu'elle renforce l'unité du corps politique, se confond avec la fonction de gouvernement. Il n'y a pas de différence, pour Thomas, entre gouverner et veiller au bien commun, l'État n'existant que par cette force qui meut les hommes, malgré la diversité de leurs désirs, vers le salut commun[2]. Qu'en est-il, alors, de celui qui recherche son propre avantage dans l'exercice du pouvoir? Conformément à la tradition, Thomas le qualifie de tyran, mais renouvelle profondément, ici encore, la doctrine patristique.

Avant d'examiner ce point, il convient de faire deux observations:

1. Thomas écrit que le roi doit se comporter en pasteur. Cette image d'origine biblique, dont on a vu l'importance dans la doctrine du gouvernement des âmes, réintroduit-elle une finalité religieuse au sein de la *naturalis necessitas*? Nullement. Le pasteur, en tant qu'il recherche le bien de la multitude qui lui est soumise, est l'antithèse du tyran. Sa fonction *pastorale* n'implique aucune confusion du temporel et du spirituel. En dehors des citations bibliques, par lesquelles Thomas souligne la convergence de l'analyse rationnelle avec l'enseignement scripturaire, le chapitre ne fait référence ni à la loi divine ni à l'autorité de l'Église. La fin de la multitude est définie comme la capacité de pourvoir aux choses nécessaires à la vie humaine[3]. C'est en vue des *necessaria vitae*, on l'a dit, que les hommes s'assemblent.

1. Sur cette notion de *multitudo* chez les théologiens, cf. P. Michaud-Quentin, *Universitas*, p. 337. La *multitudo* (foule, pluralité concrète) ne possède pas l'unité morale d'une *communitas*. Le *regimen*, pour Thomas d'Aquin, transforme la *multitudo dispersa* (*De regno*, I, 1) en *multitudo consociata* (I, 2).

2. *De regno*, II, 4 (trad. fr., I, 15, p. 125): « L'unité elle-même de l'homme est causée par la nature, mais l'unité de la multitude, qu'on appelle paix, doit être procurée par les soins du gouvernant (*per regentis industriam*). »

3. *Ibid.*, I, 1 (trad. fr., p. 27 et 33).

Il y a donc une *utilitas* de la vie sociale, et la condition de cette *utilitas* est la paix[1]. Tel est le rôle du pasteur, agent du bien commun: conserver l'unité de la paix.

Il n'est pas sans intérêt, toutefois, que le titre de pasteur, traditionnellement réservé aux membres du clergé, soit transféré au roi. Selon saint Augustin, le pouvoir royal avait succédé, par la faute des hommes, au gouvernement pastoral des premiers justes[2]. C'est par l'échec de ce dernier que s'expliquait la nécessité de la contrainte. L'Église assumant à nouveau le rôle du pasteur, il n'était pas question que le roi, en sa qualité d'auxiliaire, y fût associé. Grégoire VII le rappelait très fermement en 1080, dans une lettre fameuse où il exposait sa conception du «pouvoir des clés[3]»: «Les rois en sont-ils exceptés? Ne font-ils pas partie des brebis que le Christ a confiées au bienheureux Pierre[4]?» Ministre du sacerdoce, le roi occupait la plus haute place dans la hiérarchie des fonctions temporelles: il *dominait*, au double sens du terme, le peuple confié à sa surveillance, il ne le *dirigeait* pas. Or, comme le souligne l'Écriture, le berger a pour tâche, non seulement de protéger son troupeau des intempéries, de le défendre contre les bêtes féroces et de veiller à sa santé par des soins continuels, mais d'abord de pourvoir à son alimentation. Pour cela, il doit, chaque matin, le mener aux meilleurs pâturages et aux sources d'eau[5]. Dans les Psaumes, où Yahvé est souvent comparé à un pasteur[6], *regere* se trouve presque toujours associé à *deducere* (emmener, conduire). Le pasteur n'est pas un simple gardien. Il montre le chemin. C'est dans l'Évangile de Jean que l'on rencontre, à cet égard, le texte le plus explicite. Jésus s'y définit comme «le bon pasteur», par opposition avec le voleur et le brigand, qui guide son troupeau vers un pâturage et l'entraîne par sa voix[7]. Ainsi le gouvernement pastoral est-il lié à la capacité de conduire, par la parole, un groupe compté d'individus vers un but nécessaire. On comprend, dès lors, toute l'importance que revêt l'attribution au roi du titre de pasteur: non pas absorption de l'office

1. *Ibid.*, I, 2, p. 35; cf. également I, 5, p. 53: «La paix [...] est le bien le plus important dans une multitude unie en société.»
2. Cf. *supra*, p. 68, notes 4 et 5.
3. Cf. J. Quillet, *Les Clefs du pouvoir au Moyen Age*, p. 45-46.
4. Cité par H.-X. Arquillière, *op. cit.*, p. 32-33.
5. Cf. Gn 29,7.
6. Ps 23; 77,20; 78,52; 80,1.
7. Jn 10,2-4.

royal dans un modèle ecclésial (cela, c'était la conception ministérielle), mais transfert à l'instance politique – dans la limite, bien sûr, des *necessaria vitae* – du pouvoir directif jusqu'alors dévolu à l'Église. Un tel déplacement ne pouvait s'effectuer sans une transformation profonde de l'économie de la parole, qui la destitue de son seul usage médiateur, entre terre et ciel, pour l'ouvrir, au sein du monde humain, à sa dimension communicative[1]. Il marque également la reconnaissance, par l'Église, de la réalité des États au sein de la société chrétienne.

2. Quel est, en effet, l'objet du *regimen* politique? La réponse de Thomas, là encore, est nouvelle. Gouverner, ce n'est ni soumettre les corps à la discipline, selon la conception augustinienne, ni imposer sa loi à un territoire, selon la pratique romaine de la souveraineté, mais régir une multitude. Entre la subordination du glaive dans la doctrine ministérielle et la transcendance de la loi dans le modèle souverain, Thomas d'Aquin affirme l'immanence de la force directive. Le *regimen* est l'opération interne, quand bien même elle exige un pouvoir distinct, par laquelle la multitude disjointe parvient à coalescence et, ainsi unie, se suffit à elle-même. En d'autres termes, il est l'acte par lequel la multiplicité s'organise en totalité. A ce titre, gouverner consiste toujours, suivant une vieille tradition, à conduire des hommes et non, comme ce sera le cas à partir de la fin du XVIe siècle, à gérer les choses[2]. Toutefois, la multitude, si elle ne se réduit pas à la coexistence des corps, ne peut pas être considérée non plus comme une simple somme d'individus. Ceux-ci, en effet, outre les liens naturels qui les rattachent les uns aux autres au sein des communautés familiale, tribale ou villageoise, s'associent afin de satisfaire, le plus complètement possible, leurs besoins vitaux. Or, explique saint Thomas, « le lien social de la multitude [sera] d'autant plus parfait que, par elle-même, elle suffira mieux aux besoins de la vie[3] ». Par conséquent,

> « une seule famille, dans une seule maison, suffira bien à certains besoins vitaux, comme par exemple ceux qui se rapportent aux actes naturels de la nutrition, de la génération et des autres fonctions de ce genre; dans un seul bourg, on se suffira pour ce qui regarde un seul

1. Cf. J. Le Goff, préface à D. O'Connell, *Les Propos de saint Louis*, p. 15-16: « le temps de la parole ».
2. Cf. *supra*, Ire partie, p. 43, note 2.
3. *De regno*, I, 1, p. 33.

> corps de métier ; mais dans une cité, qui est la communauté parfaite, on se suffira quant à toutes les choses nécessaires à la vie ; et plus encore dans une province unifiée à cause de la nécessité du combat en commun et du secours naturel contre les ennemis[1] ».

L'ensemble des *necessaria vitae* auxquels aspire la multitude ne peut être obtenu que par la diversification la plus large des compétences[2] et l'union la plus grande des forces. Seul l'espace clos de la cité ou du royaume permet de réaliser cet équilibre entre division fonctionnelle et solidarité organique.

Le désir d'autosuffisance oblige à sortir du cadre trop étroit de la maison ou du village. Mais il est également incompatible avec l'absence de limites. On a pu reprocher à Thomas d'Aquin d'avoir reporté sur le royaume l'idéal autarcique de la cité aristotélicienne et, ce faisant, d'avoir méconnu l'existence des rapports de force entre les États. Cette critique serait justifiée deux siècles plus tard. Mais le problème, au XIIIe siècle, n'est pas tant celui des rivalités de puissance entre des États qui, à peine issus du morcellement féodal, œuvrent encore à leur consolidation intérieure, que celui des conflits de juridiction entre les monarchies et l'Empire. Ce dernier constituait, au plan temporel, la structure visible de la société chrétienne. Il était l'expression politique de son universalité. Écrire que le royaume forme une *société parfaite* revient donc, de la part de Thomas, à l'autonomiser par rapport à l'Empire. La revendication autarcique n'est pas le signe d'une société oublieuse des réalités du monde et préoccupée de son seul salut, mais le symptôme, au contraire, de l'émergence du fait étatique, dans son irréductible pluralité, à l'intérieur de la communauté chrétienne[3]. Le gouvernement de la multitude, dès lors, ne saurait se confondre avec la conduite d'une quelconque collectivité. Il relève d'un art spécifique qui s'appuie sur la connaissance des conditions d'existence de l'État.

Le renversement du point de vue isidorien par Thomas a une portée beaucoup plus considérable que le glissement naturaliste effectué, un siècle plus tôt, par Jean de Salisbury. Sans doute l'identification de la société avec un corps vivant avait-elle permis de reconnaître au pouvoir royal une nécessité organique et, par conséquent, un certain degré

1. *Ibid.*, p. 33-34.
2. *Ibid.*, p. 27.
3. Cf. *infra*, p. 196 *sq.*, la théorie du gouvernement royal de Gilles de Rome, très favorable aux aspirations de la monarchie française.

d'autonomie par rapport à l'autorité religieuse. On restait cependant dans le cadre d'une conception ministérielle, où le problème ne consistait qu'à répartir des fonctions à l'intérieur d'une totalité préétablie. L'image du corps ne changeait rien, fondamentalement, à la définition de l'office royal. Nul besoin, en outre, chez Jean de Salisbury, de décrire avec précision, dans ses caractères généraux et ses particularités concrètes, le domaine de la *res publica*. Celle-ci ne constituait pas un mode spécifique d'organisation humaine, mais la communauté même des fidèles en tant que, durant leur passage terrestre, ils ont à être régis corporellement. Elle se définissait donc par sa matière (la gestion des corps), son niveau (subordonné à la vie spirituelle), et sa fin (assurer la justice et la paix). Autrement dit, elle s'analysait abstraitement en termes de *fonction*, intégrée à un dispositif global de direction des hommes vers leur salut – d'où la pertinence de l'image du corps qui joue, chez Jean de Salisbury, le rôle inverse de celui qu'elle jouera, plus tard, dans les théories organicistes de l'État. Loin de considérer celui-ci comme une totalité close sur elle-même, douée d'une âme propre, il en faisait un complexe de fonctions, au service d'une fin transcendante. L'État n'était pour lui que le rapport, local et particulier, qu'entretenait la société chrétienne avec sa propre matérialité. C'est parce que la politique n'avait affaire qu'aux corps qu'il fonctionnait lui-même comme un corps. Sa corporéité était donc la marque, non d'une quelconque souveraineté naissante, mais de sa stricte subordination à l'autorité chargée du gouvernement des âmes. Avec Thomas d'Aquin, en revanche, la coordination fonctionnelle s'articule à une différenciation réelle : le corps politique appartient pleinement à l'ordre de la nature.

b. *Les degrés de la tyrannie*

Après cette analyse originale du *nom de roi*, c'est à propos de la tyrannie que Thomas, à nouveau, s'écarte de la littérature traditionnelle. Certes, comme tous les auteurs de Miroirs des princes, il qualifie de tyran le roi injuste[1]. Mais loin de développer le thème sous la forme usuelle d'une antithèse absolue, il resitue la question de la tyrannie dans le cadre d'une typologie des régimes qui lui permet, par comparaison, de relativiser l'opposition roi-tyran.

1. *De regno*, I, 2, p. 31.

A la suite d'Aristote, en effet, Thomas pose, dans le deuxième chapitre, la question du meilleur régime. Problème absent, jusque-là, des manuels de gouvernement, tant il allait de soi que la monarchie, à l'image de la royauté divine, était le seul pouvoir conforme à l'ordre naturel. Thomas, certes, reprend cet argument[1], mais le fait fonctionner dans un contexte théorique qui en modifie le sens. Le pouvoir d'un seul ne s'impose pas en vertu d'une pure évidence analogique (quelle est l'institution la plus ressemblante au modèle divin ?), mais à partir de considérations dynamiques (quelle est la force la plus efficace pour réaliser l'unité du multiple ?). Tenu à l'écart, dans le premier chapitre, de l'analyse du *regimen*, le point de vue théologique réapparaît pour établir la supériorité du *regnum* sur les autres formes de gouvernement. Sans doute le *regimen* ne peut-il atteindre pleinement sa fin – procurer l'unité de la paix – qu'à travers le *regnum*. En identifiant de la sorte fonction régitive et forme monarchique, Thomas, toutefois, ne quitte pas le plan de la « physique ». Dieu lui-même n'est évoqué qu'au terme d'une progression ascendante (le gouvernement au sein de l'individu, puis chez les espèces animales, puis dans tout l'univers). Dans la perspective finaliste qui est la sienne, c'est en termes d'utilité (« nous appelons plus utile ce qui amène mieux à sa fin[2] ») de force opérante et d'efficacité maximale (« un gouvernement sera d'autant plus utile qu'il sera plus efficace pour conserver l'unité de la paix[3] ») que Thomas justifie sa préférence pour la monarchie[4]. De là, précisément, la question de la tyrannie, qui ne désigne pas la corruption de tout gouvernement, mais celle du pouvoir royal. Or si ce dernier est, en droit, le meilleur parce que le plus efficace, n'est-il pas, en réalité, le plus dangereux du fait de cette efficacité qui pourrait être détournée du bien commun et mise au service d'un désir personnel de puissance ? Le régime préférable n'est-il pas, virtuellement, le plus redoutable ? Et ne vaut-il pas mieux, à tout prendre, choisir un gouvernement moins

1. *Ibid.*, p. 37.
2. *Ibid.*, p. 36.
3. *Ibid.*
4. *Ibid.*, I, 3, p. 41-42 : « [...] une force (*virtus*) unifiée est plus efficace (*efficax*) pour obtenir un effet, qu'une force dispersée ou divisée. En effet, plusieurs hommes réunis tirent ensemble ce qu'ils ne pourraient tirer s'ils étaient séparés, même si chacun d'eux n'en prenait qu'une partie. De même donc qu'il est plus utile (*utilius*) qu'une force (*virtus*) opérant en vue du bien soit plus une, afin qu'elle soit plus puissante (*virtuosior*) à opérer le bien, de même il est plus nuisible qu'une force opérant le mal soit une plutôt que divisée. »

capable de nuire ? C'est de cette façon originale que Thomas introduit, dans le troisième chapitre, son analyse comparative de la tyrannie. Il y renverse le jugement habituel qui faisait de celle-ci un péril permanent pour le prince, menacé d'y tomber sitôt qu'il s'écartait de la loi divine ou coutumière, et se place, pour dissocier la royauté de sa perversion tyrannique, sur le terrain de l'expérience.

Ce glissement de l'antinomie radicale (la tyrannie est le pire régime) à la relativité empirique (elle est cependant trop rare pour déprécier l'excellence de la royauté) ressort clairement de la confrontation de deux passages, apparemment contradictoires. Dans le troisième chapitre, Thomas d'Aquin écrit :

> « Si [le] gouvernement [d'un seul] tombe dans l'injustice, il est préférable qu'il soit aux mains du plus grand nombre, pour qu'il soit plus faible et que les gouvernants s'entravent les uns les autres. Entre les gouvernements injustes le plus supportable est la démocratie, le pire est la tyrannie[1]. »

La violence du grand nombre est préférable à celle d'un seul, parce que, divisée, elle s'affaiblit d'elle-même. On notera que Thomas s'en tient strictement au critère d'efficacité, sans autre qualifications normatives : la monarchie est le meilleur régime, parce que le plus efficace pour réaliser le bien commun, la tyrannie le pire, parce que le plus efficace pour opprimer les sujets. Mais plus loin, dans le cinquième chapitre, il affirme de façon assez surprenante que « si une monarchie dégénère en tyrannie, il en résulte un moindre mal que du gouvernement de plusieurs aristocrates quand il se corrompt[2] ». La paix, en effet, est le bien le plus important dans une multitude unie en société. Or le danger de discorde augmente avec le nombre des gouvernants. C'est pourquoi « les plus grands dangers que court une multitude proviennent plus souvent du gouvernement d'un grand nombre, que de celui d'un seul[3] ». La tyrannie, cette fois, est préférable aux abus d'un gouvernement collectif, car elle cause moins de préjudice au corps social. Comment concilier ces deux propositions discordantes ?

On pourrait avancer que, dans le premier cas, il s'agit du bien des sujets, sur le plan corporel (sécurité) et spirituel (vie communicative),

1. *Ibid.*, p. 44.
2. *Ibid.*, I, 5, p. 53.
3. *Ibid.*, p. 54.

alors que l'accent, dans le second cas, est mis sur la multitude en son ensemble. La tyrannie serait la domination la plus détestable du point de vue des individus, la moins dommageable du point de vue de la communauté. Cette distinction, toutefois, ne correspond pas à la logique de Thomas, pour qui les hommes ne sont pas dissociables de la socialité qui les constitue comme personnes, ni la socialité concevable en dehors des fins éthiques qu'ils poursuivent. Ce n'est pas en séparant artificiellement l'individu de la société, mais en distinguant des *degrés de tyrannie* que l'on peut saisir la cohérence de son discours. La tyrannie ne constitue pas, à ses yeux, la figure négative d'un pouvoir mauvais par nature, que seule une rigoureuse obéissance empêcherait de céder à sa pulsion dominatrice. Entre la fureur du tyran et la droite volonté du roi juste s'étend désormais un espace médian, où interfèrent des variables empiriques d'intensité et de fréquence. Thomas d'Aquin semble ainsi estomper la frontière entre royauté et tyrannie. Mais il ne faut pas s'y tromper : en modulant leur opposition, il les éloigne davantage l'une de l'autre, la violence tyrannique apparaissant, non comme la pente la plus forte du pouvoir royal, mais comme son plus improbable excès. Moment décisif dans la transformation du discours politique médiéval qui, sous l'aspect d'un moralisme inflexible, ouvre le champ, par cette mise à distance de la tyrannie, à une analyse positive des techniques du gouvernement.

Voyons tout d'abord comment Thomas introduit la notion de degrés de tyrannie. Après avoir rappelé que la paix est le bien principal dans toute société, il écrit :

> « Or la tyrannie ne supprime pas ce bien, mais elle entrave quelques biens d'hommes particuliers, à moins qu'on en arrive à un excès de tyrannie (*excessus tyrannidis*), qui sévisse avec violence contre la communauté tout entière[1]. »

Nous avons déjà observé que le point important, ici, ne réside pas dans la distinction entre les particuliers et la communauté globale. L'originalité de Thomas est de fonder sur elle une sorte d'échelle des formes de tyrannie – tyrannie ordinaire, tyrannie excessive, ou encore degré moyen, degré extrême de tyrannie (*maximum gradum in malitia regiminis*) – dont le critère, à la différence de la typologie

1. *Ibid.*, p. 53.

classique des régimes, ne consiste pas dans le nombre des gouvernants, mais dans celui des opprimés. Il rompt ainsi avec la tradition qui, définissant la tyrannie comme l'exercice du pouvoir à des fins personnelles, mettait sur le même plan tyrannie privée et tyrannie publique. Jean de Salisbury lui-même, qui préconisait le tyrannicide dans le dernier cas, rappelait que « ce ne sont pas seulement les rois qui pratiquent la tyrannie, mais qu'il y a, parmi les particuliers, une foule de tyrans[1] », puisqu'ils détournent à leur seul profit les privilèges de leur office, et dénonçait avec véhémence les multiples formes de tyrannie ecclésiastique. Chez Thomas, qui adopte un ton beaucoup plus modéré[2], se dessine un concept spécifiquement politique de la tyrannie. L'aune à laquelle on mesure sa nocivité ne consiste plus dans les *devoirs* du magistrat, mais dans les *effets* de sa violence. La question, en effet, n'est plus de savoir à quelle obligation morale contrevient le tyran. Elle porte sur les conséquences de ses actes : ceux-ci n'ont-ils qu'une incidence locale ou sont-ils de nature à mettre en péril l'unité de la communauté entière ? En d'autres termes, c'est à la question même de l'existence de l'État que renvoie désormais – dans le cadre, certes, d'une conception finaliste de la société – le problème de la tyrannie.

Comment Thomas l'articule-t-il à la typologie des régimes ? Son objectif étant, dans le *De regno*, de prouver la supériorité du pouvoir monarchique, il associe l'argument des *effets politiques* de la domination injuste avec la distinction entre les *degrés* de tyrannie. Sans doute la tyrannie excessive d'un seul est-elle pire que le gouvernement corrompu de plusieurs (c'était la thèse soutenue dans le troisième chapitre). Mais, précise maintenant Thomas, il est rare qu'elle atteigne ce degré. Il y a une sorte de milieu, ou de zone indécise, entre la royauté juste et la tyrannie :

> « [...] si un seul homme commande, il regarde, *la plupart du temps au moins*, vers le bien commun ; ou s'il détourne son application du bien commun, il ne s'ensuit pas aussitôt qu'il tende à l'écrasement de ses sujets, ce qui est le dernier excès de la tyrannie[3]. »

Alors que, dans la tradition issue des Pères, le roi injuste était *ipso facto* désigné comme tyran, nulle autre attitude ne lui étant

1. *Policraticus*, VIII, 17, 778 b 11-13, t. 2, p. 346.
2. Cf. R. Mousnier, *op. cit.*, p. 56-66.
3. *De regno*, I, 5, p. 54 (je souligne).

permise que l'obéissance, Thomas lui accorde une certaine marge d'errements. Concession révélatrice d'un changement capital: l'irruption du *temps vécu* dans un monde jusque-là inquiet de la seule *fin des temps*. En introduisant des variables temporelles dans la conduite du prince, Thomas ne la comprime plus sous la pression d'une loi chargée de terreurs eschatologiques. Il la déplie dans l'espace indéterminé du probable, hors duquel il n'est pas d'action réelle. Si donc, en termes absolus, la tyrannie d'un seul est plus dangereuse que celle de plusieurs, *en réalité*, c'est-à-dire sur le terrain relatif de l'action humaine, elle est moins à craindre, parce qu'elle demeure exceptionnelle. La tyrannie intermittente du roi ne meurtrit pas autant le corps social que la division d'un gouvernement collectif.

> « [...] qu'un membre quelconque [de ce gouvernement] se détourne de la recherche du bien commun, un danger menace de dissension dans la multitude des sujets, parce que, quand entre les chefs règne la dissension, c'est une conséquence normale qu'elle s'établisse aussi dans la multitude[1]. »

Moins redoutable par les *moyens* que la tyrannie d'un seul (mais on a vu que le monarque y recourait rarement), le conflit d'intérêts, dans une oligarchie ou une démocratie, l'est davantage par les *effets*, puisqu'il entraîne, par extension, l'éclatement de la communauté.

L'expérience historique, en outre, montre que le gouvernement de plusieurs dégénère plus fréquemment en tyrannie que le gouvernement d'un seul,

> « car, quand la discorde est née au sein d'un gouvernement collectif, il arrive souvent qu'un seul s'élève au-dessus des autres et usurpe pour lui seul la domination de la multitude [...]. Presque tous les gouvernements collectifs se sont terminés en tyrannie, comme il apparaît manifestement dans la république romaine[2] ».

Thomas situant son argumentation dans le temps réel de l'action politique, et non plus sur le plan de normes intemporelles, c'est l'histoire profane qui vient confirmer son analyse. L'ouverture de l'espace social à la dimension du temps marque également son entrée dans l'historicité.

1. *Ibid.*
2. *Ibid.*, p. 55.

Ainsi se trouve résolu, par la combinaison de variables empiriques (probabilité, fréquence, intensité), le paradoxe formulé plus haut : pourquoi la tyrannie qui, en théorie, est le pire des régimes est-elle, dans les faits, moins redoutable que le gouvernement du grand nombre ? On pourrait ne s'attacher qu'à la fonction *idéologique* de cette habile démonstration, et souligner son caractère conservateur. L'originalité du discours se résorberait alors dans l'adhésion à l'ordre établi. Une telle lecture, assez courante, appelle deux remarques.

Tout d'abord, elle fige l'État royal dans l'immobilité d'un type éternel, pour ou contre lequel il faudrait se situer à chaque époque, alors qu'il constitue, au XIIIe siècle, une réalité en mouvement, ayant à se construire et, par conséquent, à inventer les moyens, matériels et symboliques, de son fonctionnement. Recomposer son système de légitimation autour de la gestion autonome des affaires temporelles, ce n'est donc pas renforcer un *statu quo*, par peur de tout changement, mais participer au processus le plus dynamique de ce temps, et le plus porteur de transformations : celui de l'étatisation d'une société régie, pendant des siècles, par la double commande de la force et du verbe, et qui, avec le développement de l'État, en même temps qu'elle se pluralise, entre dans l'âge de la souveraineté.

Par ailleurs, on mésestime la puissance du vocabulaire quand on le réduit à la simple enveloppe d'un contenu idéologique. L'important, dans l'histoire des idées, n'est pas tant le noyau abstrait auquel se résume une pensée, dépouillée de l'épaisseur de son langage, que le réseau conceptuel à travers lequel elle se déploie : espace où s'opèrent les refontes des structures de pensée les plus solidement établies. Avec l'apparition de mots nouveaux se met en place une grille d'analyse qui crée les conditions d'une vision différente. Ainsi, nul doute que Thomas, par ses positions doctrinales, n'appartienne à la tradition religieuse médiévale. Il apparaît toutefois, par son outillage conceptuel, beaucoup plus proche de Machiavel que de Jean de Salisbury ou de Vincent de Beauvais. Non qu'il pense *comme* le futur secrétaire florentin. Sa conception de l'État, ordonné à une fin éthique, est aux antipodes de celle qu'illustrera *Le Prince*. Mais il est le premier à poser le problème de l'État à travers les catégories de l'expérience. Aussi n'est-il pas arbitraire d'avancer que si, sur le plan normatif, l'œuvre de Machiavel marque bien une rupture radicale avec la pensée médiévale, hiérarchique et théocentrée, sur le plan discursif, en revanche, elle s'inscrit dans le champ ouvert, au XIIIe siècle, par le surgissement du corpus aristotélicien. A cela, d'ailleurs, rien d'étonnant, puisque Machiavel, loin d'opposer une conscience *moderne* à l'esprit du Moyen Age, réactivera l'antiquité païenne contre sa christianisation cléricale et humaniste. Le retour machiavélien *à* l'antiquité est donc précédé, structurellement, par le retour *de* l'antiquité dans la culture occidentale et doit être décrit comme un renversement, au sein d'un système de valeurs, plutôt que comme une rupture entre deux univers conceptuels.

c. Prudentia regnativa

Le déplacement sur le terrain empirique d'un certain nombre de thèmes édifiants des manuels royaux conduit-il Thomas à reconnaître une relative autonomie de la pratique gouvernementale par rapport aux normes éthiques du *regimen*? La question, à vrai dire, peut surprendre. Qu'est-ce que le *regimen*, en effet, sinon l'activité même du gouvernement? En quoi donc celui-ci, sauf à récuser toute régulation éthique, pourrait-il s'affranchir de ses propres conditions d'exercice? Il va de soi pour Thomas que l'art de gouverner la multitude découle des exigences dynamiques du *regimen* (ainsi, c'est la même chose d'exercer la force directive pour unifier la multitude et d'agir en sorte que la paix soit maintenue). Toute conduite qui s'en écarte tombe, on l'a vu, sous l'accusation de tyrannie. Plusieurs éléments, toutefois, autorisent à poser cette question : la distance, tout d'abord, entre la forme pure et la pratique réelle du *regimen*, que révèlent, fût-ce de façon négative, les virtualités tyranniques de la monarchie et qui atteste une résistance de fait aux préceptes de la droite raison ; la distinction, ensuite, qu'établit Thomas entre le *regimen*, comme principe constituant de la société, et la *gubernatio*, comme mise en œuvre concrète des techniques directives ; l'analyse, enfin, qu'il offre de la prudence royale dans la *Somme théologique*, qui témoigne d'une attention nouvelle aux réalités particulières et contingentes. Signes d'une redéfinition de l'art royal à partir, non plus du modèle d'un ordre universel, mais de la vérité concrète des choses? Il n'en est rien. La dimension empirique demeure, chez Thomas, rigoureusement subordonnée à une normativité hiérarchique.

Il faudrait, pour l'établir, examiner la doctrine de la prudence exposée par Thomas dans la *Somme*[1]. C'est là, sans doute, que se situe l'aspect le plus novateur de sa pensée. Alors que, dans les *Specula* parisiens, la prudence, traditionnellement inscrite parmi les vertus cardinales, restait synonyme de *sapientia* – la connaissance spirituelle du bien et du mal[2] –, Thomas, à la suite d'Aristote, en fait la vertu spécifique qui permet à l'homme, dans les choses contingentes, d'atteindre rationnellement ses buts. Non plus science des fins, mais art délibératif des moyens. Il serait erroné, bien sûr, d'opposer cette notion de prudence à la longue tradition religieuse du concept. D'une part, parce qu'elle conserve, dans sa riche complexité, de nombreux éléments patristiques ; ainsi, pour n'en donner qu'un exemple, reste-t-elle étroitement liée avec la vertu de *discretio* – discernement, modération – qui formait, depuis Cassien[3], la base de l'éthique monastique[4]. D'autre part, parce que Thomas, en définissant la prudence comme « droite raison des actions à faire (*recta ratio agibilium*)[5] », restaure la continuité, rompue par Aristote, entre les plans divin et humain[6]. Concept chrétien, donc, en dépit de sa texture aristotélicienne. Mais il ne serait pas moins faux, sous prétexte qu'à travers le bien particulier ou collectif elle a pour fin ultime la béatitude en Dieu, de la considérer comme une simple vertu

1. 2a-2ae, qu. 47-56.

2. Cf. Pseudo-Thomas, *De eruditione principum*, I, 2 : définition de la *sapientia* comme « discretio inter bonum et malum » ; Vincent de Beauvais, *De morali principis institutione*, chap. 11 (cf. *supra*, IIe partie, chap. 3, C).

3. Cassien (v.360-435), *Conférences*, I, chap. 20-23, et II. La *discretio*, selon lui, constituait « la mère, la gardienne et la directrice (*moderatrix*) de toutes les vertus » (*ibid.*, t. I, p. 116) ; cf. Th. Deman, *op. cit.*, appendice II, p. 400-402.

4. Cf. la *Regula* de saint Benoît, chap. 64 : la *discretio* doit distinguer le moine préposé au gouvernement de ses frères. Elle reste donc une vertu centrale dans le passage du gouvernement de soi au gouvernement des autres. Pour une reconstitution minutieuse de l'histoire du concept jusqu'à Thomas d'Aquin, cf. Fr. Dingjan, *Discretio. Les origines patristiques et monastiques de la doctrine sur la prudence chez saint Thomas d'Aquin*. Sur l'équivalence des deux concepts de *discretio* et de *prudentia* chez Thomas d'Aquin, cf. Th. Deman, *op. cit.*, p. 407-412.

5. *Somme théologique*, qu. 47, art. 5, p. 33.

6. Cf. P. Aubenque, *La Prudence chez Aristote*, p. 41, note 1, sur le déplacement que fait subir Thomas à la définition aristotélicienne du *phronimos* – l'homme prudent – comme droite règle. C'est par la notion de *syndérèse* – « loi de notre intellect, en tant qu'elle est l'habitus contenant les préceptes de la loi naturelle, lesquels sont les premiers principes de l'agir humain » (*Somme théologique*, Ia-2ae, qu. 94, art. I) – que Thomas noue ce lien entre la loi divine et les actions particulières : « [...] la syndérèse meut la prudence, comme l'intelligence des principes meut la science » (*ibid.*, 2a-2ae, qu. 47, art. 6, p. 40). Cf. Th. Deman, *op. cit.*, appendice II, p. 430-436.

morale. Simplification qui conduit, par une pente facile, à voir son exacte antithèse dans la prudence machiavélienne. Certes, Thomas dénonce la fausse prudence des habiles[1] et condamne le recours aux « machinations » – astuce, ruse et fraude[2] –, dont Machiavel justifie l'usage par le prince. La visée de la fin bonne, cependant, ne suffit pas à rendre compte de la pratique de la prudence selon Thomas. Car elle n'est pas elle-même une vertu morale, mais une disposition de l'intelligence pratique, conforme à l'appétit droit, nécessaire pour s'orienter dans le domaine du contingent. A ce titre, par l'attention spéciale qu'elle porte aux moyens d'agir, elle ouvre le champ à une rationalité de type instrumental[3]. C'est à l'intérieur du discours prudentiel inauguré par Thomas, et non contre lui, que s'est effectué le renversement machiavélien.

L'étude de la prudence selon Thomas, toutefois, ne saurait être entreprise dans le cadre de ce livre. Absent du *De regno*, le concept occupe une place rigoureuse dans l'architecture systématique de la *Somme* et demande, par conséquent, à être analysé au sein du réseau de déterminations qui lui donnent sens. En outre, les effets théoriques de la doctrine de Thomas, s'ils devaient à long terme se révéler considérables, furent amortis, dans la littérature des *Specula*, par un langage assez conventionnel, comme on le constatera avec Gilles de Rome. Il est permis de se demander, néanmoins, dans quelle mesure la doctrine de la prudence royale (*regnativa*) qu'expose la *Somme théologique* supplée à l'absence, dans le *De regno*, d'une analyse de la pratique gouvernementale. On verra plus loin[4] qu'en distinguant la prudence royale de la prudence « politique » des sujets, l'une ordonnée au bien commun, l'autre au bien particulier, elle met en place un dispositif conceptuel d'une grande importance pour la problématisation ultérieure du gouvernement comme technique spécialisée. Mais ne confondons pas l'effet des concepts dans le jeu des discours, et leur place dans l'architecture d'un système. La pensée de Thomas reste hostile à toute réduction technologique de l'art de gouverner.

> « [...] l'art et la prudence [concernent] les réalités contingentes, mais l'art a pour objet les choses qui se font (*factibilia*), c'est-à-dire

1. Cf. Aristote, *Éthique à Nicomaque*, VI, 13, 1144 a 27.
2. *Somme théologique*, 2a-2ae, qu. 55, art. 3, 4 et 5.
3. Cf. V. Dini, *Saggezza e Prudenza*, p. 38.
4. Cf. IIIe partie, chap. 1, p. 221-222.

constituées dans une matière extérieure, comme une maison, un couteau, et choses semblables, la prudence, les actions (*agibilia*), lesquelles ont leur existence dans l'agent lui-même [...][1]. »

L'agir prudentiel se distingue donc de la technicité du faire, en ce qu'il demeure immanent à l'agent et tire sa règle, non d'une certaine résistance matérielle à vaincre, pour produire un objet défini, mais d'un bien à réaliser. Il spécifie les conditions subjectives[2] de la volonté droite qui délibère, choisit, et ordonne dans le domaine du contingent, déployant en somme le champ interne de ce qu'on pourrait appeler, à propos du prince, le *cogito* législatif. Vertu impérative (*praeceptiva*)[3], mise en œuvre dans le conseil, le jugement, le commandement (*praeceptum*)[4], la prudence se ramasse tout entière dans la loi, par laquelle le roi régit les hommes en vue du bien commun, et ne peut donc s'écarter de la justice. La fonction principale du roi, en effet, est d'« instituer les lois[5] » qui assurent son exécution[6]. C'est à ce titre qu'il a besoin de la direction de la prudence. Nul écart, par conséquent, entre la finalité du *regimen* et la préception prudentielle[7]: la « prudence spéciale » requise à la gestion de la chose publique est parfaitement homogène à la *ratio regiminis*[8], expression difficile à traduire (« idée », « essence », « fin » du gouvernement), mais qu'il convient de rapprocher – pour montrer ce qui l'en sépare – du concept de *ragion di Stato* ou *ratio status*, qui marquera, au XVIe siècle, l'émancipation de la prudence par rapport au modèle théologico-juridique.

1. *Somme théologique*, Ia-2ae, qu. 47, art. 5, p. 35. Cf. Préface à la *Politique*, § 6, p. 22. Sur l'impossibilité de réduire la prudence à un art, cf. Gilles de Rome, *op. cit.*, II, 3, 1, f. 207r-v.
2. Cf. *Somme théologique*, Ia-2ae, qu. 49, sur « les parties intégrantes de la prudence »: mémoire, intelligence, docilité, sagacité, raison, prévoyance, circonspection, attention précautionneuse.
3. *Ibid.*, qu. 47, art. 8 et art. 12, déf. 3, p. 60.
4. *Ibid.*, qu. 47, art. 8, concl., p. 46.
5. *Ibid.*, qu. 50, art. 2, p. 124.
6. *Ibid.*, p. 123.
7. On notera que *regimen* est aussi la traduction latine de la *pronoia* (prévision, providence) du néoplatonisme grec. L'usage de *regimen* au sens de *providentia* est attesté chez Ulrich de Strasbourg (1277), *De Summo bono*, IV, 1, 83. Il cite même un traité pseudo-aristotélicien, *De regimine dominorum* (à propos, en fait, du *Liber de causis*, prop.4), *ibid.*, IV, 2, 1, 2. Cf. aussi le commentaire d'Albert le Grand au *Liber de causis*. Pour tout ceci, voir A. de Libera, « Albert le Grand et Thomas d'Aquin interprètes du *Liber de causis* », *Revue des sciences philosophiques et théologiques*, 74, 1990, p. 361 et *passim*. Je remercie O. Boulnois pour ces précisions.
8. *Ibid.*, concl., p. 122.

B. Gilles de Rome[1] : gouvernement naturel et souveraineté territoriale

Parmi les Miroirs des princes médiévaux, une place éminente revient au *De regimine principum* de Gilles de Rome[2] composé en 1277-1279 à la demande de Philippe le Hardi pour l'instruction de son fils, alors âgé de onze ans – le futur Philippe le Bel. L'ouvrage est non seulement d'une longueur considérable par rapport aux autres *Specula* – on a affaire ici à un véritable traité et non plus à un simple manuel: 750 pages sans alinéas dans l'édition in-12 de 1556 –, mais il connut, de la fin du XIIIe jusqu'au début du XVIIe siècle[3] (dernière édition du texte latin: Rome, 1607), un succès extraordinaire, sans équivalent dans l'histoire du genre. Par sa diffusion manuscrite, les nombreuses traductions dont il a fait l'objet et ses multiples éditions[4], il a marqué d'une empreinte profonde la tradition des arts de gouverner. Bien plus, il a imposé un modèle que certains auteurs reproduisent encore au

1. Né à Rome d'une famille riche et influente, Gilles de Rome (v. 1243-1316) – connu également sous les noms d'Aegidius Colonna et Aegidius Romanus – entra à quatorze ans dans l'ordre des Ermites de saint Augustin, fondé en 1256, qui, très rapidement, avait perdu son caractère érémitique pour devenir un ordre savant, à l'image des Dominicains et des Franciscains. Pendant ses études à Paris, Gilles suivit les leçons de Thomas d'Aquin. Il devint vicaire général de son ordre et, pendant quelque temps, tuteur des fils du roi de France. C'est à cette occasion qu'il rédigea le *De regimine principum*. Son œuvre, riche d'un grand nombre de titres, comprend également un traité, *De ecclesiastica potestate* (1302), où il soutient résolument la thèse de la suprématie pontificale.

2. Catalogue de Berges n° 22, p. 320-328; pour l'analyse de l'ouvrage, cf. S. P. Molenaer, introduction à *Li livres du gouvernement des rois*, p. XIX-XXVI; Carlyle, *op. cit.*, V, 70-77; L. K. Born, « The Perfect Prince », p. 488-491; W. Berges, *op. cit.*, p. 211-227; M. Viroli, *op. cit.*, p. 36-42; J. M. Blythe, *Ideal Government and the Mixed Constitution in the Middle Ages*, p. 60-76. Une édition critique du traité est programmée dans le cadre des *Aegidii Romani Opera Omnia*, Corpus Philosophorum Medii Aevi, Florence, dont les premiers volumes, établissant l'inventaire des manuscrits, sont parus en 1987.

3. Gabriel Naudé le cite encore, à côté de saint Thomas, dans sa *Bibliographie politique*, p. 95-96: « [...] Paul Émile remarque en son histoire que Philippe le Bel, dès sa plus tendre jeunesse, chérissait très particulièrement Gilles de Rome, et qu'il fut cause de ce qu'il composa le livre du gouvernement des Princes, *De regimine principum*, que nous avons à présent entre les mains. »

4. Cf. G. Bruni, « Il *De regimine principum* di Egidio Romano, Studio bibliografico », *Aevum* 6, 1932, p. 339-372; W. Berges, *op. cit.*, p. 320-328.

XVIIe siècle[1]. Livre majeur donc, en tant que traité doctrinal, mais aussi en tant que matrice formelle : il fixe pour plusieurs siècles la structure, les règles et les conventions à partir desquelles va se développer toute une littérature destinée aux princes. Aussi est-il utile d'en expliquer le plan.

a. *Structure générale*

L'ouvrage se divise en trois livres. Le premier, consacré à l'Éthique, montre comment le prince doit se conduire lui-même ; le deuxième, consacré à l'Économique, comment il doit gouverner sa famille ; le troisième, consacré à la Politique, comment il doit régir son royaume. Cet ordre, écrit l'auteur, est rationnel et naturel[2]. Rationnel, car tout ce que l'on fait pour autrui tire son origine de ce que l'on fait pour soi-même. C'est pourquoi Aristote écrit que le véritable ami se conduit à l'égard de celui qu'il aime comme avec lui-même[3]. Or ce qui se dit de l'amitié s'applique à l'activité dirigeante (*industria regnativa*) : celui, en effet, qui veut s'employer à régir les autres doit d'abord s'appliquer à se gouverner lui-même (*ut seipsum gubernet*). Il est donc rationnel de traiter du gouvernement de soi, avant celui de la famille ou du royaume.

1. Cf. par exemple l'*Institution du prince* de La Mothe le Vayer.

2. *De regimine...*, I, I, 2, f. 3v. Contrairement à une opinion courante, cette tripartition n'est pas nouvelle au XIIIe siècle et ne traduit pas l'influence croissante de l'aristotélisme. Elle remonte à Boèce qui énumère les trois parties de la philosophie pratique : « celle qui enseigne à se conduire soi-même par l'acquisition des vertus, celle qui consiste à faire régner dans la cité ces mêmes vertus de force, de prudence, de justice et de tempérance, celle enfin qui préside à l'administration de la société domestique » (E. Gilson, *La Philosophie au Moyen Age*, p. 141). Cassiodore (480-570), dans ses *Institutiones divinarum et saecularium litterarium* – l'une des grandes sources de la culture médiévale –, nomme ces trois branches, et les classe dans l'ordre où elles seront désormais maintenues, *moralis*, *dispensativa* et *civilis* (« on appelle civile la science par laquelle est administré l'intérêt de toute la cité »). Classification reprise par Isidore de Séville, *Etymologiae* XI, 24. C'est à lui que se réfère Hugues de Saint-Victor en 1141, *Didascalicon*, chap. 19 : « La [philosophie] pratique se divise en *individuelle*, *privée* et *publique*. Autrement dit en *éthique*, *économique* et *politique*. Ou encore en *morale*, soit *ménagère*, soit *civile*. » Vincent de Beauvais cite ce texte, dans son *Speculum doctrinale*, VII, 1 (« De scientia politica ») ; sur tout ceci, cf. G. de Lagarde, *op. cit.*, II, p. 9-10. Rappelons par ailleurs que la distinction des trois modes de gouvernement (*modi regendi*) n'avait pas été oubliée des auteurs carolingiens : cf. par exemple Sedulius Scottus, *Liber de rectoribus christianis*, c. 5 (éd. S. Hellmann, Munich, 1906, p. 34).

3. *Éthique à Nicomaque*, IX, 12, 1171 b.

Cet ordre est également naturel, dans la mesure où la nature procède toujours de l'imparfait au parfait : ainsi, on est enfant avant que d'être homme. De même que, dans les disciplines spéculatives, on s'élève progressivement d'une connaissance imparfaite à une connaissance achevée, de même, dans le domaine pratique, une adresse imparfaite précède toujours l'activité accomplie[1]. Comme se diriger soi-même n'exige pas une si grande capacité que gouverner une famille, et que l'administration domestique ne réclame pas autant de prudence que la conduite d'un royaume, l'ordre annoncé est donc naturel[2].

La structure de l'ouvrage, de la sorte, est conforme à sa destination : il s'agit d'initier le jeune prince à sa fonction de roi en le guidant, par une progression naturelle, à travers les étapes d'un apprentissage moral et intellectuel, dont chacune conditionne le passage à la suivante. Livre non pas à lire d'une traite ou à feuilleter au hasard, mais à méditer par degrés – d'où sa longueur, coextensive aux progrès spirituels de son élève –, le *De regimine principum* est d'abord un traité pédagogique conçu pour accompagner la formation du prince, plutôt que pour l'informer seulement de ses devoirs. Par là, il s'adresse aussi bien à tout homme :

> « Quoique ce livre soit intitulé *De eruditione principum*, tout le monde cependant doit s'instruire par lui. Chacun, en effet, ne peut être roi ou prince. Mais il doit s'appliquer le plus possible à se rendre digne de diriger et d'obtenir le premier rang. Ce qui ne se peut faire si l'on ignore et n'observe pas les préceptes énoncés dans cet ouvrage[3]. »

S'il y a un art de gouverner propre au roi, l'art de se gouverner concerne tous les êtres intelligents. Ce point est capital pour analyser la « pensée politique » de Gilles de Rome. Se situant sur le plan éthique, il ne vise pas, ainsi qu'il l'explique, à démontrer, mais à persuader. L'enchaînement des idées obéit donc, dans le *De regimine*, à une autre logique que celle de l'argumentation théorique : c'est la rhétorique de l'exhortation qui commande son mouvement[4].

1. Cf. Thomas d'Aquin, Préface à la *Politique*, § 3, p. 17-19.
2. *De regimine...*, f. 4r (cf. Thomas d'Aquin, *De regno*, I, 9).
3. *Ibid.*, f. 2v-3r.
4. « Contrairement au géomètre, le propre du rhéteur et du politique n'est pas de démontrer, mais de persuader » (*ibid.*). L'art de former les princes, en effet, relève du

La division tripartite de l'ensemble est observée dans chaque livre, à l'exception du premier qui comporte quatre parties :

Livre I : (I) Le souverain bien, (II) les vertus du prince, (III) l'usage des passions, (IV) les mœurs des jeunes et des vieux.

Livre II : (I) Comment les maris doivent se conduire à l'égard de leurs épouses, (II) les parents à l'égard de leurs enfants, (III) les maîtres à l'égard de leurs serviteurs ; questions d'économie : fondements, développement et usage légal de la propriété, l'argent, le commerce, l'artisanat.

Livre III : (I) Théories de Platon, d'Aristote et d'autres philosophes concernant l'État (*civitas*), (II) le meilleur gouvernement (*optimus principatus*), le rôle des conseillers, les devoirs du prince en temps de paix, (III) ses devoirs en temps de guerre : tactique militaire, fortification, siège des châteaux, construction des navires.

* * *

Le *De regimine principum* est-il un simple exposé de la philosophie éthique et politique d'Aristote dans un cadre de pensée chrétien[1] ? Ne fait-il, en d'autres termes, que déployer en une vaste somme la synthèse offerte par le *De regno* de Thomas d'Aquin ? Quelle que soit la dette de Gilles de Rome à l'égard de ce dernier, il a une connaissance directe et précise du corpus aristotélicien dont il adopte les thèses essentielles. Il s'en écarte toutefois à diverses occasions, non seulement en tirant certains concepts sur le terrain

genre moral. Quant à la matière, il s'applique à des actions singulières, dont l'indétermination relative requiert une méthode plus grossière que la rigueur mathématique : en ces affaires, il faut procéder de façon figurée et schématique (*figuraliter et typo ;* cf. Aristote, *Éthique à Nicomaque*, I, 1, 1094 b 20 ; sur le terme *tupos* qui s'oppose à *akribeia*, « exactitude », cf. la note de J. Tricot, *ibid.*, p. 37-38). Quant à la fin, il ne cherche pas à produire la science, mais l'action bonne, *non veritas, sed bonum* (f. 2v). A la différence des *Specula* antérieurs, en outre, le *De regimine* ne renvoie plus à l'exercice critique de l'examen de conscience, mais à l'apprentissage progressif d'une manière d'agir. Pédagogie de l'*habitus* royal, qui constitue un moment décisif entre l'éthique grégorienne de l'humilité et la technologie machiavélienne de l'habileté.

1. Cf. Ch.H. MacIlwain, *The Growth of Political Thought in the West*, p. 339 : « Ce livre [...] est tout entier imprégné d'aristotélisme », et p. 259 : « [Il est] la première adaptation médiévale des idées politiques d'Aristote » ; G. de Lagarde, *op. cit.*, II, p. 107 : le *De regimine principum* constituerait une « réplique aristotélicienne du traité augustinien sur l'éducation des princes, publié vingt ans auparavant par Guibert de Tournai ».

religieux, comme le montre son analyse des genres de vie, active et contemplative[1], ou des rapports entre prudence et charité[2], mais en prenant parti, contre Aristote, en faveur du régime monarchique. Ce faisant, il ne se contente pas d'adapter, à l'exemple de Thomas d'Aquin, le modèle de la cité antique aux structures institutionnelles de son temps, le *regnum* constituant la forme moderne de cette société suffisante – *communitas perfecta* – qu'Aristote croyait reconnaître dans la cité[3]. Il va plus loin et forge, avec une audace assez étonnante, une théorie de la monarchie « absolue ». Non pas absolue à l'égard de toute norme (ce que ne revendiqueront d'ailleurs jamais les doctrinaires absolutistes des XVIe et XVIIe siècles, distinguant le caractère absolu du pouvoir de son illimitation arbitraire), mais *legibus soluta*, affranchie des lois positives. J'y reviendrai de façon plus précise, à propos de la distinction entre *regimen regale* et *regimen politicum*. Relevons néanmoins dès à présent que la christianisation de l'éthique politique aristotélicienne ne tend pas, chez Gilles de Rome, à l'affaiblissement du pouvoir royal, mais au contraire à son renforcement. Loin d'atténuer les effets politiques de la philosophie d'Aristote, il les intensifie. Attitude d'autant plus déroutante que Gilles de Rome se fera, un quart de siècle plus tard, le défenseur intransigeant de la supériorité du spirituel sur les magistratures temporelles. Sa théorie du *regimen naturale* doit se lire dans la perspective de cette singulière apologie de la *loi vivante* incarnée par le roi, qui rayonne d'un éclat insolite dans le discours politique médiéval.

1. *De regimine*..., I, 1, 4, f. 7r-9r ; cf. *infra*, IIIe partie, chap. 1, p. 220-221.

2. *Ibid.*, I, 1, 12, f. 23r-24v : il ne saurait exister de félicité politique se suffisant à elle-même. Le bonheur du roi réside dans le bien intelligible le plus universel, qui est Dieu. « Si donc le roi doit placer son bonheur en Dieu, il faut qu'il le place dans l'acte de cette vertu par laquelle nous sommes le plus unis à Dieu : l'acte d'amour (*dilectionis*) ou de charité » (f. 24r). Corrigeant ainsi Aristote par la mystique unifiante du Pseudo-Denys (*De divinis nominibus*, IV), Gilles conclut que le vrai bonheur des rois ne consiste pas dans l'acte de prudence *simpliciter*, mais tel qu'il est commandé par la charité.

3. Cf. *ibid.*, III, 1, 5, f. 243r-244r : « Quod praeter communitatem civitatis, utile fuit in vita humana esse communitatem regni. » Gilles de Rome démontre cette utilité du royaume par trois arguments relatifs 1) à la vie suffisante (interdépendance des cités dans la recherche des biens nécessaires au bien-vivre), 2) à la pratique de la vertu (nécessité d'une législation qui s'exerce dans des villes multiples afin de contraindre et de punir plus efficacement ceux qui refusent de se plier à la loi commune), 3) à la défense contre les ennemis (accroissement de la capacité de résistance aux agressions). On voit combien Gilles de Rome insiste sur les fondements utilitaires de l'institution royale, sans recourir, en ce lieu, à aucun paradigme théologique.

b. *Le* regimen naturale

Le *De regno*, tout en logeant le roi dans un système d'analogies hiérarchiques qui en faisait l'image du gouvernement divin, avait substitué le critère immanent de la force efficace (*virtus efficax*) à celui, verticalement ordonné, de la visibilité exemplaire. Non que ce dernier se fût complètement effacé, mais il ne constituait plus l'axe essentiel de l'éthique royale. Déplacement d'une logique symbolique (être vu pour faire voir) à une logique dynamique (être un pour unifier)[1] entraînant, on l'a noté à propos de la tyrannie, une relative autonomisation du pouvoir temporel. Avec la figure du fondateur d'État[2] se dessinait l'espace dans lequel, sans qu'il fût aucunement déterminé par la seule logique des concepts, surgirait, deux siècles et demi plus tard, le « Prince » de Machiavel.

Chez Gilles de Rome – nouvel indice de cette mutation – apparaissent, avec une netteté saisissante, les contours mêmes du « problème machiavélien » : à quelles conditions un prince *nouveau*, arrivé au pouvoir par des moyens violents, peut-il se conserver ? C'est cette question précise, Machiavel ne cesse de le souligner, et non celle du gouvernement en général, qui fait problème[3]. En effet, « il y a de bien moindres difficultés à conserver [les monarchies anciennes] que les États nouveaux, parce qu'il suffit de ne pas négliger les institutions de ses ancêtres et de temporiser avec les événements[4] ». Machiavel ne découvre pas l'« État », qu'une conception religieuse de la société aurait occulté pendant des siècles. Il prend acte de l'existence de deux types d'institution, les *stati ereditarii*, fondés sur la coutume, et les *stati nuovi*, issus de la force. Son originalité est de proposer, à partir de ce constat, une théorie de l'innovation, considérée, dans la pensée médiévale, comme dangereuse, voire impossible. Ainsi que l'écrit Pocock, le *De principatibus* – titre premier du *Prince* – est en fait un traité *de innovatoribus*, « une

1. Cf. la formule remarquable de Gilles de Rome, *ibid.*, I, 3, 6, f. 102r : « Tout le royaume est dans le roi comme dans son principe moteur (*totum regnum [est] in rege tanquam in movente*). »
2. Cf., déjà, Thomas d'Aquin, *De regno*, II, 5-8 (chapitres consacrés aux conditions matérielles de la fondation d'une *civitas*).
3. Cf. *Le Prince*, chap. 3, p. 265 : « [...] c'est dans la monarchie nouvelle que résident les difficultés » ; chap. 4, p. 281, premières lignes, etc.
4. *Ibid.*, chap. 2, p. 263.

typologie des innovateurs politiques[1] ». Et c'est à « l'habileté ordinaire » (*ordinaria industria*) des rois héréditaires qu'il oppose la *virtù* supérieure de son héros. Le « Prince » représente la figure inversée – et sans doute, à terme, renversante – du prince naturel (*principe naturale*) établi dans sa légitimité ancestrale. Or cette distinction du prince naturel et du prince nouveau apparaît très clairement dans le traité de Gilles de Rome.

Le « problème machiavélien » se trouve posé dans la troisième partie du livre[2], à propos du gouvernement du royaume en temps de paix. Après avoir consacré plusieurs chapitres à la différence entre le roi et le tyran[3], opposant l'image du *verus rex* à celle du tyran simulateur et trompeur, Gilles de Rome demande « ce qui assure le salut du pouvoir (*dominium*) royal, et ce qu'il importe au roi de faire pour conserver sa position (*ut se in suo principatu conservet*)[4] ». A la suite d'Aristote, il examine dix moyens, dont le troisième consiste à inspirer la crainte à ses sujets, pour combattre la corruption. « Les citoyens, en effet, sont plus soumis à leur prince et lui obéissent davantage si leurs craintes leur font redouter la corruption. » D'où l'utilité des guerres extérieures : celles-ci « mettent fin aux séditions internes et renforcent la concorde et l'harmonie civile[5] », comme le confirme l'exemple des Romains qui, leurs guerres extérieures achevées, commencèrent à se battre entre eux. Porter la guerre au-dehors pour maintenir la paix au-dedans : un tel procédé (qui sera prescrit, au XVIe siècle, par la plupart des théoriciens étatistes) contrevient radicalement à la doctrine chrétienne de la guerre juste, qui n'excusait que les guerres défensives, et relève du simple stratagème. *Cautela*, précaution habile, écrit Gilles de Rome. Aussi en limite-t-il l'usage à deux types d'État : celui formé d'hommes rompus à la guerre et qui ont besoin d'exercer leur courage ou bien – et c'est le cas qui nous intéresse ici – celui dirigé par un prince nouveau (*principatus in quo quis noviter principari coepit*)[6].

1. « Custom and Grace, Form and Matter », p. 167 ; cf. *The Machiavellian Moment*, p. 171-173.
2. *De regimine*..., III, 2, 15, f. 289v-291v.
3. *Ibid.*, chap. 5-14.
4. *Ibid.*, f. 289v. Gilles s'appuie ici sur Aristote, *Politique*, V, 11.
5. *Ibid.*, f. 290 r.
6. *Ibid.*

> « Si un homme détient depuis peu (*de novo*) l'autorité sur quelques-uns, on s'insurge plus facilement contre une telle prééminence. Afin que les citoyens ne se dressent pas contre le prince et qu'ils lui obéissent plus unanimement, il faut donc leur inspirer la crainte de menaces extérieures. Mais si le royaume existe de longue date et qu'il est régi par un seigneur naturel, de telle sorte que les hommes ont presque oublié la manière dont lui et ses prédécesseurs ont acquis leur pouvoir, alors cette précaution (*cautela*) ne paraît pas très utile[1]. »

Ce texte est remarquable par trois aspects. Tout d'abord, il met en relief la distinction *rex naturalis – princeps de novo*, introduisant dans la typologie médiévale des gouvernements, jusqu'alors structurée selon des normes intemporelles (justice/tyrannie), une dimension d'historicité[2], et trace ainsi le schéma sur lequel s'ouvrira *Le Prince* de Machiavel. Ensuite, il ne lie pas cette distinction au problème de la légitimité, puisque l'un et l'autre pouvoir ont une origine violente dont seul le temps, dans les monarchies anciennes, estompe la mémoire, mais à celui, purement technique, de la domination. Enfin, c'est en terme d'utilité, et non de moralité, qu'il évalue le stratagème de la guerre indéfinie.

Reste que, s'il y a déjà place dans l'aristotélisme politique médiéval pour une formulation incidente du « problème machiavélien », celui-ci ne pouvait y passer au premier plan, ni même faire l'objet d'un traitement plus étendu. Sans doute *Le Prince*, avec toute sa charge subversive, s'installera-t-il dans une structure préétablie. Mais le rapprochement s'arrête là. Car c'est précisément autour du type de gouvernement – le *stato ereditario* – dont Machiavel affirme qu'il n'a pas besoin de techniques particulières, se conservant en quelque sorte par sa seule force d'inertie, que Gilles de Rome déploie sa conception de l'*ars regnandi et principandi*[3]. Le lieu de l'art médiéval de gouverner,

1. *Ibid.*, f. 290v.
2. A la suite de Thomas d'Aquin, comme on l'a vu plus haut.
3. Cf. *De regimine*..., I, 3, 4, f. 98r : « Cum ergo in arte regnandi et principandi principaliter et finaliter intendatur salus regni et principatus, sicut in arte medicandi principaliter intenditur sanitas corporis, naturaliter decet reges et principes intendere et amare bonum regni et commune. » La comparaison de l'*ars regnandi* avec l'*ars medicandi* constitue, certes, un lieu commun de la littérature gouvernementale. Il en découle cependant une logique de l'action que l'on ne peut réduire à des normes juridiques ni à des règles scientifiques. Elle demanderait donc à être étudiée attentivement. Cf.Machiavel, *Le Prince*, chap. 3, p. 271-273. Sur l'importance du modèle médical

en d'autres termes, est celui où, pour Machiavel, aucun art n'est requis. Non parce qu'il se situerait dans un espace utopique, mais, simplement, parce qu'il s'inscrit dans la durée. Les monarchies anciennes reposent sur la permanence de la coutume, elles ont le temps pour elles, tandis que les princes nouveaux doivent suppléer par l'habileté à l'œuvre lente du temps. « Les choses susdites, écrit Machiavel à propos des techniques qu'il préconise, si elles sont sagement observées, font paraître ancien un nouveau prince, et le rendent aussitôt plus sûr et plus solide que s'il y avait vieilli[1]. » Ainsi l'art, chez Machiavel, est-il indissociable de la temporalité. Il ne se conçoit que dans un rapport de lutte avec la puissance instable de la Fortune[2]. Chez Gilles de Rome, au contraire, ce n'est pas la dialectique temporelle de l'ancien et du nouveau, mais la hiérarchie des fins, matérielles, morales et spirituelles, qui structure le champ de l'action gouvernementale. Le domaine temporel dans lequel l'État trouve sa nécessité ne constitue pas pour lui le théâtre où s'affrontent, hors de tout horizon transcendant, des forces aléatoires, mais un niveau de l'être, ordonné à des perfections supérieures. Entre les deux arts de gouverner, la différence ne réside pas uniquement dans le concept d'art, qui passe d'un sens normatif à un sens pragmatique, ni dans son objet – le bien commun de la multitude, la conservation du *stato* du prince –, elle est ontologique. Deux exemples le confirment : la définition même, par Gilles de Rome, du *regimen naturale* et la comparaison originale, qu'il emploie fréquemment, du roi avec un archer (*rex sagittator*).

> « [...] certaines principautés durent une année, d'autres sont à vie, d'autres sont considérées comme perpétuelles par héritage et succession des fils. Et parce que, la nature le prouve, ce qui est fait par force (*violentum*) ne peut durer toujours (*esse perpetuum*), celui qui désire conserver sa principauté et la transmettre à ses fils doit s'appliquer avec le plus grand soin à exercer le gouvernement de façon naturelle (*ut sit suum regimen naturale*). Nul cependant n'y parvient en suivant sa passion et sa volonté. Pour être conforme à la nature, le dirigeant doit se faire le gardien du juste, et ne rien décider qui s'oppose à la raison et à la loi[3]. »

---

dans l'aristotélisme allemand du XVIIe siècle (Arnisaeus, Conring), cf. les remarques très suggestives de H. Dreitzel, *Protestantischer Aristotelismus und absoluter Staat*, p. 116-118.

1. *Le Prince*, chap. 24, p. 427.
2. Cf. *infra*, IIIe partie, chap. 1.
3. *De regimine...*, prologue, f. 1r.

Sans doute l'antithèse *regimen naturale-regimen violentum*, au-delà de la nouveauté du vocabulaire, reproduit-elle la distinction traditionnelle du *rex justus* et du tyran. L'important est ailleurs. Dans le fait, d'abord, que Gilles de Rome met l'idée de nature au service du principe héréditaire, apportant une caution philosophique, qui lui faisait défaut, à l'institutionnalisation dynastique de la monarchie[1]. A la supériorité du mérite sur le sang, sans cesse rappelée par la doctrine ministérielle[2], se substitue l'obligation, liée au sang, de faire preuve d'un mérite supérieur. De là la nécessité d'un manuel instruisant le prince, dès son jeune âge, de ses devoirs. Le programme du *De regimine*, ainsi, loin de rester étranger, par son caractère systématique, à la réalité vivante de l'État, reflète son enracinement croissant dans la naturalité du sol terrestre. Cet abandon du principe électif au profit de l'hérédité s'accompagne – et c'est le second point important – d'un changement remarquable de perspective par rapport aux *Specula* antérieurs. En articulant la question du *regimen*, dès les premières lignes du traité, non plus au salut de l'âme du prince[3], mais à la perpétuité de son règne, Gilles de Rome la dissocie de sa relation immédiate aux fins dernières pour la poser sur le plan des variables temporelles. « Toutes les principautés, dit-il d'après la *Politique*, n'ont pas une durée égale, et les divers gouvernements ne doivent pas se mesurer par une période identique[4]. » La théorie du *regimen naturale*, par suite, qui répond à un désir de perpétuation[5], fait entrer la dimension horizontale de la durée dans une pensée jusque-là dominée par la verticalité céleste. Elle prolonge ainsi le tournant empirique déjà effectué par Thomas d'Aquin. Moment capital, qui lie l'invention d'un art spécifique de gouverner à l'inscription dans le temps et marque le début de sa problématisation moderne, mais

1. Cf. les arguments exposés, *ibid.*, III, 2, 5, f. 272v-275r.

2. Cf. *supra*, p. 142, note 1. Cette relégitimation du sang ne marque pas, cependant, un retour à la royauté barbare, mais suppose, au contraire, la « rupture avec le sang » produite par l'éthique grégorienne (cf. *supra*, le chapitre sur Henri II). L'identification du *regnum* avec le corps naturel du roi, à travers la succession héréditaire, n'est concevable, dans la perspective chrétienne, qu'à partir de la *spiritualisation* charismatique de ce dernier.

3. Cf. le prologue de l'*Eruditio regum et principum* (1259) de Guibert de Tournai, p. 6, qui rend grâces au dispensateur de toutes grâces de ce que le roi – Louis IX – « écoute avec joie ces choses nécessaires à son salut ».

4. *De regimine...*, f. lr.

5. Sur ce désir commun à tous les hommes, cf. *ibid.*, III, 2, 8, f. 279r.

reste pris dans les limites d'une vision finaliste de la nature. La naturalité du *regimen*, en effet, suppose l'adéquation à un ordre téléologique et hiérarchisé. A la question « comment durer ? », qui ouvre le champ de la temporalité, Gilles de Rome répond par un système de règles, qui l'enclôt dans des bornes d'un modèle immuable.

> « [...] toute la nature est administrée par Dieu, qui est le prince suprême et le roi des rois, et par qui toutes choses sont dirigées de la façon la plus juste. C'est pourquoi il faut tirer du gouvernement (*regimine*) que l'on voit dans les choses naturelles, le modèle de celui dont on traite dans l'art du gouvernement royal (*in arte de regimine regum*). L'art, en effet, imite la nature[1]. »

Celle-ci donnant aux choses les moyens d'atteindre leur fin et d'écarter ce qui leur fait obstacle (comme la légèreté au feu pour s'élever, et la chaleur pour résister aux éléments contraires), le *regimen*, pour être naturel, doit ordonner le peuple de telle sorte qu'il réalise sa fin, le bien-vivre. A cela sont nécessaires la diffusion des connaissances, la pratique des vertus et l'abondance des biens extérieurs. Mais il doit aussi agir contre ce qui peut empêcher cette fin : les querelles et violences internes qui troublent le *status tranquillus regni*, et la menace des ennemis du dehors. Gilles de Rome, à vrai dire, ne fait que préciser ici la définition du *regimen* par Thomas d'Aquin comme principe directeur qui unifie la multitude et l'oriente vers le bien commun. Le roi, écrit-il, est « *aliorum directivus*[2] ». C'est à ce titre qu'on peut le comparer à l'archer – *director sagittae*, qui dirige sa flèche vers une cible précise.

> « La connaissance préalable de la fin est requise pour bien agir. Elle est également nécessaire pour agir par choix (*ex electione*). De même, en effet, que les archers atteignent leur cible par hasard, quand ils ne la voient pas, de même ceux qui ne connaissent pas à l'avance leur fin, s'ils l'atteignent néanmoins, le doivent à la chance (*fortuna*) et non à leur propre choix[3]. »

Il en découle une claire distinction des rôles au sein de la société :

> « Le roi est la cause directrice des autres (*directivus aliorum*). Car si la flèche ne perçoit pas la cible, cela ne l'empêche pas de la transpercer, parce qu'elle est dirigée vers elle par l'archer. De même donc qu'il importe plus que la cible soit perçue par l'archer, qui dirige la

1. *Ibid.*, III, 2, 8, f. 278r.
2. *Ibid.*, I, 1, 5, f. 10v.
3. *Ibid.*

flèche, que par celle-ci, de même il importe plus que la majesté royale sache en quoi réside la félicité, que le peuple, puisque c'est elle qui dirige le peuple[1]. »

L'image du *rex sagittator*[2], tout à fait neuve dans la littérature des Miroirs, illustre parfaitement la nouvelle conception du *regimen* que développe Gilles de Rome. Peut-être s'est-il souvenu d'un passage des *Lettres à Lucilius* où Sénèque, expliquant l'utilité des préceptes dans la vie pratique, comparait le sage stoïcien au tireur qui, s'étant formé la main à diriger le javelot, fait ensuite usage de son habileté partout où bon lui semble[3]. Mais le sens de la comparaison était tout autre. Sénèque mettait l'accent sur l'apprentissage et l'exercice, non sur la cible – « il n'a pas appris à frapper tel ou tel but, mais un but quelconque[4] ». C'est la maîtrise par l'athlète de son propre corps, à travers le geste du tir, qui l'intéressait. Image révélatrice, donc, d'une éthique du rapport de soi à soi. Gilles de Rome appartient à une culture de la transcendance qui privilégie la claire vision des fins. Seule lui importe, ici, la perception de la cible. Cette réduction de l'action à sa cause finale prend toute sa signification lorsqu'on le rapproche, une fois encore, de Machiavel :

« [...] un homme sage (*prudente*), écrit ce dernier à propos de l'avantage, pour les princes nouveaux, d'imiter de grands exemples, doit faire [...] comme les archers avisés (*gli arcieri prudenti*) qui, le lieu où ils veulent frapper leur semblant trop éloigné, connaissant la puissance de leur arc, fixent leur visée beaucoup plus haut que le lieu indiqué, non pas pour atteindre de leur flèche une telle hauteur, mais pour, avec l'aide de cette si haute visée, parvenir à leur dessein[5]. »

Comme souvent, Machiavel se sert d'un *topos* conventionnel pour formuler une idée neuve. L'image, en effet, n'a rien de rhétorique. Elle articule, dans sa rigoureuse précision, les éléments d'une définition rationnelle de la *prudence*, libérée de toute norme morale. Nulle part ailleurs que dans ces lignes n'apparaît mieux la conversion, opérée par Machiavel, de la prudence-vertu, modératrice des passions et guide éclairé de l'homme de bien, en une pure technique de l'action efficace. Les différences avec la doctrine médiévale sont frappantes.

1. *Ibid.*, f. 10v-11r.
2. Cf. également *ibid.*, I, 2, 7, f. 39r; III, 2, 8, f. 278v, et *passim*.
3. *Lettres à Lucilius*, livre XV, lettre 94, 3, p. 935. Cf. le commentaire de ce texte par V. Dini, *Saggezza e prudenza*, p. 73-74.
4. *Ibid.* (traduction modifiée).
5. *Le Prince*, chap. 6, p. 291.

D'une part, l'*uomo prudente* ne trouve plus son modèle dans un ordre préétabli, il ne peut s'appuyer, pour tracer sa route, que sur l'expérience d'autrui. Mais celle-ci même est trompeuse, « car l'on ne peut suivre tout à fait les voies des autres[1] ». Traditionnellement lié à l'imitation, l'*art*, ainsi, devient permanente invention. A la simple vision du but, d'autre part, Machiavel substitue le calcul avisé. Il est très significatif que Gilles de Rome, en rapport avec l'image de l'archer, compare la prudence à un œil[2]. tre prudent, c'est prévoir. Or il suffit pour cela de bien voir. Pour Machiavel, au contraire, tout l'art consiste dans une certaine composition des forces : puissance de l'arc, vigueur de l'archer, résistance de l'air. L'acte prudent ne se déduit pas de la seule perception du but, mais de l'analyse des variables qui interfèrent entre l'intention et l'objectif. Les moyens, en d'autres termes, sont relatifs à la fin – il s'agit bien d'atteindre la cible –, mais ils ne sont pas déterminés par elles. C'est cette distorsion apparente entre les moyens et la fin (« viser beaucoup plus haut que le lieu indiqué ») qui marque clairement l'abandon, par Machiavel, d'une ontologie finaliste au profit d'une technologie empiriste.

La véritable originalité de Gilles de Rome, toutefois, ne réside pas dans cette conception téléologique du *regimen naturale*, mais dans la façon dont il l'articule à la typologie, tirée d'Aristote, des modes de gouvernement, qui lui permet d'affirmer la supériorité de la volonté royale par rapport à la loi positive.

c. Regimen regale *et* regimen politicum[3]

C'est avec la découverte de la *Politique* d'Aristote que la question du meilleur régime a été introduite dans la pensée politique médiévale. Aristote, en effet, présentait une classification des formes de

1. *Ibid.*

2. *De regimine...*, I, 2, 7, f. 39r : « La prudence est comme un œil permettant de regarder le bien et la fin que l'on doit poursuivre. Celui donc à qui manque cet œil ne peut voir distinctement ce bien et cette fin, vers lesquels le peuple doit être dirigé. De même que l'archer ne peut correctement lancer sa flèche ou la diriger vers la cible s'il ne voit pas celle-ci, de même le roi ne peut diriger ou conduire son peuple vers la fin qui convient s'il ne voit pas cette fin grâce à sa prudence. »

3. Les pages suivantes sont extraites d'une communication présentée dans le séminaire d'Y. Ch. Zarka en 1993. Le texte complet en sera publié en 1995, dans un volume sur les *Aspects de la pensée médiévale dans la philosophie politique moderne* (cf. *infra*, bibliographie). J'ai apporté plusieurs modifications à mon développement.

constitution fondée sur le double critère du nombre des gouvernants (qui gouverne ?) et de la fin qu'ils poursuivent (pour qui, en vue de quoi gouverne-t-on ?)[1]. De là six régimes possibles : trois « normaux » – la royauté, l'aristocratie et la *politeia* au sens étroit[2] –, qui visent l'intérêt commun, trois « anormaux » – la tyrannie, l'oligarchie et la démocratie –, dans lesquels les gouvernants exercent le pouvoir pour eux-mêmes. Avant de devenir un simple schéma scolaire, cette typologie constitua, à la fin du XIIIe siècle, le cadre d'un renouvellement décisif de la théorie du *regimen*, celui-ci ne désignant plus seulement un office ou une fonction, mais une *forme* de gouvernement[3]. Passage, en somme, de la doctrine ministérielle à une réflexion de type constitutionnel.

On se tromperait, cependant, en transposant telle quelle la question des formes de régime dans le discours politique scolastique. Non que les théoriciens de la fin du XIIIe siècle ne s'y soient pas intéressés. Ils exposent même des arguments très développés sur le sujet (ainsi Bartole de Sassoferato, le plus grand juriste du XIVe siècle – et l'un des plus ardents avocats du républicanisme[4] –, s'appuyait-il sur Gilles de Rome, qu'il jugeait plus clair qu'Aristote, pour en débattre[5]). Mais la réflexion sur les *formes* reste inséparable chez eux d'une analyse des *modes* de gouvernement – politique, royal ou despotique –, dont ils trouvaient également le modèle conceptuel chez Aristote. Ayant affirmé, au début de sa *Politique*, que la cité a pour fin le souverain bien et se distingue par là des autres communautés, celui-ci critiquait « ceux qui pensent qu'être homme politique, roi, chef de famille, maître d'esclave, c'est la même chose[6] ». Reproche dirigé contre Socrate et surtout Platon, pour qui tout commandement, quel que fût son objet, relevait de la « science royale[7] ». A cette science unique du commandement, Aristote opposait la spécificité

1. Cf. *Politique*, III, 6, p. 226-227.
2. *Ibid.*, III, 7.
3. Cf. Gilles de Rome, *op. cit.*, III, 2, 2, f. 268r-269r : c'est le terme *principatus*, ici, qui désigne la forme constitutionnelle du *regimen*.
4. Cf. Q. Skinner, *The Foundations of Modern Political Thought*, I, p. 9, 51, 55 ; J. M. Blythe, *Ideal Government and the Mixed Constitution in the Middle Ages*, p. 171-177, pour une interprétation plus nuancée.
5. Cf. *De regimine civitatis*, § 7 ; cité par R. Scholz, introd. à Aegidius Romanus, *De ecclesiastica potestate*, p. XII, note 5. Cf. J. M. Blythe, *op. cit.*, p. 172 et 174, sur la relation de Bartole à Gilles de Rome.
6. *Politique*, I, 1, 1252 a, p. 85.
7. Cf. Platon, *Le Politique*, 259 b-c.

de chaque niveau d'autorité. Cette distinction le conduisait à souligner la différence entre le roi et l'homme politique :

> « Quant à la différence entre un homme politique et un roi, quand on a été placé soi-même au pouvoir on serait roi (*basilikon*), mais quand on exerce le pouvoir selon les règles de la science qui fait que l'on est tour à tour gouvernant et gouverné on serait homme politique (*politikon*)[1]. »

Dans sa traduction latine, Guillaume de Moerbeke fit subir à cette phrase une petite transformation, lourde d'effets interprétatifs. Là où Aristote écrit : « tour à tour (*kata meros*) gouvernant et gouverné », il traduisit « *secundum partem* principans et subjectus »[2]. Non plus « tour à tour », mais « en partie » : le gouvernement politique (*regimen politicum*) se distingue du gouvernement royal (*regimen regale*) en ce que celui qui commande est en partie gouvernant et en partie sujet. A l'alternance des gouvernants et des gouvernés, qui faisait du pouvoir le lieu d'une rotation, se substitue ainsi une division qui passe à travers la personne même du gouvernant et déplace le point d'application de la loi. Celle-ci n'est plus le principe même de la rotation et, par conséquent, de l'égalisation des gouvernants et des gouvernés. Elle devient le principe de la subordination du gouvernant à l'ordre juridique qui gouverne la cité. La question principale, dès lors, n'est plus de savoir s'il vaut mieux être gouverné par un seul ou par plusieurs, mais s'il est préférable que le prince, en qui s'incarne le pouvoir, soit soumis à la loi[3]. En d'autres termes, l'interrogation porte moins, désormais, sur la *forme* du gouvernement que sur le *mode* d'exercice du pouvoir. On risquerait donc de passer à côté de la véritable pensée de Gilles de Rome en la tirant sur le seul plan constitutionnel. La question « *comment* gouverner ? » précède, chez lui, celle de savoir *qui* commande. Contrairement à la distinction que fera Bodin, au XVIe siècle, entre les *formes* de souveraineté et les *modes* de gouvernement[4], ce sont les premières, ici, qui s'inscrivent dans le cadre des seconds.

Avant d'examiner de plus près la thèse originale de Gilles de Rome, il importe de rappeler quelle position ses deux contem-

1. *Politique*, I, 1, 1252 a, p. 86.
2. Cf. J. M. Blythe, *op. cit.*, p. 19, note 23, et p. 43.
3. *Ibid.*, p. 44.
4. Cf. *supra*, Ire partie, chap. 1, B.

porains, Thomas d'Aquin et Ptolémée de Lucques (le continuateur du *De regno*), ont adoptée sur les rapports entre *regimen regale* et *regimen politicum*. Thomas d'Aquin opposait le gouvernement politique, au sens large, en tant qu'il s'exerce sur des hommes libres, au gouvernement despotique qui les traite comme des esclaves. Il affirmait ensuite la supériorité du pouvoir royal par rapport aux autres régimes. La monarchie royale, expliquait-il en substance, est en soi le meilleur régime, mais, supposant la vertu parfaite du prince, elle dégénère le plus souvent en tyrannie[1]. C'est pourquoi il convient de lui préférer la forme mixte de la monarchie politique, dans laquelle la puissance royale est tempérée par l'autorité coutumière de la loi[2]. Ptolémée de Lucques, quant à lui, identifiait le gouvernement royal avec le gouvernement despotique et lui opposait le *regimen politicum* dans son sens républicain, dissociant ainsi le *regimen regale* et le *regimen politicum* articulés par Thomas. Clivage également effectué par Gilles de Rome, mais au profit de la monarchie. Du fait que Gilles et Ptolémée, tous deux disciples de Thomas d'Aquin, défendent des positions inverses à l'intérieur d'un même champ conceptuel, il est utile d'exposer brièvement l'argumentation du second, afin de mettre en évidence, par contraste, la logique du premier.

Ptolémée de Lucques[3]

Ptolémée part, comme Thomas d'Aquin, de l'opposition entre pouvoir despotique et politique[4]. Mais il cite aussitôt Rome et les cités italiennes comme exemples de *dominium politicum*. Sans doute est-ce d'abord la conformité aux lois établies (*statuta*) qui définit le caractère « politique » du gouvernement d'un seul ou de plusieurs (*per unum vel plures*). Rien de neuf, jusque-là, par rapport à Thomas. L'essentiel, toutefois, est que la constitution comporte un dispositif d'alternance continue (*continua alternatio*). C'est elle qui

1. Cf. *supra*, IIe partie, chap. 4, A.
2. Cf. J. M. Blythe, *op. cit.*, p. 47-49.
3. (V.1236-1327). Dominicain, il fut l'élève de Thomas d'Aquin à Paris et l'accompagna dans son voyage en Italie. Devenu évêque de Torcello, près de Venise, en 1318, il se fit le biographe de Thomas dans son *Historia ecclesiastica*. C'est seulement au XIXe siècle qu'il fut identifié comme le continuateur du *De regno* de Thomas d'Aquin (cf. *supra*, p. 159, note 3). Sur la pensée politique de Ptolémée, cf. Q. Skinner, *op. cit.*, I, p. 54-55 ; M. Viroli, *op. cit.*, p. 44-46 ; J. M. Blythe, *op. cit.*, p. 92-117.
4. *De regimine principum*, II, 8, p. 360-362.

explique pourquoi les sujets, sous un tel pouvoir, « ne peuvent être corrigés de façon rigoureuse (*rigide corrigi*) comme sous un pouvoir royal ». Royal est donc synonyme de despotique. En quelques lignes, Ptolémée s'est radicalement éloigné de Thomas : non seulement en mettant en avant le critère de l'alternance dans la définition du *dominium politicum* – ce qui n'était pas incompatible avec la doctrine thomiste –, mais surtout en réduisant le gouvernement royal au *dominium despoticum*. Cette réduction, qui va à l'encontre d'Aristote[1], est justifiée par l'Écriture dans le chapitre suivant[2]. Ptolémée invoque le premier livre de Samuel, dans lequel celui-ci avertit le peuple d'Israël, qui implore un roi, des violences du *dominium regale* (1 S 8,11-18) – lieu commun de la littérature patristique sur le sujet, traditionnellement rapproché, dans les Miroirs des princes, du Deutéronome 17,14-20[3]. De la sorte, suivant une logique toute augustinienne, Ptolémée se trouve conduit à distinguer le *status integrus humanae naturae*, ou état d'innocence, dans lequel existait un *regimen politicum*, et l'état de corruption, qui rend nécessaire la contrainte royale. Mais il précise que les anciens Romains avaient imité l'état d'innocence par leur sagesse et leur vertu. Remarque historique à laquelle s'ajoute une considération géographique : chaque région de la terre se trouve différemment disposée selon son site et l'aspect des étoiles. Ainsi certains peuples – tels ceux d'Italie – sont-ils plus aptes que d'autres à conserver l'antique vertu et, par conséquent, à vivre sous des institutions politiques[4]. On voit par quel curieux agencement d'éléments religieux et profanes Ptolémée s'efforce de concilier son augustinisme avec son républicanisme.

Lex animata

Revenons maintenant à Gilles de Rome. A la différence de Thomas d'Aquin et de Ptolémée de Lucques, il distingue en premier lieu les modes politique et royal de gouvernement. L'opposition du *regimen politicum* avec le gouvernement despotique se trouve ainsi médiatisée par le gouvernement royal. Ces différents modes correspondent aux types spécifiques de relations qui unissent le gouvernant et ceux qu'il gouverne. Or Gilles de Rome les définit dans la

1. Ainsi qu'il l'indique lui-même, *ibid.*, II, 9, p. 362.
2. *Ibid.*, p. 362-363.
3. Cf. *supra*, IIe partie, chap. 2, C.
4. *De regimine principum*, p. 363-364.

deuxième partie de son traité, consacrée à l'administration domestique. Sans doute, on l'a rappelé plus haut, le royaume n'est-il pas une grande famille, mais une communauté de cités. De là entre le gouvernement de la *domus* et celui du *regnum* une différence non seulement de degré, mais de fin. Dans la *domus*, tout appartient au chef de famille et relève de sa seule volonté. Dans la cité, en revanche, les citoyens ayant des propriétés distinctes, le rôle du gouvernant est de définir les règles légales du juste et de l'injuste[1]. Aussi Gilles dénie-t-il au père de famille, comme à toute personne privée, le pouvoir de faire des lois, en raison de leur caractère coactif[2]. L'analogie qu'il suggère, cependant, entre la *domus* et le *regnum* montre que la puissance royale, chez lui, ne s'est pas encore pleinement établie dans son concept public et reste en partie pensée selon les catégories de la conduite privée. Par ailleurs, les modes de gouvernement étant fonction des relations qui constituent la *domus*, le *regimen regale* qui s'incarne dans la personne physique du roi n'est autre qu'un certain *rapport* entre celui-ci et ses sujets, dépourvu de toute transcendance. Que Gilles de Rome qualifie le monarque de *quasi semi-deus* ne doit pas faire illusion[3], cette formule désignant l'excellence morale dont il doit faire preuve comme règle des actions à faire (*regula agibilium*)[4], non une essence mystique. L'inscription domestique des modes de gouvernement atteste que le pouvoir royal, même s'il se distingue du pouvoir paternel, est coextensif à la naturalité de la société.

> «Il faut savoir qu'il y a trois sortes de gouvernement (*triplex regimen*). Car tout dirigeant (*regens*), ou bien dirige les autres selon des lois établies et selon certains pactes: un tel gouvernement est alors dit politique ou civil, ou bien les dirige selon sa propre volonté, et ceci peut se faire d'une double façon: ou bien, en effet, le dirigeant vise son bien propre, et son gouvernement est alors dit despotique ou *dominativus*; ou bien il vise le bien de ses sujets, et ce gouvernement est dit royal. A ces trois [modes de] gouvernement, selon lesquels nous voyons tel ou tel exercer le pouvoir (*regnare*) dans les cités et les châteaux, correspondent les trois gouvernements trouvés dans la maison[5].»

1. *De regimine...*, III, 1, 4, f. 242v.
2. *Ibid.*, III, 2, 27, f. 311v-312r.
3. *Ibid.*, I, 1, 9, f. 18r; cf. I, 1, 13, f. 25r.
4. Expression, on le sait, reprise de la *Somme théologique* de Thomas d'Aquin.
5. *De regimine...*, II, 2, 3, f. 173v.

Voici l'argumentation que développe Gilles de Rome. Ayant distingué tout d'abord le *regimen regale* et le *regimen politicum* – « [...] un homme commande par un pouvoir royal quand il commande selon sa volonté et selon les lois qu'il a lui-même instituées, par un pouvoir politique, quand il commande [...] selon les lois instituées par les citoyens[1] » –, il applique ces concepts à la sphère domestique : « A ces deux gouvernements dans la cité on assimile, selon le Philosophe[2], les deux gouvernements de la maison, paternel et conjugal[3]. » L'identification du premier au gouvernement royal vient de ce que le père commande à ses enfants en vertu de sa seule volonté, tandis que l'époux commande à sa femme selon les lois matrimoniales et des conventions établies. La distinction des deux modes de gouvernement, royal et politique, n'oppose donc pas, comme chez Ptolémée, la monarchie et la république, mais plutôt la monarchie héréditaire et la monarchie élective. Gilles de Rome précise, en effet, que le *regimen regale* est plus naturel que le *regimen politicum*[4]. Or c'est par ce caractère, on l'a vu, qu'il démontre, dans le troisième livre, la supériorité de l'hérédité par rapport à l'élection.

Ainsi la question, pour lui, n'est-elle pas de savoir si le gouvernement d'un seul est préférable à celui de la multitude, mais, ce point étant établi par une sorte d'évidence ontologique, s'il est plus naturel que le roi gouverne selon sa propre volonté ou selon des conventions. Ce n'est pas l'alternance au pouvoir, mais la limite de la volonté du prince qui constitue le critère décisif de partage entre les gouvernements royal et politique. A cet égard, l'analogie du *regimen conjugale* et du *regimen politicum* offrait un précieux appui, Aristote précisant que, « dans le cas du mâle et de la femelle [contrairement à la grande majorité des régimes “politiques” où l'on est tour à tour gouvernant et gouverné], le rapport de subordination existe *sans alternance*[5] ». On peut donc concevoir un pouvoir « royal » qui s'exerce de façon « politique ». Par ailleurs, à la différence de Thomas d'Aquin, Gilles ne définit pas le pouvoir despotique comme l'antithèse, mais comme un mode particulier du gouvernement royal, acceptant sans réserve la thèse aristotélicienne de la servitude naturelle

1. *Ibid.*, II, 1, 14, f. 154v-155r.
2. Cf. *Politique*, I, 12, 1259 b.
3. *De regimine...*, f. 155r.
4. *Ibid.*, f. 155v.
5. *Politique*, I, 12, 1259 b, p. 128.

des hommes privés de raison[1]. C'est cette articulation singulière des différents modes, politique, royal et despotique, du gouvernement monarchique, correspondant aux degrés de dépendance des sujets selon leur capacité d'autonomie rationnelle, qui explique la question posée par Gilles de Rome : est-il préférable, pour le royaume, d'être dirigé par le meilleur roi ou par la meilleure loi ? Question ancienne, certes[2], mais qui remet en cause, au Moyen Age, l'idée traditionnelle du *rex justus*, serviteur de la loi. Gilles de Rome lui oppose le concept d'un roi qui, non seulement *fait* la loi, mais se place éventuellement au-dessus d'elle. « Loi vivante » (*lex animata*)[3], à laquelle sont subordonnées les lois positives.

Sans doute, pour Gilles de Rome, comme pour tous les auteurs médiévaux, « le salut de l'État (*salus civitatis*) réside [-t-il] dans les lois : c'est par les lois justes que se conservent les cités et les royaumes, car les royaumes ne peuvent subsister sans justice[4] ». Le roi est donc, selon les termes mêmes d'Aristote, « gardien du juste » (*custos justi*), « instrument de la loi juste » (*organum justae legis*)[5]. A l'encontre d'Aristote, toutefois, dont il expose méthodiquement les arguments[6], Gilles soutient qu'« il vaut mieux pour un royaume être dirigé par un roi que par la loi[7] ».

Cette thèse, à vrai dire, si elle s'oppose à la théorie médiévale commune, selon laquelle *lex facit regem* (Bracton)[8] – c'est la loi qui fait le roi, et non l'inverse –, paraît d'abord assez banale. La supériorité du roi par rapport à la loi, en effet, vient de ce que celle-ci, énonçant universellement ce que chacun doit faire, ne peut déterminer tous les cas particuliers. Il appartient alors au roi de corriger, par un jugement équitable, la rigidité de la norme légale[9]. Rien là qui diffère de l'enseignement d'Aristote[10]. Mais il n'en concluait pas que la

1. *De regimine*..., II, 3, 13, f. 225r-226v.
2. *Ibid.*, III, 2, 29, 314r; cf. Platon, *Le Politique*, 294 b *sq.*; Aristote, *Éthique à Nicomaque*, V, 14, 1137 b, p. 266-268 (sur l'équitable comme correctif de la justice légale), et surtout *Politique*, III, 15.
3. *Ibid.*, I, 2, 12, f. 48v; cf. E. H. Kantorowicz, *The King's Two Bodies*, p. 134-135 (trad. fr., p. 108).
4. *Ibid.*, III, 2, 19, f. 298v-299r.
5. *Ibid.*, III, 2, 29, f. 314r.
6. *Ibid.*, f. 314r-v; cf. *Éthique à Nicomaque*, V, 14; *Politique*, III, 15.
7. *Ibid.*, f. 315r.
8. Cf. Carlyle, *op. cit.*, III, p. 38.
9. *De regimine*..., f. 315r.
10. Cf. *Politique*, III, 15, 1286 a, p. 262.

volonté du roi fût préférable à la loi. «[Bien que] la constitution qui se conforme à des lois écrites [ne soit pas] la meilleure, écrivait [Aristote], [...] il faut que cette règle universelle existe pour tous les gouvernants», car la loi est dépourvue de passion, alors que toute âme en renferme[1]. Gilles de Rome, au contraire, n'hésite pas à délier le roi de l'observation des lois écrites. Non pas, cependant, pour l'affranchir de toute légalité et l'investir d'une puissance arbitraire, mais pour l'assujettir à la loi supérieure de la nature:

> «[...] la loi positive est en dessous du prince, de même que la loi naturelle est au-dessus de lui. Si donc l'on dit qu'une loi positive est au-dessus du prince, ce n'est pas en tant qu'elle est positive, mais en tant qu'elle tient sa force du droit naturel. [...] Il est évident que [la loi naturelle] doit être supérieure au roi dans l'exercice du gouvernement, puisqu'aucun roi n'est juste (*rectus rex*) s'il ne s'appuie sur elle. [...] Mais si l'on parle de la loi positive, il vaut mieux être dirigé par un très bon roi que par une très bonne loi [...][2].»

L'*optimus rex* est celui qui, ayant purifié son intellect de toute concupiscence, se soumet à la loi divine inscrite dans la nature. Sa justice parfaite, alors, le délie des lois imparfaites. C'est parce que Aristote ne croyait pas à la possibilité d'un telle vertu qu'il préférait le pouvoir de la loi à celui du roi. Gilles de Rome s'inscrit dans le cadre d'une économie de la grâce, justifiant l'effort vers la perfection. Son «absolutisme» ne procède donc pas d'un concept juridico-politique de la souveraineté. Il trouve son fondement dans la théologie du *regimen*, qui définit le gouvernement royal à partir du modèle divin. Gouverner, pour le roi, c'est imiter Dieu. Aussi son pouvoir de changer les lois, s'il le place au-dessus du commun des hommes, le lie à l'obligation d'être un exemple d'équité. En dépit de sa formulation originale, la thèse de Gilles de Rome reproduit la réponse que Jean de Salisbury, un siècle et demi plus tôt, avait opposée aux partisans de la prérogative royale: le roi n'est au-dessus des lois que parce qu'il obéit à la loi. Nul écart entre le *rex justus* et le *rex legibus solutus*. A ce titre, il demeure responsable de ses actes devant l'autorité spirituelle[3].

1. *De regimine...*, f. 314v: «Il dit que le roi est un *intellectus cum concupiscentia*, la loi, [...] *intellectus solus*.»
2. *Ibid.*, f. 315r.
3. La contradiction, dès lors, entre le *De regimine principum* et le *De ecclesiastica potestate* (cf. *supra*, p. 180, note 1) semble plus apparente que réelle.

La nouveauté, par rapport à Jean de Salisbury, réside dans le sujet auquel s'applique ce mécanisme d'autorégulation : non plus le roi ministre du sacerdoce, « marteau de la loi » (*legis ictor*), mais le roi législateur, fondateur d'État (*legis conditor*). L'essor de la puissance monarchique, au XIIIe siècle, rendait nécessaire une recodification de la fonction royale en dehors du cadre ministériel. De là, la stratégie mise en œuvre par Gilles de Rome, fondée sur la nature et non plus sur l'Écriture. Il s'agissait de favoriser le renforcement de l'État royal, indispensable au bon ordre de la société, sans rompre avec le principe de la distinction des pouvoirs. Comment, en somme, concilier l'exigence étatique de supériorité avec la subordination du temporel au spirituel ? Cette question définit ce qu'on peut appeler le paradoxe du souverain dans la pensée religieuse : le roi doit disposer, pour imposer sa loi, de la plus grande puissance possible ; celle-ci, cependant, ne doit pas être telle qu'on ne puisse concevoir une autorité plus haute (celle de l'Église). Tout l'effort des penseurs cléricaux aura été, non, comme on le dit trop souvent, de faire barrage au progrès de l'État, mais d'inventer des formules rendant compatibles ces deux impératifs contradictoires. Deux axes se dessinent assez nettement dans leur discours : l'un éthico-juridique, l'autre « économique ». Le premier consiste, à travers l'idée d'un gouvernement de la raison, à identifier la volonté du roi, purifiée de toute passion, avec l'esprit même de la loi. C'est l'axe qui relie le prince *image de l'équité* de Jean de Salisbury au roi *loi vivante* de Gilles de Rome, et se prolonge bien au-delà d'eux. Le second déplace le problème sur le plan d'une pratique gouvernementale qui assure, *de fait*, au prince le maximum de puissance, sans la déduire, *en droit*, d'un fondement autonome. A cet égard, la théorie des modes de gouvernement, tirée du modèle de l'administration domestique (c'est-à-dire « économique »), qu'expose Gilles de Rome constitue sans doute un tournant important dont les effets se perpétueront, au XVIe siècle, dans la critique économiste par Botero du concept juridique de la souveraineté[1]. Ce dispositif de blocage du politique, lui permettant d'accroître ses forces sans s'émanciper du contrôle religieux, n'a guère été étudié jusqu'ici qu'en termes de négation ou d'évitement. Il serait temps d'analyser sa fonction effective dans la genèse de l'État moderne. Chez Gilles de Rome, l'analogie économique exposée plus haut ne traduit pas sa *difficulté* à dégager la puissance publique de la

1. Cf. M. Senellart, « La raison d'État antimachiavélienne », p. 38-40.

sphère des relations privées, mais sa *volonté* d'articuler l'exercice du pouvoir « absolu » (*legibus solutus*) à des variables sociales : capacité rationnelle des sujets, formes de propriété, utilité des compétences. De la sorte se déploie un large champ de variation de la puissance, du gouvernement « politique », conforme à une loi établie, au gouvernement « despotique », agissant par la contrainte, qui débonde par en bas, si l'on peut dire, la puissance limitée par en haut. Ainsi la volonté du roi est-elle soumise à la loi de nature. Mais il est également conforme à la raison naturelle que les uns servent les autres et leur obéissent : « La servitude a été introduite en vue de l'utilité humaine et du bien commun[1]. » Exercer un pouvoir despotique, dès lors, entre virtuellement dans le cadre du *regimen* royal.

Le verrouillage interne de la volonté royale par la loi de nature conduit donc, chez Gilles de Rome, à une conception du gouvernement très différente de celle de Jean de Salisbury. Alors que celui-ci balançait la suprématie législative du prince par le code du Deutéronome, annulant par là toute revendication de prérogative prétendant se soustraire à l'autorité religieuse, Gilles de Rome, qui se place sur le terrain d'une argumentation purement naturaliste, accentue les effets de domination résultant de l'affranchissement de la *potestas* à l'égard des lois positives. Glissement, à l'intérieur d'une même vision du monde finalisée par le salut, d'une éthique de la soumission à une « physique » de la puissance (dans les limites, bien sûr, imposées par le concept scolastique de *nature*). Jean de Salisbury repliait sur la loi divine la volonté *legibus soluta* du prince. Gilles de Rome effectue le même geste, mais déploie, entre la volonté du prince et le concept normatif de la loi, l'espace différencié des choses. Ainsi est-ce en vertu de la loi même de nature qu'il devient possible, non seulement de changer les lois établies, mais encore d'agir sans loi, par la coercition. En autorisant le prince à exercer son pouvoir de façon despotique (à l'égard des sujets dépourvus de raison), Gilles de Rome ouvre une brèche dans la théorie juridique de la royauté et, le premier, l'articule à un principe « économique ».

Le schéma des modes de gouvernement n'offrait pas seulement une grille conceptuelle adaptée aux aspirations de la monarchie française. Il permettait également de réduire, par la justification de la contrainte, l'écart entre la tradition augustinienne et la doctrine d'Aristote (n'oublions pas que Gilles de Rome appartenait à l'ordre

1. *De regimine*..., f. 319r ; cf. II, 3, 13-14 et spécialement f. 226v.

des Ermites de saint Augustin). Cette piste, qui aiderait peut-être à mieux comprendre les rapports entre le *De regimine principum* et le *De ecclesiastica potestate*, ne peut être explorée ici. Remarquons simplement que, s'il adopte, sur le plan théorique, une position radicalement opposée à celle de Ptolémée de Lucques, Gilles de Rome s'inscrit en fait dans le même espace stratégique. L'un et l'autre utilisent les mêmes éléments discursifs, mais les font fonctionner en sens inverse, selon leur contexte politique respectif. L'argumentation républicaine de Ptolémée relativise, en faveur des cités italiennes, l'universelle nécessité de la contrainte royale, alors que Gilles de Rome, tout en affirmant l'excellence naturelle, au regard des fins temporelles, de la communauté politique, y introduit des modalités despotiques de gouvernement. Étrange chassé-croisé de thèses augustiniennes et aristotéliciennes, qui interdit d'analyser l'émergence des secondes, à la fin du XIIIe siècle, en termes de simple rupture avec les premières[1].

* * *

D'Augustin à Gilles de Rome, c'est moins la conception du pouvoir que les conditions d'exercice du *regimen* qui se sont radicalement modifiées. Au Ve siècle, l'Église remplit sa mission pastorale à l'intérieur des limites de l'Empire romain. La chrétienté, en quelque sorte, se confond avec l'Empire sans pour autant que l'État s'identifie avec la société religieuse. Dans le grand débat – qui traverse par exemple *La Cité de Dieu* – sur les rapports entre l'Église et la *res publica*, la position commune est celle qu'exprime saint Optat de Milève : « Ce n'est pas la *res publica* qui se trouve dans l'Église, mais l'Église dans la *res publica*, c'est-à-dire dans l'Empire romain[2]. » Augustin lui-même assiste à l'effondrement de cette structure politico-juridique sous la poussée des barbares qui la brisent définitivement à la fin du Ve siècle. On entre alors dans ce monde morcelé, mélangé, instable auquel l'Église s'est efforcée de donner, sous sa direction, une unité. L'expérience, absolument nouvelle dans l'histoire, de l'instauration d'un gouvernement religieux, non plus sur de petites communautés de fidèles, mais sur des populations entières, commence dans ces siècles obscurs. Elle se développera

1. Cf., dans ce sens, R. A. Markus, « Two Conceptions of Political Authority ».
2. Cité par G. de Lagarde, *op. cit.*, I, p. 32, note 3.

sans véritable obstacle jusqu'au XIe siècle, où elle se heurtera à la résistance des nouveaux centres de pouvoir, l'Empire, les monarchies naissantes. Le monde dans lequel Grégoire le Grand, à la suite de Gélase, affirme le principe de la distinction des deux puissances, marque la transition entre l'universalité de l'État romain et l'absence d'État : monde mêlé de peuples chrétiens et païens. L'absorption de l'État par l'Église est bientôt un fait accompli. Renversement de la formule d'Optat de Milève : la *res publica*, désormais, est dans l'Église ; plus exactement, elle est l'Église elle-même. Au IXe siècle, les évêques ne distinguent plus qu'un seul domaine, le « corps de l'Église », où s'exercent les deux pouvoirs, spirituel et temporel. A cet égard, le rétablissement de la puissance impériale par Charlemagne ne change rien : la *renovatio imperii* ne s'effectue pas au nom de l'ancienne Rome contre la papauté, mais dans le cadre des structures ecclésiologiques créées par la Rome papale. Charlemagne était un souverain chrétien dirigeant le peuple chrétien.

Ce point est essentiel pour comprendre l'éthique royale exposée dans les *Specula* carolingiens. Il ne s'agissait pas alors pour le prince de gouverner un « État », au sens territorial du mot, ni tel ou tel peuple, franc, lombard ou autre, mais un *populus* défini par une communauté de croyance, dont tous les membres étaient égaux au regard de Dieu, son véritable souverain. Gouverner, dès lors, consistait (sur le plan séculier) à protéger ce peuple et à lui assurer la paix afin qu'il puisse œuvrer à son salut. La conception du ministère royal n'a de sens que dans le cadre d'une société se représentant elle-même sous la forme du peuple de Dieu, et non comme une communauté politique parmi d'autres dans une humanité divisée. Ce qui caractérise le *regimen* du haut Moyen Age est qu'il tend à maintenir la paix d'un peuple unique, indifférent au reste du monde.

Toute différente sera la politique des États lorsque, entrant en compétition les uns avec les autres, ils devront affirmer leur puissance. Ou plutôt, c'est alors que naîtra la politique moderne. Celle-ci, à la différence du *regimen* qui présuppose l'unité du tout, se déploie sur fond de pluralité. Elle se met en action quand à l'harmonie (naturelle ou contrainte) des désirs se substitue la concurrence des forces. Or la paix de la société chrétienne ne résulte pas d'un équilibre précaire des forces. Elle repose sur une finalité commune, que symbolise la vertu du prince : la société trouve son unité en s'identifiant à son dirigeant, lui-même image de Dieu. De là, la fonction capitale de l'exemplarité sans laquelle l'axe téléologique qui va du peuple à Dieu à travers la personne du prince serait rompu. D'une certaine façon, on peut dire que la vertu est aussi nécessaire au *regimen* que le calcul et l'habileté à la politique.

Nous avons vu comment, chez Thomas d'Aquin et Gilles de Rome, la théorie du *regimen* s'était dégagée du cadre ministériel, pour s'ajuster, au prix d'une ample refonte, à la réalité nouvelle du *regnum*: moment d'équilibre fragile, où le droit du prince se concentre tout entier dans sa fonction directive. De plus en plus, les nécessités matérielles du *regnum* tendront à supplanter les conditions éthiques du *regimen*, jusqu'à lui imposer leur loi. C'est alors que le *regimen* cédera la place au « gouvernement », ordonné non plus à l'accomplissement de fins morales, mais à la seule conservation de l'État. Il serait faux de voir dans le second la simple sécularisation du premier. Le passage du salut à la sécurité, comme finalité de l'action gouvernementale, suppose une recomposition totale du champ discursif, qui ne se laisse pas analyser dans les termes d'un schéma évolutif. Mais il ne serait pas moins erroné, selon une habitude solidement établie, d'expliquer cette mutation par la seule « rupture » machiavélienne, comme si celle-ci, dissipant les ténèbres médiévales, avait mis en lumière, d'un seul coup, le concept de l'État. Aussi fracassante qu'ait été l'intervention de Machiavel, elle n'en appartient pas moins à un âge où la distinction de l'État et du gouvernement n'est pas encore fixée. Il faut comprendre la nouveauté de Machiavel, non pas à partir de l'État, mais bien plutôt sur fond de son absence.

TROISIÈME PARTIE

Secret

I

Calculer

CHAPITRE 1

Du monde visible au monde prévisible

A. Le tournant machiavélien

Le XVIe siècle voit s'affirmer, avec Machiavel, l'art de l'« État » (*arte dello stato*). Il est clair que l'on n'assiste pas, tout d'un coup, à l'invention de la politique comme domaine spécifique des choses humaines – cette découverte, on l'a vu, remonte au XIIIe siècle –, mais à une redéfinition des règles du gouvernement selon des critères de succès, dissociés de la perspective du salut. Comment expliquer cette mutation ? Suffit-il d'évoquer la dislocation, à la fin du Moyen Age, de la société chrétienne, l'effondrement du principe d'unité qui la soutenait, tant sur le plan spirituel que politique, la montée en puissance des particularismes étatiques ? D'un mot, peut-on se contenter de substituer l'État à l'Église, comme structure dominante de discipline sociale, pour comprendre la révolution intellectuelle qui s'opère en quelques décennies ? Ce serait oublier un peu vite l'étroite imbrication du politique et du théologique jusqu'à la fin du XVIIe siècle et méconnaître le lien réel entre la création de l'État moderne et le réveil violent, en Europe, des passions religieuses : l'État, en tant que puissance souveraine, constitue une réponse spécifique, rigoureusement située, même si elle s'enracine dans une histoire longue [1], aux guerres civiles confessionnelles de la seconde moitié du XVIe siècle [2]. Or ce problème était étranger à Machiavel. Il est donc nécessaire de préciser ce que signifie chez lui le *stato*, qui n'est pas encore l'État, afin de

1. Cf. M. Gauchet, *op. cit.*, p. 214-231.
2. Cf. G. Oestreich, « The structure of the absolute state », in *Neostoicism and the Early Modern State*, p. 258-273 ; cf. *infra*, à propos des *Politiques* de Juste Lipse.

mieux saisir la nature de l'effet machiavélien sur l'art de gouverner [1].

Le mot était d'usage courant dans la littérature politique du XVe siècle pour désigner le pouvoir d'un homme ou d'un groupe à la tête de la cité. Ainsi parlait-on du *stato de'Medici* [2]. C'est dans ce sens d'autorité, de prééminence, circonscrit au *sujet* du pouvoir, que Machiavel l'emploie le plus souvent. L'expression *mantenere lo stato* [3], pour le prince, est alors synonyme de *se mantenere nel suo stato* [4] – « se maintenir dans sa position ». *Stato* renvoie donc à l'intérêt propre du prince, distinct de celui de la cité, quand il ne lui est pas contraire. Machiavel cite, dans les *Histoires florentines*, un exemple illustre de ce conflit d'intérêts :

> « Quelques citoyens disant [à Cosme de Médicis (1389-1464)], après son retour d'exil, que c'était gâter la ville et offenser Dieu, que d'en chasser tant de gens de bien, il répliqua que "mieux valait une ville gâtée qu'une ville perdue, que deux ou trois aunes de drap rouge suffisaient pour faire un homme de bien, et qu'enfin les états (*stati*) ne se conservent pas en disant son chapelet (*coi paternostri*)" [5]. »

Comme on le voit, *stato*, dans cette acception, n'a pas un sens purement descriptif. Il appartient au vocabulaire de l'art de dominer et s'oppose au concept humaniste de la politique, définie comme art de la cité. *Stato* désigne ensuite, assez fréquemment, le domaine – territoire et population – sur lequel s'exerce la domination [6]. Prendre possession de territoires nouveaux, c'est acquérir des *stati* [7]. Au cardinal de Rouen qui lui déclare que les Italiens n'entendent rien à la guerre, Machiavel répond que les Français, quant à eux, *non si*

1. Sur le concept de *stato* chez Machiavel, cf. F. Chabod, « Alcune questioni di terminologia : Stato, nazione, patria nel linguaggio del Cinquecento » (1957), in *Scritti sul Rinascimento*, p. 625-637 ; J. H. Hexter, « *Il Principe* and "lo stato" », *Studies in the Renaissance*, 4, 1957, p. 113-138 ; F. Gilbert, *Machiavelli and Guicciardini*, p. 177 ; M. Viroli, *op. cit.*, p. 129-131.

2. Cf. exemples de l'occurrence du mot chez L. B. Alberti, *I primi tre libri della famiglia* (1432-1434), III, qui critique sévèrement les citoyens qui « desiderano lo stato » par ambition, cupidité et désir de puissance (*in* M. Viroli, *op. cit.*, p. 97-99).

3. *Le Prince*, chap. 19, p. 390.

4. *Ibid.*, chap. 2, p. 262.

5. *Histoires florentines*, VII, 6, in *OC*, p. 1297.

6. Sur l'identification, usuelle dans la langue diplomatique, de *stati* avec « possessions », cf. N. Rubinstein, « Notes on the Word *stato* in Florence before Machiavelli », p. 321.

7. *Le Prince*, chap. 3, p. 266.

entendevano dello stato[1], n'ayant su, en dépit de leur supériorité militaire, conserver leurs conquêtes en Italie. *Stato*, enfin, signifie également le régime ou la forme constitutionnelle du gouvernement (*stato libero*, par exemple, pour la république). Ce n'est qu'en d'assez rares occasions que *stato* correspond au sens moderne de structure de pouvoir indépendante de ceux qui en ont la charge. Concept flexible, donc, mais déjà inscrit dans des pratiques de langage différenciées. Aussi, quand Machiavel, évoquant son activité politique passée[2], écrit à Francesco Vettori qu'on verrait « [par *Le Prince*], si seulement on le lisait, que les quinze années [qu'il a] vouées au soin de l'*arte dello stato*, [il ne les a] ni dormies ni jouées[3] », faut-il entendre *stato* avant tout – comme en témoignent les lettres et rapports qu'il rédigea durant cette période – dans le premier et le deuxième sens. Voyons maintenant quelle conception du gouvernement en découle.

Machiavel, dans *Le Prince*, subordonne la moralité à la nécessité[4]. La conservation de son *stato* par le prince exige qu'il sache faire la bête[5] – « être renard pour éviter les pièges, et lion pour effrayer les loups[6] ». De la sorte, justifiant la ruse, la dissimulation, la cruauté pour « conserver un État récemment conquis[7] », Machiavel ne renverserait pas seulement la hiérarchie de l'*honestum* et de l'*utile*, considérée par les humanistes, à la suite de Cicéron[8], comme la norme de l'action politique, il romprait radicalement avec la tradition des Miroirs des princes, qui fondait le bon gouvernement sur la

1. *Ibid.*, p. 278 : « n'entendent rien aux affaires » (trad. Ch. Bec). C'est une maladresse à la limite du contresens de rendre ici *lo stato*, comme l'ont fait beaucoup de traducteurs, par « la politique ». Sur ce point, cf. *infra*, p. 214, note 1.

2. Machiavel (1469-1527) avait été nommé en juin 1498 secrétaire – exerçant les fonctions de chef – de la deuxième chancellerie de Florence (département des affaires intérieures et de la guerre), charge qu'il cumula, un mois plus tard, avec le secrétariat des Dix, qui supervisaient le pouvoir des deux chancelleries. Il effectua, quatorze ans durant, de très nombreuses missions, en Italie, en France et en Allemagne. Entraîné dans la chute de la république en 1512, il perdit tout emploi et fut contraint à un exil de plusieurs années, pendant lesquelles il composa ses œuvres majeures. Cf. R. Ridolfi, *Machiavel* – qui reste, à ce jour, la meilleure biographie.

3. Lettre du 10 décembre 1513, in *Toutes les Lettres de Machiavel*, t. 2, p. 370.

4. *Le Prince*, chap. 15, p. 363 : « [...] il est nécessaire à un prince, s'il veut se maintenir, d'apprendre à pouvoir ne pas être bon, et à en user et n'en pas user selon la nécessité. »

5. *Ibid.*, p. 376 : « Sapere bene usare la bestia. »

6. *Ibid.*, p. 377.

7. *Ibid.*, chap. 4, p. 281.

8. Cf. *De officiis*, livre II.

vertu. Ainsi s'achèverait le genre des *Specula*, ne réfléchissant plus, soudain, qu'une image illusoire et s'annulant dans l'irréalité même de son objet. Par son parti pris de réalisme, *Le Prince* marquerait l'irruption d'un discours totalement neuf sur la politique, la constituant en sphère d'action autonome par rapport au domaine spirituel, régie par les seules lois de la vie des États.

Une telle lecture, largement répandue, se heurte cependant à plusieurs objections. Sans insister sur l'image stéréotypée des *Specula* qu'elle reproduit complaisamment, on peut faire observer a) que, loin de produire un concept neuf de la politique dans *Le Prince*, Machiavel n'y emploie jamais ce terme ni l'adjectif correspondant, sans cesse utilisés en revanche dans les *Discours sur la Première Décade de Tite-Live* [1], mais ne traite que du *stato* du prince : rigoureuse séparation des registres lexicaux – celui de l'*arte dello stato* et celui du *vivere politico* – qui oblige à resituer *Le Prince* dans les conventions discursives de son temps et à l'analyser selon l'axe de sa propre logique conceptuelle ; b) que Machiavel s'inscrit luimême, de façon tout à fait explicite, dans le champ de la littérature des Miroirs des princes, pour s'en démarquer certes – « laissant de côté les choses qu'on a imaginées à propos d'un prince et discourant de celles qui sont vraies [2] » – mais en utilisant le cadre rhétorique forgé par les auteurs du Quattrocento : jeu d'une écriture singulière à l'intérieur d'une structure traditionnelle, qui en subvertit le fonctionnement tout en conservant certains agencements thématiques ; c) que la rupture machiavélienne n'a pas fait basculer d'un bloc l'ancien art de gouverner, ordonné à des fins éthiques, mais l'a contraint à se transformer en profondeur afin de concilier les principes de la moralité avec les maximes du réalisme étatique : une grande partie du discours de la raison d'État, à la fin du XVIe siècle, se déploie sur ce plan médian issu du choc entre le verbe acerbe de Machiavel et la parole édifiante des précepteurs royaux.

1. Cf. M. Viroli, *op. cit.*, p. 131, qui, rappelant ce point essentiel à la suite de D. Sternberger (*Machiavellis « Principe » und der Begriff des Politischen*, Wiesbaden, 1974, p. 35), conclut : « *Le Prince* fut certainement un ouvrage profondément novateur, mais il ne contient pas de nouvelle interprétation de la politique » ; cf. également, du même, « Machiavelli and the republican idea of politics », p. 160. La bibliographie sur la relation problématique entre *Le Prince* et les *Discours* est considérable. On se reportera avec profit, pour s'orienter, à l'article de H. Baron, « Machiavelli : the Republican Citizen and the Author of *The Prince* ».
2. *Le Prince*, chap. 15, p. 363.

Les Politiques de Juste Lipse (1589), qui constituent, on le verra, un véritable traité du gouvernement de l'État, et non plus simplement un manuel du prince, offrent un exemple remarquable de cette volonté de synthèse [1].

Il est indispensable, par conséquent, d'examiner le rapport que *Le Prince* entretient avec la tradition des *Specula*, afin de mettre en évidence, à côté des éléments de continuité, les points précis qui forment la ligne de rupture machiavélienne. Ce travail ayant été engagé de façon remarquable par Felix Gilbert [2], puis, dans une perspective quelque peu différente, par Quentin Skinner [3], je partirai ici de leurs analyses.

1. Qui désigne Machiavel, au début du chapitre 15, dans le célèbre passage où, récusant l'idéal du prince parfait, il expose son but – « écrire des choses utiles » – et sa méthode – « suivre la vérité effective des choses plutôt que l'idée que l'on s'en fait » [4] ?

> « Il reste maintenant à voir quels doivent être les manières et les comportements d'un prince avec ses sujets et ses amis. Parce que je sais que nombreux sont ceux qui ont écrit là-dessus, je crains, en en écrivant moi aussi, d'être jugé présomptueux en m'éloignant, surtout en débattant de ce sujet, des positions d'autrui [5]. »

Machiavel ajoutant peu après : « Nombreux sont ceux qui se sont imaginé des républiques et des monarchies dont on n'a jamais vu ni su qu'elles aient vraiment existé », beaucoup de commentateurs interprètent ces lignes comme une critique de *La République* de Platon et des Miroirs des princes médiévaux. Elles visent surtout, en

1. Un autre exemple est offert par G. Botero, *Della ragion di Stato*, II, 1, f. 55v, qui définit ainsi les rapports entre morale et politique : « La morale donne la connaissance des passions communes à tous, la politique enseigne comment tempérer ou seconder ces passions et les effets qui en découlent chez les sujets, avec les règles du bon gouvernement (*con le regole del ben governare*). »

2. « The Humanist Concept of Prince and the *Prince* of Machiavelli » (1939). Cf. p. 451, note 3, son commentaire précis et nuancé du livre d'A. H. Gilbert, *Machiavelli's « Prince » and Its Forerunners*, qui, examinant *Le Prince* chapitre par chapitre, entend montrer qu'il constitue « a typical book "de regimine principum" ». Pour une critique plus sévère de cet ouvrage, cf. E. Cassirer, *Le Mythe de l'État*, p. 208-209, qui lui reproche de dénier toute originalité au *Prince*.

3. *The Foundations of Modern Political Thought*, t. 1, p. 118-138.

4. *Le Prince*, chap. 15, p. 363.

5. *Ibid.*

réalité, les auteurs italiens qui, dans la seconde moitié du XVe siècle, avaient redéfini les critères éthiques du bon gouvernement. De 1300 à 1450, en effet, aucun trait nouveau n'avait été introduit, en Italie, dans le portrait théorique du prince. Peu de titres, pendant cette période, dans l'histoire du genre, relégué au second plan par l'essor d'une littérature d'esprit républicain[1]. Mais, vers le milieu du XVe siècle, la vague démocratique qu'avait soulevée la lutte des cités contre l'Empire avait reflué presque partout et, Venise faisant exception, cédé la place à des gouvernements autocratiques[2]. Le résultat de cette extension des despotismes locaux fut le glissement de la pensée politique humaniste du républicanisme à l'apologie de la monarchie. « De toute évidence, cependant, écrit F. Gilbert, c'était un nouveau type de prince qui était né en Italie. Le *condottiere* fondateur de dynastie et la famille qui s'élevait à une position dominante dans sa propre cité étaient des phénomènes qui n'avaient pu se produire que dans un monde autosuffisant d'États entièrement indépendants. La théorie politique était confrontée au problème de légitimer cette nouvelle sorte de prince et de l'assimiler au concept médiéval, encore vivant, de la royauté. Le nouvel intérêt pour le principat impliquait l'existence de nouveaux problèmes sans précédents[3]. » Réorientation dont témoignent les ouvrages suivants : le *De regis et boni principis officio* de Diomede Carafa (Naples, vers 1480)[4], le *Principis Diatyposis* de Baptista Seccus Platina (vers 1481), le *De regno et regis institutione* de Francesco Patrizi (entre 1481 et 1484), le *De majestate* de Giuniano Majo (vers 1492)[5], le *De principe* de Giovanni Pontano (vers 1503)[6], le *De officiis principis* de Poggio Bracciolini (1504) – manuels du prince auxquels il convient d'ajouter le célèbre *Livre du courtisan* de Baldassar

1. Sur l'émergence à Florence, au début du XVe siècle, d'un mouvement d'idées exaltant la liberté de la cité et représenté, en particulier, par Coluccio Salutati, Leonardo Bruni et Leon Battista Alberti, cf. H. Baron, *The Crisis of the Early Italian Renaissance*, qui le désigne par le nom d'« humanisme civique » ; présentation et analyse critique de la thèse de H. Baron, *in* Q. Skinner, *op. cit.*, t. 1, p. 69-71. Cf. mon article, « Républicanisme, bien commun et liberté individuelle : le modèle machiavélien selon Q. Skinner ».
2. Cf. J. Burckhardt, *La Civilisation de la Renaissance en Italie*, t. I, chap. 3, « La tyrannie au XVe siècle ».
3. Art. cité, p. 456.
4. *Ibid.*, p. 468-469.
5. *Ibid.*, p. 466-468.
6. *Ibid.*, p. 466.

Castiglione (1513)[1], dont la quatrième partie constitue un authentique *Speculum principis*, ou, plus en amont, le *Momus, ou le Prince* de Leon Battista Alberti (1447)[2]. Ce sont ces traités qui constituent l'ensemble au sein duquel s'inscrit *Le Prince* de Machiavel. Par son objet, sa forme générale et son système conceptuel, il offre avec eux de multiples ressemblances. Faire ressortir cet « air de famille » permet de mieux voir en quoi réside, hors de tout modèle, sa radicale singularité.

2. Parmi les écrits que l'on vient de citer, certains, tels les traités de Platina et de Patrizi, portent l'empreinte directe du *De regimine principum* de Gilles de Rome[3]. A leur tour, ils cherchent à décrire le prince idéal, exemple de vertu pour ses sujets, garant de la justice et de la paix : c'est l'archétype du *rex justus* qui domine encore la littérature humaniste[4]. Ils distinguent également les aspects personnel et institutionnel de la royauté, tout en accordant plus d'importance aux premiers qu'aux seconds. D'autres Miroirs du prince, de dimension plus réduite, ne consistent d'ailleurs qu'en de simples catalogues de vertus[5].

En dépit des apparences, cet accent mis sur les vertus individuelles du prince ne reflète pas une attitude médiévale. Il prolonge plutôt le geste par lequel, à la Renaissance, Pétrarque et les premiers humanistes florentins avaient redonné vie à la figure antique du *vir virtutis*[6]. Alors que le *rex justus* de la tradition chrétienne devait mépriser les honneurs, la gloire et la renommée et n'aspirer qu'aux récompenses célestes[7], c'est l'acquisition de ces biens temporels qui

1. Cf. la réédition récente de ce texte par A. Pons, avec une importante introduction (voir *infra*, la bibliographie).

2. Traduction récente, là encore, excellemment introduite par P. Laurens (voir la bibliographie).

3. Cf. F. Gilbert, art. cité, p. 461-462.

4. Sur les caractères de l'*optimus rex* selon Patrizi, cf. M. Viroli, *op. cit.*, p. 118-120.

5. Voir les manuels de Majo, Poggio Bracciolini, Pontano ; cf. F. Gilbert, art. cité, p. 462.

6. Sur la redécouverte par Pétrarque de cette notion d'origine cicéronienne, cf. Q. Skinner, *op. cit.*, t. 1, p. 87-89 ; sur le concept de *virtus* comme accomplissement de soi – l'excellence humaine totale – et l'idéal d'*uomo universale* qui en découlait, cf. *ibid.*, p. 88-94. Q. Skinner souligne en particulier le caractère radicalement antiaugustinien de cette conception de l'homme qui magnifie sa dignité.

7. Thomas d'Aquin, *De regno*, I, 7, trad. fr. p. 67, critique Cicéron (*De re publica*, V, 7) selon qui « le pouvoir de la cité doit se nourrir de gloire » ; cf. également Gilles de Rome, *op. cit.*, I, 1, 8 et 9 : « Qu'il ne convient pas à la majesté royale de placer sa félicité dans les honneurs » ni « dans la gloire ou la renommée ».

constituait l'ambition de l'« homme de vertu ». A l'encontre de la culture d'humilité prêchée par l'Église, l'effort de vivre selon la *virtus* – en exerçant ses plus nobles capacités – trouvait sa justification, pour les humanistes, dans l'accès aux délices de la gloire[1]. Idéal héroïque, lié à l'éveil du sentiment nouveau de l'individualité décrit par Burckhardt[2], et que revendique avec enthousiasme pour le prince l'un des interlocuteurs du *Cortegiano*. Il ne convient pas, dit-il, à un noble prince de s'occuper de tous les détails du gouvernement « ni de combattre seulement pour dominer et vaincre ceux qui méritent d'être dominés », mais d'entreprendre de grandes œuvres qui le rendent « très glorieux dans la paix et dans la guerre », à l'exemple d'Alexandre, des Romains et d'Hannibal[3]. Machiavel lui-même, dans le dernier chapitre du *Prince*, affirme qu'inventer de nouvelles lois et de nouvelles institutions est ce qui fait le plus honneur à un homme nouvellement surgi : ce n'est pas le plaisir de dominer, mais l'amour de la gloire qui doit animer le fondateur d'État[4].

Qu'est-ce qui rend si difficile, et par conséquent digne d'éloges, cette quête de l'excellence ? La principale cause d'échec, pour la plupart des auteurs, réside dans le pouvoir capricieux de la Fortune. Sans doute restait-elle souvent perçue, à la suite de Boèce[5], comme l'agent inexorable de la Providence divine. Avec le retour des valeurs classiques, cependant, elle avait retrouvé chez les humanistes son rôle de puissance tantôt favorable, tantôt hostile à l'homme, laissant un champ réel à sa liberté d'action. Mais tandis que certains, tel Pontano dans son *De Fortuna*, soulignent sa bienveillance à l'égard des plus vertueux[6], c'est sa nature destructrice qu'accuse, parmi beaucoup d'autres, l'auteur du *Cortegiano* : « La fortune est aujourd'hui

1. Cf. par exemple Alberti, *Della famiglia* (1432-1434), *in* Q. Skinner, *op. cit.*, p. 101.
2. *La Civilisation...*, t. 1, 2e partie, « Développement de l'individu ».
3. *Le Livre du courtisan*, IV, § XXXVI, p. 362-363.
4. *Le Prince*, chap. 26, p. 439.
5. *Consolation de la philosophie*, livre II ; cf. J. G. A. Pocock, *The Machiavellian Moment*, p. 36-39 ; Q. Skinner, *Machiavel*, p. 53-54.
6. Cf. Q. Skinner, *The Foundations...*, *op. cit.*, t. 1, p. 120. Le sentiment de Pontano, néanmoins, reste empreint d'un certain pessimisme. Cf. la lettre de F. Vettori à Machiavel du 15 décembre 1514 (*Toutes les Lettres*, t. 2, p. 395) : « Je viens de lire le livre que Pontano a fait paraître récemment sur la fortune [...] : il y démontre clairement que ni le talent, ni la sagesse, ni les autres vertus de l'homme ne servent celui que dessert la fortune. »

encore, comme elle l'a toujours été, contraire à la vertu[1]. » La *virtus*, ainsi, indépendamment de son contenu éthique[2], apparaît comme l'ensemble des qualités qui rendent un homme capable d'affronter la Fortune. Elle est une force, engagée dans un combat permanent. La dialectique de la *virtus* et de la Fortune, autour de laquelle s'organise la pensée de Machiavel, forme donc le noyau stable du discours politique humaniste. Ce qui ne veut pas dire que Machiavel, ici, ait manqué de génie propre. Bien au contraire, c'est sur ce thème conventionnel qu'il a fait preuve de l'audace la plus saisissante. On n'en prend toute la mesure, cependant, qu'en montrant quelle distance sépare l'éthique gouvernementale humaniste de celle des Miroirs des princes médiévaux.

Du fait de la distinction, inscrite dans la doctrine ministérielle, entre la personne et l'office, le prince, s'il était tenu à des devoirs spécifiques, restait un homme, égal à tous les autres. Aussi les vertus dont il devait faire preuve étaient-elles celles de chacun. Simplement, occupant la fonction la plus éminente dans la société, il fallait qu'il les possédât au plus haut degré. L'identité des vertus privées et des vertus publiques découlait du principe même de l'exemplarité, qui obligeait le prince, modèle vivant aux yeux de ses sujets, à être l'image de la perfection – *imago Dei*. La transcendance de sa position, de la sorte, n'impliquait aucune rupture avec la morale commune. Sans doute, avec le progrès des valeurs aristocratiques, cette articulation de la majesté et de l'humilité se desserra-t-elle assez tôt. Elle trouve cependant son expression la plus achevée dans le traité de Gilles de Rome, qui reformule l'ancien idéal pastoral dans le vocabulaire de l'éthique d'Aristote. Non seulement, en effet, faisant du gouvernement de soi la condition du gouvernement des autres, Gilles met sur le même plan morale individuelle et morale politique[3], mais encore, après avoir dressé un tableau général des vertus,

1. *Le Livre du courtisan*, dédicace, p. 9 ; cf. p. 21, l'exemple du duc Guidubaldo (1472-1508) : par ses vertus et son merveilleux naturel, « il commença à donner de telles promesses qu'il semblait impossible d'en attendre autant d'un homme mortel [...]. Mais la fortune, envieuse de tant de vertu, s'opposa de toute sa force à un si glorieux commencement [...] ».

2. Pour l'analyse de ce dernier (vertus cardinales de l'antiquité et vertus chrétiennes, auxquelles s'ajoutent, pour le prince, la libéralité, la magnificence, la clémence et l'honneur), cf. Q. Skinner, *The Foundations...*, t. 1, p. 126-128, et *Machiavel*, p. 68-69.

3. *De regimine...*, I, 1, 3, f. 6v : « Lorsqu'un homme se dirige (*regit*) droitement lui-même, il est digne de devenir le dirigeant (*rector*) et le maître des autres. Car

il affirme que le roi doit les posséder toutes, conformément à la doctrine traditionnelle de l'unité des vertus[1]. Si l'on excepte les hommes qui, dépourvus de toute *prudentia*, sont naturellement voués à la servitude[2], ce ne sont pas des vertus spéciales, mais les degrés de bonté qui différencient le prince et ses sujets. Avec Aristote[3], Gilles de Rome distingue quatre degrés parmi les hommes de bien : les persévérants, les continents, les tempérants, les divins (c'est-à-dire ceux qui font preuve d'une *virtus heroica*). « [...] Il ne suffit pas que les rois et les princes, pour exercer justement le pouvoir, évitent tous les degrés du mal : faiblesse, incontinence, intempérance, bestialité. Il faut qu'ils se tiennent au plus haut degré du bien[4]. » C'est pourquoi, voulant dominer les autres, il est nécessaire qu'ils soient « pour ainsi dire des hommes divins[5] ». L'idéal héroïque, loin de se suffire à soi, comme celui de la Renaissance, dans la réalisation d'une *forme* belle, est ici entièrement régi par le principe d'exemplarité. Appliquant aux quatre degrés précédents la distinction, tirée de Plotin et de Macrobe[6], entre les différents degrés de vertus – vertus politiques, purifiantes, vertus de l'esprit purifié, vertus exemplaires[7] –,

---

celui qui possède la prudence, et toutes les autres vertus dont traite ce livre, est digne de commander (*principari*). »

1. *Ibid.*, I, 2, 31, f. 83v : « Aussi bien les saints que les philosophes s'accordent dans l'opinion qu'il faut que les vertus soient connexes entre elles. Qui possède une vertu, disent-ils, les possède toutes ; et qui manque d'une vertu, manque de toutes. » Sur la différence entre les conceptions aristotélicienne et stoïcienne de l'inséparabilité des vertus, cf. Th. Deman, *op. cit.*, appendice II, p. 422-423.

2. *Ibid.*, I, 1, 3, f. 6v.

3. *Éthique à Nicomaque*, VII, 1, 1145 a.

4. *De regimine...*, I, 2, 32, f. 88r.

5. « Quasi homines divini » (*ibid.*, f. 88v) ; cf. Aristote, *Éthique à Nicomaque*, *ibid.* Expression à rapprocher de la formule « rex semi deus » (cf. *supra*, IIe partie, p. 197, note 3).

6. Plotin, *Ennéades*, I, 2 ; Macrobe, *Commentaire sur le songe de Scipion*, I, 8.

7. *De regimine...*, I, 2, 33, f. 88v : « [...] les vertus exemplaires sont en Dieu lui-même. Les vertus politiques sont les vertus acquises, par lesquelles les hommes se conduisent bien dans les choses humaines. Mais les vertus purifiantes et celles de l'esprit purifié sont les vertus infuses, par lesquelles chacun se rapporte à Dieu. [...] Certains tendent à la ressemblance divine et s'en approchent ; on dit qu'ils possèdent les vertus purifiantes. D'autres ont déjà atteint cette ressemblance ; on dit qu'ils possèdent les vertus de l'esprit purifié. » En adaptant symétriquement les degrés de vertus aux degrés des biens, Gilles, me semble-t-il, déplace sciemment la distinction plotinienne du plan mystique au plan philosophique (les philosophes, en effet, ne parlent que des vertus acquises). A la différence de Macrobe, cependant, qui voulait montrer, contre Plotin, que les vertus politiques permettent d'atteindre le bonheur complet, réhabilitant ainsi la philosophie cicéronienne de la *vita activa*, Gilles ne fait pas le procès de la vie contemplative : le roi, selon lui, doit conjuguer les deux modes

Gilles de Rome écrit: «Nous disons donc que les persévérants possèdent les vertus politiques [celles qui, selon Plotin, modèrent les passions], les continents, les vertus purifiantes, les tempérants, les vertus de l'esprit purifié, et les divins, les vertus exemplaires[1].» Par ces dernières, ajoute-t-il, les hommes divins doivent servir de règle et de modèle (*exemplar*) aux autres. Telle est la fonction du prince: «[Celui-ci] doit montrer un si haut degré de vertu que chacun de ses sujets, voyant la vie et la perfection de celui qui le dirige, sache ainsi comment se conduire et connaisse ses propres défauts[2].»

La vertu supérieure du prince se déduit donc de sa visibilité permanente. C'est Thomas d'Aquin, le premier, qui, substituant la *virtus efficax* du prince à sa perfection exemplaire, rompit avec ce schéma. Dans le traité de *La Prudence*, en effet, il demande si la prudence privée, qui regarde le bien propre, est de même espèce que la prudence politique, qui s'étend au bien commun[3]. Sans doute Aristote dit-il que «la vertu de l'homme de bien est identique à la vertu du bon prince[4]». Toutefois, explique Thomas, «[il] dit au même endroit: "L'homme de bien doit pouvoir commander et bien obéir." C'est pourquoi la vertu du bon prince est comprise aussi dans la vertu de l'homme de bien. Mais la vertu du prince et du sujet diffère spécifiquement, comme aussi la vertu de l'homme et de la femme [...][5].» Car à des fins diverses correspondent des habitus distincts. L'article suivant précise cette différence: la prudence est-elle dans les sujets ou seulement dans les princes? Question assez surprenante au regard de la précédente. Mais la prudence, ici, est prise au sens de vertu impérative[6]. Citant Aristote – «Seule la prudence est la vertu propre du prince. Les autres vertus sont communes aux sujets et aux princes[7]» –, Thomas commente: «[...] la vertu de prudence n'est pas la vertu du sujet en tant que sujet[8].» Si «tout homme [en effet] en tant qu'être raisonnable exerce une part de gouvernement (*participat*

de vie, actif et contemplatif. Sur la critique par Macrobe de la doctrine plotinienne des vertus, cf. M. Viroli, *op. cit.*, p. 14-17.

1. *Ibid.*, f. 89r.
2. *Ibid.*, f. 90r.
3. *Somme théologique*, qu. 47, art. 11, titre, p. 55.
4. *Politique*, III, 4, 1277 a.
5. *Somme théologique*, *ibid.*, p. 58.
6. Cf. *ibid.*, 2a-2ae, qu. 47, art. 8, sur ce caractère de la prudence.
7. *Politique*, *ibid.*
8. *Somme théologique*, qu. 47, art. 12, p. 62.

aliquid de regimine) selon le jeu libre de sa raison[1] », « [...] il est manifeste qu'il n'appartient pas au sujet en tant que sujet [...] de diriger et de gouverner, mais plutôt d'être dirigé et gouverné[2] ». De là sa conclusion : « [...] la prudence est dans le prince à la façon d'un art architectonique[3] et dans les sujets à la manière d'un art manuel[4]. » Hiérarchisation des types de vertus selon leur objet, d'une nouveauté incontestable par rapport à l'échelle continue des degrés de perfection qu'exposait encore Gilles de Rome : s'y introduit l'idée que la compétence gouvernementale relève d'un art spécial, avec sa technicité propre. Art *architectonique*, cependant, la prudence « royale » ne saurait entrer en contradiction avec la prudence « politique » des sujets, le bien commun étant la condition du bien particulier. La diversité des espèces de prudence, ainsi, se ramène à une différence dans le degré d'universalité :

> « [...] les mêmes actions à accomplir sont considérées par le roi selon une raison plus universelle que par le sujet, qui obéit : à un seul et même roi beaucoup en effet obéissent en divers emplois. Et c'est pourquoi la prudence royale est à [la] prudence politique [...] comme un art architectonique à l'art manuel[5]. »

La question posée par Thomas d'Aquin, après une longue période de latence, resurgit avec force à la fin du XVe siècle. Tous les auteurs de Miroirs, alors, dressant la liste des vertus du prince, se demandent si elles ne diffèrent pas essentiellement de celles des sujets. Comme l'écrit Patrizi dans son *De regno* : « Autres sont les vertus du roi, autres celles des particuliers[6]. » Ainsi oppose-t-il la magnificence du prince, qui seule peut lui valoir les plus grands éloges, à la frugalité, compagne de la tempérance et de la modestie, qui honore le citoyen[7]. N'y voyons pas, bien entendu, une influence tardive de la scolastique – ce sont les valeurs d'une société de cour, éprise de dépense, de fête et de jeu, qui s'expriment ici[8] –, ni même, simplement, l'effet du retour à l'éthique glorifiant la noblesse du *vir virtutis*,

1. Cf. *ibid.*, qu. 50, art. 2, p. 126.
2. *Ibid.*, qu. 47, art. 12, p. 62.
3. Cf. *Éthique à Nicomaque*, VI, 8, 1145 b.
4. *Somme théologique*, p. 62.
5. *Ibid.*, qu. 50, art. 2, p. 127.
6. *De regno*, III, 1 ; cité par F. Gilbert, art. cité, p. 464, note 34.
7. Cité par F. Gilbert, *ibid.*, p. 465, note 37.
8. Cf. B. Castiglione, *op. cit.*, p. 361.

mais celui, plus profondément, d'une transformation de l'économie symbolique du pouvoir. Le prince ne donne plus à voir, du haut de sa *majestas*, les signes exemplaires de son *humilitas*. C'est dans sa propre manière d'être, son maintien, son langage, son attitude à l'égard d'autrui qu'il déploie sa majesté[1]. Nouvelle visibilité qui met la règle, le code, l'artifice, inscrits dans la personne même du prince, au service de la domination. Loin de marquer une étape dans la genèse de l'État comme entité abstraite, cette esthétique du pouvoir implique une intense personnalisation du *stato* princier. En dépit de tout ce qui sépare l'idéal humaniste du réalisme machiavélien, c'est là que se noue leur étroite connexion. « Le *Quattrocento*, écrit F. Gilbert, en concentrant l'attention sur les problèmes éthiques du principat et donc sur les caractéristiques personnelles du prince, fit naître une tendance qui culmina dans l'idée de Machiavel que le facteur vital et déterminant en politique était la personnalité du prince[2]. » Les fameux chapitres 15 à 19, dans lesquels Machiavel montre comment le prince, pour assurer son succès, doit savoir user de l'apparence et transgresser les règles de la morale commune, ne feraient de la sorte qu'élargir jusqu'à sa limite extrême la distance introduite par les humanistes entre les vertus civiles et la *virtus* princière. Par là, toutefois, Machiavel ne se contentait pas de radicaliser un thème conventionnel. Il faisait, délibérément, voler en éclats le noyau même de l'éthique humaniste. Alors que, pour celle-ci, le concept de *virtus* se laissait définir par une série de qualités stables (le prince *virtuosus* devant se montrer fidèle, clément, libéral, munificent, etc.), Machiavel, l'inscrivant dans une pure dynamique de rapports de force, lui retire toute réalité substantielle.

3. Avant l'invasion française de 1494 qui mit fin à l'isolement de l'Italie[3], l'exposant à « toutes les calamités dont les malheureux mortels sont habituellement affligés » (Guichardin)[4], les Florentins croyaient à la possibilité de contrôler les événements par la raison. En soumettant ses désirs au calcul rationnel, on pouvait choisir la voie moyenne (*via di mezzo*) qui, dans le cours instable des choses,

1. Cf. Pontano, *De majestate*, dont une grande part est consacrée au comportement du prince, soumis à l'observance d'un rigoureux cérémonial ; cf. F. Gilbert, art. cité, p. 466.
2. Art. cité, p. 464.
3. Sur cet événement d'une portée considérable dans l'histoire politique italienne, cf. F. Gilbert, *Machiavelli and Guicciardini*, p. 257-259.
4. *Histoire de l'Italie*, cité par Q. Skinner, *The Foundations...*, t. 1, p. 113.

assurait un succès durable. Ainsi la *virtus* permettait-elle de se concilier la *fortuna*[1]. 1494 vit surgir, au cœur du jeu politique, la force brutale, impétueuse et destructrice – tel le fleuve furieux auquel Machiavel compare la fortune[2]. « Avant 1494, écrit Guichardin, les guerres étaient longues, les batailles peu sanglantes et les moyens d'enlever une place forte lents et difficiles [...]. Les Français vinrent en Italie et ils introduisirent dans la guerre une grande rapidité[3] », bouleversant l'ancien échiquier territorial. Machiavel, de même, évoque dans son *Art de la guerre* « les terreurs subites, les fuites précipitées et les miraculeuses défaites » de 1494[4]. De simple composante de l'action politique, avec les lois et la diplomatie, qu'elle était jusqu'alors, la force devint le facteur décisif. C'est à la puissance de ses armes, désormais, qu'il fallait évaluer tout pouvoir[5]. Les contemporains vécurent ce choc comme le passage soudain d'un monde ordonné, régi par la Providence, à un monde de violence, traversé de forces aléatoires et menaçantes.

De là, chez Machiavel, une triple transformation des rapports entre *virtus* et *fortuna*. Rapport agonistique, tout d'abord, et non plus statique : il ne suffit plus d'être homme de bien, prudent, *virtuosus*, pour mériter les faveurs de la fortune, selon le vieil adage que « la fortune aide les braves ». Il faut la combattre, par un effort de chaque instant : « [...] la fortune manifeste sa puissance, là où il n'y a pas de vaillance (*virtù*) préparée pour lui résister[6]. » Machiavel, cependant, ne fait ici qu'accentuer, avec l'énergie résolue qui le caractérise, une tendance inscrite dans la sensibilité de son temps. Plus importante est la deuxième transformation, qui découle de la précédente, mais marque un réel écart par rapport au discours humaniste : le glissement du concept éthico-politique de *virtus* à celui de *virtù*, chargé de connotations guerrières[7], atteste que la réalité n'est plus perçue comme l'espace harmonieux où se déploient les perfections singulières, mais comme le théâtre d'une bataille permanente. Mais surtout,

1. Cf. F. Gilbert, *op. cit.*, p. 37-42.
2. *Le Prince*, chap. 25, p. 431.
3. *Avertissements politiques*, LXIV, p. 68.
4. *L'Art de la guerre*, VII, 17, in *OC*, p. 900-901.
5. Cf. l'ironie de Machiavel à l'égard de Savonarole, « prophète désarmé » (*Le Prince*, chap. 6, p. 295).
6. *Ibid.*, chap. 25, p. 431.Cf. *Capitolo de la Fortune*, in *OC*, p. 82.
7. Cf. Q. Skinner, *The Foundations...*, t. 1, p. 129, note 2, ainsi que les traductions du *Prince* de Ch. Bec, p. 47, et d'Y. Lévy (Flammarion, « GF »), p. 198, note 2.

il rompt toute continuité entre le prince et ses sujets. L'exercice des fonctions publiques ne réclame plus simplement d'autres vertus que la conduite de la vie privée. C'est la *virtù* même du prince, sans cesse mise au défi, qui l'isole des hommes, désireux avant tout de vivre en paix, sans crainte d'être opprimés, et de jouir tranquillement de leurs biens[1]. La *virtù*, ainsi, ne désigne plus une forme supérieure de qualification éthique, mais l'attitude créative, propre à l'homme d'État, à rebours de la passivité des sujets. Par les forces qu'il exige, le combat avec la fortune se concentre désormais dans le *stato*. Étatisation, donc, du rapport, autrefois personnel, entre *virtus* et *fortuna*. Troisième transformation : la conservation du *stato* étant la fin de la *virtù*, celle-ci, paradoxalement, n'implique plus la mise en œuvre de qualités constantes, mais une extrême mobilité d'esprit. « Il faut que [le prince] ait un esprit disposé à tourner selon ce que les vents de la fortune et les variations des choses lui commandent[2]. » Formule stupéfiante dans un genre attaché à définir les préceptes réguliers de l'action gouvernementale. Il s'agissait, jusqu'alors, d'offrir au prince une image idéale de lui-même qui lui serve de point fixe dans le remous des circonstances. C'est ce postulat platonicien, d'après lequel l'action, pour s'orienter, doit se conformer à un modèle préétabli, que Machiavel rejette absolument. Il n'y a pas de norme universelle de la *virtù*, parce que son domaine est celui, instable, en perpétuelle mutation, des choses soumises au mouvement du temps. La dissociation machiavélienne de l'action politique d'avec la morale, si souvent imputée, par ses censeurs, à une perverse délectation de dominer, trouve ici, loin de toute hypothèse diabolisante, sa véritable nécessité. Elle vient de ce que l'homme est lié, dans chacun de ses choix, à une multitude de fils temporels, qui forment comme un réseau de variables qualitatives. Ainsi Machiavel explique-t-il, dans une page remarquable, que « la variation du bien (*la variazione del bene*) » dépend « du caractère des temps (*dalla qualita de' tempi*) »[3] :

1. Cf. *Le Prince*, chap. 9, p. 323 : « [Le peuple] ne demande que de ne pas être opprimé » ; chap. 17, p. 373 : « [...] les hommes oublient plus vite la mort de leur père que la perte de leur patrimoine » ; chap. 19, p. 383 : « Chaque fois qu'à l'ensemble des hommes on n'ôte ni bien ni honneur, ils vivent satisfaits (*vivono contenti*). »
2. *Ibid.*, chap. 18, p. 379.
3. *Ibid.*, chap. 25 (trad. citée d'Y. Lévy, plus précise ici que celle de Ch. Bec).

> « Est heureux celui dont la façon de procéder répond aux caractères du temps (*le qualita de' tempi*), [...] malheureux celui avec les procédés de qui le temps est en désaccord[1]. »

C'est dans cette conscience extrêmement moderne, non de la nécessaire conjonction des intentions et des conditions – lieu commun de la littérature prudentielle –, mais de la radicale temporalité des entreprises humaines, enchevêtrées dans les circonstances, que réside l'explication de la relativité des moyens par rapport aux fins. « La fin justifie les moyens » : cette maxime, supposée résumer l'esprit du machiavélisme, n'est pas de Machiavel[2]. Il convient en revanche de dire que, la fin étant posée, les moyens sont relatifs à la diversité des temps. D'où l'impossibilité de donner un contenu substantiel à la *virtù*, puisqu'elle ne maîtrise la fortune que dans la mesure où elle sait s'adapter au changement des choses. Bien plus, elle n'est rien d'autre que l'art de « changer de nature avec le temps (*si mutassi di natura con li tempi*)[3] ».

« [...] en toutes choses il faut considérer la fin, et non les moyens », écrit Machiavel à Soderini en 1513, peu après leur chute commune, développant la thèse qu'il soutient dans le chapitre 25 du *Prince*. Moins percutant, peut-être, mais plus explicite que dans sa forme ultérieure, ce texte peu connu mérite d'être cité longuement :

> « J'ai constaté que des conduites opposées aboutissaient à un seul et même résultat, que bien des gens agissant différemment obtenaient les mêmes effets. [...] Je crois que la nature, tout comme elle a donné aux hommes divers visages, leur a pareillement donné divers esprits et diverses fantaisies. Il en résulte que chacun se comporte suivant son génie et sa fantaisie ; comme d'autre part, les époques elles-mêmes et les conjonctures se trouvent diverses, l'homme qui voit réussir *ad votum* tous ses désirs, l'homme fortuné, est celui qui a la chance de rencontrer la minute propice à son comportement ; et contrairement, l'infortuné est celui dont le comportement ne tombe pas d'accord avec le temps et la conjoncture.
>
> « De quoi il peut fort bien découler que deux hommes qui se comportent de manière opposée aboutissent à un seul et même résultat, parce que chacun d'eux peut avoir rencontré sa chance, les conjonctures

1. *Ibid.* ; cf. F. Guichardin, *op. cit.*, XXXI, p. 51.
2. Cf. M. Senellart, « La raison d'État antimachiavélienne », p. 15, note 1.
3. *Le Prince*, chap. 25, p. 433.

possibles étant aussi innombrables que les provinces et les États. Mais les temps et les dites conjonctures changeant sans cesse, tant dans l'universel que dans le particulier, et les hommes ne modifiant point leurs fantaisies ni leurs façons de se comporter, il s'ensuit qu'on rencontre la fortune un jour amie, un jour ennemie.

« Et vraiment celui qui serait assez sage pour avoir connaissance du temps et de la conjoncture propices, et pour se régler sur eux, aurait toujours fortune amie, ou du moins se garderait toujours de l'ennemie, et le dicton se trouverait véridique que "le sage commande aux astres et aux destins". Mais comme ces sages-là n'existent pas, les hommes ayant la vue courte, et étant incapables de commander à leur nature, il s'ensuit que c'est la fortune qui change, commande aux hommes et les tient sous le joug[1]. »

Le refus de toute normativité morale, dans la conduite du gouvernement, ne procède donc pas chez Machiavel d'une obscure malignité, même s'il se complaît souvent, par goût du paradoxe, à des formulations extrêmes, mais d'une vision pragmatique, lucide et conséquente. Soumettre l'action à une règle immuable, c'est lui faire manquer son but, ou l'exposer à ne l'atteindre que par chance. Tout précepte de sagesse péchant par sa généralité, il faut renverser la thèse traditionnelle : ce n'est pas en demeurant soi-même qu'on peut résister à la mobilité de la fortune, mais en étant mobile qu'on peut faire « qu['elle] ne change pas[2] ». Principe dont découle la nécessaire séparation de l'être et du paraître. L'apparence s'inscrit dans le système de relations spatiales, de la proximité familière à la distance altière, qui régit les échanges symboliques entre le prince, ses proches et ses sujets. Elle répond au besoin d'un code commun, sans lequel aucune cohésion politique ne serait possible. Ainsi le prince doit-il veiller à sa réputation, « fuir le mauvais renom des vices qui lui ôteraient le pouvoir[3] », « s'ingénier que l'on perçoive dans ses actions de la grandeur, du courage, de la gravité, de la fermeté[4] », « participer parfois aux réunions [des corporations de la cité] [et] donner de soi des exemples d'humanité et de magnificence, en maintenant toujours néanmoins la majesté de son rang[5] ». Le paraître, en tant que tel, n'a donc pas pour fonction de tromper, mais d'entretenir

1. Lettre 116, in *Toutes les Lettres*..., t. 2, p. 326-327.
2. *Le Prince*, chap. 25, p. 433.
3. *Ibid.*, chap. 15, p. 365.
4. *Ibid.*, chap. 19, p. 383.
5. *Ibid.*, chap. 21, p. 417.

une « opinion[1] » – fondée ou fabriquée – qui assure la circulation des signes entre le prince et le peuple. Continuum qui masque, en même temps, la radicale extériorité du pouvoir, et affranchit le prince du devoir d'être ce qu'il paraît. L'artifice du semblant, par conséquent, loin d'être contraire à la *virtù*, en est la condition :

> « Si on a [les qualités susdites] et qu'on les observe toujours, elles sont néfastes ; si on paraît les avoir, elles sont utiles ; comme de paraître miséricordieux, fidèle à sa parole, humain, honnête, religieux, et de l'être ; mais avoir l'esprit tout prêt, s'il faut ne pas l'être, à pouvoir et savoir changer du tout au tout[2]. »

Vidée de sa substance éthique, la *virtù* se dissout donc en une pure multiplicité d'attitudes possibles. C'est là, sans aucun doute, que réside l'aspect le plus révolutionnaire de la pensée machiavélienne[3]. Sa critique corrosive du *prince parfait*, toutefois, ne saurait s'expliquer en termes de simple réalisme. A l'utopique pouvoir que les philosophes prêtent à la vertu – la lettre à Soderini, sur ce point, est encore plus éloquente que *Le Prince* –, Machiavel, en effet, oppose une contre-utopie : le vrai prudent, capable d'annuler la fortune en variant avec elle, n'existe pas[4]. Un tel art exige un don de prévoyance exceptionnel et une discipline de soi aussi improbable chez un prince que la sainteté ou l'excellence morale. Ainsi, c'est là où Machiavel subvertit le plus radicalement la tradition éthique des *Specula*, avec une étonnante hardiesse intellectuelle, qu'il se montre le plus proche de l'esprit du genre, en proposant au prince, non pas un simple recueil de maximes habiles, mais le modèle d'un héros impossible. Figure limite qui met à nu les conditions de l'action dans un monde livré à la pure immanence, mais appartient encore, en dépit de sa force implosive, au discours circulaire des Miroirs. *Le Prince*, aussi conscient soit-il des dures exigences du *stato*, n'est pas un traité du gouvernement de l'État. Il demeure un manuel du prince, qui renvoie celui-ci à sa propre image, idéale ou glorieuse.

1. Cf. par exemple, *ibid.*, chap. 19, p. 383 : « Le prince qui donne cette image (*questa opinione*) de lui-même est fort réputé. »
2. *Ibid.*, chap. 18, p. 379.
3. Cf. F. Gilbert, *op. cit.*, p. 195.
4. Cf. *Le Prince*, chap. 25, p. 433 : « On ne trouve pas d'homme assez sage (*prudente*) pour savoir s'accommoder à cela. »

On pourrait croire qu'en exhortant le prince à simuler et dissimuler[1] Machiavel le soustrait à l'espace de la visibilité, pour l'isoler dans l'ombre du secret. Mais il n'en est rien. Le « politique invisible » dont parlera Bacon[2], un siècle plus tard, suppose l'existence d'une puissante machine d'État, qui obéisse avec promptitude aux ordres du souverain[3]. Or le *stato*, chez Machiavel, se confond avec le prince. C'est pourquoi il ne peut échapper, même si c'est pour en jouer, à l'impératif d'être vu :

> « Les hommes en général jugent plus selon leurs yeux que selon leurs mains ; car chacun a la capacité de voir, mais peu celle de ressentir. *Chacun voit ce que vous paraissez*, peu ressentent ce que vous êtes. Ce petit nombre n'ose pas s'opposer à l'opinion du grand nombre (*alla opinione di molti*), qui a la majesté de l'État (*la maestà dello stato*) pour le soutenir[4]. »

Le passage de l'exemplarité à la gestion habile de l'opinion s'effectue donc au sein d'une économie du visible dont le prince constitue le foyer. C'est avec l'essor de l'absolutisme que l'exigence de visibilité sera transférée de la personne du prince (*être vu*) à l'espace social (*tout voir*). Rupture décisive dans l'art gouvernemental, qui l'entraînera alors vers d'autres bords que la technologie machiavélienne du faire et du paraître. Celle-ci constitue une réponse rationnelle, fortement individualisée, au surgissement de la contingence dans un monde ordonné, jusque-là, selon des normes intemporelles. Récusant tout ordre providentiel, l'art du prince lui substitue, par la maîtrise de la fortune, un ordre stratégique du prévisible. Avec

1. *Ibid.*, chap. 18, p. 378 : « essere gran simulatore e dissimulatore ». C'est là, déjà, un *topos* classique à l'époque de Machiavel. Outre la formule souvent répétée de Louis XI, « Qui nescit dissimulare, nescit regnare » – qui ne sait pas dissimuler, ne sait pas régner –, cf. L. B. Alberti, *Momus*, p. 108-111. Le « machiavélisme » précède donc Machiavel – preuve, si besoin était, que la nouveauté du second ne réside pas dans le premier.

2. *Essais*, XXI, p. 115. Cet essai date de la troisième édition de 1625.

3. *Ibid.* : « Il faut toujours bien peser [...] si l'occasion est mûre ou ne l'est pas ; et, règle générale, dans toute entreprise importante, il sied de confier le commencement aux cent yeux d'Argus et la fin aux cent mains de Briarée : guetter d'abord, puis faire vite. Car le casque de Pluton, qui rend les politiques invisibles, est le secret dans le conseil et la promptitude dans l'exécution ; en effet, quand on en vient à l'exécution, le meilleur secret est la promptitude : c'est le mouvement de la balle dans l'air, qui vole si rapidement que l'œil ne la peut suivre. »

4. *Le Prince*, chap. 18, p. 381.

Les Politiques de Juste Lipse, qui marquent une nouvelle étape dans l'histoire du gouvernement, la virtuosité du prince habile cesse d'être la clé du jeu politique. Replacée dans une conception globale de l'État comme instrument de discipline, elle se trouve réduite à un rôle secondaire et strictement codifié. C'est alors que la figure du prince commence à s'effacer derrière les mécanismes complexes de la puissance.

B. Les *Politiques* de Juste Lipse[1] : une technologie de l'autorité

Les *Politicorum sive civilis doctrinae libri sex* furent publiés à Leyde, où Lipse, bénéficiant du régime de tolérance établi par Guillaume d'Orange, enseignait l'histoire et le droit depuis 1578. Dès sa parution en 1589 – la même année que la *Ragion di Stato* de Botero –, l'ouvrage connut un immense succès : réédité près d'une quarantaine de fois au XVIIe siècle, il fut traduit, en vingt ans, dans les principales langues européennes[2]. Nul doute qu'il ait été l'un des textes les plus lus de la littérature politique de ce temps. En dépit de l'oubli dans lequel il est tombé ensuite[3], il apparaît – grâce aux travaux décisifs de Gerhard Oestreich[4] – comme un témoin capital de la nouvelle rationalité étatique, affranchie des valeurs de salut, mais en quête de ses propres normes, qui se met en place à la fin du XVIe siècle. Par sa conception néo-stoïcienne des conditions et des fins de l'action gouvernementale, il joue un rôle majeur dans la formation de l'*ethos* disciplinaire[5] sur lequel, au sortir des guerres de

1. La meilleure biographie de Lipse (1547-1606) – qui fut célébré en son temps comme le « prince des savants » – reste celle d'É. Amiel, *Un publiciste du XVIe siècle : Juste Lipse* ; cf. également L. Zanta, *La Renaissance du stoïcisme au XVIe siècle*, chap. 1 ; G. Oestreich, *Antiker Geist und moderner Staat bei Justus Lipsius*, p. 49-60. Sur *Les Politiques* de Lipse, cf. ma communication au colloque *Le Stoïcisme aux XVIe et XVIIe siècles*, p. 109-130, dont ce chapitre offre une version abrégée.

2. On en recense 96 éditions jusqu'au XVIIIe siècle.

3. Sur les raisons de cet oubli, cf. ma communication citée ci-dessus.

4. *Geist und Gestalt des frühmodernen Staates ;* trad. anglaise revue et corrigée, *Neostoicism and the Early Modern State ;* cf. également, *supra*, note 1.

5. Sur la notion de « disciplinarisation », centrale dans l'analyse de G. Oestreich, cf. mon article, « Michel Foucault : "gouvernementalité" et raison d'État », p. 294-295.

religion, s'est fondé l'État absolu[1]. Véritable manuel de politique pratique, il constitue, dans l'histoire des arts de gouverner, un maillon essentiel entre les *Specula principum*, dont il reproduit certaines conventions, et les traités sur la raison d'État. J'examinerai, dans le prochain chapitre, le traité du juriste allemand Arnold Clapmar, *De arcanis rerum publicarum* (1605), qui, se réclamant de Lipse, inaugure en Allemagne le débat sur cette dernière. La comparaison avec les *Considérations politiques sur les coups d'État* (1639) de Gabriel Naudé, à propos des concepts de *prudence* et de *secret*, fera ressortir la différence entre deux types de rationalité politique, l'une orientée vers la constitution d'une science positive de l'État, l'autre vers une théâtralisation mystique de la souveraineté. C'est dans la première perspective qu'il faut resituer *Les Politiques* de Juste Lipse.

a. *Structure*[2] *et finalité*

L'ouvrage se compose de six livres que, selon l'image d'Oestreich, on peut regrouper en trois cercles[3]: 1) le premier correspond à l'État comme institution morale: il comprend les livres I et II, où Lipse expose les fondements généraux de l'éthique politique et les vertus nécessaires au prince; 2) le deuxième définit l'État comme institution de commandement ayant pour fin de maintenir l'ordre et la paix civile: ce sont les livres III et IV, consacrés à la prudence gouvernementale; 3) le troisième, enfin, formé des livres V et VI, englobe les questions militaires relatives à l'État comme institution de puissance.

Lipse établit, dès le prologue, un lien explicite entre *Les Politiques* et le *De constantia*, publié en 1584:

> «Comme dans les deux livres *De la constance* nous avons formé les peuples à patience et obéissance, aussi notre intention en cette œuvre-ci a été de montrer aux princes comment ils doivent gouverner[4].»

1. Cf. G. Oestreich, *Geist und Gestalt...*, p. 35-79: «J. Lipsius als Theoretiker des neuzeitlichen Machtstaates». Cf. *Neostoicism...*, chap. 2, 3 et 4.
2. Sur la forme assez déroutante du traité, formé d'une compilation de citations d'auteurs antiques, et les raisons de ce procédé, cf. ma communication déjà citée.
3. *Antiker Geist...*, p. 40 et 112-113.
4. Trad. Le Ber modifiée.

La lecture des *Politiques* présuppose donc celle du *De constantia*, non seulement parce que la doctrine du gouvernement complète celle de l'obéissance des sujets, mais parce qu'elle trouve son fondement éthique dans la vertu même de constance. Le *De constantia*, en effet, s'adresse autant aux gouvernés qu'aux gouvernants. Véritable traité de la vie active « au milieu des malheurs publics[1] », il avait marqué le retour de Lipse à la philosophie après quinze ans de travaux historiques et philologiques[2]. Le sérieux de celle-ci, selon lui, loin de consister en savantes spéculations, était d'aider à vivre dans un temps de calamités. Ainsi le *De constantia* vise-t-il à la constitution d'un sujet autonome au sein des désordres extérieurs, capable, par sa force d'âme, d'agir en accord avec la raison, en même temps qu'il l'invite à l'obéissance. Paradoxe apparent, tout homme n'ayant de pouvoir que pour autant qu'il se plie à la nécessité des choses. L'obéissance n'est pas moins requise des sujets que des princes, mais elle demeure passive chez les uns, soumis à une volonté extérieure, tandis qu'elle lie les autres à leur propre raison. Comme l'écrit Sénèque, cité par Lipse au début des *Politiques* : « Si vous voulez assujettir toutes choses à vous, soyez sujets à la raison. Vous en gouvernerez beaucoup d'autres si la raison vous gouverne[3]. »

L'éthique stoïcienne de la discipline de soi, telle que Lipse l'expose dans le *De constantia*, est donc la condition de la politique. Celle-ci, en effet, exige une grande fermeté d'âme, car elle est sans cesse exposée aux périls. S'il n'y a rien « de plus grand, parmi les hommes, que d'en voir un seul commander à tous (*unum praeesse pluribus*)[4] », il n'y a pas non plus d'art plus difficile.

> « Quelle lourde peine est-ce, de retenir et contraindre tant de têtes avec une seule tête, et ranger doucement sous quelque joug commun d'obéissance cette grande multitude inquiète, désunie et turbulente[5] ? »

1. Tel était son titre complet : *De constantia libri duo qui alloquium praecipue continent in publicis malis*.
2. Cf. le prologue des *Politiques* ; G. Oestreich, *Antiker Geist...*, p. 70.
3. Citation extraite des *Lettres à Lucilius*. Elle ne figure pas dans l'édition française de 1597 (trad. de S. Goulart). Je remercie J. Lagrée de m'avoir communiqué le texte de cette dernière.
4. *Politiques*, épître dédicatoire.
5. *Ibid.*, f. 2v (trad. S. Goulart).

Toute la difficulté du gouvernement réside dans l'indocilité naturelle des hommes, qui ne peuvent « souffrir la raison et encore moins la servitude[1] ». Ce n'est pas la relation abstraite du roi au peuple, ni la domination du prince sur un territoire, mais le commandement de l'homme par l'homme qui est au centre de la problématique de Lipse[2]. De là, la préférence qu'il accorde à la prudence sur l'exemple et la force : « [...] il est plus facile d'avoir la raison de tous les autres animaux que d'y ranger l'homme [...]. Il y faut donc de la prudence, et croire que c'est la seule et unique vertu de celui qui a commandement[3]. »

Cette démarche est-elle réellement originale ? A travers le vocabulaire stoïcien qui lui est propre, Lipse ne tente-t-il pas, simplement, de concilier le moralisme des Miroirs des princes avec la sombre anthropologie de Machiavel ? La combinaison de vertu et de prudence qu'il recommande au prince pour « tenir le droit chemin en cette mer émue et agitée[4] » ne serait alors qu'une vaine tentative de compromis entre deux logiques incompatibles. Double discours, voué à masquer ses contradictions par une rhétorique habile et qui tomberait, par conséquent, dans la catégorie du machiavélisme honteux. Le lieu de la politique lipsienne, en fait, est très différent. Elle doit se comprendre par rapport aux mouvements révolutionnaires de son temps, issus de la Réforme, contre lesquels elle ne propose ni une pédagogie de l'exemple, ni un usage cynique du stratagème, mais une technologie de l'*autorité*. C'est cette dernière, en effet, avec la dialectique de la force et de l'incitation qu'elle met en œuvre, qui constitue son véritable objet. En un siècle où les conflits religieux sont cause des plus grands désordres, l'État doit prendre en charge la fonction autrefois dévolue à l'Église. Dans la doctrine médiévale des deux glaives, le prince, chargé de la discipline des corps, exerçait la *potestas*, et l'Église, responsable du soin des âmes, l'*auctoritas*. Toute l'évolution du pouvoir séculier, depuis le XIIIe siècle, avait consisté à libérer la *potestas* de la tutelle de l'*auctoritas*. L'autonomisation de l'État, ainsi, s'était confondue avec la concentration, matérielle et symbolique, de la puissance. Or celle-ci

1. *Ibid.*, III, 1, f. 50r.
2. Cf. *ibid.*, épître, f. 3r.
3. *Ibid.*, III, 1, f. 50r.
4. *Ibid.*, épître, f. 3r.

était désormais menacée, non par l'autorité de l'Église, mais, à l'inverse, par les effets dévastateurs de son éclatement. Il revenait donc à l'État de recréer, par ses propres moyens, une structure d'autorité qui lui assure le contrôle des corps et des âmes.

> « On a vu (et c'était une chose risible à voir) des fous, que celui qui les gardait faisait semblant d'attacher avec un fil, rester là, comme s'ils eussent été liés par les plus fortes chaînes : telle est la folie de ceux qu'un fil d'opinion attache à une partie de la terre[1]. »

Folie au regard du philosophe, qui se sait citoyen du monde, mais nécessité au regard du politique. Il s'agit bien de renforcer le « fil d'opinion » qui lie les sujets à leur prince, de telle sorte qu'ils lui obéissent sans réserve « étant nous qui sommes commandés, par une étroite et forte chaîne, liés et attachés avec celui qui commande[2] ». Au-delà du stéréotype – « tel prince, tel peuple » –, l'image de la chaîne révèle une transformation importante. La relation d'autorité, si elle implique toujours la vertu du prince, n'est plus pensée en termes de visibilité exemplaire, mais de solidarité mécanique. Aussi « vertu » doit-il être entendu au sens de *virtus*, vigueur, énergie, puissance de mouvoir. C'est pourquoi elle a besoin, pour se communiquer, des artifices de la prudence.

> « La prudence est toujours plus assurée [pour le gouvernement de l'État] qu'une bien raide puissance […], parce que c'est un frein propre pour ramener les volontaires au giron de l'obéissance. Il est impossible de dompter et apprivoiser les autres animaux sans user de quelque industrieux traitement. Et vous penserez venir à bout de l'homme, qui est le plus difficile et le plus sauvage animal de tous, et qu'il faut manier avec le plus d'artifice[3] ? »

On reconnaît chez Lipse un certain nombre de thèmes communs à la pensée calviniste : l'asociabilité et la méchanceté naturelles des hommes, l'État comme institution séculière de contrainte, l'importance d'une discipline rigoureuse, tant au niveau individuel que collectif, la dépersonnalisation du gouvernement, réduit à un office nécessaire pour le maintien de l'ordre. Mais alors que Calvin ne voyait dans la répression étatique que « la première pierre d'un système politique

1. *De constantia*, p. 47.
2. *Politiques*, épître, f. 3v.
3. *Ibid.*, III, 1, f. 49v.

chrétien[1] », subordonnant la société à la souveraineté de Dieu, Lipse combat les implications subversives de cette doctrine et se place, quant à lui, sur un plan strictement rationnel. « Déthéologisation[2] », donc, de l'*ethos* disciplinaire, qui passe, on va le voir, par l'élaboration d'une théologie naturelle sur le modèle stoïcien et vise à affranchir l'État des conflits d'interprétation religieuse. C'est par rapport à cet arrière-plan confessionnel, en tant que milieu de pensée et contexte de crise, que se comprend la politique lipsienne, dont la position à l'égard de Machiavel ne représente, en fait, qu'un aspect assez secondaire.

b. *La prudence civile*

La prudence, selon Lipse[3], étant le guide de la vertu, c'est elle qui constitue le véritable objet de la science du gouvernement. Il la définit, à la suite de Cicéron[4], comme « l'intelligence et discrétion[5] des choses que l'on doit désirer ou fuir », soit en privé (prudence domestique), soit en public (prudence civile)[6]. La prudence civile, à son tour, se divise en prudence propre et prudence étrangère (ou empruntée)[7]. Aucun prince n'ayant assez de prudence propre pour gouverner son État, il est nécessaire qu'il s'appuie sur celle de ses conseillers et officiers[8]. La prudence propre, enfin, se divise en prudence civile (dans un sens plus technique, cette fois) et prudence militaire, analysées dans les livres IV et V.

On ne prête attention, le plus souvent, qu'aux chapitres 13 et 14 du livre IV, qui traitent de la prudence mêlée (*prudentia mixta*). Cette partie de l'ouvrage, où Lipse, appliquant au prince la métaphore du lion et du renard[9], justifie « quelque sorte d'honnête et louable

1. M. Walzer, *La Révolution des saints*, p. 63. Cf. Théodore de Bèze : « Le vrai but des polices bien dressées n'est pas la tranquillité de cette vie [...], mais la gloire de Dieu, à quoi même toute la vie présente doit viser » (*ibid.*, p. 108).
2. Sur les questions liées à ce concept, cf. H. Blumenberg, *Die Legitimität der Neuzeit*, Francfort-sur-le-Main, 1966.
3. *Politiques*, I, 2.
4. *De officiis*, I, 43, 153.
5. Sur cette notion, cf. *supra*, IIe partie, chap. 4, p. 177.
6. *Politiques*, I, 7.
7. *Ibid.*, III, 2.
8. *Ibid.*, III, 3-11.
9. Cf. Machiavel, *Le Prince*, chap. 18, p. 377 ; M. Stolleis, « Löwe und Fuchs. Eine politische Maxime im Frühabsolutismus », in *Staat und Staatsräson in der frühen Neuzeit*, p. 21-36.

tromperie[1] » dans la conduite des affaires de l'État, témoignerait de son « machiavélisme mitigé[2] ». « De quelle main, écrit-il à propos de l'auteur du *Prince*, n'est aujourd'hui frappé ce pauvre misérable ? » Une telle lecture, cependant, participe elle-même de l'histoire du machiavélisme[3]. C'est en se dégageant des effets de perspective produits par cette dernière que l'on peut reprendre à nouveaux frais l'analyse de la prudence lipsienne. Loin de n'échapper aux lieux communs que par sa classification, assez timide somme toute, des degrés de fraude légitime[4], elle définit un programme général d'action, d'une importance décisive pour la formation de la rationalité gouvernementale absolutiste. Ceci est confirmé par Pierre Charron, dans son traité *De la sagesse* (1601)[5], dont le troisième livre, entièrement consacré à la prudence, constitue « la "matrice" des théories de la raison d'État du XVIIe siècle français[6] ». Parlant de la prudence politique ordinaire, qu'il distingue de celle, extraordinaire, requise aux affaires difficiles, Charron paraphrase longuement Juste Lipse :

> « Nous pouvons rapporter toute cette doctrine à deux chefs principaux, qui seront les deux devoirs du souverain. L'un comprend et traite les appuis et soutiens de l'État, pièces principales et essentielles du gouvernement public, [...] lesquels peuvent être sept capitaux : connaissance de l'État, vertu, mœurs et façons, conseils, finances, forces et armes, alliances. Les trois premiers sont en la personne du souverain, le quatrième en lui, et près de lui ; les trois derniers hors lui. L'autre est agir, bien employer et faire valoir les susdits moyens, c'est-à-dire en gros et en un mot bien gouverner et se maintenir en autorité et bienveillance tant des sujets que des étrangers [...]. Cette partie est double, pacifique et militaire. [...] Cette matière est excellemment traitée par Lipsius à la manière qu'il a voulu. La moelle de son livre est ici[7]. »

1. *Politiques*, IV, 13, f. 141v.
2. P. Janet, *Histoire de la science politique dans ses rapports avec la morale*, 1860, t. I, p. 564. Cf. également F. Meinecke, *L'Idée de la raison d'État*, p. 188.
3. Sur les effets interprétatifs de cette histoire au XVIe siècle, cf. M. Senellart, « La raison d'État antimachiavélienne », p. 25-29.
4. *Politiques*, IV, 14 ; cf. P. Janet, *op. cit.*, p. 562-564 ; Ch. Lazzeri, « Le gouvernement de la raison d'État », in *Le Pouvoir de la raison d'État*, p. 119-120.
5. Sur Charron, cf. G. Stabile, *Saggezza e prudenza*, p. 125-201, avec d'abondantes références bibliographiques ; Ch. Lazzeri, art. cité, p. 119-123, 126-129.
6. Ch. Lazzeri, *ibid.*, p. 119.
7. *De la sagesse*, p. 549-550.

Il est donc nécessaire, pour situer la doctrine de Lipse dans la nouvelle rationalité étatique du XVIe siècle, d'examiner en son entier le livre IV des *Politiques*. Il est composé de quatorze chapitres. Le premier traite de la difficulté de réduire en préceptes la prudence, qui est diffuse, confuse et obscure : diffuse, car elle s'applique à l'infinité des choses particulières, dont on n'acquiert la connaissance que par l'usage ; confuse, parce que liée à l'instabilité des circonstances ; obscure, du fait de l'ignorance des causes dans laquelle, le plus souvent, se trouvent les hommes [1]. Lipse, apparemment, ne fait que reprendre les considérations, assez communes depuis le début du XVIe siècle, sur l'impossibilité de définir des règles permanentes d'action dans un monde régi par la fortune. Il n'y aurait pas de place pour la science dans le domaine du particulier et du contingent. A l'idéal platonicien de la sagesse, norme de l'action, devrait se substituer une prudence empirique, incertaine et flottante. Cette lecture, toutefois, contredit la thèse centrale de Lipse, selon laquelle Dieu gouverne et ordonne le monde : sa providence (que Lipse définit comme « un pouvoir de tout voir, de tout savoir et conduire toutes choses [2] ») s'y exerce activement en tout lieu, à tout instant [3]. Comme dans la théologie calviniste, la nature ne constitue pas un domaine de causes secondes, dont les lois ont été fixées par Dieu une fois pour toutes [4], mais le champ de la providence actuelle de Dieu. Simplement, ce Dieu n'est pas, pour Lipse, le dispensateur souverain de la grâce, inconnaissable dans sa transcendance. Il régit l'univers par une nécessité immuable. Avec les stoïciens, qu'il loue d'avoir « retiré les aveugles mortels du culte de l'aveugle déesse Fortune [5] », Lipse désigne ce gouvernement universel de Dieu par le nom de *destin* [6].

1. *Politiques*, IV, 1, f. 69v-70v.
2. *De constantia*, I, p. 112.
3. *Politiques*, I, 2, f. 4r-v : « C'est [Dieu] qui gouverne tout, la terre lourde et pesante, la mer venteuse, les villes et royaumes désolés, et qui jamais n'est retenu d'aucun repos comme d'un endormissement, mais toujours vigoureux [...]. »
4. Ce que Lipse, dans sa classification des différentes sortes de destin (mathématique, naturel, violent et véritable), appelle le *destin naturel*, dont il attribue la conception à Aristote (*De constantia*, I, p. 102). Cf. J. Lagrée, « Juste Lipse : destins et Providence », in *Le Stoïcisme aux XVIe et XVIIe siècles* (cf. *supra*, p. 230, note 1), p. 37-52 ; du même auteur, *Juste Lipse et la Restauration du stoïcisme*, p. 58-69.
5. *De constantia*, I, p. 109-110.
6. Cf. *supra*, note 4.

« Et se moquent tant qu'il leur plaira ceux qui se persuadent que les choses humaines se tournent et manient fortuitement et témérairement. Je crois quant à moi que chacun par une voie immuable poursuit l'ordre qui lui a été établi par une éternelle constitution et liaison des causes cachées longtemps avant destinées et arrêtées. A laquelle constitution toutes les choses humaines sont sujettes[1]. »

Loin qu'il soit possible de dire, par conséquent, que Dieu ne *gouverne* plus le monde, laissant ainsi le champ libre, sur le plan des affaires humaines, à une technologie gouvernementale affranchie de toute norme universelle[2], c'est au contraire la réduction des turbulences événementielles à la nécessité d'un décret divin[3] qui permet, selon Lipse, d'énoncer les préceptes de la prudence civile. L'art de gouverner, s'il ne tire plus son *modèle* de Dieu, comme dans la tradition médiévale, trouve en lui les *conditions* de sa mise en forme rationnelle. Le gouvernement divin, en effet, garantit l'intelligibilité des phénomènes, au-delà de leur contingence apparente. Celle-ci vient de ce que Dieu, tenant cachées les semences des choses humaines, les enveloppe d'une profonde nuit[4]. Derrière la surface mouvante du monde visible, agitée par les vents de la fortune, se dessine donc un ordre éternel, nécessaire et, par suite, prévisible. Il n'est pas au pouvoir du sage de pénétrer les desseins de Dieu, mais il peut, par sa vertu, se conformer à sa loi. L'obéissance à Dieu, ou, ce qui revient au même, la soumission à l'ordre des choses, constitue le seul moyen de vaincre la fortune, non en déjouant ses pièges, mais en dissipant son illusion. A l'inverse de Machiavel, pour qui la *virtù* du prince consistait à agir habilement de façon à annuler la fortune, la vertu du gouvernant, pour Lipse, suppose de nier la fortune de

1. *Politiques*, I, 4, f. 7v.

2. M. Foucault, dans son cours « Sécurité, territoire, population » (leçon 8), expliquait que s'était brisé, au XVIe siècle, le continuum théologico-cosmologique dont on trouvait l'expression, au Moyen Age, chez saint Thomas. Désormais, il y aurait eu une sorte de chiasme fondamental : Dieu ne *gouvernait* pas le monde, il le régissait par des lois générales, universelles, simples et intelligibles. Cette « dégouvernementalisation » de l'espace, qui résulte des sciences de la nature, est sans doute réelle au XVIIe siècle. Mais ce n'est pas à partir d'elle que l'on peut expliquer la formation, au XVIe siècle, d'un nouvel art rationnel de gouverner.

3. *De constantia*, I, p. 112 : « Le destin [à la différence de la providence qui est en Dieu] semble descendre aux choses mêmes, et peut être considéré comme l'exécution distincte et l'application particulière des décrets de la providence. » Cf. J. Lagrée, *op. cit.*, p. 64.

4. *Politiques*, IV, 1, f. 70r-v.

façon à agir efficacement. La doctrine lipsienne du destin doit donc se comprendre comme un effort pour transposer, sur un terrain théologiquement neutre, l'éthique réformée de la discipline gouvernementale, et, sur un sol ontologiquement stable, le réalisme politique machiavélien. Dans cette perspective, *Les Politiques* forment un maillon essentiel entre la pragmatique de la domination, formulée par Machiavel à l'intention du prince-aventurier, et la théorie rationnelle du commandement qu'élaborera le XVIIe siècle, à l'usage du roi-souverain.

Reste – et c'est là toute la différence avec le stoïcisme chrétien d'un Jean de Salisbury, qui s'inscrivait dans une vision organique et finalisée de la société – que la vertu du gouvernant se heurte à la violence des passions et des conflits d'opinion. C'est pourquoi, engagée dans une lutte incessante, elle a besoin d'être guidée par la prudence. Celle-ci se présente, dans les chapitres suivants, comme l'art d'allier la force et la vertu en vue de maintenir la paix civile. Lipse explique d'abord quelles sont ses sources, sur le plan des choses divines et humaines. Premier principe : imposer l'unité religieuse au sein de l'État par la répression impitoyable, le cas échéant, de toute expression *publique* d'hétérodoxie[1]. Deuxième principe : connaître le naturel du peuple (Lipse le décrit inconstant, versatile, soupçonneux, crédule, bavard, querelleur, impulsif, etc. : adjectifs révélateurs de la *peur* du peuple qui hante le discours étatique de l'époque) et la nature du royaume. Ce dernier point est particulièrement intéressant, car Lipse, après avoir rappelé un certain nombre de vérités communes, définit le savoir spécifique du prince en termes de mesure des forces :

> « Surtout vous devez bien savoir et sérieusement reconnaître votre puissance. Il le faut donc mesurer [...] et comprendre quelles sont vos forces, parce que, plusieurs États s'étant persuadés d'être aussi grands et aussi puissants comme on leur faisait entendre, ont attiré sur eux des guerres superflues, au danger de l'État[2]. »

La prudence civile ne peut se régler sur la seule expérience de l'histoire, dont les leçons restent trop générales. Elle doit se fonder

1. *Ibid.*, IV, 2-4, f. 71r-78r.
2. *Ibid.*, I, 6, f. 85r. Sur ce thème de la mesure des forces, central dans l'art de gouverner selon la raison d'État, cf. F. Bacon, *Essais*, XXIX : « De la véritable grandeur des royaumes et des républiques ». Cf. également *supra*, Ire partie, chap. 2, B, b.

sur une analyse précise des rapports de force. Critère de pondération mis en évidence, sans doute, par la plupart des théoriciens du XVIe siècle. Mais Lipse le fait passer de l'ordre du calcul empirique à celui de la quantification statistique. L'art gouvernemental, ainsi, exige l'élaboration d'une science de l'État, *notitia rei publicae*, qui sera mise en œuvre, tout spécialement, par les théoriciens allemands du XVIIe siècle [1].

Ces deux principes étant reconnus, comme deux étoiles scintillant dans la nuit, Lipse, « mettant hardiment les voiles au vent », en tire les principaux préceptes utiles au salut de l'État. Il expose, dans un premier temps, les moyens de sa conservation, qui consistent en la force et la vertu [2], puis les causes de sa ruine (les complots contre le prince, la haine qu'inspirent ses vices ou l'excès des supplices, le mépris, fruit d'un pouvoir faible ou corrompu) [3]. Les deux derniers chapitres, relatifs à la « prudence mêlée », forment un simple appendice.

D'une importance particulière est le chapitre 9, l'un des plus longs du livre, qui traite de l'autorité (*auctoritas*). C'est là le cœur de la théorie lipsienne du gouvernement,

> « car quelle peut être une autre plus grande force que celle qui fait que l'âme d'un seul (et quelquefois vieillard et impuissant) commande à tant de milliers d'hommes [4] ? ».

Elle est, avec la bienveillance, l'une des parties de la vertu que Lipse définit, en termes réalistes, comme « une louable affection du roi, ou envers le roi, utile à l'État [5] ». A la différence de la force, qui s'exerce d'en haut sur une matière plus ou moins rebelle, l'autorité résulte d'une interaction entre le prince et le peuple. Elle est, dit-il,

1. Cf. G. Oestreich, *Antiker Geist...*, p. 199-200 ; M. Stolleis, « Lipsius-Rezeption in der politisch-juristischen Literatur des 17. Jahrhunderts in Deutschland », in *Staat und Staatsräson*, p. 261-262.
2. *Politiques*, IV, 7-9, f. 85v-104v.
3. *Ibid.*, 10-12, f. 105r-138v.
4. *Ibid.*, 12, f. 133v : « Car tout ce que nous voyons est gouverné et administré par elle seule, comme par quelque intelligence. Et tout ainsi que les pieds, les mains, les yeux servent à l'âme et lui obéissent, et que par son commandement ou nous sommes en repos, ou nous travaillons et discourons, ainsi cette infinie multitude est presque régie comme par l'âme de l'autorité. »
5. *Ibid.*, IV, 8, f. 88v.

« une *opinion* que l'on a du roi[1] », faite d'admiration et de crainte[2]. La pratique de l'autorité implique donc une technologie du contrôle de l'opinion, qui peut emprunter trois voies distinctes : la forme du commandement, sa puissance, les mœurs de celui qui commande. Il importe que la première soit sévère (le peuple, dépourvu de tout sens moral, n'obéissant que par crainte du supplice), constante et concentrée entre les mains du prince. La deuxième, « qui est ce grand chemin royal pour une ferme et solide autorité », s'obtient par cinq instruments, les richesses, les armes, les conseils, les alliances et la fortune (autrement dit la faveur divine). Les troisièmes, enfin, sont doubles en celui qui commande : internes (vertus de l'esprit) et externes (manières du corps). Ces trois voies constituent, écrit Lipse, « la principale force de l'État (*praecipua vis Imperii*)[3] », dans la mesure où elles renforcent le lien de soumission par un lien d'opinion. L'autorité, pourrait-on dire, est la forme que prend le consentement des sujets dans un système coercitif. Elle est, en dehors de tout schéma contractuel, le concept d'une servitude volontaire qui marque, en même temps, les limites du pouvoir acceptable.

Il est clair, ainsi, que l'art de commander une multitude ne relève plus, pour Lipse, du régime de l'*exemplarité* (même s'il convient que le prince soit un modèle de vertu) ni de celui de l'*habileté* (ce qui n'exclut pas le recours à des artifices trompeurs), mais nécessite, au-delà des qualités personnelles du prince, le concours de tout l'appareil administratif et répressif de la puissance publique. Avec Lipse, le gouvernement, conçu comme agent de discipline, relève de l'économie nouvelle de la *sécurité* que mettra en œuvre l'État absolutiste au sortir des guerres religieuses[4]. C'est dans le cadre de cette rationalité pratique, ordonnée autour de la stabilité de l'État et visant, par des mécanismes de sujétion plus rigoureux, à maîtriser les aléas de la vie collective, que la rhétorique du secret prend toute sa signification. Symptôme de tyrannie dans la vision exemplariste du *regimen*, le secret, en effet, devient un élément nécessaire du *calcul* politique. Sa fonction n'est pas tant – comme l'en accuseront les Lumières – de favoriser toute sorte d'abus (ce qui, bien sûr, ne manque pas de se

1. *Ibid.* (je souligne). Cf. IV, 9, f. 92r : « une opinion vénérable du roi et de son État, imprimée tant aux sujets qu'aux étrangers ».
2. *Ibid.*, IV, 9, f. 92v.
3. *Ibid.*, IV, 9, titre, f. 92v.
4. Cf. M. Foucault, cours « Sécurité, territoire, population » ; M. Senellart, « M. Foucault », art. cité, p. 288-289.

produire) que de permettre d'anticiper les effets de l'action étatique. Le secret s'inscrit, au XVIIe siècle, non plus dans l'espace du visible, mais sur l'horizon du prévisible. C'est pourquoi sa critique, au siècle suivant, devra s'énoncer en termes d'efficacité rationnelle. Y a-t-il, dès lors, complète rupture entre le discours éclairé, fondé sur une exigence de transparence, et celui des secrets, arcanes et mystères d'État ?

II

Dissimuler

CHAPITRE 2

Arcana imperii

> Je parle d'une science occulte, tuée par la publicité moderne et solennellement proscrite par la révolution de 1789.
>
> G. Ferrari, *Histoire de la raison d'État*, 1860, préface.

Les prestiges se sont évanouis, les illusions de la monarchie dissipées: cela est vrai, écrit Guizot en 1822, mais inexact. Car la perception nouvelle du pouvoir ne résulte pas d'un désenchantement, mais du changement même des choses. Le gouvernement avait autrefois « sa sphère à part », il est devenu « plus directement, plus universellement associé aux intérêts et à la vie de tous les citoyens ». Relation permanente, directe, individualisée qui, créant un système de transparence réciproque, ne laisse place à aucun secret : « Si le pouvoir n'a plus de mystères pour la société, c'est que la société n'en a plus pour le pouvoir. » Symptôme de cet effondrement de l'idole monarchique, « les mots *raison d'État*, *nécessité politique* qui frappaient autrefois [le bourgeois] comme des paroles obscures dont il acceptait l'empire sans essayer même d'en comprendre le sens, réveillent en lui des idées qui l'inquiètent, des sentiments qui l'agitent »[1].

Cette inquiétude bourgeoise prolonge, sur le terrain des sensibilités, la critique de l'absolutisme développée tout au long du XVIIIe siècle au nom d'un impératif de clarté. Les Lumières, en effet, se sont efforcées de substituer une structure de pouvoir totalement visible (la « main invisible » d'Adam Smith n'étant, paradoxalement, qu'une des métaphores de cette visibilité générale du corps

1. *De la peine de mort en matière politique*, in P. Manent, *Les Libéraux*, t. 2, p. 147.

politique) aux pratiques occultes de gouvernement. Ainsi le physiocrate Le Mercier de la Rivière, identifiant l'intérêt public d'une nation avec le produit des intérêts particuliers de ses membres, écrit-il :

> « A peine avons-nous saisi ce premier aperçu que *la politique cesse d'être un mystère*[1] ; elle ne cherche plus les ténèbres pour cacher sa difformité ; elle n'a plus besoin d'artifices pour étayer sa faiblesse chancelante ; *loin de se couvrir d'un voile épais, elle se met en évidence*, se place au milieu des nations[2]. »

De même Rousseau, dont on connaît le désir de transparence, dénonce les *maximes d'État* et *mystères du cabinet* de ces grands politiques dont toute l'habileté « est de fasciner tellement les yeux de ceux dont ils ont besoin, que chacun croie travailler pour son intérêt en travaillant pour le leur[3] ».

Ténèbres, artifices, fascination : tel était l'appareil nécessaire au fonctionnement de l'État absolu qui tirait sa puissance, non de la force pure ni du contrat, mais du mystère. Si celui-ci fait l'objet, à partir du XVIIIe siècle, d'attaques continues, c'est qu'il se trouvait au centre du dispositif absolutiste. Le réquisitoire libéral contre la raison d'État – « cet art ténébreux, dit Rousseau, dont la noirceur fait tout le mystère[4] » – ne se met pas en frais d'images saisissantes ; il emprunte leur vocabulaire même aux théoriciens des *arcana* politiques.

Kantorowicz a soutenu, dans un article célèbre[5], que cette notion d'*arcana imperii*, ou « mystères d'État », était issue du discours ecclésiologique médiéval. A travers des sources juridiques communes (droit romain, droit canon), s'effectuèrent entre le spirituel et le séculier des échanges grâce auxquels l'Église, monarchie rationnelle fondée sur une base mystique, put servir de modèle à l'État, monarchie mystique fondée sur une base rationnelle[6]. L'exemple le

1. Cf. également la notion d'« intérêt visible » développée par Dupont de Nemours, *Origine et Progrès d'une science nouvelle*, § XX, p. 361-362.
2. *L'Ordre naturel et essentiel des sociétés politiques* (1767), chap. 9, p. 533 (je souligne).
3. *Économie politique* (1755), p. 95.
4. *Ibid.*, p. 96.
5. « *Mystères de l'État*. Un concept absolutiste et ses origines médiévales (bas Moyen Age) », in *Mourir pour la patrie*, p. 75-103.
6. *Ibid.*, p. 79.

plus probant de ce pontificalisme monarchique est offert par Jacques Ier d'Angleterre qui proclama avec intransigeance le droit divin du prince absolu. Ainsi, en 1616, interdit-il à la Chambre étoilée de s'occuper de toute question concernant sa « prérogative ou mystère de l'État », car ce sont là « *transcendent matters* », et disputer de ce qui touche au « mystère des rois » porte atteinte à la « révérence mystique » qui leur est due[1]. Mais on pourrait citer de nombreux auteurs français de la première moitié du XVIIe siècle qui exaltent, dans les mêmes termes, cette nouvelle religion de l'État[2]. Il ne suffirait pas de dire, avec E. Thuau[3], que « l'idée de "mystère d'État" découle d'une conception aristocratique de la vie politique », séparant l'élite éclairée de la masse aveugle. Bien davantage, elle procéderait de ce que R. J. Ribeiro appelle le modèle théologico-politique de l'altérité[4] : conception, d'origine médiévale, qui nie toute communauté entre le roi et ses sujets. Alors que l'on présente, souvent, l'affirmation du principe de souveraineté comme l'effet d'une rupture avec l'autorité spirituelle, il faudrait reconnaître, à la suite de Kantorowicz, que « le prince a chaussé les sandales épiscopales » et est devenu, à son tour, l'époux d'un corps mystique[5].

Analyse remarquable, irréfutable, mais qui exclut de son domaine toute une littérature, d'inspiration tacitiste, sur les *arcana*. Kantorowicz y fait brièvement allusion[6], pour conclure que « l'expression *Mystères de l'État* a probablement une coloration plus chrétienne que tacitéenne ». La question reste donc posée : les *arcana* traduisent-ils la naissance d'une nouvelle mystique étatique, ou forment-ils également le concept d'une pratique rationnelle du pouvoir, affranchie du modèle religieux ?

1. *The Political Works of James I*, p. 332-333. Pour d'autres références, cf. E. H. Kantorowicz, *Mourir pour la patrie*, p. 81.
2. Cf. É. Thuau, *Raison d'État et Pensée politique à l'époque de Richelieu*, p. 397-398.
3. *Ibid.*, p. 398.
4. « Hobbes, Jacques Ier et le droit anglais », *in* Y. Ch. Zarka et J. Bernhardt (éd.), *Thomas Hobbes. Philosophie première, théorie de la science et politique*, p. 347-360. « Le modèle de l'altérité [...] était l'idée médiévale selon laquelle un mariage unissait le pape à l'Église, l'évêque à son diocèse et, par analogie, le roi à la couronne ou à sa *respublica* » (p. 352). Cf. E. H. Kantorowicz, *Mourir pour la patrie*, p. 89 : « Le roi est l'époux mystique de la *respublica* », déclare l'avocat René Choppin en 1572. Sur cette image, cf. également *supra*, IIe partie, p. 145, note 3 (Lucas de Penna). Il convient de préciser, cependant, que la doctrine du *ministerium*, comme on l'a vu plus haut, ne se réduit pas au modèle de l'altérité.
5. *Mourir pour la patrie*, *op. cit.*, p. 95.
6. *Ibid.*, p. 81.

C'est chez Bodin que semble resurgir, après des siècles d'oubli, la vieille expression de Tacite :

> « [Les écrivains politiques après Machiavel] n'ont guère parlé du gouvernement des empires et ont complètement omis d'étudier leurs révolutions. Ils n'ont pas touché non plus ce qu'Aristote appelle les *préceptes de la sagesse* (*principum sophismata, seu kruphia*) ou, avec Tacite, les *secrets* du prince (*imperii arcana*)[1]. »

Plusieurs indices montrent nettement que ces mots, pour Bodin, n'ont aucune connotation chrétienne : a) ils sont synonymes des termes qu'emploie Aristote dans sa *Politique* et occupent donc une place bien définie dans la pensée païenne ; b) Tacite est présenté comme le dernier écrivain antique à s'être intéressé aux questions de gouvernement, jusqu'à la reprise de cette tradition par Machiavel, c) l'intervalle qui les sépare n'étant, selon Bodin, qu'une longue période de « barbarie universelle ». Parler des *arcana* n'est donc pas perpétuer une vision théologique du pouvoir, mais au contraire revenir à la problématique ancienne, refoulée par des siècles de théologie, de la science du gouvernement (*reipublicae gerendae scientia*)[2]. Les *arcana*, puisqu'ils sont le concept même de l'oubli de la science politique dans la pensée chrétienne, loin de marquer le point de fusion mystique du spirituel et du temporel, remplissent, au sein du discours de la souveraineté, une fonction antithéologique.

La thèse de Kantorowicz doit donc faire l'objet d'une nouvelle enquête. C'est pourquoi je voudrais examiner la notion d'*arcana* chez ses deux principaux théoriciens : le juriste allemand Arnold Clapmar, auteur d'un traité *De arcanis rerum publicarum*, paru en 1605, qui connut dix éditions au XVIIe siècle, et Gabriel Naudé qui le critique avec virulence dans deux ouvrages, la *Bibliographie politique* de 1633 et surtout les *Considérations politiques sur les coups d'État* (1639). Mais il est nécessaire, tout d'abord, de préciser le sens du mot, en le situant par rapport aux autres modalités du secret politique. Celui-ci, en effet, est un objet dont on parle beaucoup au XVIIe siècle, ou dont on se demande si l'on doit parler. Comment s'organise le champ de cette discursivité du secret ? Quel lieu spécifique les *arcana* y occupent-ils ?

1. *La Méthode de l'histoire*, p. 349 ; texte latin p. 167.

2. Le reproche adressé à Machiavel de n'avoir pas suffisamment joint à l'expérience la connaissance des philosophes et historiens de l'antiquité confirme que la rupture avec la pensée médiévale s'effectue, pour Bodin, sous la forme d'un retour à la philosophie antique.

A. Mystères, secrets, stratagèmes

On peut, schématiquement, distinguer trois grands types de secrets : celui dont on ne doit parler en aucune façon, celui dont on peut parler sans en connaître la substance, celui enfin dont on peut dévoiler le contenu sous certaines conditions. Je propose d'appeler le premier *mystère*, le second *secret* (au sens strict), le troisième *stratagème* ou *machination*. Ces trois mots correspondent aux différentes traductions que l'on rencontre, avec des glissements et des amalgames, du terme *arcana*. Mais ils fonctionnent souvent, aussi, hors de l'orbite de ce dernier, dans d'autres zones d'influence.

1. *Mystères*. C'est ainsi, on l'a vu, que Kantorowicz, citant Jacques Ier, traduit *arcana*. Ce sens magico-religieux est attesté dès l'antiquité. Quintilien, par exemple, écrit que « Platon se rendit auprès des prêtres d'Égypte et s'initia à leurs *arcana*[1] ». Et l'on sait combien proliférèrent, sous l'Empire romain, les cultes à mystères. Apulée, à la fin du IIe siècle, met en scène une initiation aux mystères isiaques, près de Corinthe[2] : son héros, Lucius, presse le grand prêtre de l'initier aux mystères (*arcanis*) de la nuit sainte. Après six jours d'abstinence, il reçoit, à l'écart des profanes et sous une forme énigmatique – « tu as entendu, lui dit le prêtre, mais il est nécessaire que tu ignores » –, les *arcana purissimae religionis sacra*.

Clément d'Alexandrie a résumé, par ailleurs, les règles du culte d'Éleusis, le plus répandu dans le monde païen jusqu'au IVe siècle : « Dans les mystères des Grecs ont lieu d'abord les purifications. Viennent ensuite les petits mystères, qui renferment un certain fondement d'instruction et une préparation à ce qui doit suivre. Quant aux grands mystères[3] dans toute leur teneur, il ne reste plus rien à apprendre, il n'y a qu'à contempler et à concevoir[4]. » Les *arcana* (*kruphia mysteria*[5]) constituent donc un savoir ineffable – vision extatique plutôt que doctrine ésotérique – qu'il est interdit de révéler.

1. *De institutione oratoria*, I, 12, 15.
2. *Métamorphoses*, XI.
3. C'est-à-dire les *arcana* proprement dits.
4. *Stromate*, V, 11, *PG* 9, col. 108 ; cf. J.-P. Vernant, *Mythe et Religion en Grèce ancienne*, Paris, Seuil, coll. « La librairie du XXe siècle », 1990, p. 94-95.
5. Clément d'Alexandrie, *Protreptique*, *PG* 8, col. 68 ; cf. article « Arcane », in *DTC*, col. 1747.

Cette loi du silence est la marque essentielle des mystères païens[1]. En alla-t-il de même dans le christianisme ? Question décisive pour notre enquête, puisqu'il s'agit de déterminer la nature du lien entre les *arcana* et les mystères divins.

Deux thèses s'opposent sur ce point : l'une qui voit dans les secrets de la liturgie une imitation des mystères païens, l'autre qui affirme leur différence structurelle.

La première a été soutenue tardivement. Elle apparaît au XVIIe siècle sous le nom, forgé par le protestant Jean Daillé[2], de *disciplina arcani*, discipline de l'arcane. Il désigne par cette expression la pratique, mise en œuvre du IIIe au VIe siècle, consistant à dissimuler aux yeux des non-chrétiens certains aspects de la doctrine et du culte. Daillé limitait cette discipline à la prédication. Sa thèse, cependant, fut radicalisée par le chanoine d'Anvers Schelstrate, pour qui l'arcane devint une discipline instituée par le Christ lui-même, englobant les principaux dogmes et sacrements. Il en résulta une abondante controverse qui se poursuivit jusqu'à la fin du XVIIIe siècle. Peu nous importe, ici, l'évolution de ce débat. Il montre seulement que c'est après la formation du concept politique d'*arcana* qu'a été établi le rapprochement entre l'ancien sens religieux du mot et les mystères chrétiens.

La seconde thèse, qui nie toute parenté entre le christianisme et la forme des cultes païens, remonte aux premiers siècles. Clément d'Alexandrie qui a longuement décrit, pour s'en moquer, les mystères païens, transpose dans l'autre monde l'époptie (initiation aux grands mystères) éleusinienne, qu'il identifie avec la vision béatifique. Tertullien, dans son *Apologeticus*[3], soutient que les chrétiens, s'ils se réunissent en secret par crainte des persécutions, n'ont rien à cacher. Ils ne sont liés par aucune loi du silence (*fides silentii*). Pratiques clandestines, donc, et non discipline d'arcane. Les choses, toutefois, se modifient au IIIe siècle. Paradoxalement, c'est au moment où le christianisme sort de l'ombre qu'il introduit certains préceptes de secret dans son fonctionnement liturgique. Transformation liée à l'institution du catéchuménat, pour défendre la doctrine

1. Sur l'obligation du secret imposée aux initiés du culte d'Éleusis, cf. les témoignages cités par L. Brisson, « Usages et fonctions du secret dans le pythagorisme ancien », *in* Ph. Dujardin (dir.), *Le Secret*, p. 96-97.

2. *De usu Patrum ad ea definienda religionis capita, quae sunt hodie controversa*, Genève, 1686.

3. *Apologeticus*, 7, *PL* 1, col. 306-309.

contre les déviations hérétiques. Les catéchumènes, en effet, sont des postulants au baptême dont il importe d'éprouver les dispositions par une pédagogie progressive. De là une différence de publicité dans la prédication, la catéchèse et le culte. Il ne s'ensuit pas, proteste Origène, que la doctrine soit secrète (*kruphion to dogma*). Simplement, tout n'est pas exotérique dans l'enseignement de l'Église, et « il y a des choses qu'on ne répand pas hâtivement dans le public[1] ». Ceci confirme sans doute l'hypothèse de Daillé, mentionnée plus haut, mais empêche qu'on assimile les arcanes liturgiques aux mystères païens. Ces arcanes, d'une part, recouvrent un contenu doctrinal écrit, et non une vision ineffable ; ils ne sont pas liés, d'autre part, à une loi de silence, mais à l'apprentissage d'une connaissance. En d'autres termes, le christianisme dissocie les mystères de l'ancien interdit : « tu n'en parleras pas », pour les attacher à ce nouvel impératif : « proclame-les à voix haute ». C'est la publicité du mystère qui, se substituant au caractère occulte des *arcana* païens, fonde la distinction, reprise des philosophes grecs, entre discours ésotérique et exotérique. Les étapes de l'initiation ne renforcent pas l'injonction de se taire ; elles servent à contrôler, au contraire, la rectitude de l'énonciation.

Quel rapport les *Mystères de l'État*, tels que les invoque Jacques Ier, entretiennent-ils avec ces arcanes ? Renvoient-ils à l'interdiction de rien dire ou à l'obligation de bien dire ? La première, cela va de soi, rend impossible tout discours, alors que la seconde autorise une parole dogmatique. La mystique étatique du XVIIe siècle semble procéder bien plus des cultes à mystères que des canons théologiques. Francis Bacon, par exemple, écrit en 1605 – donc sous le règne de Jacques Ier : « Quant à la science du gouvernement, c'est une partie du savoir qui est secrète et gardée à part. [...] Nous voyons que tous les gouvernements sont mystérieux et invisibles », à l'image de celui de Dieu[2]. Mais cette comparaison ne doit pas nous tromper. Car Bacon justifie aussitôt sa réserve (étonnante dans un livre qui veut jeter les bases de la science moderne) par cette maxime de la sagesse antique qui impose de garder le silence sur les choses sacrées. Sisyphe subit un châtiment sans fin pour avoir osé transgresser cette règle[3].

1. *Contra Celsum*, I, 7, *PG* 11, col. 668.
2. *Du progrès et de la promotion des savoirs*, p. 270.
3. *Ibid.*, p. 271.

L'hypothèse que j'avance ne contredit pas les conclusions de Kantorowicz qui a lui-même analysé, avec une grande attention, la résurgence d'un certain mysticisme païen dans la théologie politique de la Renaissance. L'influence du pythagorisme – qui fut, on le sait, la première grande secte religieuse, dans la Grèce archaïque, à s'envelopper d'un secret rigoureux – est sans doute la plus évidente. Je ne mentionnerai ici que les traités néo-pythagoriciens sur la royauté, composés au Ier ou au IIe siècle de notre ère, recueillis par Stobée[1] et traduits en latin dans la première moitié du XVIe siècle. L'un de leurs auteurs, Ecphante, est longuement cité par le procureur général de la Couronne, Jacques de la Guesle, devant le Parlement français pour attester le caractère divin du roi[2]. Il est par ailleurs frappant que Louis XIII ait traduit en français les *Préceptes* d'Agapet – diacre grec du VIe siècle – qui s'inscrivent dans la même tradition et connurent un succès inouï (88 manuscrits, 42 éditions, multiples traductions)[3]. Le thème central, dans l'absolutisme de droit divin, du *rex imago Dei* trouve là une de ses sources, d'où il tire son éclat solaire en même temps que ses mystères.

Il faudrait également étudier de près, dans la mouvance du néoplatonisme renaissant, le courant hermétique, étant donné les rapports étroits entre magie et politique au XVIe siècle[4]. *Arcana* était aussi un concept alchimique désignant des « extraits » ou « teintures » secrets dont on se servait dans la médication. « Mach arkana », disait Paracelse à ses disciples. Mais je ne puis m'étendre

1. *Anthologion* (VIe s.). Cf. L. Delatte, *Les Traités de la royauté d'Ecphante, Diotogène et Sthénidas*; E. R. Goodenough, « The Political Philosophy of Hellenistic Kingship » (étude tout à fait capitale sur les sources de la mystique étatique et du culte solaire du monarque); E. H. Kantorowicz, *« Deus per naturam, Deus per gratiam »*, p. 267-270 et 275-276; *The King's Two Bodies*, p. 498-499 (trad. fr. p. 361).

2. *Les Remonstrances*, Paris, 1611 (discours de 1588): « Et combien qu'il [le roi] ne soit point dissemblable en apparence des autres hommes, comme étant fait et créé de même matière, si est-ce qu'il est fait et fabriqué de ce très grand et très parfait artisan, lequel en soi et sur soi en a pris le modèle » (cité par E. H. Kantorowicz, *The King's Two Bodies*, p. 499, trad. fr., p. 361).

3. *Préceptes d'Agapetus à Justinian, mis en françois par le roy très chrestien, Louis treiziesme*, Paris, 1612. Cf. par exemple le précepte XXI: « Est l'empereur semblable à toute autre personne quant à la masse du corps. Mais quant à la puissance de la dignité, il ressemble à Dieu qui est par-dessus tout [...] » (trad. J. Picot, 1563). Sur Agapet, cf. art. « Agapet », *in* DS, col. 246-248; P. Hadot, « Fürstenspiegel », col. 615.

4. Cf. Ph. Morel, « Secret, hermétisme et pouvoir d'État dans l'art médicéen de la fin du XVIe siècle », *in* Ph. Dujardin (dir.), *Le Secret*, p. 31-61.

sur ce point, renvoyant aux travaux exemplaires, et désormais indispensables, de Frances Yates[1].

Ainsi, dans ces « eaux saumâtres » où, selon Kantorowicz, prend naissance le nouveau mysticisme étatique[2], confluent des courants très divers : théologiques et juridiques, certes, mais aussi mystagogiques et hermétiques. C'est pourquoi il importe de distinguer les différents types d'arcanes politiques – mystères, secrets ou stratagèmes – selon leur origine, les images auxquelles ils sont associés, les formes de connaissance et les pratiques qu'ils déterminent.

En tant que mystères, ou *Mysteries of State*, les arcanes dérivent de l'analogie entre le gouvernement divin et le gouvernement royal. Ils manifestent la transcendance du prince par rapport à la société, confèrent à ses actes une dimension quasi miraculeuse[3], marquent la limite de tout discours, savant ou polémique (Jacques Ier : « Il n'est pas permis de disputer de ce qui concerne le mystère du pouvoir royal[4] »), et impliquent une obéissance absolue. Sous tous ces aspects, ils traduisent bien une conception mystique de la prérogative royale.

Nous allons voir que le secret et le stratagème obéissent à une tout autre logique.

2. *Secrets.* C'est par ce mot qu'est souvent traduit *arcanum*, selon l'autre acception, non plus magico-religieuse, mais scientifique, technique ou ordinaire du terme. Les Latins, ainsi, parlaient des *arcana* de la nature, des lois, du jeu de dés ou de l'alcôve.

Dans *La Méthode de l'histoire*, Bodin associe les *arcana*, tantôt à l'exercice du pouvoir en général[5], tantôt aux « détestables artifices de la tyrannie » qui se réduisent à ces deux *arcana* : enlever au peuple toute possibilité de nuire et lui en ôter même la

1. *L'Art de la mémoire*, Paris, Gallimard, coll. « Bibliothèque des histoires », 1975 ; *La Philosophie occulte à l'époque élizabéthaine*, Paris, Dervy-Livres, 1987 ; *Astrée*, Paris, Belin, 1989.

2. *Mourir pour la patrie*, p. 79.

3. Cf. F. Bacon, *op. cit.*, p. 128-129 : « [...] dans les affaires d'État, il est un plus grand et plus profond politique, celui qui peut faire des autres les instruments de sa volonté et de ses fins, sans cependant jamais leur faire connaître son projet, de sorte qu'ils l'accomplissent sans savoir ce qu'ils font [...]. De la même façon, la sagesse de Dieu est plus admirable quand la nature tend à une chose et que la providence en tire une autre que s'il y avait, communiquées aux créatures particulières et aux mouvements particuliers, les marques et les impressions de sa providence. »

4. « That which concernes the mysterie of the Kings power is not lawfull to be disputed » (*The Political Works of James I*, p. 333).

5. Cf. *supra*, p. 248.

volonté[1], tantôt encore à la monarchie française : « C'est aussi un autre secret important de notre régime (*hujus imperii arcanum*) que le roi se réserve dans tout l'État la distribution des récompenses, mais qu'il n'inflige jamais en nom propre aucun châtiment, si bien que tout l'odieux en revient aux magistrats[2]. » P. Mesnard traduit chaque fois *arcanum* par « secret », mais le vocable latin, dans les deux derniers lieux, ne désigne pas exactement la même chose, puisqu'il se rapporte, ici à des procédés exécrables, là à une disposition légale. Bodin excluant toute interprétation mystique du mot, mais opposant rigoureusement la monarchie à la tyrannie, il faut essayer de voir dans quelle mesure le « secret » se distingue d'un stratagème.

L'*arcanum* monarchique a un caractère permanent, il est lié à la forme du gouvernement et a pour fin la stabilité des institutions, tandis qu'un stratagème varie selon les circonstances et l'habileté du prince. On peut certes en énoncer la formule générale et les moyens : « retirer au peuple ses ressources, ses armes et ses places fortes », « semer en cachette l'inimitié et la discorde entre les citoyens »[3], mais leur mise en œuvre exige violence et ruse. Différence, cependant, toute relative : chaque type de régime ayant ses propres *arcana*, ceux des tyrans ne sont pas moins réguliers que ceux de la monarchie ; au contraire, ils sont communs à tous ceux qui exercent une domination violente, alors que l'artifice de la constitution française lui est particulier. Les premiers introduisent une méthode dans l'arbitraire, le second une feinte dans l'ordre juridique. Enfin, ils n'ont rien d'occulte ni d'indicible, étant à portée de la connaissance de chacun. La frontière qui les sépare est donc si mince que leurs valeurs respectives s'inversent. N'y aurait-il en somme à distinguer, dans le concept d'*arcana*, qu'entre mystères et stratagèmes (ordinaires ou spéciaux) ?

Il est utile, en effet, par souci de précision, de ne pas mettre sur le même plan *arcana* et secrets. Sans doute les *arcana* s'inscrivent-ils dans la pratique globale du secret d'État mais, d'une part, ils y fonctionnent à des niveaux très variés (mystique, ésotérique, technique, juridique) correspondant à des modes spécifiques d'occultation et d'application, d'autre part, le secret d'État proprement dit fait l'objet d'une codification stricte qui ne relève pas du même domaine.

1. *La Méthode de l'histoire*, p. 194 (trad. fr. p. 385).
2. *Ibid.*, p. 209 (trad. fr. p. 406).
3. *Ibid.*, p. 194 (trad. fr. p. 385-386).

Comparons, à titre d'exemple, la façon dont Gabriel Naudé traite la question du secret des affaires d'État dans sa *Bibliographie politique* avec l'analyse des *arcana* qu'il expose dans ses *Considérations.*

Le secret auquel Naudé consacre un long développement[1] présente trois caractéristiques : 1) il concerne les relations d'État à État ou, à l'intérieur de l'État, entre le prince et ses ministres ; 2) il ressortit à l'industrie d'une classe particulière d'employés de l'État, les *secrétaires* ; 3) il fait l'objet d'une technique d'écriture sophistiquée, la *cryptographie.*

La création d'un secrétariat du prince remonte à la fin du XIIIe siècle. C'est sous le règne de Philippe le Bel que certains « clercs du secret » furent désignés pour suivre le roi et se tenir à son service immédiat[2]. Ils devinrent, sous le nom de « secrétaires d'État », les organes les plus importants du pouvoir central. En outre, le roi se réservait la possibilité d'expédier certaines lettres sous le « sceau du secret », sceau privé, différent de celui utilisé par la Chancellerie et qui marquait l'intervention personnelle du roi, hors de tout contrôle administratif. Ce sceau est la première marque d'une écriture du secret qui commence alors à prendre forme, parallèlement à l'écriture de la loi : sceau, d'un côté, qui cèle des messages latents, et de l'autre scelle des volontés patentes[3]. Cacheter fut un moyen de cacher en même temps que d'authentifier.

Mais c'est à partir du livre de Sansovino, *Le Secrétaire* (1565)[4], que se multiplie toute une littérature sur les secrétaires d'État. Naudé en cite quelques titres, ajoutant cependant que « peu de personnes ont écrit [de cet office] comme il aurait été convenable » et que les Italiens, presque seuls à en avoir traité, « n'en ont rien fait voir d'excellent » : ils se sont attachés « à des formulaires de lettres, ni plus ni

1. *Bibliographie politique*, p. 120-125.

2. Cf. R. Pernoud, *Histoire de la bourgeoisie en France*, t. 1, p. 158-159. Cf. également A. Kraus, « Secretarius und Sekretariat. Der Ursprung der Institution des Staatssekretariats und ihr Einfluß auf der Entwicklung modernen Regierungsformen in Europa », *Römische Quartalschrift*, vol. 55, 1960, p. 43-60.

3. Cf. Le Bret, *De la souveraineté du roi* (1632), IV, 1, p. 481 : « La dernière formalité qu'ils [nos rois] ont désiré que l'on gardât en leurs lettres patentes pour leur donner plus d'autorité, c'est qu'ils ont voulu qu'elles fussent scellées de leur grand sceau, que l'on peut comparer à cet anneau des rois de Perse, dont ils se servaient pour cacheter les lettres qu'ils envoyaient aux gouverneurs de leurs provinces, et qui étaient la marque de la royauté et de la puissance souveraine. »

4. *Del Segretario*, 1554. Cf., sur ce nouvel art d'écrire, l'analyse d'A. Fontana, préface à C. Baldi, *La Lettre déchiffrée*, p. 39-48, qui fournit par ailleurs d'utiles références.

moins que le polype à des rochers, que crainte d'être emporté par les flots de la mer, il n'ose abandonner »[1].

A ce formalisme crispé, Naudé oppose une exigence ornementale – les affaires d'État demandent un style élevé – et cryptogrammatique : il faut apprendre « l'art de cacher ce que [ces lettres] contiennent, avec certaines marques particulières, et sous la couverture des chiffres[2] ». Les principaux auteurs qui ont exposé cette « secrète doctrine » sont Jacques Gohory, créateur d'un foyer d'influence occultiste à Paris au début du XVIe siècle[3], l'abbé Trithemius (Johannes von Trittenheim, 1462-1516, qui écrivit une *Polygraphia cum clave seu enucleatio*, 1518, traduite en français en 1561), et surtout Jean Baptiste de la Porte (della Porta), auteur d'ouvrages de magie naturelle, de physiognomonie et d'un *De occultis litterarum notis* (1606), qui, selon Naudé, recueille « tous les secrets et tous les alphabets de cet art ».

Cet art d'écrire secrètement, en quoi réside l'office du secrétaire, appelle plusieurs remarques.

En premier lieu, à la différence du mystère qui s'entoure de silence, il s'inscrit dans un système d'échange d'informations, de circulation de messages, de transmission d'ordres. Secret que n'impose pas la transcendance du souverain absolu, mais la correspondance entre princes, ou princes et ministres. Horizontalité du cryptogramme par rapport à la verticalité du mystère. Au soliloque inouï du roi divin, il oppose les règles d'une interlocution codée.

Ensuite, ce secret porte un nom : le chiffre. Or celui-ci, s'il a pour fonction de cacher, peut faire l'objet d'une analyse savante. On peut parler ouvertement de ce qui sert à dissimuler ce qu'on dit. Bacon se taisait devant les mystères du gouvernement. Naudé refusera de traiter publiquement des stratagèmes occultes de l'État. Cet interdit ne s'applique pas à la théorie du chiffre. Il est vrai que son obscurité même la protège, ni plus ni moins cependant que les autres sciences. On se trouve là dans cette région déroutante du savoir où se mélangent encore, au début du XVIIe siècle, magie et rationalité.

Enfin, je crois qu'on peut rattacher à la technique du chiffre une grande partie du discours qui se développe alors, en Espagne, en Italie, en France et en Angleterre, sur l'art de dissimuler. On pourrait

1. *Bibliographie politique*, p. 120-121.
2. *Ibid.*, p. 124.
3. Cf. F. A. Yates, *L'Art de la mémoire*, p. 224.

prendre comme exemple le célèbre *Homme de cour* de Baltasar Gracián[1]. Il existe un texte encore plus révélateur : le *Bréviaire des politiciens* du cardinal Mazarin. Dans cet ouvrage posthume et peut-être partiellement apocryphe, Mazarin décrit avec une exceptionnelle subtilité la logique de la dissimulation dans un contexte de méfiance généralisée. Le secret, de nouveau, ne procède pas de l'extrême distance ; il vise au contraire à la créer sous l'apparence de la plus grande proximité. Il faut dissimuler ce que l'on pense, que l'on sait ou que l'on cherche à savoir. Mais cette pratique n'est efficace qu'à condition de dissimuler qu'on dissimule. tre secret, c'est feindre de ne rien cacher, en multipliant les signes d'une visibilité sans ombre. C'est, en d'autres termes, offrir aux regards qui épient, guettent et scrutent tout autour de soi l'évidence trompeuse d'une conduite entièrement lisible. Artifice tiré de la cryptographie : Mazarin, en effet, recommande de coder les lettres qu'on veut garder secrètes en utilisant « un langage lisible et intelligible par tous, comme ceux que propose Trittenheim dans sa *Polygraphia*[2] ».

Le chiffre détermine ainsi une dialectique de l'occultation et du dévoilement très différente de celle liée au mystère. Je n'en soulignerai que deux aspects : le mystère, d'une part, est l'indicible qui se manifeste comme tel ; le chiffre, un art de signifier qui se veut invisible. Mais, d'autre part, alors que le mystère agit unilatéralement, du haut vers le bas, le chiffre implique une réversibilité : savoir chiffrer, c'est aussi être capable de déchiffrer[3]. Il faudrait étudier de plus près comment les techniques du déchiffrement ont été employées, au XVIIe siècle, contre les prestiges du mystère. Mais cela ne touche pas directement la conception des *arcana* comme stratagèmes.

1. *Oraculo Manual y Arte de Prudencia*, 1647. Cf. Y. Ch. Zarka, « Héros et anti-héros : Baltasar Gracián et la naissance de la théorie moderne de l'individu ».

2. *Bréviaire des politiciens*, p. 40-41. L'art d'écrire et l'art de dissimuler se recoupent dans ce passage savoureux : « Si tu dois écrire en un lieu fréquenté, place verticalement devant toi une feuille écrite, comme si tu la recopiais. Qu'elle soit bien visible pour tous. Pose à plat les feuilles sur lesquelles tu écris réellement et recouvre-les, en ne laissant visible qu'une seule ligne d'une page, sur laquelle tu auras effectivement recopié quelques lignes, et que tous ceux qui passeront pourront lire. Les feuilles déjà écrites, cache-les sous un livre, une autre feuille, ou bien place-les derrière la feuille posée verticalement » (p. 40). Application exemplaire, dans sa subtile complication, du principe *être vu pour faire croire*. La visibilité, ici, n'est plus de l'ordre de la signification, mais du simulacre et de la mystification.

3. Cf. F. Guichardin, *Avertissements politiques*, CXCIII, p. 127 : « [...] quoiqu'il existe aujourd'hui bien des précautions pour écrire [ses lettres], les arts de les déchiffrer n'en sont pas moins en vue. »

3. *Stratagèmes*. Le choix de ce mot se justifie par une double référence, l'une au *Traité politique* de Spinoza, l'autre à la traduction latine des *Considérations* de Naudé, parue à Leipzig en 1712.

Au § 29 du chapitre VII consacré à la monarchie, Spinoza explique que « les projets d'un tel État ne peuvent demeurer secrets (*celari*) ». En effet, « il vaut beaucoup mieux laisser accessibles aux ennemis les projets honnêtes de l'État que tenir cachés (*quam ut clam habeantur*) les *arcana* honteux des tyrans »[1]. Spinoza met très clairement en évidence la différence entre *arcana* et secret : « Ceux qui peuvent traiter les affaires de l'État en secret (*secreto*) ont l'État entièrement en leur pouvoir ; ils tendent des pièges aux citoyens en temps de paix comme ils en tendent à l'ennemi en temps de guerre. » Notons que le champ lexical du secret, dans ce texte, est particulièrement riche : *celari, clam, secreto, silentium. Arcana*, en revanche, se situe sur un autre plan : celui de la ruse, des pièges, de la tromperie. Le secret n'est pas dangereux par lui-même (Spinoza reconnaît qu'il est souvent utile à l'État), mais parce qu'il permet aux tyrans de machiner leurs *arcana* sous le prétexte spécieux de l'intérêt public[2].

Les *arcana* ont besoin du secret dont ils pervertissent l'usage et, à ce titre, ils demeurent cachés, mais ils ne se confondent pas avec le secret lui-même. Distinction importante, car chez d'autres auteurs, Hobbes par exemple, le refus des *arcana* dans l'exercice de la souveraineté n'entraîne pas l'abandon du secret dans la politique extérieure.

La seconde référence sera brève. Un certain Gladovius publia, au début du XVIIIe siècle, la *Bibliographie politique* de Naudé, accompagnée d'une apologie de l'auteur, de notes et surtout d'une traduction latine, plate mais assez fidèle, des *Considérations politiques*, sous le titre : *Arcana status*. Citant dans sa préface la définition que donne Naudé des *coups d'État* (« excès du droit commun, à cause du bien public[3] »), il leur substitue le concept de *stratagema*[4]. Cette réduction des *arcana* aux stratagèmes me paraît témoigner de l'évolution décisive du mot au XVIIe siècle, passant d'un sens mystique à un sens stratégique.

1. *Traité politique*, p. 105. P.-F. Moreau traduit excellemment ce terme par « machinations ».

2. Spinoza possédait dans sa bibliothèque une édition du traité de Clapmar. Cf. C. Gebhardt, « Spinoza gegen Clapmarius », *Chronicon Spinozanum*, t. 3, 1923, p. 344-347 (je remercie P.-F. Moreau de m'avoir indiqué cet article).

3. C'est la définition de Scipione Ammirato. Cf. *infra*, p. 268, note 1.

4. *Arcana status*, p. 26.

Reste à savoir si les auteurs de cette transformation ont réellement cherché à démystifier l'État de droit divin et s'ils poursuivaient les mêmes buts. C'est ce que je voudrais vérifier en confrontant les analyses de Clapmar et celles de Naudé.

B. Le *De arcanis rerum publicarum* d'Arnold Clapmar (1605)

L'ouvrage de Clapmar parut en 1605, un an après la mort de son auteur, professeur d'histoire et de politique à l'université d'Altdorf, emporté par la fièvre à l'âge de trente ans. Il se divise en six parties : (I) la première est consacrée au droit de souveraineté (*jus imperii*), (II) la deuxième aux arcanes de la souveraineté, (III) la troisième aux arcanes de la domination, (IV) la quatrième au droit de la domination, (V) la cinquième aux turpitudes (*flagitiis*) de la domination et (VI) la sixième aux simulacres de la souveraineté (*simulacra imperii*).

Les huit premiers chapitres de la première partie constituent une introduction générale. L'auteur y expose son projet et définit le concept d'*arcana*.

Le traité répond à une finalité pratique : comment assurer la conservation d'un État (*respublica*) ? Cette question elle-même comporte un double aspect : maintenir le régime établi (*status reipublicae*), et garantir la sécurité de ceux qui gouvernent. Elle présente, dans les deux cas, un caractère essentiellement défensif. La république, dans sa forme comme à travers ses chefs, ne jouit d'aucune stabilité naturelle ; elle ne s'inscrit pas dans un monde harmonieux ; elle n'existe, pourrait-on dire, qu'en résistant aux forces qui tendent à la détruire. Sans autre fondement que sa nécessité – les hommes ne sauraient vivre sans un pouvoir commun –, tout son être consiste dans la perpétuation d'un ordre. Comme l'écrit Besold dans son commentaire de Clapmar, « le salut du prince et de la forme du gouvernement (*status*) ont pour but la tranquillité publique[1] ». C'est pourquoi l'État est constamment en danger.

1. *De arcanis*..., p. 1. Sur le juriste Christoph Besold (1577-1638), cf. l'article de la *Neue deutsche Biographie*, et H. Hegels, *A. Clapmarius*..., p. 12.

Nombreux, en effet, sont ceux qui, par insatisfaction ou par mobilité d'esprit, se tournent vers d'autres princes, livrant ainsi la république à leur appétit de conquête. La menace extérieure procède donc, pour Clapmar, de la sédition interne. L'ennemi est à l'intérieur de l'État. Il est le factieux (*homo factiosus*), ce fauteur de révolutions qui met en péril le droit du souverain parce qu'il rompt le consensus d'obéissance[1]. La défense de l'État ne s'organise donc pas sur fond de rivalité de puissances, mais de désordre, d'agitation d'humeurs et de turbulences passionnelles[2]. Limitation de la stratégie gouvernementale à la politique intérieure, caractéristique du discours de la raison d'État au XVIe siècle[3]. Clapmar, par ses lectures comme par son approche des problèmes politiques, reste un représentant de l'humanisme tardif. C'est au XVIIe siècle – avec le livre célèbre du duc de Rohan, *De l'intérêt des princes et États de la chrétienté* (1638) – que la question de la sécurité de l'État se trouvera clairement liée à la concurrence interétatique. Mais cela suppose un concept de l'État qu'il n'était pas possible, nous le verrons, de former dans l'Allemagne d'alors.

Les *arcana* découlent du *jus defensionis*[4]. Ils consistent soit en « certaines mesures qui dérogent au droit commun et offrent une apparence d'injustice », sur laquelle il convient de fermer les yeux par souci du bien public, soit en des simulacres qui compensent, chez les sujets, la privation de pouvoir ou de liberté. Il s'agit donc, grâce à eux, non seulement de contenir les troubles, mais surtout de les prévenir. Or l'amour des sujets pour la république est un garant de paix civile plus fiable que la peur. A la vieille question[5] « comment le prince, dont la fonction est d'être craint, peut-il se faire aimer ? », le Moyen Age avait répondu par l'exemplarité morale. Machiavel, qui privilégiait la crainte[6], avait écarté le problème en

1. Cf. *De arcanis...*, I, 9 : « Vis imperii omnis in consensu obedientium est. »
2. Cf. *ibid.*, I, 21, l'*aviditas insatiabilis* des factieux.
3. Constatant que la littérature des *arcana imperii* s'est développée entre les années 1605 et 1650, date à laquelle elle cède la place à une nouvelle vague de travaux académiques sur la *Ratio status*, M. Stolleis met ce fait en rapport avec la fin des divisions politiques internes issues des guerres de religion et des guerres civiles commencées au siècle précédent, et la généralisation, en Europe, du modèle absolutiste (*Staat und Staatsräson...*, p. 71). En Allemagne, la souveraineté des princes fut reconnue en 1648.
4. Cf. Gryphiander cité par Besold, *op. cit.*, p. 6.
5. Cf. Cicéron, *De officiis*, II, 7-8.
6. *Le Prince*, chap. 17.

déclarant qu'il suffisait au prince de n'être pas haï[1]. Afin d'échapper au « mauvais renom des vices qui lui ôteraient le pouvoir », il devait savoir feindre les vertus et « colorer » sa vraie nature[2]. Ainsi Machiavel, le premier, avait-il reconnu l'utilité politique des simulacres. Mais il y a une grande différence entre les artifices machiavéliens et ceux que définit Clapmar. Les premiers servent à accroître la distance entre le prince et ses sujets, de telle sorte qu'il occupe un point fixe au-dessus de la mobilité de leurs désirs. Les seconds visent à contrôler ces désirs en les déplaçant sur des leurres. Le « grand simulateur[3] » de Machiavel se cache pour renforcer sa transcendance ; le souverain, selon Clapmar, produit des simulacres pour la faire oublier[4]. De cette façon, Clapmar revient, contre Machiavel, au concept médiéval de l'amour du prince, mais en suivant une voie machiavélienne, introduisant ainsi dans l'art de gouverner le domaine, autrefois réservé à l'Église, de la gestion des âmes.

La théorie des simulacres, bien qu'elle soit exposée en dernier dans le livre, est donc logiquement première : c'est lorsque l'illusion, qui rend possible le consensus, ne fonctionne plus qu'il devient nécessaire de combattre les factieux par des stratagèmes. Ceux-ci constituent les *arcana* proprement dits. Non que les simulacres ne soient aussi des techniques secrètes (*artes occultae*), mais, utiles à l'entretien de la paix, ils sont inefficaces pour la défendre.

Clapmar est un esprit systématique. Il définit, classe, combine. Meinecke ne voyait là que des « opérations de pure logique », étrangères à la réalité vivante de l'histoire[5]. Ce point de vue ayant fait l'objet d'une sévère critique[6], il importe d'examiner de plus près le dispositif conceptuel de Clapmar afin de voir ce qu'il comporte d'original.

1. *Ibid.*, p. 372 : « [...] puo molto bene stare insieme *essere temuto e non odiato* » (je souligne).
2. *Ibid.*, chap. 15, p. 365, et chap. 18, p. 379.
3. *Ibid.*, chap. 18, p. 379.
4. *De arcanis...*, I, 9 : « [...] ut contenta plebs, et quasi fascinata, ab armorum usu abstineat. »
5. Cf. *L'Idée de la raison d'État dans l'histoire des Temps modernes*, p. 125.
6. M. Stolleis, « *L'Idée de la raison d'État* de F. Meinecke et la recherche actuelle », *in* Y.-Ch. Zarka (dir.), *Raison et Déraison d'État*, p. 28-34.

a. *Différence entre le droit de souveraineté et les* arcana

A la suite de Bodin, qu'il cite fréquemment, Clapmar définit la souveraineté – *Imperium, Majestas* – comme puissance absolue de faire les lois. De là découlent ses autres droits : créer des magistrats, battre monnaie, prélever des impôts, droit de vie et de mort, de guerre et de paix, etc.[1].

Les *arcana*, quant à eux, consistent en des techniques cachées (*artes abstrusae*) par lesquelles les séditieux sont empêchés d'agir contre le droit ou la personne du souverain. Clapmar souligne plusieurs différences entre le *jus imperii* et les *arcana* :

Les *arcana* sont au droit souverain comme des remparts entourant une forteresse, selon une image conforme à l'étymologie (*arcanum*, d'après les grammairiens, dérivant de *arx*, forteresse, ou de *arca*, coffre, cassette – hypothèse que préfère Clapmar ; Naudé en fait, on le verra, un argument contre lui), mais révélatrice, dans le livre, d'une sorte de peur obsidionale. On ne saurait donc les confondre avec le droit, qui constitue leur fondement (*fundamentum huius doctrinae*).

Par ailleurs – et ce point a une grande importance –, le droit de souveraineté est à peu près le même dans toutes les républiques, quelle que soit la forme de leur gouvernement, alors que les *arcana* varient en fonction des régimes. Ainsi on distinguera les arcanes royaux ou aristocratiques, mais, plus concrètement encore, ceux des Turcs, des Vénitiens, des Français, etc.

Enfin, le droit est clair et limpide (*purum putum*), tandis que les arcanes exigent la simulation. Le droit dit ce qu'il faut faire, les arcanes font croire qu'on fait ce que l'on dit.

Face à l'éminence, à l'uniformité et à la pureté du droit souverain, les arcanes se caractérisent donc par leur rôle subsidiaire, leur diversité stratégique et leur nature fallacieuse.

1. Ces droits régaliens furent reconnus par la Bulle d'or de 1556, non à l'empereur, qui ne disposait d'aucune armée permanente ni d'aucun impôt fixe, mais aux sept princes électeurs. Pour obtenir son élection, Charles Quint avait dû signer une *capitulation* par laquelle il s'engageait pratiquement à ne prendre aucune décision importante en politique extérieure et en matière de justice sans avoir consulté les Électeurs et la Diète. Cf. H. Lapeyre, *Les Monarchies européennes du XVIe siècle*, Paris, PUF, coll. « Nouvelle Clio », 2e éd. 1973. On trouve une longue analyse de la capitulation dans le *De statu Imperii Germanici*, chap. 5, de S. Pufendorf, auquel je fais référence plus bas.

b. *Antiquité des* arcana

Clapmar ne se présente pas comme un inventeur (le *topos* du penseur héroïque qui ouvre une voie nouvelle, si prisé depuis la Renaissance, lui est étranger), mais comme le spécialiste d'une doctrine ancienne, voilée ou dispersée dans une multitude d'écrits. Il ne prétend pas révéler, mais rassembler et ordonner.

Les premiers éléments de cette science se trouvent chez Aristote qui, dans le chapitre de la *Politique* consacré à la sauvegarde des régimes, évoque – pour les désapprouver – les « sophismes politiques (*ton politeion sophismata*)[1] ». Ainsi qu'il l'explique plus haut, il désigne par cette expression « [les moyens qu'on invente] comme prétextes pour tromper le peuple » dans les démocraties et les oligarchies[2]. Ils concernent « l'assemblée, les magistratures, les tribunaux, la possession d'armes lourdes, les exercices du gymnase ».

Ces tromperies ou « sophismes » correspondent, pour Clapmar, à sa définition des *arcana*. Il ne suffit pas, cependant, pour constituer leur théorie, de renverser le point de vue d'Aristote. Il faut aussi compléter son analyse. Le philosophe, en effet, ne parle pas des arcanes de la monarchie. Étrange silence dû, sans doute, au souci de ne pas affaiblir le pouvoir d'Alexandre[3]. Cette lacune est partiellement comblée par la description, au livre V, des procédés de la tyrannie – texte de référence de toute une littérature machiavélique, à laquelle il apporte une caution savante[4], mais dont il convient, dit Clapmar, de se servir avec circonspection.

C'est à Tacite que l'on doit la connaissance des arcanes royaux (*arcana regia*). Sans lui, cette partie essentielle de la science du gouvernement serait restée dans l'obscurité[5]. Il est la source principale de Clapmar qui lui emprunte ses concepts (*arcana imperii, arcana dominationis, flagitia dominationis, simulacra ou arcana inania*) et le cite constamment[6].

1. *Politique*, V, 8, 1308 a, p. 374.
2. *Ibid.*, IV, 13, p. 318.
3. *De arcanis...*, II, 1. Clapmar, on le verra plus bas, s'imposera la même réserve à l'égard des secrets de l'Empire ; cf. *ibid.*, VI, 19.
4. Cf. Naudé, *Considérations politiques*, p. 77, qui pousse la pointe humoristique jusqu'à se couvrir de l'autorité morale des *Commentaires* de saint Thomas.
5. *De arcanis...*, II, 1.
6. Mais Clapmar lit aussi Tacite à travers les commentaires de Juste Lipse et d'Ammirato. Cf. M. Stolleis, *op. cit.*, p. 48.

Machiavel, quant à lui, est à peine mentionné. Clapmar, qui lui reproche son impiété, identifie les *consilia machiavellistica* avec la *cattiva ragione di stato* (la « mauvaise raison d'État ») italienne, ou ce qu'il appelle les « turpitudes de la domination[1] ». Il utilise en revanche, sans toujours les nommer, les théoriciens de la raison d'État : Boccalini, Botero, Ammirato, Paruta, comme en témoignent, par exemple, ses comparaisons fréquentes des gouvernements turc et vénitien. Mais, s'il précise que les *arcana* sont à peu près synonymes de la *ragion di dominio*[2], il ne se rattache pas directement à ce courant de pensée. Le corpus clapmarien est avant tout historique (Tite-Live, Salluste, Tacite, Suétone) et juridique (recueils et glossateurs du droit romain).

La théorie des *arcana* n'implique, par conséquent, aucune rupture avec l'antiquité. Doctrine savante, plutôt que moderne : elle s'oppose, non à la pensée classique, mais à l'opinion vulgaire. « Les principes de la science politique (*rationes civilis scientiae*) sont très éloignés de ce que croit le commun des hommes[3]. » Ils ne sont pas mystérieux pour autant.

c. Arcana *et mystères*

Alors que les mystères procèdent d'un pouvoir occulte, inaccessible au discours rationnel, les *arcana* s'inscrivent dans l'économie régulière de toute discipline. « Je ne sais, écrit Clapmar, s'il existe une science ou une activité humaine dans laquelle on ne trouve trace de ce genre de secrets (*arcana*)[4]. » Il en donne comme exemples, pêle-mêle, les arcanes de la théologie et de la jurisprudence, les ruses du commerce, les artifices qu'emploient les peintres pour obscurcir et dissimuler, les stratagèmes militaires, les astuces des médecins à l'égard des malades récalcitrants, les fictions des mathématiciens (bien qu'elles ne comportent aucun mensonge), les sophismes subtils des dialecticiens. Cette énumération prête sans doute à sourire par son caractère hétéroclite. Elle traduit néanmoins un effort pour retirer aux *arcana* toute dimension cultuelle et les situer dans le champ positif des arts professionnels.

1. *De arcanis...*, V, 1.
2. *Ibid.*, I, 4.
3. *Ibid.*, I, 6.
4. *Ibid.*, I, 2.

Le mystère, en somme, cède la place au métier (suivant l'évolution même du mot *ministerium* – office, fonction –, contracté en bas latin avec *mysterium*)[1].

Ce déplacement d'une conception mystique à une conception technique des *arcana* a été bien perçu par les commentateurs de Clapmar. Ainsi Besold écrit-il : « Le secret de l'empire, autrefois, était comme un sanctuaire (*adytum*) de vieilles superstitions : les païens croyaient stupidement que l'État se maintenait grâce au respect des rites, des cérémonies et des anciennes statues des dieux. » De telles fictions, entretenues par des hommes avisés, « persuadaient le peuple de ne pas chercher à connaître les fondements de la religion ou défendaient, s'ils étaient découverts, qu'on les révèle ». On retrouve ici l'interdiction de savoir et l'obligation de se taire constitutives du mystère païen. « Tout autres, ajoute Besold, sont les arcanes de la république que je définis avec Clapmar comme des techniques cachées (*occultae artes*) servant à conserver la tranquillité publique[2] ».

De même le juriste Gryphiander, auteur d'une dissertation *De arcanis politicis* qui paraphrase souvent Clapmar, rappelant que les arcanes des États et des princes doivent rester cachés, évoque d'abord les mystères divins – mais il s'agit cette fois de ceux du christianisme[3]. Certains (tel le jour de la fin du monde) sont ignorés des anges eux-mêmes, d'autres ne sont révélés qu'aux saints : saint Paul raconte « qu'il fut ravi jusqu'au paradis et entendit des paroles ineffables (*arcana verba*) qu'il n'est pas permis à un homme de redire (*quae non licet homini loqui*) » (2 Co 12,4). Le peuple romain, poursuit l'auteur, observa des préceptes identiques dans sa religion, imités par les papes qui interdirent aux laïcs la lecture des livres sacrés, en dépit de ces mots du Christ : « Scrutez les Écritures » (*scrutamini Scripturas*) (Jn 5,39). Cette formule est d'une extrême importance, car elle permet de lier la démystification des *arcana* politiques à la critique protestante de l'autorité pontificale[4] et, à travers elle, de la domination impériale[5].

1. Cf. E. H. Kantorowicz, *Mourir pour la patrie*, p. 84, note 22, pour les références bibliographiques, et p. 80, note 10 : exemple de « mystère » au sens de métier ou commerce chez Jacques Ier.
2. *De arcanis...*, p. 2.
3. *De arcanis politicis*, § 9.
4. On sait que Luther, à la diète d'Augsbourg, convoquée en 1518 par l'empereur, puis à Leipzig, l'année suivante, avait soutenu l'autorité du jugement individuel librement appliqué à l'étude de la Bible. La Réforme était née, de fait, ce jour-là, avant la rupture publique du 10 décembre 1520 à Wittenberg.
5. Voir en particulier les § 86-87.

Gryphiander, en effet, ne cite pas ces exemples pour s'en réclamer. Au contraire, il tient à marquer la différence entre les mystères et les *arcana*: « Mais laissons de côté ces secrets mystiques (*mysticis hisce relictis*). » S'il importe au politique que les arcanes de son État restent voilés, il faut également que celui dont c'est l'affaire les connaisse, afin de mieux pouvoir conseiller l'État en cas de conflit. La science des *arcana* est l'affaire propre des juristes: rapport entre le prince et les hommes de loi exactement inverse de celui établi dans l'Angleterre – ou la France – absolutiste, et qui illustre toute la distance séparant les *mysteries of state* des *arcana imperii.*

Les arcanes de l'État ne sont donc pas des mystères inspirant une terreur sacrée, mais ne sont pas non plus des maximes publiques, puisqu'ils tirent leur efficacité de leur caractère occulte. C'est pourquoi il n'est permis de les exposer qu'en latin. Comme l'écrit Besold, « si les secrets de la domination étaient connus du grand nombre, ils perdraient beaucoup de leur pouvoir[1] ». Le silence était l'enveloppe des mystères; celle des *arcana* est la langue des doctes. En d'autres termes, le pouvoir ne marque pas la limite de ce qu'il est permis de savoir; c'est plutôt le savoir qui énonce ce qu'il est possible de faire. En Angleterre, le monarque déclare: « Je ne peux régner que si vous ne savez rien »; en Allemagne, le juriste suggère au prince: « Vous ne pouvez régner sur le peuple ignorant qu'avec le concours de ceux qui savent. » De là deux styles d'absolutisme au XVIIe siècle: l'un centré sur le secret, et que l'on nomme, selon le modèle français, « politique de cabinet », l'autre s'appuyant sur la spécialisation d'un savoir étatique, et qui donnera naissance, en Allemagne, au caméralisme[2].

Toutefois, même en latin, il n'est pas permis de tout dire. Le droit de l'homme de droit s'arrête où commencent les intérêts de l'Empire. *Manum de tabula!* écrit Clapmar, « quitte le pinceau », après avoir énuméré les *arcana* les moins secrets de l'Empire germanique (le respect mutuel des princes, l'harmonie des « États »[3], la supériorité apparente de l'empereur, la liberté religieuse[4], la constitution de paix publique et particulièrement la Chambre de justice impé-

1. *De arcanis...*, p. 2.
2. Cf. H. Maier, *Die ältere deutsche Staats – und Verwaltungslehre.*
3. *Stände*: la petite noblesse et les villes, représentées en assemblées, dont les princes devaient obtenir le consentement pour lever des taxes sur leurs sujets.
4. Principe « cuius regio eius religio » (à chaque pays sa religion) établi avec la paix d'Augsbourg (1555).

riale[1]). « Il est dangereux de parler des arcanes et des simulacres qu'utilisent l'empereur, les princes ou certaines grandes villes du fait de leur crainte réciproque[2]. » Autolimitation du discours savant qui n'invoque pas un interdit, mais un danger. Principe de prudence plutôt que loi de silence, dans un Empire soumis non à la transcendance d'une volonté souveraine (l'autorité de l'empereur n'était que symbolique), mais à la lutte constante des pouvoirs régionaux[3].

d. *Arcanes de la souveraineté et arcanes de la domination*

Cette distinction, que l'on peut estimer subtile, constitue le pivot de la doctrine clapmarienne[4]. Il est donc nécessaire de l'exposer brièvement.

Les *arcana imperii* se rapportent à la conservation de la forme actuelle de la république. Ils se divisent donc en six catégories selon a) le régime qui les met en œuvre (aristocratie, démocratie ou monarchie), b) l'adversaire combattu (peuple, prince ou noblesse) : arcanes aristocratiques contre le peuple ou la royauté, arcanes démocratiques contre la noblesse ou la royauté, arcanes royaux contre le peuple ou la noblesse.

Les *arcana dominationis* se rapportent à la sécurité de ceux qui gouvernent la cité. Ils diffèrent également selon la forme du gouvernement.

On obtient ainsi neuf types d'*arcana* distincts. Classification claire dans son schématisme scolaire. Elle soulève cependant un problème. Clapmar, en effet, définit la domination comme la puissance souveraine (*summa imperandi vis*) appartenant spécialement à ceux qui ont pris récemment possession d'un État par la force (*manu regia*) ou occupent cet État conquis. La domination est donc une souveraineté légitime, quoique violente. Mais, plus généralement, elle est la forme violente que prend toute souveraineté dans une république « remplie de citoyens séditieux[5] ». La distinction entre *imperium* et

1. Tribunal suprême institué par Maximilien de Habsbourg en 1495 à la Diète de Worms où fut également proclamée l'interdiction des guerres privées.
2. *De arcanis*..., VI, 19.
3. Rappelons que l'Allemagne du XVIe siècle est composée, sous l'autorité symbolique de l'empereur, d'une multitude d'États princiers, de petites seigneuries et de villes libres. Celles-ci sont très nombreuses dans les pays rhénans et la Souabe. Le Nord est la région des villes hanséatiques.
4. *De arcanis*..., I, 8.
5. Corvinus, *Breviarium sex librorum de Arcanis Rerumpublicarum* (1644), p. 14.

dominatio a donc un caractère plus méthodologique que typologique. C'est pourquoi, en fait, *arcana imperii* et *arcana dominationis*, sans se confondre, découlent du droit de domination, qui est, si l'on peut dire, la spécification du droit de souveraineté dans chaque gouvernement. Or Clapmar, au livre IV (donc, curieusement, après avoir décrit les *arcana dominationis*), présente ce droit comme identique à la *ragion di Stato* telle que la définit un autre tacitiste, Scipione Ammirato : « privilège qui déroge au droit commun ou ordinaire, sans être contraire à la loi divine, introduit en vue du bien public[1] ».

De deux choses l'une : ou l'on considère que cet appareil conceptuel n'exprime, à travers sa pesante armature scolastique, qu'un machiavélisme alambiqué qui n'ose pas dire son nom, ou on lui reconnaît une cohérence propre, ce qui oblige à en expliquer l'assemblage, non par rapport à une idée abstraite et générale – la souveraineté, l'État –, mais à partir de ses conditions concrètes de formation. Du point de vue d'une histoire des idées s'intéressant à la production de concepts universels, Clapmar, auteur terne, laborieux, sans génie, mérite sans doute l'oubli dans lequel il est tombé. Maillon inutile dans la chaîne qui relie Machiavel aux grands penseurs politiques modernes. Du point de vue, en revanche, d'une histoire attentive à la fonction stratégique des concepts – fonction locale, déterminée par des rapports de force contingents et instables –, son livre joue un rôle important dans l'élaboration, en Allemagne, d'un discours étatique anti-impérial.

Il n'est pas aisé, d'ailleurs, pour qui n'est pas spécialiste des droits romain et germanique, de bien comprendre le sens exact des distinctions de Clapmar. Selon Georg Lenz[2], en opposant le *jus dominationis* au droit civil, Clapmar affirmait la supériorité juridique des États territoriaux par rapport à l'autorité impériale. Cette thèse se déduit peut-être de certaines pages du livre ; elle n'y est pas explicitement formulée. Il est certain, en revanche, que Clapmar énonce le principe d'une raison d'État fondée, non sur la transcendance d'un pouvoir central, mais sur son absence. L'excès de pouvoir qu'autorise le droit de domination procède, en Allemagne, du manque d'État. Au moment où les grandes monarchies, en France ou en Angleterre, se

1. *De arcanis...*, IV, 2 ; cf. Sc. Ammirato, *Discorsi sopra C. Tacito*, XII, 1 ; trad. fr., VI, 7 ; sur cette définition, voir R. de Mattei, *op. cit.*, chap. VI : « L'Ammirato e la "Ragion di Stato" come *deroga* ».

2. *Zur Lehre der Staatsräson*, p. 279.

revêtent du mythe impérial[1], les États allemands, pour renforcer leur souveraineté naissante, s'en dépouillent. De là l'écart considérable entre la *ratio status* allemande de principautés soucieuses de maintenir un système d'équilibre et la raison d'État des absolutismes aux ambitions hégémoniques.

Ne pouvant, dans le cadre de ce chapitre, analyser plus en détail cette spécificité allemande[2], je voudrais souligner, rapidement, l'influence exercée par Clapmar sur ses contemporains. Celle-ci ne se réduit pas aux imitations et commentaires qu'il a suscités. J'en retiendrai deux exemples : 1) la typologie des *arcana* selon la forme des régimes ; 2) la définition de la *ratio status* allemande par Chemnitz.

I. LA TYPOLOGIE DES RAISONS D'ÉTAT

Meinecke fait allusion au premier point dans une courte note : « On peut admettre, écrit-il, que la théorie de Bonaventura, Zuccolo et Settala [selon laquelle chaque État a sa propre raison d'État] remontait à Clapmar[3]. » Or nous avons vu que Clapmar empruntait cette idée à Aristote, à travers la grille de lecture constituée par Bodin. Les théoriciens italiens de la *ragion di Stato* avaient-ils besoin de passer par Clapmar pour découvrir une idée aussi ancienne ?

Sans pouvoir attester formellement cette filiation, je la crois probable. Il y a, en effet, une grande différence entre la conception aristotélicienne, reprise par Bodin, des moyens propres à conserver un État, et celle exposée, en premier lieu, par Federico Bonaventura[4]. Chez Aristote, ces moyens découlent de la forme du régime établi, alors que, pour Bonaventura, c'est la raison d'État qui précède et conditionne la forme de l'État : « La raison d'État n'est pas diverse d'après la diversité des formes de république, [...] mais bien plutôt, c'est sa diversité qui les rend diverses[5]. » Idée passionnante, dont il

1. Cf. F. A. Yates, *Astrée*, *op. cit.*
2. Cf. M. Stolleis, *Geschichte des öffentlichen Rechts*, t. I, p. 197-211 ; M. Senellart, « Y a-t-il une théorie allemande de la raison d'État ? », p. 285-286.
3. *L'Idée de la raison d'État dans l'histoire des Temps modernes*, p. 136, note 22.
4. Sur cet auteur, cf. *infra*, p. 273.
5. *Della ragion di Stato e della prudenza politica* (1601, imprimé en 1623), IV, 58, p. 588.

attribue la paternité à Isocrate, et qui fait de l'État, non l'origine, mais le produit de pratiques gouvernementales spécifiques.

Il est possible que la systématisation des *arcana* effectuée par Clapmar ait permis ce renversement. Certes il applique aux différents régimes un modèle d'analyse aristotélicien, mais c'était, on l'a vu, pour renforcer des structures étatiques encore inexistantes. La raison d'État clapmarienne (ce qu'il appelle le *jus dominationis*) ne présuppose pas l'existence de l'État; elle vise à en instaurer les conditions. Raison d'étatisation plutôt que raison d'étatisme, si l'on peut oser cette formule. De là, sans doute, le malentendu fondamental avec Naudé.

La théorie de Clapmar, réduite à un schématisme insipide[1], devint un lieu commun dans la seconde moitié du XVIIe siècle. Ainsi le tacitiste Amelot de la Houssaye (1634-1706), traducteur de Gracián et de Machiavel, le paraphrase-t-il dans une addition à son *Commentaire des dix premiers livres des Annales de Tacite*, où il explique ce qu'est la raison d'État, « art qui n'a pour objet que le repos et la félicité des peuples et sans qui la forme du gouvernement serait toujours chancelante ». Il est vrai, ajoute-t-il en reprenant les termes d'Ammirato, qu'elle déroge au droit commun ou civil, mais uniquement en vue d'un plus grand bien, « qui est la conservation ou l'agrandissement de l'État ». A ce point, Amelot, dont la pensée manque de vigueur, hésite entre deux notions de la raison d'État, maxime d'exception par rapport aux règles communes de la politique, selon le critère de la nécessité, ou disposition homogène à la forme d'un gouvernement, selon un impératif constitutionnel[2]. Peu cohérente, sa définition juxtapose, sans choisir, les conceptions discrétionnaire et légaliste de la raison d'État. En dépit de la maladresse qu'elle traduit, cette apparente contradiction trouve sa solution dans la distinction, citée plus haut, entre les *arcana imperii* et les *arcana dominationis*. L'important est que la grille conceptuelle clapmarienne ait

1. F. Meinecke emploie cette expression pour le livre de L. Settala, *Della ragion di Stato*, 1627.

2. Cf. *supra*, Ire partie, chap. 2. L'auteur cite comme exemples : « Dans les royaumes électifs, les lois sont par-dessus les rois, et dans les royaumes héréditaires, les rois sont par-dessus les lois. Les États héréditaires veulent être assurés du successeur de leur prince, pour éviter les désordres d'un interrègne, et étouffer les vaines espérances des ambitieux. Au contraire, les États électifs veulent toujours un interrègne, pour conserver inviolablement la liberté d'élire leur prince. [...] Enfin, dans les républiques, toute la raison d'État tend à conserver la liberté commune, au lieu que la monarchie a intérêt de la détruire, ou du moins de l'affaiblir. »

frayé la voie à une science positive de l'État, fondée non sur des principes généraux, mais sur la pluralité concrète des formes de gouvernement.

2. LA *RATIO STATUS* ALLEMANDE

Une influence tout à fait certaine, cette fois, se révèle dans la *Dissertatio de ratione status* (1647) de l'Allemand Bogislaw Chemnitz, sous le pseudonyme de Hippolithus a Lapide, véritable arme de guerre contre la maison impériale qui connut un immense retentissement et fit, dit-on, plus de mal à la maison d'Autriche que plusieurs batailles perdues[1].

Dans ce pamphlet, Chemnitz définit la *ratio status* de l'Empire germanique qui consiste, selon lui, à expulser les Habsbourg, donner la plus grande indépendance possible aux princes et organiser une sorte de confédération aristocratique sous la direction symbolique d'un empereur dépourvu de tout pouvoir.

En dehors de son rôle historique, l'ouvrage présente un immense intérêt pour quatre raisons :

1. Il prolonge l'individualisation des raisons d'État entreprise par Clapmar en fonction des types de régime et des formes réelles de gouvernement. La *ratio status* allemande n'est pas une théorie allemande de la raison d'État, mais la raison de l'État allemand, inscrite dans ses conditions historiques de stabilité.
2. Il démontre les virtualités anti-impériales de la pensée de Clapmar, restées implicites dans son livre par manque d'audace politique ou, simplement, par prudence.
3. Il retourne contre l'empereur la doctrine des simulacres, la quatrième *ratio status* exigeant que seules les apparences (*simulacra*) de la majesté soient laissées à l'empereur[2].
4. Il constitue une étape décisive dans la définition de la *ratio status* allemande comme système d'équilibre fondé sur une communauté d'intérêts. Ce sera l'œuvre de Pufendorf, dans le dernier chapitre du *De statu Imperii Germanici* (1667)[3], intitulé : « De la raison d'État de l'Empire d'Allemagne », où il reprend, non sans

1. Cf. G. Blondel, *in* Lavisse et Rambaud, *Histoire générale*, Paris, A. Colin, 1922, t. VI. ; intéressante analyse de F. Meinecke, *op. cit.*, p. 126 et 209.
2. *Dissertatio de ratione status*, II, 6.
3. Publié sous le pseudonyme de Severinus de Mozambano ; trad. fr. *Estat présent de l'Empire d'Allemagne*, 1675. Cf. F. Meinecke, *op. cit.*, p. 208-211.

réserves, les thèses de Chemnitz pour conclure : la conservation de l'Empire exige que

> « chacun jouisse de ses droits, sans qu'il soit permis au plus fort d'opprimer les plus faibles, et qu'il se rencontre une sûreté et une liberté égale entre des membres si disproportionnés entre eux par l'inégalité de leurs forces, qu'il soit absolument défendu de renouveler jamais les prétentions surannées, et que chacun conserve à l'avenir la jouissance de ce qu'il possède[1] ».

C. Naudé : arcanes et « coups d'État »

Alors qu'en Allemagne le livre de Clapmar, maintes fois réédité, avait reçu un accueil favorable et suscité une abondante littérature, Naudé le critique sévèrement à plusieurs reprises : dans sa *Bibliographie politique* (1633), tout d'abord, puis, en différents lieux, dans les *Considérations politiques sur les coups d'État* (1639). Cette insistance, dont ne fait l'objet, dans ses écrits, aucun autre théoricien de la raison d'État, s'explique par sa conception du secret politique. Naudé reproche à Clapmar, non pas d'avoir rendu publics des secrets d'État, mais d'avoir présenté comme secrètes des maximes ordinaires de gouvernement. C'est donc la définition même des *arcana* qui est en question ou, plus exactement, leur statut théorique : peuvent-ils faire l'objet d'une connaissance discursive, ou appartiennent-ils à l'action pure ? Débat où se heurtent, sans doute, deux styles de lucidité, l'une encombrée de tout un formalisme juridique, l'autre hardie, insolente, corrosive ; mais surtout deux types de rationalité. Alors que Clapmar avait soigneusement distingué les stratagèmes des mystères, Naudé radicalise la notion de stratagème, mais pour la réinscrire dans la transcendance du mystère.

Dans la *Bibliographie politique*, c'est à propos des techniques de l'« administration extraordinaire » qu'il attaque Clapmar. Peu d'auteurs, écrit-il, ont été assez hardis « pour *faire voir en public* quelque ouvrage sur ce sujet » – l'accent est mis d'emblée non sur la

1. *De statu Imperii Germanici*, trad. fr., p. 254.

connaissance, mais sur la divulgation – « car encore que Clapmar se soit chargé de traiter cette matière en son livre *de Arcanis imperiorum*, des secrets des États, il ne fait rien moins que ce qu'il avait promis, vu qu'il ne met en avant que les préceptes et les lois de l'administration commune et ordinaire »[1]. Le titre du livre de Clapmar, en d'autres termes, n'est qu'un simulacre masquant l'inconsistance de son contenu. La théorie des simulacres politiques se réduit à un simulacre de livre.

Naudé lui oppose, assez curieusement, le gros traité de Federico Bonaventura (1555-1602)[2], *Della ragion di stato et della prudenza politica*, paru en 1623. « L'auteur a merveilleusement bien soutenu la dignité de son objet. » Citant sa définition de la raison d'État, ce moyen extraordinaire de l'administration publique – « bon conseil touchant les choses qui concernent la plus grande utilité de la République, sans considération d'aucune autre raison » –, il le félicite d'en avoir inféré quantité de choses regardant « cette plus secrète instruction politique » et assure que « chacun peut tirer de lui autant qu'il aura besoin pour philosopher [...] abondamment des vrais secrets de la République »[3]. En dépit de l'intérêt réel que présente ce livre, il n'est pas sûr que le conseil de Naudé soit tout à fait sincère. Bonaventura était un savant éclectique et prolixe qui avait publié, entre autres ouvrages, des traités météorologique[4] et gynécologique[5] d'une longueur démesurée (Naudé y fait brièvement allusion : « [...] sans s'être épuisé pour avoir fait ces grands volumes des vents et de l'enfantement à huit mois, *De ventis et octomestri partu* »). Son livre sur la raison d'État, interrompu par sa mort soudaine, fut publié à titre posthume. Il comprend 667 pages in-4° et c'est à la page 519[6] que l'auteur, après avoir minutieusement examiné

1. « N'y ayant rien de plus facile, poursuit-il, à ceux qui s'embarquent dans la vaste mer des lettres, que de tomber dans cette censure, ni plus ni moins que dans un gouffre ou dans des écueils, lorsque par les titres de leurs livres seulement ils se vantent et promettent de soi des choses magnifiques » (p. 58).

2. Après avoir bénéficié de la protection du cardinal d'Urbin, il fut admis à la cour du duc d'Urbin et fut chargé de diverses missions.

3. *Bibliographie politique*, p. 60-61.

4. *De causa ventorum motus*, 1592.

5. *De natura partus octomestris*, 1599 – ouvrage de mille pages in-folio !

6. *Della ragion...*, livre IV, chap. 11, sous le titre : « Che la Consultativa, che posero gli Antichi, è quella, che noi hoggi domandiano Ragion di Stato. Qual sia l'oggetto d'essa Ragion di Stato. Si apporta la sua diffinitione. » Celle-ci est la suivante : « [...] dovremo dire, che la Ragion di Stato è una buona consultatione intorno à maggiori beni del governo Politico, non obligata ad altra ragione. »

les autres théories de la *ragion di Stato* et posé les fondements généraux de la science politique, avance enfin sa propre définition. L'ironie de Naudé me paraît confirmée par les termes mêmes de son éloge – « gros volumes », « philosopher abondamment » – et son renvoi discret, quelques lignes plus bas, à un traité inédit qu'il aurait écrit, l'année précédente, sur les secrets d'État. Nul doute qu'il s'agisse des *Considérations* où disparaît toute référence à Bonaventura.

La théorie du vrai secret politique ne se trouve donc ni dans les pages banales de Clapmar, ni dans le livre touffu de Bonaventura, mais dans un texte que personne n'a encore lu et qui ne sera imprimé, en 1639, qu'à douze exemplaires. Le lieu où se dit le secret demeure lui-même secret, à l'image du traité politique de Titus Corneus dont parle Naudé, « soigneusement gardé en la ville d'Urbin avec une infinité d'autres manuscrits[1] ». L'*arcanum* s'*archive*[2] : on le conserve dans un coffre (*arca*) dont seuls quelques-uns possèdent la clé.

Dans les *Considérations politiques*, Naudé mentionne quatre fois Clapmar[3] pour lui opposer, non plus tel ou tel théoricien de la raison d'État, mais sa conception des coups d'État qu'il distingue aussi bien des *arcana* clapmariens que des maximes de la raison d'État. Aussi, pour comprendre le sens de cette critique, faut-il la resituer dans son schéma d'ensemble.

Prudence ordinaire et extraordinaire

A la suite de Charron[4], Naudé distingue deux sortes de prudence (cette « vertu qui n'a d'autre but que de rechercher les divers biais, et les meilleurs et plus faciles inventions de traiter et faire réussir les affaires que l'homme se propose[5] ») : l'ordinaire et l'extraordinaire.

1. *Bibliographie politique*, p. 61.
2. Cf. A. Clapmar, *op. cit.*, I, 3, p. 7, sur le rapprochement (étymologiquement fantaisiste) d'*arcanum* et d'*archivum*.
3. La première, p. 84, dans les termes mêmes de la *Bibliographie politique ;* la deuxième, p. 89-90, où son argumentation est la plus développée ; la troisième, p. 92, à propos des *flagitia dominationis* (fourberies des Empires), expression tacitéenne désignant chez Clapmar les pratiques honteuses du machiavélisme ; la quatrième, p. 98, où, après avoir critiqué la définition de la raison d'État par Botero, et cité celle d'Ammirato, il reprend ses griefs habituels.
4. *De la sagesse*, livre III, chap. I, p. 548 ; cf. *supra*, IIIe partie, chap. 1, p. 236.
5. *Considérations...*, p. 88.

La première comprend, outre ses parties traditionnelles[1], la fraude ou tromperie légère, la dissimulation et la perfidie, damnables sans doute chez les particuliers, mais non dans l'exercice du gouvernement, car « la justice du souverain chemine un peu autrement que [la leur][2] ». Ces ruses couramment pratiquées sont considérées par les politiques « comme [...] les principales règles et maximes pour bien policer et administrer un État ». Une fois admise la transcendance du prince, s'effacent les distinctions applicables à la conduite privée. Réduction de l'extraordinaire à l'ordinaire par la vertu de la souveraineté. Ce n'est donc pas dans l'écart par rapport à la loi morale que réside la prudence extraordinaire.

Celle-ci correspond à ce que les politiques, depuis Tacite, appellent les *arcana imperii* ou *arcana dominationis* : secrets ou, pour mieux dire, coups d'État[3]. C'est à cet endroit du texte que Naudé expose le plus longuement la théorie de Clapmar et les raisons pour lesquelles il la conteste. Moment décisif, puisque s'y joue la possibilité de nommer ce qui, par son excès même, s'exclut du discours savant : l'épiphanie du pouvoir comme pure violence. Au-delà de la querelle avec Clapmar, Naudé engage le procès de toute la littérature politique, coupable de n'avoir jamais compris ce qui était réellement en question dans la pratique du secret.

> « Or cela me ferait aucunement redouter l'indignation de tous ces grands personnages (Tite-Live, Salluste, Ammien Marcellin, et beaucoup d'auteurs, lesquels semblent demeurer tous d'accord de la signification de ces mots, de la même façon que Clapmarius s'en est servi dans tout son livre), si je m'émancipais sans leur avoir demandé permission, de leur dire qu'usurpant ce mot de secrets d'État, selon qu'il a été exposé ci-dessus, ils semblent s'éloigner de sa signification, et ne pas bien comprendre la nature de la chose[4]. »

Rappelant, à la suite d'Ammirato[5] et de Clapmar lui-même[6], l'étymologie d'*arcanum*, il soutient que ce terme ne doit pas être

1. Cf. *supra*, IIe partie, chap. 4, A, c.
2. *Considérations...*, p. 88. Thème courant de la littérature absolutiste : cf. par exemple Jean de Silhon, préface à *De l'intérêt des princes* du duc de Rohan, Paris, 1638, éd. de 1639, p. 20-21 ; Descartes, lettre à Élisabeth (sept. 1646) (cf. M. Senellart, *Machiavélisme et Raison d'État*, p. 51).
3. Cf. *Considérations...*, p. 84.
4. *Ibid.*, p. 90.
5. *Della Segretezza*, Venise, 1598, p. 4 (cité par M. Stolleis, *Staat und Staatsräson...*, p. 48, note 40).
6. *De arcanis...*, I, 3, p. 6-7.

appliqué « aux préceptes et maximes d'une science, laquelle est commune, entendue et pratiquée par un chacun, mais seulement à ce que pour quelque raison ne doit être ni connu ni divulgué[1] ». L'*arcanum* s'est toujours dérobé à l'analyse savante, non pas à cause du silence dont on l'enveloppe, mais parce que, par nature, il ne saurait faire l'objet d'une systématisation rationnelle. Imprévisible, rare, intimement lié à la texture des circonstances, sa singularité radicale défie toute approche théorique. La critique par Naudé de la conception traditionnelle du secret conduit donc à remettre en cause l'idée même d'un art du gouvernement. Ou plutôt, elle aboutit à séparer l'art de gouverner de la science politique, en l'inscrivant dans l'espace aléatoire du jeu. Audace, rapidité, surprise : tels sont les éléments du secret véritable, le *coup d'État*, dont l'efficacité tient au fait, précisément, qu'on ne peut rien en dire avant qu'il se soit produit.

Le coup d'État

Le concept de « coup d'État », en effet, n'a pas le sens actuel de conquête du pouvoir par des moyens illégaux, mais désigne une action violente et soudaine ordonnée par le prince, ou encore un tour d'une audace exceptionnelle[2]. Le coup souligne la rapidité et la hardiesse de l'acte plutôt que sa brutalité. Naudé n'est pas le premier à utiliser l'expression. Elle apparaît, semble-t-il, dans les années 1630[3]. Mais il est remarquable qu'il la préfère au mot « secret » : pour se démarquer de toute la littérature des *arcana*, mais également pour mettre en évidence le caractère imprévisible des stratagèmes en question. De là le paradoxe théorique situé au centre de l'ouvrage : si prudence vient de prévoyance, comment établir les règles d'une stratégie de l'imprévisible ? Prudence extraordinaire, certes, dans sa définition même, puisqu'elle échappe à toute prévision. Y a-t-il une science de l'action pure, en tant qu'elle répond à l'inattendu ?

Dans ce débat sur la nature des *arcana* au XVIIe siècle, il serait vain de se demander si Naudé a raison contre Clapmar. Leurs analyses, en effet, se développent sur des plans très différents :

1. *Considérations...*, p. 90.
2. Cf. *ibid.*, p. 115-116, l'exemple de la conversion de Clovis. Pour une analyse approfondie, cf. Y. Ch.Zarka, « Raison d'État, maximes d'État et coups d'État chez Gabriel Naudé », *in* du même (dir.), *Raison et Déraison d'État*, p. 151-169.
3. Cf. É. Thuau, *Raison d'État et Pensée politique à l'époque de Richelieu*, p. 395 ; L. Marin, *loc. cit.*, p. 27-28, note 18.

1. Différence de situation historique, caractérisée, en Allemagne, par la concurrence de pouvoirs locaux dans un État morcelé, en France, par l'affirmation du pouvoir royal dans un État centralisé.

2. Différence de problématique : La question de Clapmar est de savoir comment *se font* les États à l'intérieur d'une multiplicité de régimes établis. Préexistence des formes de gouvernement, mais aussi antériorité des techniques gouvernementales, par rapport aux structures étatiques. Alors que le problème, pour Naudé, est d'expliquer comment *agit* l'État transcendant à la société. Déduction des principes de l'art de gouverner à partir de l'extériorité absolue du souverain.

3. Différence de statut des auteurs : l'un, juriste qui aspire à devenir conseiller du prince, l'autre, érudit, médecin, sceptique, voulant démontrer l'impossibilité d'une pratique de la politique fondée en théorie.

4. Différence de statut des textes : le *De arcanis* connut, sitôt publié, une grande diffusion. Neuf fois réédité au XVIIe siècle, il fit l'objet de nombreux commentaires. Les *Considérations*, en revanche, sont un texte confidentiel, réservé à un cercle étroit. Tiré à douze exemplaires, l'ouvrage ne fut réédité que trente ans plus tard (le succès considérable dont il jouit alors ne doit pas faire oublier sa destination première).

Conclusion

Des premiers siècles du Moyen Age à l'apogée de l'époque classique, l'histoire des Miroirs des princes et des manuels de prudence politique fait apparaître deux séries de transformations : l'une relative aux pratiques et aux fins gouvernementales, l'autre aux régimes de visibilité. Pendant une première période où le *regnum* séculier, progressivement, émerge du *regimen* religieux (Ve-XIIe siècle), prévaut la fin de *corriger* les hommes. Au XIIIe siècle, qui voit le *regimen* s'incorporer dans le *regnum*, il appartient au roi de *diriger* une multitude – l'unifier, par sa force directive, et la conduire vers le bien. Avec la dislocation de l'universalisme médiéval, s'opère, aux XVIe et XVIIe siècles, le renversement des rapports entre le *regnum* et le « gouvernement » : ce dernier, encore confondu, chez Machiavel, avec le *stato* du prince, n'est plus qu'une modalité locale (Bodin) ou instrumentale (Hobbes) de la puissance souveraine : c'est alors que, subordonné à la logique de l'État, il se trouve investi du rôle de *protéger* la société. On voit qu'il serait inexact de déduire l'État moderne d'une sécularisation continue du *regimen* chrétien, comme si le premier avait simplement hérité des fonctions du second. L'évolution de l'un à l'autre, resituée dans la contingence de processus historiques complexes, doit être décrite en termes de résistance, déplacement, mélange, rupture, innovation. Hétérogénéité, donc, des figures du « gouvernement », à travers l'apparente continuité du vocabulaire parénétique.

Mais ces transformations ne s'expliquent pas par le seul jeu aléatoire des événements. Elles correspondent à une mutation profonde de l'économie du visible. Alors que le roi médiéval, image de Dieu sur terre, devait être vu de tous pour faire voir, par l'éclat de ses vertus, le principe invisible dont il tirait son être[1], le souverain, à partir

1. Cf. P. E. Schramm, « Les signes du pouvoir et la symbolique de l'État », p. 190 : « [...] le fil conducteur des mille ans d'histoire que nous avons parcourus [de l'antiquité

du XVIe siècle, tend de plus en plus à se faire invisible pour tout voir, à l'instar du grand roi de Perse cité dans le *De mundo* du Pseudo-Aristote[1]. François de Mézeray blâmait au XVIIe siècle les favoris d'Henri III qui, « afin de le posséder tout entier, lui persuadèrent de ne se plus tant communiquer à ses sujets comme avaient fait ses prédécesseurs, mais de se tenir caché comme les rois d'Orient [et] de ne se faire connaître à eux que par un grand éclat, ou de magnificence, ou de commandement absolu[2] ». Laissons de côté, ici, la critique de la flatterie. La tendance que dénonce Mézeray ne traduit pas une simple dérive despotique. Elle s'inscrit dans le mouvement de réorganisation du visible dont l'État absolu, comme structure institutionnelle, fut tout autant l'effet que l'agent. Loin de réactiver la forme d'une tyrannie occulte, le monarque invisible illustre la transmutation juridique du corps royal, la séparation croissante de l'État avec la société, la concentration du pouvoir dans une machine administrative centralisée et, à un tout autre niveau, l'éloignement du divin (*Deus absconditus*) hors de l'espace des actions humaines. Ainsi le passage de l'exemplarité à l'invisibilité, s'il s'effectue sur l'axe d'une rationalisation technicienne, ne peut-il se comprendre qu'à l'intérieur d'une recomposition globale du champ pratique, dans ses dimensions matérielles et spirituelles[3].

Sans doute l'invisibilité du prince marque-t-elle une pure limite – le point extrême où les *mystères de l'État* se fondent dans sa force irrésistible. A ce titre, le « politique invisible[4] » n'est autre que le phantasme de l'État absolu. L'important, cependant, dans la perspective de ce livre, n'est pas tant l'aspect « mystique » de la souveraineté que le corrélat de l'effacement du prince : le transfert à la société elle-même de l'exigence de visibilité. Mouvement perceptible, certes, dans l'essor de l'absolutisme français, mais que masque, sous le règne de Louis XIV, l'ostentation spectaculaire de l'appareil royal. Le phénomène, en revanche, est beaucoup plus transparent dans l'Allemagne du XVIIe siècle où, avec la construction

---

tardive au XVIe siècle] [...] est la faculté de mettre un vêtement visible à l'invisible, et de déceler dans le visible l'invisible. »

1. Cité par E. H. Kantorowicz, *The King's Two Bodies*, p. 263 (trad. fr., p. 192). Ce texte fut traduit en latin au XIIIe siècle.

2. Cité par A. de la Houssaye, *La Morale de Tacite*, Paris, 1686, p. 153.

3. Je rejoins tout à fait, à cet égard, les belles analyses de M. Gauchet dans *Le Désenchantement du monde*, p. 202-231.

4. Cf. *supra*, p. 229, notes 2 et 3.

des États princiers, la théorie des *arcana* conduit à l'analyse systématique des forces sociales. Le *secret*, en d'autres termes, ne se concentre pas dans le « coup d'État ». Il s'articule au savoir que l'État acquiert de sa propre substance. Il est donc nécessaire de corriger la thèse classique, soutenue en particulier par C. Schmitt, selon laquelle le principe de *publicité* est né de l'opposition aux *arcana* absolutistes :

> « Pour le postulat du caractère public, l'adversaire réside dans la représentation qu'à chaque politique appartiennent des *arcana*, des secrets de la technique politique, qui sont en réalité, pour l'absolutisme, tout aussi nécessaires que des secrets de fabrication et de commerce pour une vie économique basée sur la propriété privée et la concurrence[1]. »

C. Schmitt a tout à fait raison de définir ainsi les *arcana*, et c'est à juste titre qu'il désigne dans l'« opinion publique », célébrée par les Lumières, une contestation radicale de la politique professionnelle conduite, derrière des portes closes, par des fonctionnaires d'État[2]. Mais ceci le conduit à dénoncer la *publicité*, « simple remède pratique au départ contre la politique secrète de l'absolutisme[3] », comme une *illusion*, dès lors qu'elle prétend constituer le fondement d'une politique rationnelle. La *publicité*, ainsi, serait liée à la négation du politique – « domaine de la violence et de l'esprit de conquête », défini par la distinction ami/ennemi[4] – qui caractérise selon lui le libéralisme[5]. Or je crois, au contraire, qu'elle procède de la même logique que celle qui, à travers l'auto-affirmation de l'État, a dissocié le gouvernement de l'échelle des fins cosmothéologiques, rompu le rapport signifiant entre le visible et l'invisible, réinscrit ce dernier comme simple variable stratégique dans l'espace, indéfiniment ouvert, des interactions sociales, et fait de la raison d'État – prise au sens large du terme – le vecteur, non d'un art de régner ténébreux, mais d'une mise en lumière des mécanismes de la vie collective. La *publicité*, en somme, ne s'oppose pas tant aux *arcana*

1. *Parlementarisme et Démocratie*, p. 47.
2. *Ibid.*
3. *Ibid.*, p. 48.
4. *La Notion de politique*, chap. 2, p. 65-68 ; cf. H. Meier, *Carl Schmitt, Léo Strauss*, p. 32, 55.
5. *La Notion de politique*, p. 117-118 ; cf. P. Manent, préface à H. Meier, *op. cit.*, p. 8.

absolutistes (même si, de fait, elle a été revendiquée contre eux[1]) qu'à la visibilité du pouvoir, comme signe de l'invisible. C'est pourquoi il importe de distinguer deux conceptions des *arcana*, l'une qui exalte la transcendance du prince et reproduit, au sein du discours absolutiste, un schéma mystico-politique hérité du Moyen Age, l'autre qui met l'accent, à l'inverse, sur l'immanence du prince à la société, la production d'un savoir rigoureux sur l'État et l'administration réglée des hommes et des choses. La théorie des *arcana*, dans son ambivalence, traduit donc – hors du champ juridique auquel, trop souvent, on réduit le débat – la tension entre deux formes de rationalité gouvernementale : celle qui pense la société à partir de l'État, et celle qui pense l'État comme une *fonction* de la société. Du point de vue de celle-ci, les *arcana*, dépouillés de leur gangue mystique, appartiennent au même régime de visibilité que la *publicité*.

L'enjeu est important. Il s'agit, en effet, de récuser la thèse de Schmitt, qui ne trouve qu'illusion dans le principe de publicité. Mais il s'agit également de marquer sa méfiance à l'égard de la rhétorique, assez commune de nos jours, qui fait du débat public la garantie des libertés individuelles. Non que la vie démocratique puisse s'accommoder de pratiques occultes de gouvernement. Mon propos n'est pas – ceci doit être clair – de réhabiliter en quelque façon les *arcanes* de l'État. La publicité – depuis qu'Hannah Arendt a redonné vigueur au concept d'« espace public[2] » – est souvent présentée comme l'alternative à la technicisation de l'action politique. A la concentration bureaucratique des fonctions gouvernementales, elle oppose le principe d'une vigilance critique de la société, constituant de la sorte le foyer d'un contre-pouvoir permanent. Une telle tâche, assurément indispensable, ne peut cependant avoir prise sur les mécanismes étatiques

1. Cf. H. Arendt, *Essai sur la révolution*, p. 180 : « Ce que les *hommes de lettres* avaient en commun avec les pauvres, indépendamment de toute compassion pour les souffrances de ceux-ci, c'était [...] l'obscurité, en ce sens que le domaine politique leur était invisible et qu'ils ne disposaient pas de l'espace public où ils auraient pu eux-mêmes devenir visibles et prendre quelque importance. » Quelque partial que soit ce jugement, il souligne que l'opposition de la *publicité* aux *arcana* était affaire moins de principe que de stratégie d'intérêts. B. Constant lui-même avait bien vu que la liberté de la presse n'était pas incompatible avec une politique absolutiste : « En Prusse, sous le régime le plus brillant de cette monarchie, la liberté de la presse fut illimitée. Frédéric, durant quarante-six années, ne déploya jamais son autorité contre aucun écrivain, contre aucun écrit, et la tranquillité de son règne ne fut point troublée [...] » (Annexes aux *Principes de politique*, *in* M. Gauchet (éd.), *Benjamin Constant. De la liberté chez les Modernes*, p. 475).

2. Cf. *La Condition de l'homme moderne*, chap. 2.

qu'à la condition de clarifier l'ambiguïté fondamentale dont elle tire, à la fois, sa force et sa relative impuissance.

Depuis le XVIIIe siècle, en effet, la visibilité sociale a fonctionné comme principe de limitation des pratiques de gouvernement – la *publicité* étant le moyen d'assurer la protection des individus[1] –, mais également comme principe d'une technologie gouvernementale rationnelle – la *publicité* devenant alors le moyen de maximiser l'efficacité du pouvoir au moindre coût.

> « C'est dans la liberté publique, écrit Guizot, qu'il faut puiser l'énergie vitale que tout gouvernement a besoin d'emprunter à la société. [...] Ainsi la liberté de la presse[2] servira à la fois les souverains et les peuples. A ceux-ci elle sera une garantie, à ceux-là un moyen de gouvernement[3]. »

Et si le véritable office de la *publicité*, comme l'explique Rémusat, est de servir à gouverner, c'est parce que, « dans nos grands empires modernes, [...] les citoyens ne peuvent que par la presse communiquer entre eux, et prendre acte de leur opinion ; par elle seule l'autorité peut recevoir d'eux et leur rendre la lumière, et cet échange est nécessaire pour que les citoyens et l'autorité marchent dans les mêmes voies[4] ». La publicité, en d'autres termes, est le mode de contrôle gouvernemental d'une société qui, selon l'expression remarquable de Rémusat, « se fait spectacle à elle-même[5] ». De là, au sein de la pensée politique libérale, une nouvelle économie de la liberté, définie non plus comme limite du gouvernement, mais comme élément de son jeu : « La liberté politique n'est plus pour nous une affaire de goût mais de calcul[6]. »

1. Cf. B. Constant, qui exprime très clairement le point de vue libéral traditionnel : « Dans les grandes associations de nos temps modernes, la liberté de la presse étant le seul moyen de publicité, est, en conséquence, quelles que soient les formes du gouvernement, l'unique sauvegarde des citoyens » (*Benjamin Constant. De la liberté chez les Modernes*, p. 476). Un contemporain moins illustre, P. C. F. Daunou, dans son *Essai sur les garanties individuelles que réclame l'état actuel de la société* (Paris, 1819), rappelait avec vigueur cette fonction protectrice de la publicité : « [...] l'un des caractères essentiels de l'opinion publique est de se soustraire à toute direction impérieuse ; elle est ingouvernable » (je remercie Mme R. Goetz de m'avoir signalé ce texte).
2. Principale forme de la *publicité*, avec le gouvernement représentatif.
3. Cité par P. Rosanvallon, *Le Moment Guizot*, p. 67.
4. *Ibid.*, p. 67-68.
5. *Ibid.*, p. 68.
6. *Ibid.*, p. 69.e

Je m'arrête au seuil de cette « gouvernementalité » moderne à laquelle d'importants travaux ont déjà été consacrés[1], mais dont il reste à montrer comment elle s'inscrit dans l'histoire longue des modes de gouvernement depuis le Moyen Age. En déroulant le fil des transformations sémantiques du *regimen*, jusqu'à son effacement dans le discours prudentiel de la raison d'État, j'ai voulu suivre l'un des chemins de cette histoire. Ce faisant, j'ai plusieurs fois rencontré les hypothèses stimulantes de Michel Foucault sur l'essor, en Occident, d'une technologie de « pouvoir pastoral », issue de l'expérience chrétienne des premiers siècles, relayée, à l'âge classique, par la mise en place de dispositifs de gestion des phénomènes de masse[2]. Mon propos n'était ni de les confirmer ni de les critiquer, mais, m'inscrivant dans une autre perspective, de progresser dans un certain écart par rapport à elles. Je souhaiterais que, dans cet écart, l'on perçoive la trace d'une présence et l'ouverture d'un travail à poursuivre, à partir d'un dialogue qui ne peut plus avoir lieu.

* * *

Les Pères de l'Église opposaient le *pondus regiminis*[3] – la lourde charge de la conduite d'autrui – à l'appétit de dominer. Au milieu du XVIIIe siècle, Mirabeau l'aîné, disciple de Quesnay, prônait une stricte hygiène gouvernementale – « ne promulguer que les lois nécessaires » contre « la fureur de gouverner, la plus funeste maladie des gouvernements modernes »[4]. L'histoire que l'on vient de parcourir n'est rien d'autre, en un sens, que le récit de cette fureur, née du désir d'apaiser les âmes.

1. Au premier rang desquels l'ouvrage cité de P. Rosanvallon qui situe son objet dans la problématique de l'art de gouverner. Cf. p. 95, note 2 : « [La théorie politique de Guizot] est aussi une façon de redonner une certaine autonomie à l'art de gouverner, question absente du propos des philosophes politiques des XVIIe et XVIIIe siècles qui pensaient en soi la bonne société. »

2. Cf. « Omnes et singulatim », p. 5-35 ; « Faire vivre et laisser mourir », p. 37-45 ; cours du Collège de France, « Sécurité, territoire, population » (1977-1978, inédit) ; *Résumé des cours*, p. 99-104. Cf. mon article, « Michel Foucault : "gouvernementalité" et raison d'État », p. 285-290.

3. Cf. *supra*, IIe partie, chap. 1, C, p. 89.

4. Cité en épigraphe du livre de Humboldt, *Essai sur les limites de l'action de l'État*, traduit par H. Chrétien, Paris, 1867, page de titre.

Bibliographie générale

Abréviations :

BA	« Bibliothèque augustinienne », Paris, Desclée de Brouwer.
CSEL	« Corpus Scriptorum Ecclesiasticorum Latinorum », Vienne.
CUF	« Collection des Universités de France », Paris, Les Belles Lettres.
DS	*Dictionnaire de spiritualité*, Paris, Beauchesne.
DTC	*Dictionnaire de théologie catholique*, Paris.
PG	*Patrologia Graeca*, éd. J.-P. Migne, Paris, 1857-1866.
PL	*Patrologia Latina*, éd. J.-P. Migne, Paris, 1844-1864.
SC	« Sources chrétiennes », Paris, Cerf.

I. SOURCES

Accetto, Torquato, *Della dissimulazione onesta*, 1641 ; trad. fr. de M. Blanc-Sanchez, *De l'honnête dissimulation*, Verdier, 1990.

Aegidius Romanus : voir Gilles de Rome.

Alberti, Leon Battista, *Momus, vel de Principe*, Genève, Costa et Nolan, 1986 ; trad. fr. de Cl. Laurens, *Momus, ou le Prince*, Paris, Les Belles Lettres, 1993.

Alcuin, *De virtutibus et vitiis*, *PL* 101, col. 613-638.

Amelot de la Houssaye, *Commentaire des dix premiers livres des Annales de Tacite*, 1735.

Ammirato, Scipione, *Discorsi sopra C. Tacito*, Florence, 1594 ; trad. fr. (partielle) de L. Melliet, *Discours politiques et militaires*, Rouen, 1633.

(Anonyme), *Liber de informatione principum*, vers 1300 ; inédit ; BN Paris lat. 16622, f. 1-126v.

Aristote, *Éthique à Nicomaque*, trad. de J. Tricot, Paris, 5e éd. Vrin, 1983.
–, *Les Politiques*, trad. de P. Pellegrin, Flammarion, coll. « GF », 1990 (cité *Politique*). Les références au texte de la traduction latine de Guillaume de Moerbeke (XIIIe siècle) renvoient à l'édition incluse dans Thomas d'Aquin, *Sententia libri politicorum* (cf. *infra*).
Augustin, saint, *De civitate Dei*; trad. fr. de G. Combès, *La Cité de Dieu*, BA, vol. 33-37.
–, Traités antipélagiens (le détail des titres est donné dans les notes), BA, vol. 21-23.
Bacon, Francis, *Essays/Essais*, trad. fr. de M. Castelain, Paris, Aubier-Montaigne, coll. bilingue des classiques anglais, 1979.
–, *Du progrès et de la promotion des savoirs* (1605), trad. de M. Le Dœuff, Paris, Gallimard, coll. « Tel », 1991.
Besold, Christoph, *Dissertatio de arcanis rerum publicarum*, Tübingen, 1614 ; rééd. *in* A. Clapmar, *De arcanis rerum publicarum*, 1644.
Biblia Vulgata, Madrid, « Biblioteca de Autores cristianos », 1965 ; trad. fr., *La Bible de Jérusalem*, Paris, Cerf, 1977.
Bodin, Jean, *Methodus ad facilem Historiarum coanitionem* (*La Méthode de l'histoire*), trad. fr. de P. Mesnard, Paris, PUF, coll. « Corpus des philosophes français », 1951.
–, *Les Six Livres de la République*, 1576, Paris, Fayard, coll. « Corpus des œuvres de philosophie en langue française », 1987.
Boèce, *Consolation de la philosophie*, trad. de C. Lazam, Paris, Rivages, 1989.
Bonaventura, Federico, *Della ragion di stato et della prudenza politica*, Urbin, 1623.
Botero, Giovanni, *Della ragion di Stato*, Venise, 1589 ; nouvelle éd. établie et présentée par L. Firpo, suivie de *Delle cause della grandezza delle città* (Rome, 1588), Turin, UTET, 1948 ; trad. fr. de G. Chappuys, *Raison et Gouvernement d'estat en dix livres*, Paris, 1599 (éd. bilingue).
–, *Relazioni universali*, Rome, 1591-1596.
Cassien, Jean, *Conférences*, trad. d'E. Pichery, SC, nos 42-43, 1955.
Castiglione, Baldassar, *Il libro del Cortegiano*, 1528 ; trad. fr. d'A. Pons, d'après la traduction de G. Chappuis (1580), *Le Livre du courtisan*, Paris, Flammarion, coll. « GF », 1991.
Charron, Pierre, *De la sagesse*, Bordeaux, 1601 (2e éd. modifiée Paris, 1604), Paris, Fayard, coll. « Corpus des œuvres de philosophie en langue française », 1986.
Chemnitz, Bogislaw Ph. von (sous le pseudonyme de Hippolithus a Lapide), *Dissertatio de ratione status in Imperio nostro romano-germanico*, 1640, éd. complétée Freistadt, 1647 ; trad. fr. de Bourgeois du Chastenet, *Intérêts des princes d'Allemagne*, Freistadt, 1712.

Cicéron, *De officiis*; trad. fr. de M. Testard, *Des devoirs*, Paris, CUF, 1965.

–, *De re publica*; trad. fr. d'E. Bréguet, *La République*, Paris, CUF, 1980.

Clapmar, Arnold, *De arcanis rerum publicarum*, Brême, 1605 (j'ai utilisé l'éd. hollandaise de 1644, introduite par I. Corvinus et commentée par C. Besold).

Corvinus, Ioan., *Breviarium de arcanis rerum publicarum, in* Clapmar, A. (éd. de 1644).

Dupont de Nemours, Pierre Samuel, *Origine et Progrès d'une science nouvelle* (1768), Paris, Librairie P. Geuthner, « Coll. des Économistes et Réformateurs sociaux de la France », 1910.

Épictète, *Entretiens*, t. I-IV, trad. fr. de J. Souilhé, Paris, CUF, 1962.

Fénelon, *Examen de conscience sur les devoirs de la royauté*, in *Œuvres complètes*, t. 7, Paris, 1850.

Frachetta, Girolamo, *Discorso della ragione di Stato*, in *L'idea del libro de' governi di stato e di guerra*, Venise, 1592, f. 37v-47r.

Gilles de Rome, *De regimine principum*, Rome, 1556; rééd. fac-similé Francfort-sur-le-Main, Minerva, 1968; version fr. du XIIIe siècle, *Li livres du gouvernement des rois*, éd. et présenté par S. P. Molenaer, New York, The Macmillan Company, 1899.

–, *De ecclesiastica potestate*, éd. par R. Scholz, Leipzig, 1929; rééd. Scientia Aalen, 1962.

Gracián, Baltasar, *El Discreto*, 1646; trad. fr. de J. de Courbeville, *L'Homme universel*, Paris, Champ libre, 1980.

–, *Oraculo Manual y Arte de Prudencia*, 1647; trad. fr. d'Amelot de la Houssaye, *L'Homme de cour*, Paris, Champ libre, 1972.

Grégoire de Nazianze, *Discours* 1-3, trad. fr. de J. Bernardé, SC, n° 247, 1978.

Grégoire de Nysse, *La Création de l'homme*, trad. fr. de J. Laplace, SC, n° 6, 1944.

Grégoire le Grand, *Règle pastorale*, trad. fr. de Ch. Morel, introd. et notes de B. Judic, t. I et II, SC, n°s 381-382, 1992.

–, *Morales sur Job*, *PL* 75-76 et SC, n°s 32 bis, 212 et 221.

Gryphiander (allemand : Grypenkerl), *De arcanis politicis, in* Arumaeus (D. van Arum), *De jure publico*, V, disc. 5, p. 259-283, Jenae, 1623.

Guibert de Tournai, *Eruditio regum et principum*, éd. par A. de Poorter, Louvain, coll. « Les philosophes belges », t. 9, 1914.

Guichardin (Guicciardini), François, *Ricordi*; trad. fr. et introd. de J.-L. Fournel et J.-Cl. Zancarini, *Avertissements politiques*, Paris, Cerf, coll. « La nuit surveillée », 1988.

Helgaud de Fleury, *Epitoma vitae regis Roberti pii*; éd. et trad. fr. par R.-H. Bautier et G. Labory, *Vie de Robert le Pieux*, Paris, Éd. du CNRS, coll. « Sources d'histoire médiévale », 1, 1965.

Hélinand de Froidmont, *De bono regimine principis*, *PL* 212, col. 735-746.

Hincmar de Reims, *De regis persona et regio ministerio*, Ad Carolum Calvum regem, *PL* 125, col.833-854.

Hippolithus a Lapide : voir *supra*, Chemnitz, B. von.

Hobbes, Thomas, *De cive* ; trad. fr. de S. Sorbière, *Le Citoyen*, Paris, Flammarion, coll. « GF », 1982.

–, *De corpore politico* ; trad. fr. de S. Sorbière, *Le Corps politique*, université de Saint-Étienne, 1977.

–, *Leviathan*, Penguin Classics ; trad. fr. de F. Tricaud, Paris, Sirey, 1971.

Hugues de Fleury, *Tractatus de regia potestate et sacerdotali dignitate*, Hanovre, MGH, 1892.

Isidore de Séville (Isidorus Hispalensis), *Etymologiae*, IX, texte établi, traduit et commenté par M. Reydellet, Paris, Les Belles Lettres, 1984.

–, *Sententiae*, *PL* 83, col. 537-738.

Jacques Ier, *The Political Works*, introd. de Ch. H. McIlwain, Cambridge, Harvard University Press, 1918.

Jean Chrysostome, *Homélies sur Ozias*, trad. fr. de J. Dumortier, SC, n° 277, 1981.

Jean de Salisbury, *Policraticus sive de nugis curialium et vestigiis philosophorum*, Oxonii, éd. C. I. Webb, 2 vol., 1909 ; trad. angl. des livres IV, V, VI et d'une partie des livres VII et VIII par John Dickinson, *The Statesman's Book of John of Salisbury*, 1927, 3e éd., New York, Russell & Russell, 1963 ; trad. anglaise d'une partie des livres I, III, V-VIII et du livre IV en entier par Cary J. Nederman, Cambridge University Press, 1990. La traduction française médiévale par Denis Foulechat (1372) « du livre appelé *Policratique* » a fait l'objet d'une édition critique établie par Ch. Brucker : *Policratique*, livres I-III, thèse de 3e cycle, Nancy, 1969 (inédit) ; livres IV et VIII, sous le titre *Tyrans, princes et prêtres*, in *Le Moyen Français*, 21, 1987, Montréal, CERES. Je n'ai malheureusement eu connaissance de ce précieux travail qu'après avoir achevé ce livre.

Jean de Viterbo, *Liber de regimine civitatum*, Biblioteca juridica medii aevi, éd. A. Gaudentius, Bononiae, 1901, p. 215-280.

Jonas d'Orléans, *De institutione regia* : cf. *infra*, Biblio. II, Reviron, J.

La Mothe Le Vayer, *De l'institution de M. le Dauphin*, in *Œuvres*, 1662, t. 1.

La Perrière, Guillaume de, *Le Miroir politique*, Lyon, 1555 ; 2e éd. Paris, 1567.

Le Bret, Charles, *De la souveraineté du roy*, Paris, 1632.

Le Mercier de La Rivière, Pierre Paul, *L'Ordre naturel et essentiel des sociétés politiques* (1767), Paris, Librairie P. Geuthner, « Coll. des Économistes et Réformateurs sociaux de la France », 1910.

Lipse, Juste, *De constantia* (1584) ; trad. fr. de M. de la Grange, *De la constance*, Paris, 1741 ; trad. des chap. XIII-XXII du livre I par J. Lagrée, *Juste Lipse et la Restauration du stoïcisme* (cf. *infra.*, Biblio. II), p. 125-159.

–, *Politicorum sive civilis doctrinae libri sex*, Leiden, 1589 (j'ai utilisé l'édition de Strasbourg, établie par Matthias Bernegger en 1641) ; *Les Politiques*, trad. Ch. Le Ber, La Rochelle, 1590 (2e éd. Genève, 1613) ; *Les Politiques ou Doctrine civile*, trad. Simon Goulart, Paris, 1597 (rééd. du livre IV, Caen, Presses universitaires de Caen, coll. « Bibliothèque de philosophie morale et politique », 1994).

Machiavel, *Le Prince et les Premiers Écrits politiques*, in *Œuvres complètes*, I, éd. bilingue de Ch. Bec, Paris, Garnier, coll. « Les grands classiques italiens », 1987. *Il Principe e Discorsi*, Milan, Feltrinelli, 1984.

–, *Œuvres complètes*, Paris, Gallimard, « Bibliothèque de la Pléiade », 1974 (cité *OC*).

–, *Toutes les Lettres officielles et familières de Machiavel*, Paris, Gallimard, 1955, 2 vol.

Mazarin, cardinal Jules de, *Breviarium Politicorum secundum Rubricas Mazarinicas* (1683) ; trad. fr. et présentation par F. Dupont, postface de G. Macchia, *Bréviaire des politiciens*, Café-Clima, 1984.

Montesquieu, *Œuvres complètes*, Paris, Gallimard, « Bibliothèque de la Pléiade », 1951, 2 vol.

Naudé, Gabriel, *Bibliographia politica*, Venise, 1633 ; trad. fr. par CCE. S. D. M., *La Bibliographie politique, contenant la méthode pour étudier la Politique*, Paris, 1642.

–, *Considérations politiques sur les coups d'État*, Rome, 1639 ; 2e éd. 1667 ; nouvelle éd. précédée de « Pour une théorie baroque de l'action politique » par L. Marin, Paris, Éd. de Paris, 1988.

Palazzo, Antonio, *Discorso del governo e della ragion vera di stato*, Venise, 1606 ; trad. fr. d'A. de Vallières, *Discours du gouvernement et de la raison vraye d'Estat*, Douai, 1611.

Pierre de Blois, *Dialogus inter regem Henricum II et abbatem bonaevallensem*, *PL* 207, col.975-988.

Platon, *Gorgias*, trad. M. Canto, Paris, Flammarion, coll. « GF ».

–, *Le Politique*, trad. E. Chambry, Paris, Flammarion, coll. « GF ».

–, *Protagoras*, trad. E. Chambry, Paris, Flammarion, coll. « GF ».

–, *La République*, trad. R. Baccou, Paris, Flammarion, coll. « GF ».

Pseudo-Cyprien, *De duodecim abusivis saeculi*, *PL* 6, col. 1079-1088 ; éd. S. Hellmann, « Texte und Untersuchungen zur Geschichte der altchristlichen Literatur » 34, Leipzig, 1910, p. 32-36.

Pseudo-Thomas, *De eruditione principum*, *in* S. Thomae Aquinatis, *Opera omnia*, t. 27, Paris, 1875, p. 552-673.

Ptolémée de Lucques, *De regimine principum* (continuation de Thomas d'Aquin, *De regno*, de II, 4 à IV, 28), *in* S. Thomae Aquinatis, *Opuscula omnia*, éd. P. Mandonnet, t. 1, *Opuscula genuina philosophica*, Paris, P. Lethielleux, 1927, p. 352-394.

Pufendorf, Samuel (sous le pseudonyme de Severinus de Mozambano), *De statu Imperii Germanici*, 1667 ; trad. fr. *Estat présent de l'Empire d'Allemagne*, Paris, 1675.

Rousseau, Jean-Jacques, article « Économie politique » (1755) de l'*Encyclopédie*, éd. Y. Vargas, Paris, PUF, coll. « Philosophies », 1986.

–, *Du contrat social*, Paris, Flammarion, coll. « GF ».

Sénèque, *De clementia* ; trad. fr. de F. Préchac, *De la clémence*, Paris, CUF, 3e éd., 1967.

–, *De ira* ; trad. fr. d'A. Bourgery, in *Entretiens, Lettres à Lucilius*, éd. établie par P. Veyne, Paris, Laffont, coll. « Bouquins », 1993.

Smaragde de Saint-Mihiel, *Via regia*, *PL* 102, col.931-970.

Spinoza, *Traité politique*, trad. de P.-F. Moreau, Réplique, 1979.

Swift, Jonathan, *Voyages de Gulliver*, Paris, 1838.

Thomas d'Aquin, saint, *La Prudence* (= *Somme théologique*, 2a-2ae, qu. 47-56), trad., notes et appendices de Th. Deman, Desclée, Éd. de la Revue des jeunes, 2e éd. 1949.

–, *De regno*, in *Opera omnia*, t. 42, Rome, 1979, p. 449-471 ; trad. fr. de M. Martin-Cottier, *Du royaume*, Egloff, coll. « Les classiques de la politique », 1946 ; trad. angl., avec une remarquable introduction d'I. Th. Eschmann, *On Kingship*, Toronto, The Pontifical Institute of Mediaeval Studies, 1949 ; réimpr. Amsterdam, 1967.

–, *Préface à la Politique*, trad. de H. Keraly, Paris, Nouvelles Éditions latines, coll. « Docteur commun », 1974.

–, *Sententia libri politicorum*, in *Opera omnia*, t. 48, Rome, 1971.

–, *Summa theologica* ; *Somme théologique*, Paris, Cerf, 1984-1986.

Vincent de Beauvais, *De eruditione filiorum nobiliorum*, édition critique de A. Steiner, Cambridge, Mass., 1938.

–, *Speculum majus*, Douai, 1624, 4 vol.

–, *The « De morali principis institutione »*, introduction et édition critique de R. J. Schneider, thèse dactylographiée, Notre-Dame, Indiana, Mediaeval Institute, 1965.

Zuccolo, Ludovico, *Della ragione di stato*, Venise, 1621, rééd. *in* B. Croce et S. Caramella (éd.), *Politici e moralisti del Seicento*, Bari, 1930, p. 25-41.

II. ÉTUDES

Amiel, Émile, *Un publiciste du XVIe siècle : Juste-Lipse*, Paris, A. Lemerre, 1884.

Anton, Hans Hubert, *Fürstenspiegel und Herrscherethos in der Karolingerzeit*, Bonn, L. Rohrscheid, 1968.

–, « Fürstenspiegel » (A. Lateinisches Mittelalter), *Lexikon des Mittelalters*, t. IV, Munich-Zurich, Artemis, 1989, col. 1040-1049.

Arendt, Hannah, *La Condition de l'homme moderne* (1958), Paris, Calmann-Lévy, 1983 ; rééd. Presses Pocket, coll. « Agora ».

–, *La Crise de la culture* (1954), Paris, Gallimard, 1972 ; rééd. coll. « Idées ».

–, *Essai sur la révolution* (1963), Paris, Gallimard, 1967 ; rééd. coll. « Tel », 1985.

Arquillière, H.-X., *L'Augustinisme politique. Essai sur la formation des théories politiques du Moyen Age*, Paris, Vrin, 1933 ; 2e éd. 1972.

Aubenque, Pierre, *La Prudence chez Aristote*, Paris, PUF, 1963 ; 3e éd. augmentée 1986.

–, *Aristote politique. Études sur la Politique d'Aristote*, Paris, PUF, coll. « Épiméthée », 1993.

Baldini, A. Enzo (éd.), *Botero e la « ragion di Stato »*, Actes du Congrès à la mémoire de L. Firpo (8-10 mars 1990), Florence, L. S. Olschki, « Studi e Testi », 1992.

Banniard, Michel, *Genèse culturelle de l'Europe, Ve-VIIIe siècle*, Paris, Seuil, coll. « Points Histoire », 1989.

Baron, Hans, *The Crisis of the Early Italian Renaissance*, Princeton, N. J., 2e éd. 1966.

–, « Machiavelli : the Republican Citizen and the Author of *The Prince* », *English Historical Review*, 79, 1961, p. 217-253 ; repris *in* H. Baron, *In Search of Florentine Civic Humanism*, Princeton, 1988, t. 2, p. 101-151.

Bell, Dora M., *Étude sur « Le Songe du vieil pèlerin » de Philippe de Mézières (1327-1405)*, Genève, Droz, 1955.

–, *L'Idéal éthique de la royauté en France au Moyen Age*, Genève-Paris, Droz-Minard, 1962.

Berges, Wilhelm, *Die Fürstenspiegel des hohen und späten Mittelalters*, Leipzig, 1938, MGH, 2 ; 2e éd. Stuttgart, 1952.

Bloch, Marc, *La Société féodale*, Paris, Albin Michel, coll. « L'évolution de l'humanité », 1939 ; 5e éd. 1968.

Blythe, James M., *Ideal Government and the Mixed Constitution in the Middle Ages*, Princeton, Princeton New University Press, 1992.
Born, Lester K., « Animate Law in the *Republic* and the *Laws* of Cicero », *Transactions and Proceedings of the American Philological Association*, J. W. Hewitt (éd.), vol. 64, 1933.
–, « The Perfect Prince : A Study in Thirteenth – and Fourteenth –Century Ideals », *Speculum*, 3, 1928, p. 470-504.
–, « The Specula Principis of the Carolingian Renaissance », *Revue belge de philologie et d'histoire*, 12, 1933, p. 583-612.
–, *« The Education of a Christian Prince » by Desiderius Erasmus*, translated with an introduction on Erasmus and on ancient and medieval political thought, New York, Columbia Univ. Press, 1936.
Brown, Peter, *La Vie de saint Augustin*, Paris, Seuil, 1971.
Burckhardt, Jacob, *La Civilisation de la Renaissance en Italie* (1860), Paris, Plon, 1958 ; rééd. Paris, Le Livre de poche, coll. « Biblio », 3 vol.
Carlyle, R. W. et A. J., *A History of Mediaeval Political Theory in the West*, Édimbourg et Londres, 1903-1936, 6 vol.
Cassirer, Ernst, *The Myth of the State* (1946) ; trad. fr. de B. Vergely, *Le Mythe de l'État*, Paris, Gallimard, « Bibliothèque de philosophie », 1993.
Chabod, Federico, *Opere*, t. 2, *Scritti sul Rinascimento*, Turin, Einaudi, 1967.
Corbin, Henri, *Histoire de la philosophie islamique*, I, Paris, Gallimard, 1964 ; rééd. coll. « Idées ».
Courcelle, Pierre, *Connais-toi toi-même, de Socrate à saint Bernard*, Paris, Études augustiniennes, t. 1 et 2, 1974.
Curtius, Ernst Robert, *La Littérature européenne et le Moyen Age latin*, Paris, PUF, 1956.
Darricau, R., « Miroirs des princes », *in* DS, t. 10, col. 1303-1312.
David, Marcel, *La Souveraineté et les Limites juridiques du pouvoir monarchique du IXe au XVIe siècle*, Paris, Dalloz, 1954.
Delatte, Louis, *Les Traités de la royauté d'Ecphante, Diotogène et Sthénidas*, « Bibliothèque de la faculté de philosophie et lettres de l'université de Liège », fasc. XCVII, 1942.
Deman, Th., « Notes et appendices » de saint Thomas d'Aquin, *La Prudence* (cf. *supra*).
Derathé, Robert, *Jean-Jacques Rousseau et la Science politique de son temps*, 2e éd. Paris, Vrin, 1970.
Deyon, Pierre, *Le Mercantilisme*, Paris, Flammarion, coll. « Questions d'histoire », 1969.
Dickinson, John, « The Mediaeval Conception of Kingship and some of its Limitations, as Developed in the *Policraticus* of John of Salisbury », *Speculum*, 1, 1926, p. 308-337.

–, Introduction à *The Statesman's Book of John of Salisbury*. Cf. *supra*, Jean de Salisbury.

Dingjan, Fr., *Discretio. Les origines patristiques et monastiques de la doctrine sur la prudence chez saint Thomas d'Aquin*, Assen, 1967.

Dini, Vittorio, et Stabile, Giampiero, *Saggezza e prudenza*, Naples, Liguori Editore, 1983.

Dreitzel, Horst, *Protestantischer Aristotelismus und absoluter Staat*, Wiesbaden, Franz Steiner Verlag, 1970.

Duby, Georges, *Le Dimanche de Bouvines*, Paris, Gallimard, coll. « Trente journées qui ont fait la France », 1973.

–, *Le Temps des cathédrales*, Paris, Gallimard, coll. « Bibliothèque des histoires », 1976.

–, *Les Trois Ordres ou l'Imaginaire du féodalisme*, Paris, Gallimard, coll. « Bibliothèque des histoires », 1978.

Dujardin, Philippe (dir.), *Le Secret. Usages et fonctions du secret : approches comparées*, Éd. du CNRS, Presses universitaires de Lyon, 1987.

Eschmann, I. Th., cf. *supra*, Biblio. I, Thomas d'Aquin, *De regno*.

Esmein, A., « La maxime *Princeps legibus solutus est* dans l'ancien droit public français », *in* P. Vinogradoff (éd.), *Essays in Legal History*, Oxford, 1913, p. 201-204.

Ewig, Eugen, « Zum christlichen Königsgedanken im Frühmittelalter », in Mayer, Th. (dir.), *Das Königtum, seine geistigen und rechtlichen Grundlagen*, Darmstadt, Wissenschaftliche Buchgesellschaft, 1963, p. 7-73.

Fedou, René, *L'État au Moyen Age*, Paris, PUF, coll. « SUP », 1971.

Flandrois, Isabelle, *L'Institution du prince au début du* XVIIe *siècle*, Paris, PUF, coll. « Histoires », 1992.

Fontana, Alessandro, préface à C. Baldi, *La Lettre déchiffrée*, Paris, Les Belles Lettres, 1993.

Foreville, Raymonde, *L'Église et la Royauté sous Henri II Plantagenêt (1154-1189)*, Paris, Bloud et Gay, 1943.

Foucault, Michel, *Résumé des cours, 1970-1982*, Paris, Julliard, 1989.

–, Cours du Collège de France, « Sécurité, territoire, population », 1977-1978 (inédit).

–, « La gouvernementalité », *Actes* 54, été 1986, p. 7-15 (rééd. in *Dits et Écrits*, Paris, Gallimard, coll. « Bibliothèque des sciences humaines », 1994, t. 3, n° 239, p. 635-657).

–, « *Omnes et singulatim.* Vers une critique de la raison politique », *Le Débat* 41, sept.-novembre 1986, p. 20-35 (rééd. in *ibid.*, t. 4, n° 291, p. 134-161).

–, « Faire vivre et laisser mourir, la naissance du racisme », *Les Temps modernes* 535, février 1991, p. 37-61.

Franklin, Julian H., *Jean Bodin et la Naissance de la théorie absolutiste*, trad. fr. de J.-F. Spitz, Paris, PUF, coll. « Fondements de la politique », 1993.

Gauchet, Marcel, *Le Désenchantement du monde*, Paris, Gallimard, coll. « Bibliothèque des sciences humaines », 1985.

–, (éd.), *Benjamin constant. De la liberté chez les Modernes*, Paris, Hachette, coll. « Pluriel », 1980.

Gilbert, Allan H., *Machiavelli's « Prince » and its Forerunners*, Duke University Press, 1938.

Gilbert, Felix, *Machiavelli and Guicciardini : Politics and History in Sixteenth Century Florence*, 1965 ; rééd. Norton, 1984 (trad. fr. à paraître au Seuil).

–, « Sir John Fortescue's "dominium regale et politicum" », *Medievalia et Humanistica*, fasc. 2, 1944, p. 88-97.

–, « The Humanist Concept of the Prince and *The Prince* of Machiavelli », *The Journal of Modern History*, vol. XI, 4, décembre 1939, p. 449-483.

Gilson, Étienne, *La Philosophie au Moyen Age* (1922) ; 2e éd. augmentée 1944 ; rééd. Payot, coll. « Petite Bibliothèque Payot », 1976.

Goodenough, E. R., « The Political Philosophy of Hellenistic Kingship », *Yale Classical Studies*, vol. 1, New Haven, Yale University Press, 1928, p. 55-102.

Goulet-Caze, Marie-Odile, *L'Ascèse cynique. Un commentaire de Diogène Laërce VI 70-71*, Paris, Vrin, 1986.

Grabes, Herbert, *Speculum, Mirror und Looking-glass. Kontinuität und Originalität der Spiegelmetapher in den Buchtiteln des Mittelalters und der englischen Literatur des 13. bis 17. Jahrhunderts*, Tübingen, 1973.

Guenée, Bernard, *L'Occident aux XIVe et XVe siècles : les États*, Paris, PUF, coll. « Nouvelle Clio », 1971.

Habermas, Jürgen, *Strukturwandel der Öffentlichkeit*, 1962 ; trad. fr. de M.-B. de Launay, *L'Espace public. Archéologie de la publicité comme dimension constitutive de la société bourgeoise*, Paris, Payot, « Critique de la politique », 1978.

Hadot, Pierre, *Exercices spirituels et Philosophie antique*, Paris, Études augustiniennes, 1981.

–, *La Citadelle intérieure*, Paris, Fayard, 1992.

–, « Fürstenspiegel », in *Reallexikon für Antike und Christentum*, t. 8, 1972, col. 555-632.

Haskins, Ch. H., *The Renaissance of the Twelfth Century*, 1927 ; 6e éd. Cambridge-Londres, Harvard University Press, 1976.

Hegels, H., *A. Clapmarius und die Publizistik über die Arcana imperii im 17. Jahrhundert*, Bonn, 1918.

Hölscher, Lucien, *Öffentlichkeit und Geheimnis. Eine begriffsgeschichtliche Untersuchung zur Entstehung der Öffentlichkeit in der frühen Neuzeit*, Stuttgart, 1979.

Judic, Bruno : cf. *supra*, Biblio. I, Grégoire le Grand.

Kantorowicz, Ernst H., *The King's Two Bodies*, Princeton, 1957 ; 3e éd. 1970 ; trad. fr. de N. et J.-Ph. Genet, *Les Deux Corps du roi*, Paris, Gallimard, coll. « Bibliothèque des histoires », 1989.

–, *Mourir pour la patrie*, Paris, PUF, coll. « Pratiques théoriques », 1984.

–, « *Deus per naturam, Deus per gratiam* : A Note on Mediaeval Political Theology », *Harvard Theological Review*, 15, 1952, p. 253-277.

–, « La royauté médiévale sous l'impact d'une conception scientifique du droit », *Philosophie* 20, automne 1988, p. 48-72.

Kerner, Max, *Johannes von Salisbury und die logische Struktur seines « Policraticus »*, Wiesbaden, F. Steiner, 1977.

Kleineke, W., *Englische Fürstenspiegel vom Policraticus Johanns von Salisbury bis zum Basilikon Doron König Jacobs I*, Breslau, 1937.

Koselleck, Reinhart, *Le Futur passé. Contribution à la sémantique des temps historiques*, Paris, Éd. de l'École des hautes études en sciences sociales, 1990.

Krynen, Jacques, *Idéal du prince et Pouvoir royal en France à la fin du Moyen Age (1380-1440)*, Paris, Picard, 1981.

–, *L'Empire du roi. Idées et croyances politiques en France (XIIIe-XVe siècle)*, Paris, Gallimard, « Bibliothèque des histoires », 1993.

Lagarde, Georges de, *La Naissance de l'esprit laïque au déclin du Moyen Age*, Louvain-Paris, Béatrice-Nauwelaerts, t. I, *Bilan du XIIIe siècle*, 3e éd. 1956 ; t. II, *Secteur social de la scolastique*, 2e éd. 1958.

Lagrée, Jacqueline, *Juste Lipse et la Restauration du stoïcisme*, Paris, Vrin, coll. « Philologie et Mercure », 1994.

Lazzeri, Christian, et Reynié, Dominique (éd.), *Le Pouvoir de la raison d'État*, Paris, PUF, coll. « Recherches politiques », 1992.

–, *La Raison d'État : politique et rationalité*, Paris, PUF, coll. « Recherches politiques », 1992.

Le Goff, Jacques, *Les Intellectuels au Moyen Age*, Paris, Seuil, 1957.

–, Préf. à *Les Propos de Saint Louis*. Voir D. O'Connell.

–, « Portrait du roi idéal », *L'Histoire* 81, septembre 1985, p. 71-76.

–, « Saint Louis a-t-il existé ? », *L'Histoire* 40, décembre 1981, p. 90-99.

Lenz, Georg, « Zur Lehre der Staatsräson », *Archiv des öffentlichen Rechts*, Neue Folge, 9, 1925, p. 261-288.

Lepelley, Claude, *L'Empire romain et le Christianisme*, Paris, Flammarion, coll. « Questions d'histoire », 1969.

Liebeschütz, Hans, *Mediaeval Humanism in the Life and Works of John of Salisbury*, Londres, « Studies of the Warburg Institute » 17, 1950.

–, « John of Salisbury and Pseudo-Plutarch », *Journal of the Warburg and Courtauld Institutes* (Londres), vol. 6, 1943, p. 33-39.

MacIlwain, Charles Howard, *The Growth of Political Thought in the West*, New York, Macmillan Company, 1932.

Maier, Hans, *Die ältere deutsche Staats – und Verwaltungslehre*, 1966; 2e éd. Munich, DTV, 1986.

Manent, Pierre, *Les Libéraux*, Paris, Hachette, coll. « Pluriel », 1986, 2 vol.

Marin, Louis : cf. *supra*, G. Naudé, *Considérations politiques sur les coups d'État*.

Markus, Robert Austin, « Gregory the Great on Kings : Rulers and Preachers in the *Commentary on I Kings* », *in* Diana Wood (éd.), *The Church and Sovereignty, c. 590-1918. Essays in Honor of Michael Wilks*, Oxford, Basil Blackwell, 1991.

–, « Gregory the Great's *rector* and his Genesis », *in* J. Fontaine, R. Gillet et S. Pellistrandi, *Grégoire le Grand*, Actes du Colloque de Chantilly (15-19 septembre 1982), Paris, Éd. du CNRS, 1986, p. 136-146.

–, « Two Conceptions of Political Authority : Augustine, *De civitate Dei*, XIX, 14-15, and Some Thirteenth-Century Interpretations », *The Journal of Theological Studies*, new series, vol. XVI, part. l, avril 1965, p. 68-100.

Marrou, Henri-Irénée, *Décadence romaine ou Antiquité tardive ? (IIIe-VIe siècle)*, Paris, Seuil, coll. « Points Histoire », 1977.

Mattei, Rodolfo de, *Il problema della « Ragion di Stato » nell'età della controriforma*, Milan-Naples, Riccardo Ricciardi, 1979.

Meier, Heinrich, *Carl Schmitt, Léo Strauss et la Notion de politique*, Paris, Commentaire/Julliard, 1988.

Meinecke, Friedrich, *Die Idee der Staatsräson in der neueren Geschichte*, 1924 ; 3e éd. Munich, 1965 ; trad. fr. de M. Chevallier, *L'Idée de la raison d'État dans l'histoire des Temps modernes*, Genève, Droz, 1973.

Mesnard, Pierre, *L'Essor de la philosophie politique au XVIe siècle*, Paris, Boivin et Cie, 1936 (éd. citée) ; rééd. Paris, Vrin, 1977.

Michaud-Quentin, Pierre, *Universitas. Expressions du mouvement communautaire dans le Moyen Age latin*, Paris, Vrin, 1970.

Mousnier, Roland, *L'Assassinat d'Henri IV : 14 mai 1610*, Paris, Gallimard, 1964 ; rééd. coll. « Folio ».

Münkler, Herfried, *Im Namen des Staates : die Begründung der Staatsraison in der Frühen Neuzeit*, Francfort-sur-le-Main, S. Fischer, 1987.

O'Connell, David, *Les Propos de Saint Louis*, Paris, Gallimard-Julliard, coll. « Archives », 1974.

Oestreich, Gerhard, *Geist und Gestalt des frühmodernen Staates*, Berlin, Dunckler & Humblot, 1969 ; 2e éd. 1980.

–, *Antiker Geist und moderner Staat bei Justus Lipsius (1547-1606)*, Göttingen, Vandenhoeck & Ruprecht, 1989.

–, *Neostoicism and the Early Modern State*, Cambridge, Cambridge University Press, 1982.

Pagels, Elaine, *Adam, Ève et le Serpent*, Paris, Flammarion, 1989.

–, « La politique du Paradis : l'Occident, le sexe et le péché », *Esprit* 10, 1988, p. 125-145.

Pellens, Karl (éd.), *Die Texte des Normannischen Anonymus*, Wiesbaden, Franz Steiner, 1966.

Pernoud, Régine, *Histoire de la bourgeoisie en France*, 1960 ; rééd. Paris, Seuil, coll. « Points Histoire ».

–, *Pour en finir avec le Moyen Age*, Paris, Seuil, 1979 ; rééd. coll. « Points Histoire ».

Petit-Dutaillis, Charles, *La Monarchie féodale en France et en Angleterre (xe-xiiie siècle)*, Paris, Albin Michel, coll. « L'Évolution de l'humanité », 1933 ; 2e éd. 1971.

Pocock, J. G. A., *The Machiavellian Moment*, Princeton, Princeton University Press, 1975.

–, « Custom and Grace, Form and Matter : An Approach to Machiavelli's Concept of Innovation », *in* M. Fleisher (éd.), *Machiavelli and the Nature of Political Thought*, New York, Atheneum, 1972, p. 153-174.

Quaritsch, Helmut, *Souveränität. Entstehung und Entwicklung des Begriffs in Frankreich und Deutschland vom 13. Jh. bis 1806*, Berlin, Dunckler & Humblot, 1986.

Quillet, Jeannine, *Les Clefs du pouvoir au Moyen Age*, Paris, Flammarion, coll. « Questions d'histoire », 1972.

Rassem, Mohammed, et Stagl, Justin (éd.), *Statistik und Staatsbeschreibung in der Neuzeit, vornehmlich im 16.-18. Jh.*, Paderborn-Munich-Vienne-Zurich, F. Schöningh, 1980.

Reviron, Jean, *Les Idées politico-religieuses d'un évêque du ixe siècle : Jonas d'Orléans et son « De institutione regia ». Étude et texte critique*, Paris, Vrin, 1930.

Reydellet, Marc, *La Royauté dans la littérature latine de Sidoine Apollinaire à Isidore de Séville*, Rome, École française de Rome, 1981.

–, Traduction et commentaire d'Isidore de Séville, *Etymologiae* (cf. *supra*, Biblio. I).

Ribeiro, R. J., « Hobbes, Jacques Ier et le droit anglais », *in* Y. Ch. Zarka et J. Bernhardt, *Thomas Hobbes* (cf. *infra*), p. 347-360.

Riché, Pierre, *De l'éducation antique à l'éducation chevaleresque*, Paris, Flammarion, coll. « Questions d'histoire », 1968.

Ridolfi, Roberto, *Vita di Niccolo Machiavelli* (1953), 7e éd. Florence, 1978 ; trad. fr. de F. Hayward, *Machiavel*, Paris, Librairie Arthème Fayard, 1960.

Rivière, Jean, *Le Problème de l'Église et de l'État au temps de Philippe le Bel*, Louvain-Paris, 1926.

Roeder, J., *Das Fürstenbild in den mittelalterlichen Fürstenspiegeln auf französischem Boden*, Münster, 1933.

Rosanvallon, Pierre, *La Crise de l'État-Providence*, Paris, Seuil, coll. « Points Politique », 1984.

–, *Le Moment Guizot*, Paris, Gallimard, coll. « Bibliothèque des sciences humaines », 1985.

Rubinstein, Nicolai, « The History of the Word *politicus* in Early-Modern Europe », *in* A. Pagden (éd.), *The Languages of Political Theory in Early Modern Europe*, Cambridge, Cambridge University Press, 1987, p. 41-56.
– « Notes on the Word *stato* in Florence before Machiavelli », *in* J. G. Rowe et W. H. Stockdale (éd.), *Florilegium Historiale. Essays presented to Wallace K. Ferguson*, Toronto, 1971, p. 313-326.
Sala-Molins, Louis, introduction au *Liber de consilio* de Raymond Lulle, in *Raimundi Lulli Opera Latina anno 1304 composita*, éd. L. Sala-Molins, « Corpus Christianorum, Continuatio Mediaevalis », XXVI, Turnhout, Brepols, 1982, p. 103-110.
Schmitt, Carl, *La Notion de politique*, trad. fr. de J. Freund, Paris, Calmann-Lévy, coll. « Liberté de l'esprit », 1972.
–, *Parlementarisme et Démocratie*, trad. fr. de J.-L. Schlegel, Paris, Seuil, 1988.
Schramm, Percy-Ernst, « Das alte und das neue Testament in der Staatslehre und Staatssymbolik des Mittelalters », in *La Biblia nell'alto medioevo*, 1963, p. 229-255.
–, « Les signes du pouvoir et la symbolique de l'État », livre-montage réalisé par P. Braunstein à partir de *Herrschaftszeichen und Staatssymbolik* (Stuttgart, Hiersemann,1954-1957, 3 vol.), *Le Débat* 14, juillet-août 1981, p. 166-192.
Senellart, Michel, *Machiavélisme et Raison d'État, XIIe-XVIIIe siècle*, Paris, PUF, coll. « Philosophies », 1989.
–, *Le Discours de la raison d'État aux XVI-XVIIe siècles*, Paris, PUF (à paraître).
–, « La raison d'État antimachiavélienne. Essai de problématisation », *in* Ch. Lazzeri et D. Reynié (dir.), *La Raison d'État : politique et rationalité*, (cf. *supra*), p. 15-42.
–, « Michel Foucault : gouvernementalité et raison d'État », *La Pensée politique* 1, 1993, Paris, Gallimard-Seuil, p. 276-303.
–, « Le stoïcisme dans la constitution de la pensée politique : *Les Politiques* (1589) de Juste Lipse », in *Le Stoïcisme aux XVIe et XVIIe siècles*, Caen, Presses universitaires de Caen, 1994, p. 109-130.
–, « Y a-t-il une théorie allemande de la raison d'État au XVIIe siècle ? *Arcana imperii et ratio status* de Clapmar à Chemnitz », *in* Y. Ch. Zarka (dir.), *Raison et Déraison d'État* (cf. *infra*), p. 265-293.
–, « *Regimen politicum et regimen regale* chez Gilles de Rome », *in* Y. Ch. Zarka (dir.), *Aspects de la pensée médiévale dans la philosophie politique moderne*, Paris, PUF (à paraître en 1995).
–, « Républicanisme, bien commun et liberté individuelle : le modèle machiavélien selon Q. Skinner » (à paraître dans *Le Supplément*, 1995).

Skinner, Quentin, *The Foundations of Modern Political Thought*, Cambridge, Cambridge University Press, 1978, 2 vol.; 5e éd. 1992.
–, *Machiavel*, trad. fr. de M. Plon, Paris, Seuil, 1989.
Smalley, Beryl (éd.), *Trends in Medieval Political Thought*, Oxford, Basil Blackwell, 1965.
Stabile, G.: cf. *supra*, Dini, V.
Steenberghen, Fernand van, *La Philosophie au XIIIe siècle*, Louvain-Paris, «Philosophes médiévaux» IX, 1966.
Stolleis, Michael, *Staat und Staatsräson in der frühen Neuzeit*, Suhrkamp, 1990.
–, *Geschichte des öffentlichen Rechts in Deutschland*, vol. I, *1600-1800*, Munich, C. H. Beck, 1988.
–, «*L'Idée de la raison d'État* de F. Meinecke et la recherche actuelle», *in* Y. Ch. Zarka (dir.), *Raison et Déraison d'État* (cf. *infra*), p. 11-39.
Strayer, Joseph R., *Les Origines médiévales de l'État moderne*, trad. de M. Clément, Paris, Payot, coll. «Critique de la politique», 1979.
–, «Defense of the realm and royal power in France», in *Studi in onore di Gino Luzzatto*, Milan, 1950.
Thierry, Augustin, *Histoire de la conquête de l'Angleterre par les Normands*, Paris, nouvelle éd. 1865, 2 vol.
Thuau, Étienne, *Raison d'État et Pensée politique à l'époque de Richelieu*, Athènes-Paris, Presses de l'Institut français d'Athènes, 1966.
Tierney, Brian, *Religion et Droit dans le développement de la pensée constitutionnelle*, Paris, PUF, coll. «Léviathan», 1993.
Ullmann, Walter, *Principles of Government and Politics in the Middle Ages*, Londres, Methuen and Co, 1961.
–, «The Bible and Principles of Government in the Middle Ages», in *La Biblia nell'alto medioevo*, 1963, p. 181-227.
–, «The Development of the Medieval Idea of Sovereignty», *The English Historical Review* 250, janvier 1949, p. 1-13.
–, «Zur Entwicklung des Souveränitätsbegriff im Spätmittelalter» (1974), repris *in* du même, *Scholarship and Politics in the Middle Ages*, Londres, Variorum reprints, 1978, p. 9-27.
–, *The Carolingian Renaissance and the Idea of Kingship*, Londres, Methuen and Co, 1969.
–, «The Influence of John of Salisbury on Medieval Italian Jurists», *The English Historical Review* 233, janvier 1944, p. 384-392.
Viroli, Maurizio, *From Politics to Reason of State. The Acquisition and Transformation of the Language of Politics 1250-1600*, Cambridge, Cambridge University Press, coll. «Ideas in Context», 1992.
–, «Machiavelli and the Republican Idea of Politics», *in* G. Bock, Q. Skinner et M. Viroli, *Machiavelli and Republicanism*, Cambridge, Cambridge University Press, coll. «Ideas in Context», 1990.

Wallace-Hadrill, J. M., « The *Via regia* of the Carolingian Age », *in* Smalley, B. (éd.), *Trends in Medieval Political Thought* (cf. *supra*), p. 22-41.

Walzer, Michael, *La Révolution des saints*, Paris, Belin, coll. « Littérature et politique », 1987.

Wilks, Michael, *The Problem of Sovereignty in the Later Middle Ages*, Cambridge, Cambridge University Press, 1963.

Zanta, Léontine, *La Renaissance du stoïcisme au* XVIe *siècle*, Paris, Honoré Champion, 1914.

Zarka, Yves Charles, *La Décision métaphysique de Hobbes*, Paris, Vrin, 1987.

–, « Héros et antihéros : Baltasar Gracián et la naissance de la théorie moderne de l'individu », *La Pensée politique* 1, 1993, Gallimard-Seuil, p. 260-275.

–, (dir.), *Raison et Déraison d'État*, Paris, PUF, coll. « Fondements de la politique », 1994.

–, et Bernhardt, Jean (dir.), *Thomas Hobbes. Philosophie première, théorie de la science et politique*, Paris, PUF, coll. « Léviathan », 1991.

Index des noms

Index des notions

Table

PREMIÈRE PARTIE

Régner et gouverner

DEUXIÈME PARTIE

Visibilité

I. CORRIGER

II. DIRIGER

TROISIÈME PARTIE

Secret

I. CALCULER

II. DISSIMULER

RÉALISATION : PAO ÉDITIONS DU SEUIL
IMPRESSION : CORLET NUMÉRIQUE, À CONDÉ-SUR-NOIREAU
DÉPÔT LÉGAL : MARS 1995. N° 12232-4 (107896)
IMPRIMÉ EN FRANCE

Dans la collection
« Des Travaux »

Alain Badiou
Le Nombre et les Nombres
1990

Jean-Pierre Baud
L'Affaire de la main volée
Une histoire juridique du corps
1993

Michael Baxandall
Les Humanistes à la découverte
de la composition en peinture
1989

Howard Bloch
Étymologie et Généalogie
1989

Olivier Boulnois
Au-delà de l'image
Une archéologie du visuel
au Moyen Âge (v^e-xvie siècle)
2008

Peter Brown
La Société et le Sacré dans l'Antiquité tardive
1985

Bernard Cerquiglini
Éloge de la variante
1989

Gille Châtelet
Les Enjeux du mobile
Mathématique, physique, philosophie
1993

Catherine Darbo-Peschanski
Le Discours du particulier
1987

Fernand Hallyn
La Structure poétique du monde
1987

Fernand Hallyn
Les Structures rhétoriques de la science
2004

François Jullien
Procès ou Création
1989

François Jullien
La Propension des choses
Pour une histoire de l'efficacité en Chine
1992

Sylvain Lazarus
Anthropologie du nom
1996

Alain de Libera
La Querelle des universaux
De Platon à la fin du Moyen Âge
1996

Ramsay Mac Mullen
Les Rapports entre les classes sociales dans l'Empire romain
1986

Christian Marouby
Utopie et Primitivisme,
1990

Christian Marouby
L'Économie de la nature
Essai sur Adam Smith et l'anthropologie de la croissance
2004

Christian Meier
La Politique et la Grâce
1987

Jean-Claude Milner
Introduction à une science du langage
1989

Gregory Nagy
Le Meilleur des Achéens
La fabrique du héros
dans la poésie grecque archaïque
1994

Claude Panaccio
Le Discours intérieur
De Platon à Guillaume d'Ockham
1999

Rencontre international, janvier 1988
Michel Foucault philosophe
1989

Michael Rogin
Les Démons de l'Amérique
Essais d'histoire politique des États-Unis
1998

Irène Rosier
La Parole efficace
Signes, pratiques sacrées, institutions
2004

Gérard Simon
Le Regard, l'Être et l'Apparence
dans l'Optique de l'Antiquité
1988

Gérard Simon
Archéologie de la vision
2003

Paul Veyne
Les Grecs ont-ils cru à leurs mythes ?
1983

Paul Veyne
La Société romaine
1991

Paul Veyne
L'Empire gréco-romain
2005